雇用関係法 I

労働法研究(上)

秋田成就

雇用関係法 I

——労働法研究(上)——

学術選書
87
労働法

信山社

はしがき

この度、図らずも、「労働法研究」と題する著作集（上中下巻）を刊行する運びに至った。振り返ってみると、最初の論文「イギリス労働組合法史におけるコンスピラシー」を書いた時から、ほぼ、半世紀の歳月が流れており、八〇歳も終りに近くなった今、自分でも半ば忘れかけた古い研究記録をもう一度世に出す機会に恵まれたことは望外の幸と感じている。私事ではあるが、本書の刊行までのいきさつを多少とも述べて、本企画の事実上の「編集者」である土田道夫教授の多年にわたるお世話と励ましに対して、まず感謝の念を申し上げたい。

長年勤務した法政大学を定年（七〇歳）で退職するという人生の一つの節目を迎え、これを機に、それまでに書いた研究論文に手を加えて著書にまとめる作業にとりかかった。遅筆で体力的にも限界のある筆者にとっては、定年退職により時間的にも、心理的にも大きな負担であった教師としての任務から解放されたことは有難かった。しかし、執筆の時からかなり年数の経った論文を現在の時点に立って検証し、手を入れることは、とりわけ、立法、判例の変動の大きい労働法の領域ではなかなか容易でないことは研究者ならば誰でも共感するところであろう。やっているうちに、十数年前に書いた古い論文を今さら一冊の本にまとめることに何程の意義があるかと弱気になったり、一方では、古い論文でも、自分の研究史の中で何がしかの意義のありそうなものを残すことも、特に後進の研究者にとって必要なことかもしれないなどなど、あれこれ悩みながら作業を進めたが、出版のメドは全く立っていなかった。

そこへ、土田道夫教授から、著者の主要な論文を「著作選集」として刊行しては、とのお勧めがあった。何分にも古い論文なので、十分な補正を加えた上で、改めて刊行を考えたいと渋る筆者に対して、古い時点のデータを基に書かれたものであっても、執筆当時の背景事情の下におけるアプローチにはそれなりの研究史としての意義が十分あるはずだし、筆者の当時の考え方や論旨のもつ意義ないし評価については、土田道夫・山川隆一・石田信平教授各氏が分担して「解題」を書いて下さるとのお申し出まで頂いて、ご厚志を有難くお受けした。本書に掲載する論文の選択や配列など編集の作業はすべて土田教授によって進められ、筆者としては、既出の論文および判例評釈に最小限必要な補正を加え、若干の新規の論文を書き加える程度で済んだが、それでも多くの日時を要した。「解題」執筆の皆さんからは詳細かつ緻密な論稿をいただいた。これをそれぞれの部の冒頭に掲載することによって、「古色蒼然とした」著者の原文を、敢えて著作集として再び世に出す意義付けができたと考えている。

　以上のようないきさつを経て、多くの方のご配慮と支援により、ようやく陽の目を見た本書の刊行に当たり、著者としては、まずは、ご自分の研究のための貴重な時間を割愛して拙論を読み直し、「解題」を寄稿していただいた三教授を初め、本書の事項索引、著作目録その他文献の照合等にご協力頂いた中野育男教授、聴力をほとんど失った著者の手足となって筆記その他雑事一切に当たってくれた娘加藤由実子、孫加藤正義、本書の出版を快く引き受け、著者の無理、難題を辛抱強く聴いてお世話いただいた信山社の渡辺左近氏初め編集担当者に心からのお礼を申し上げたい。

二〇一一年七月

秋田　成就

目　次〔雇用関係法Ⅰ〕

〔初出一覧〕

第一部　労働契約の法理論化に向けて

1　労働法における「身分から契約へ」――石井照久先生追悼論集『労働法の諸問題』（一九七四年・勁草書房）

〔追補〕　労働法における「身分から契約へ」・再論――書き下ろし（二〇一一年）

2　労働契約における契約の推定操作について――社会科学研究二六巻三・四号（一九七五年）

3　労働契約論――沼田稲次郎先生還暦記念『労働法の基本問題』（一九七四年・総合労働研究所）

4　労働契約における権利と義務の考察――有泉亨先生古稀記念『労働法の解釈理論』（一九七六年・有斐閣）

5　日本的雇用慣行と労働契約――「日本的雇用慣行と労働契約（一）〜（三）」――社会労働研究三六巻四号、三七巻二号、三八巻三・四号（一九九〇年〜一九九二年）

第二部　労働契約と就業規則

1　就業規則の法的性格と変更の効力――『シンポジウム労働者保護法』（一九八四年・法律文化社）

2　就業規則の一方的変更とその法的効果――秋北バス大法廷判決後の判例理論の展開――社会労働研究一八巻二号（一九七二年）

3　就業規則の法的効力――『新版　就業規則と労働協約』第一章（一九八一年・日本労働協会）

〔判例研究〕

1　定年延長に伴う賃金の減額を定めた就業規則変更の効力（第四銀行事件）――ジュリスト一一二〇号一二八頁（一九九七年）

2　週休二日制実施に伴う平日勤務時間延長と就業規則の不利益変更（羽後銀行事件・函館信用金庫事件）――労働判例六六九号七頁（一九九五年）

〔初出一覧〕

第三部　賃金・労働時間・年次有給休暇

(1) 賃　金

1 賃金の法的関係論――季刊労働法九三号（一九七四年）

2 賃金決定における人事考課の法的問題――季刊労働法一〇五号（一九七七年）

〔判例研究〕

1 法人格否認と親会社の賃金支払義務（川岸工業事件）――ジュリスト四八三号一五三頁（一九七一年）

2 スト中の賃金（ノースウェスト航空事件）――判例評論二四三号四〇頁（一九七九年）

3 賞与の支給日在籍要件（日本ルセル事件）――ジュリスト六〇五号一一二頁（一九七六年）

(2) 労働時間・年次有給休暇

1 三六協定に伴う諸問題――季刊労働法六三号（一九六五年）

2 年次休暇と争議行為――ジュリスト五〇〇号『判例展望』（一九七二年）

〔追補〕 最高裁「三・二」判決の法理と意義――書き下ろし（二〇一一年）

〔判例研究〕

1 時間外労働義務（日本鋼管事件・日立製作所事件）――ジュリスト五〇一号一五三頁（一九七二年）

2 管理監督者の時間外勤務手当（彌栄自動車事件）――ジュリスト一〇三〇号一四七頁（一九九三年）

3 年次休暇と争議行為（林野庁白石営林署事件）――民商法雑誌六九巻四号（一九七四年）

4 計画休暇と時季変更権（高知郵便局事件）――判例評論三〇五号（一九八四年）

5 勤務割制と時季変更権行使の適法性（電電公社関東電気通信局事件）――民商法雑誌一〇二巻一号（一九九〇年）

6 長期にわたる年休の指定と時季変更権行使の適法性（時事通信社事件）――労働判例六三一号六頁（一九九三年）

第一部　労働契約の法理論化に向けて

〈解　題〉

土田道夫

⑴ 序

今日、労働契約論は、労働法の中心的研究課題となっている。終身雇用・年功制・企業別組合というかつての「三種の神器」が後退し、個別的人事管理と雇用の多様化・流動化が顕著に進行し、企業統治のルールが変化する中、労働契約をめぐる紛争は激増するとともに多様化し、理論的解決を迫っている。そうした中、労働法の研究者は労働契約論に積極的に取り組み、「労働契約（論）のルネッサンス」[1]と呼ばれるほどの活況を呈している。そして立法面では、労働契約紛争を解決するための新たな制度（手続法）として、二〇〇四年に労働審判法が成立し、二〇〇七年には、労働契約の基本法（実体法）としての労働契約法が成立・施行されている。かくして今日、労働契約論は、圧倒的な質量をもって労働法の世界に君臨しているのである。

しかし、秋田教授が「労働契約の理論化」に取り組んだ時期はそうではなかった。本編で取り上げる著作の多くは、一九七〇年代半ばに書かれた作品であるが、この時期の労働法研究の中心は集団的労働法であり、労働契約論の研究は乏しかった。もちろん、「労働契約の本質」は華やかに議論されたが、それは、戦後労働法学の支配的潮流であった従属労働論における議論であり、民法の雇傭契約（今日の「雇用契約」）から労働法の対象を峻別するための作業であって、労働法学に独自の労働契約論（労働契約の法的性格や権利義務をめぐる研究）は乏しかったといってよいであろう。また、労働法上の制度や現象の根拠として労働契約ないし労使間合意の要素を重視する立場（就業規則の法的性質や懲戒権の法的根拠等に関する契約説）に対しては、法規範説が対峙し、「労働契約（合意）の虚偽性」を強く批判した。こうして、労働契約の存在意義は消極視され、労働契約論の意義は過小評価されていたのである。

こうした状況の中で、秋田教授がこの時期、集中的に「労働契約の理論化」に取り組んだことは、きわめて注目すべきものである。本著作集では、四本の作品を収録したが（「労働契約論」一九七四年（本書第一部**3**））、「労働法における『身分から契約へ』」一九七四年（本書第一部**1**）、「労働契約における契約の推定操作について」一九七五年（本書第一部**2**）、「労働契約における権利と義務の考察」一九七六年（本書第一部**4**））、ここでは、秋田労働契約論のエッセンスとも言うべき「労働契約論」を中心にコメントしたい。また、一九九〇年代の作品として、「日本的雇用慣行と労働契約」（一九九〇年〜一九九二年）（本書第一部**5**）を紹介する。

(2)　秋田教授の基本的立場

「労働契約論」は、労働契約の法的性格について本格的な検討を加えた業績であり、「労働契約の諸特質を体系的に明らかにした最初の業績」と評価されているが、(2) その中の「制度的性格」に関する項において、次のような一節が見られる（本書一〇一頁〜一〇三頁）。やや長くなるが引用しておく（注番号は省略した—解題者注）。

「今日の労働契約の内容は、あらかじめ就業規則や労働協約のような集団的規範によって規定され、契約当事者としての労働者が合意を通じて自らの雇用条件を約定する余地はほとんどないのが普通である。その意味で今日の労働契約は制度化（institutionalize）しているといってよい。……この事実は、労働契約の内容の解釈について、きわめて重要な機能をもつものである。というのは、ある労働者の労働契約内容について争いが生じた場合、訴えを受けた裁判所は、一応、個々の契約内容の認定や解釈を行うという建前をとりつつも、一般的には労働者が特に反対の合意をしたと認められない限り、当該企業の全労働者について制度化された労働条件の基準を、当該労働者の契約内容とみなす、という態度をとっているからである」。

「しかし、労働契約がこのように制度化しているということは、あくまで事実として、あるいは社会的機能としてそうなのであって、法的には、労働契約がそのゆえに当然に制度的規範の中に解消されることを意味するものではない。就業規則や労働協約がどのような法的性格をもち、また、それと労働契約との法的関係がどうなるかは、それぞれの国の立法政策の問題であるが、就業規則はもとより、協約の場合でも、それが規範として成立することによって、これに労働契約そのものの存在を否定するような法的効果を付与している国はきわめて少い。……わが国の労組法および労基法もまたその例に洩れない。このことは、今日の多くの国の労働立法が、今なお、個別的な労働契約関係をその基底に置くという伝統的立場を捨てないでいることを意味しているが、それだけに、そのような労働契約と制度としての就業規則や協約との法的関係についての体系的な説明を困難としているのである。わが国において、主として就業規則の使用者による一方的改正の法的効果をめぐって生じた就業規則論の錯綜もここに端を発しているといえるであろう」。

この一節こそは、「労働契約の法理論化」に関する秋田教授のエッセンスであると同時に、雇用関係法の分野における秋田労働法学の神髄を成すものと解される。この一節は、労働契約内容が労働協約や就業規則によって決定されることを認める部分と、労働契約がこれら制度的規範に解消されるものではないと説く部分から成っている。その趣旨は、労働契約が労働協約や就業規則によって制度的・集団的性格を付与されることを正面から認めつつ、それら規範と労働契約は別個の存在であり、各規範が拘束力をもつためには、あくまで労働契約に編入されることを要し、その過程で、労働契約の推定操作を要するというものであろう。換言すれば、労働契約が就業規則や協約等の他律的規範によって補充され、制度化されることを承認しつつ、労働契約を労働関係の「礎石」(corner stone) として重視するという論旨である。

この時期(あるいは今日でも)、労働契約と、就業規則・労働協約・労使慣行といった社会的規範との法的関係については、二つの相対立する見解が見られた。一つは、これら社会的規範の法的意義を一切否定して事実規範と捉え、労働契約(合意)のみを労使間の法律関係の形成要因と考える考え方である(いわば純粋契約説)。他方は、逆に、これら社会的規範を法規範と理解して法的意義を付与しつつ、労働契約の意義については、「合意の虚偽性」を強調して否定ないし消極視する見解である（いわば純粋法規範説）。

秋田教授の考え方は、この両者の見解をともに斥けるものである。すなわち秋田教授は、就業規則や労働協約といった社会的規範が営む機能を重視し、それが労働契約内容を形成することを承認しつつ、それら規範を裸のまま契約に取り込み、法的効果を付与することを否定し、「労働契約の推定」を介在させるべきことを強調する。(3)秋田教授が繰り返し繰り返し、労働契約の推定操作の必要性を説くのはこのためである。この点で、秋田説は確かに「契約説」であるが、解釈論上も、方法論的に見ても、純粋契約説とは全く異なる。秋田教授は、この自らの立場を、労働契約と就業規則の関係に託して次のように述べている。「……就業規則が一般的に法規範的効力によって労働契約を排除すると考えたり、逆に、明示の合意がすべてで就業規則に関係なく労働契約の内容を決すると考えてしまうことは、どちらも就業規則と労働契約の併存を認める現在の法体制の下では法の論理を無視した抽象論と評する外はない」と（「就業規則の法的効力」本書三一一頁）。この立場が、労働契約と就業規則の法的関係について、就業規則に対し、「適法に作成・変更された就業規則の規定を、労働契約の内容と推定させる効力」を認める独自の見解に結び付いていく（第二部〈解題〉で後述する）。

秋田教授のこの見解は、その後の労働契約論・就業規則論に大きな影響を与えたものと解される。すなわち、今日、秋田説が批判した上記の純粋契約説や純粋法規範説は後退し、多数説は、秋田説と同様の立場に立っている。それは、労働契約が就業規則によって制度化（画一化）され、労働条件の決定にとって就業規則が決定的な意義を有することを認めつつ、それが拘束力をもつためには、労働契約の内容となる（またはそう推定される）と解する立場である。労働契約法七条が定める労働契約締結時の就業規則の拘束力規定も、基本的にはこの立場に依拠する立法であり、秋田説は同法を先取りした内容の学説であると評価できよう（この点も、第二部〈解題〉で後述する）。

(3) 秋田説の特色――今日の労働契約論と比較して

もっとも、今日の労働契約論は、次の二点において秋田説と大きく異なっている。

第一に、秋田説は、就業規則や労使慣行といった社会的規範を労働契約内容に編入する作業（契約の推定操作）に際して、できるだけ当事者（労使）の合意ないし真意を尊重すべきことを説き、そこに政策的判断や価値判断を取り込むことには慎重である。たとえば、「労働契約における契約の推定操作について」（本書第一部2）では、労働契約の推定操作に際しては、労使関係の安定や公平の理念といった立法政策的立場に立たざるをえないが、それは一方で、客観的事実より政策を優先させる危険性を含むと指摘し、契約の推定操作の任に当たる裁判官は、「合理的で当事者の真意に最も近づくよう努力することが必要」と述べている（本書八〇頁）。これに対して判例は、労働契約と就業規則の関係について、就業規則が内容の合理性を要件に契約内容となることを認める立場を確立し（日立製作所事件）[4]、労働契約法七条もこれを継承しており、この立場では、「合理性」要件に多様な客観的価値を盛り込むことが可能である。この点、秋田教授は、こうした解釈に消極的であり、就業規則が法的効力をもつかどうかは、「それが労働契約の内容となりうる、あるいはなったとみなしうるかどうかの問題につきる」のであり、その判断（労働契約の推定操作）は当事者の意思解釈を基本に行うべきだと述べている（『新版　就業規則と労働協約』五六頁）。こうして、秋田教授が説く労働契約の推定操作は価値中立的（いわば「禁欲的」）である。この点については、後に敷衍したい（(4)(イ)）。

第二に、秋田教授は、労働契約に「礎石」としての意義を付与したが、これは主として、協約・就業規則・労使慣行といった契約外規範・社会的規範に法的効力を付与するためのtoolとしての「礎石」であり、労働契約（個別的合意）に労働条件を形成する積極的意義を付与する発想はあまり見られない。もっとも、再三述べるとおり、秋田教授は、就業規則等の社会的規範と労働契約の関係に関して、就業規則が直ちに労働契約内容となる（化体する）ことを否定し、労使当事者間の交渉を中心とする意思解釈（推定操作）を介在させるべきことを強調しており、この点では、労使間合意（労働契約）を重視する立場といえるが、これもあくまで就業規則を前提とする理論であり、個別的合意独自の労働条件形成機能に着眼したものではない。その意味で、秋田説における労働契約は「観念的存在」にとどまる。

これに対し、今日の労働契約論は、こうした意味での「礎石」以上の意義を付与するところまで進んでいる。すなわち、今日の学説は、成果主義人事や個別的雇用管理の進展によって個別交渉の機会が増加していることを背景に、労働契約の機能を重視し、労働契約が労働関係の設定という形式面のみならず、労働条件の形成という実質的な側面でも重要な役割を営むことを指摘する。(5) 今日の労働契約論が想定する労働契約は、秋田教授が想定した労働契約に比べて、より豊かで複雑な機能を付与されているのである。この点は、秋田教授の「労働契約の理論化」の限界ということができよう。もっとも、これら労働契約論は、近年における労働契約の現実的機能の変化を前提に提唱されているのであり、そのような変化は、秋田教授が取り組んだ時期には生じていなかった。すなわち、秋田労働契約論の限界は、時代の限界であったともいえるのである。

(4) 労働契約の特質・性格、労働契約の推定操作

以上の基本的考え方を基礎に、秋田教授が「労働契約の理論化」に向けて取り組んだ課題は以下の三点である。

① 多様な契約外規範を内容とする労働契約は、一般の契約に対していかなる特質を有するか。

② そのような労働契約の法的意義と性格をどのように解すべきか。

③ 多様な契約外規範を労働契約内容とするための作業である契約の推定操作はどのように行われるべきか。

このうち、①を扱ったのが「労働法における『身分から契約へ』」であり、②を中心に全体を扱ったのが「労働契約論」であり、③を扱ったのが「労働契約における契約の推定操作について」である。

(ア)　労働契約の特質・性格

秋田教授は、「労働契約論」において、労働契約の法的性格として、継続的性格、制度的性格、抽象的性格および身分法的性格の四点を挙げている。このうち、制度的性格については前述したが、秋田教授が特に強調しているのは、身分法的性格である。この点について、秋田教授は、末弘厳太郎博士が提唱した労働契約の地位設定契約としての把握に賛意を表しつつ、イギリスのコモンローとしての雇用法や、ドイツのジンツハイマーの指摘をふまえて、雇用法と身分法（家族法）の親近性は明らかであり、それが労働の従属性の一端を形成していると述べる。そして、この身分法的性格から要請される法原理として、①労働契約の一身専属性、②契約の取消・無効の遡及効の制限、③権利義務の信義則による補充ないし黙示的推定（特に誠実義務・配慮義務）、④契約違反に対する強制履行の禁止、を掲げている。

しかし、これには批判が強く、労働契約の身分法的把握それ自体に対する批判や、秋田説が指摘する四つの法原理が労働契約の他の性格によっても説明できるとの批判がなされている。(6)私も、この「身分法的性格」という把握には疑問を抱く。しかし、秋田説の真意は、労働契約を純然たる「契約」という法形式で説明し尽くすことができないことを指摘した点にあると考えるべきであろう。たとえば秋田教授が、労働契約においては、企業の従業員たる地位を長期継続的に得るという点にウェイトが置かれ、そこから契約内容の補充が必要となり、一定の信義則が要請されるとともに、それは一般的服務規律を使用者が定めるという意味で身分法的であると述べるとき、それは労働契約の継続的・抽象的性格によって説明できると反論することは比較的容易である。しかし、そう反論したときに何となく納まり具合が悪いのは、秋田説が指摘する労働契約の特質が、そもそも「契約」という法形式では説明し切れない側面――換言すれば、「身分」になじみやすい側面――を有するからであろう。これが労働契約に付着する性格であることを否定するのは難しいと思われる。しかし、労働契約の「身分法的性格」は、一歩誤ると、秋田教授自身が危惧する「労働者の人格的支配」の正当化をもたらしかねない。秋田教授がそうした事態を避けつつ、労働契約という契約に付着する特質として「身分法的性格」を掲げたのであれば、それは労働契約の法的把握のあり方として一つの卓見であると考える。

労働契約の「身分法的性格」は、「労働法における『身分から契約へ』」でも取り上げられているが、この論文ではむしろ、「身分から契約へ」の歴史的展開と、それへの積極的評価が中心を成している。たとえば、秋田教授は、雇用関係が法的に契約関係と把握される所以を、諸種の労働立法が労働契約に保護法的に介入していることに求め、また、「解雇の自由」の法的制限が「契約から身分へ」の逆転を阻止する機能を果たしていると述べる。一方、労働立法による労働契約への過剰介入が契約それ自体の否定をもたらし、「身分」の強制の危険を内包することを指摘し、むしろ「契約」に新たな役割を与えることが必要とも指摘する。また、別論文である「労働契約における契約の推定操作について」では、労働契約における合意の推定において、社会的力関係により形成された事実を安易に黙示の合意とみなすことは、労働契約における「契約から身分へ」の転落をもたらす危険があると指摘している。「労働法における『身分から契約へ』」は難解な論文であり、秋田教授の真意を掴みにくいところがあるが、少なくとも、教授が、労働契約の発展方向を「身分から契約へ」にあると捉え、労働契約という「契約」における「身分法的性格」を問題としていることは明らかである。

なお、「労働法における『身分から契約へ』」の本著作集収録にあたり、秋田教授は、新たに、「労働法における『身分から契約へ』――労働契約論序説」と題する書き下ろし論文を執筆されている。この論文において、秋田教授は、「労働法における『身分から契約へ』」で紹介されたカーン・フロイント（Otto Kahn-Freund）以後のこの問題に関するイギリス労働法学における論争を紹介するとともに、今日の日本労働法に関して、パートタイマーや派遣労働者等の非常用労働者の急増によって創出されたかに見える新たな「社会的身分」と「契約」との関係について論じ、「それは、かつて『身分から契約へ』という言葉に象徴された古典的（前近代的）意味における『身分』とは全く違った意味での『契約』に基づく『身分』社会の実現、あるいは、メーン（Henry

Summer Maine ―解題者注）の標語の逆転――『契約から身分へ』の仮説が現実化するかもしれない」との重要な指摘を行った上で、『『労働契約説』の検討に際しては、『身分』というテーマは、決して清算された過去の問題ではないと思われる」と結んでいる。「労働法における『身分から契約へ』」の次に〈追補〉論文として収録したので、ぜひお読みいただきたい。

(イ)　労働契約の推定操作

「労働契約における契約の推定操作について」は、労働契約の解釈方法としての「契約の推定」ないし「黙示の合意」について論じた大作である。すなわち、本論文のテーマは、労働契約は労働関係の基盤（＝「礎石」）として必須であるが、それ自体は観念的な存在であり、労働協約、就業規則、労使慣行といった社会的規範によって補充されざるをえないところ、それら規範から契約内容を推定するための操作（推定操作）をどのように行うべきか、という点にある。本論文は、多彩な内容を有しているが、前述した秋田説のエッセンスとの関係では、特に、労働契約の空白部分を補充する作業としての「補充的推定」と、労働契約そのものの存在を推定する「創設的推定」のあり方について論じた部分が重要である。

具体的には、秋田教授は、裁判例を素材に、「補充的推定」については、出向の慣行が出向の合意として法的根拠となるか否かという論点を、また「創設的推定」については、社外労働者と受入企業間の黙示の労働契約の成否という論点を取り上げ、裁判例が労使慣行や使用従属関係といった社会的事実から労使間の黙示の合意を推定することを批判的に検討する。その上で、先に紹介したように、労働契約における合意の推定において、社会的力関係により形成された事実から安易に黙示の合意を肯定することは、労働契約における「契約から身分へ」の転落をもたらす危険があると指摘する。

このように、秋田教授は、労働契約内容の推定に際して、契約を取り巻く種々の社会的事実や社会的規範から契約の推定操作を行うことに慎重な態度をとっている。また前記のとおり（前述(2)）、教授は、労働契約の推定操作に際して、労使関係の安定や公平の理念といった価値判断を盛り込むことについても消極的である。

秋田労働契約論のエッセンスは、就業規則や労働協約をはじめとする契約外規範を重視し、それが労働契約内容を形成することを承認しつつ、それら規範に直ちに法的効果を付与することを否定し、労働契約の推定操作を介在させることにある。しかし、この中核的作業である「労働契約の推定操作」(黙示の合意の推定)においては、社会的事実を摂取することに慎重であり、価値判断や政策的判断を盛り込むことにも消極的である。それでは、「労働契約の推定操作」の基準を何に求めるのかといえば、労使当事者間で形成された客観的事実や、それを基礎とする意思解釈が説かれる程度であり、必ずしも明確ではない。この意味で、前述したとおり、秋田教授における「労働契約の推定操作」は、法解釈の態度としては価値中立的である。教授が、就業規則の法的拘束力に関して、当該就業規則が労働契約に化体しているかどうかの意思解釈を基本に判断すべきだと述べるとき、それは教授の意図とは逆に、使用者が就業規則に託した一方的意図を「労働契約の推定操作」を通して実現させる結果をもたらしかねないという疑問を抱かせるのである。

しかし、秋田教授は、敢えてこのような価値中立的(禁欲的)な解釈態度をとったのではないかと考えられる。すなわち、秋田教授は、労働契約が「契約」である以上、そこでは、当事者の意思ないし合意を基本とすべきであり、過剰な政策的判断を盛り込むことは、労働契約のそうした把握に反すると考えたのではなかろうか。教授が一貫して説いた「労働契約における身分から契約へ」の観点から見れば、そうした価値判断重視の解釈は、労働契約をして「契約から身分へ」と逆行させる危険があるとの、解釈者としての確固たる信念を読み取ることができる。

(5)　労働契約と雇傭契約の関係

最後に、「労働契約論」では、当時の労働契約論の中心的テーマであった「労働契約の本質」ないし「労働契約と雇傭契約の関係」についても論じている。秋田教授は、従属労働論の議論をふまえつつ、これに対して鋭い批判を提起した下井隆史教授の見解（労働契約と雇傭契約の規制原理の違いを認識しつつ、両者を契約類型としては同一と説く見解）(7)を受けて、秋田教授の見解を提示したものである。

秋田教授は、従属性の意義を「人的従属性」「組織的従属性」「経済的または階級的従属性」に求めた上、特に後二者については、実態的または社会学的には正当と捉えつつ、法的概念としてはこれを肯定することを否定する。「従属性概念を階級というような限定の難しい領域にまで拡張するとなると、それはおよそ労働する者のすべてを対象として包摂することになり、ある労働者を他の一群のそれから識別する基準としての意味がほとんど失われてしまう」からである。この結果、従属性を法的概念として考える限り、それは「他人の指揮・命令の下で拘束を受けて就労する状態から生起しうる労働法上の要保護性という立法目的に則して考察するという態度をとればそれで足りる」のであり、この意味での従属性概念は、民法の雇傭契約において、委任および請負と区分する基準として用いられていると説く。下井教授と同様の同一説を採用し、従属性概念としては「人的従属性」概念を支持したものであり、その後の「労働契約の本質」論に大きな影響を与えたものと思われる。

もっとも、秋田教授は、この従属労働論と、「労働契約論」で示した労働契約の四つの性格との関係について十分触れていない。個別的には、労働契約の継続的性格や制度的性格が労働者の従属的地位を強化したり、「従属労働」をもたらす一因となることを指摘しているが、そこでいわれる「従属的地位」や「従属労働」が、教授のいう「従属性」のどのレベルに相当するのかは明確でない。もし、先に掲げた法的意義としての「人的従属性」を意味するのであれば、労働契約の法的性格との関係が問われるべきであるし、社会学的実態としての従属性を指すのであれば、法的概念としての四つの性格がいかにして社会学的実態と結び付くのかを説明する必要があろう。この点は、今後の学説の課題としても位置づけるべきものである。

(6) 日本的雇用慣行と労働契約

前記のとおり、秋田教授は、就業規則をはじめとする社会的・契約外規範に法的効力を付与する過程で労働契約の推定操作を重視しており、その点では労働契約（合意）の価値を重視するが、一方、これら社会的規範を前提とする理論であり、個別労働契約に独自に労働条件を形成する積極的意義を付与する発想は乏しいと思われる。しかしその後、秋田教授は、一九九〇年代において、労働契約（論）がなぜそのような状況に陥っているのかを精力的に探求するに至る。その成果として公表された大作が「日本的雇用慣行と労働契約㈠〜㈢」である。ここでは、労働契約に関する積極的考察を試みた㈢の部分についてコメントしておきたい。

本論文は、まず、日本的雇用慣行と呼ばれる慣行や雇用管理について分析した上、それらが日本の企業の労働契約にいかなる影響を及ぼしているかを実証的に検討する。その上で、日本的「雇用慣行のそれぞれの内容をほんらいの契約モデルの観点から把え直して、どこに問題があるかを究明」し、今後の労働契約（論）の方向性を展望したのが右箇所である。

秋田教授は、この箇所において、終身雇用制、階層別雇用、職務配置、年功的処遇、労務管理・服務規律、企業内教育訓練に即して日本企業における労働契約の特色を検討した上、結論として、日本的雇用慣行の下では、就業規則による労働契約の制度化（前述(2)）と相まって、労働契約が包括的・白紙的性格を付与され、労働者の義務が質量ともに不明確となるとともに、労働者側が労働契約違反を主張することが困難となっている状況を指摘する。つまり、「わが国においては、近代の諸国に普遍的に見られるこの労働契約の機能の衰退減少が、特に著しい」という。

この分析をふまえて、秋田教授は、総括的に、日本的雇用関係を個別的「契約関係に引き直して権利と義務の関係として把らえること」の必要性、換言すれば、「労働関係の基本理念としての労働契約の『個別性』のもつ重要性」を強調する。なぜなら、この理念こそが、日本的雇用慣行の『負』の部分の独走に対する唯一の歯止めになる」からである。すなわち、①日本的雇用慣行といっても、その適用を受けるのは一部の常用労働者であり、その常用労働者の雇用が流動化する一方、パートタイマー等の非常用労働者が増加する中、その階層別雇用を放置すれば、従業員平等取扱いの理念に反する、②日本的雇用慣行を反映した包括的労働契約を放置したままでは、企業のとる措置が事前の包括的合意によって正当化されてしまう、③日本の民事訴訟制度においては、労使紛争はすべて個別労働契約に違反するかどうかの形で争われるところ、日本的雇用慣行に基づく包括的労働契約の下では、労働者が個別労働契約違反を立証するのは容易ではない、と。もとより秋田教授は、日本的雇用慣行が有するメリットを否定するわけではないが、逆にそうしたシステムを国際社会に理解させるためには、「その集団的エトスが企業の成員としての労働者の合意性＝契約性＝権利性を否定することなく、両者が両立しうるものであること」を説明する必要がある、と説くのである。

このように、秋田教授が結論として説く個別労働契約見直しの提言は、やや抽象的であり、個別労働契約の機能を復権させるための具体的方法論には乏しい。しかし、秋田教授がこの課題に取り組んだ一九九〇年という年は、まさに本解題冒頭で述べた「労働契約論のルネッサンス」が開始される前夜の時期にあたる。その後の労働契約論の復興を経て、個別労働契約の復権が現実的基盤を備え、労働契約法が制定された今日、秋田教授の提言は、労働契約の解釈論・立法論としても、パートタイマー等の非正規労働者をめぐる法律問題を考察する上でも、今後の労働法学が進むべき方向性を示唆するものとして、学ぶべき点がきわめて多い。

(7) 労働契約における権利と義務の考察

最後に、「労働契約における権利と義務の考察」は、労働契約における労働者・使用者の権利義務の法的関係について、比較法的検討を交えつつ、特に日本企業の労働契約における権利義務の特質について考察した上、権利義務の立法化を行う際に留意すべき論点を検討した力作である。立法化の点について、秋田教授は、権利義務の法的ルールを立法化することのメリットを指摘しつつも、「労使自治の原則」の観点から、国家介入の行き過ぎとなり、特に労働者の義務規定については、『「法による」労働の強制になりかねない』として批判的な立場をとっている。「労働法における『身分から契約へ』」とも共通する問題意識に基づく提言であるが、労働契約法が立法化され、また、その改正の可能性も取り沙汰される今日、傾聴に値する提言と評価できる。

（1）　西谷敏「労働契約論と労働法の再構築」法時六六巻二号（一九九四年）二頁。
（2）　和田肇『労働契約の法理』（有斐閣・一九九〇年）二二〇頁。
（3）　秋田教授は、労働契約上の権利と義務に関する考察を行った「労働契約における権利と義務の考察」（有泉亨先生古稀記念『労働法の解釈理論』〔有斐閣・一九七六年〕――本書第一部４に収録）においても、労使間の権利義務の多くが立法や労働協約・就業規則によって規律されるにもかかわらず、それが労働契約に基づくものとされることの理由について、労働契約という合意を媒介としない限り「強制労働」の事態が発生するという点に求めた上、その意味で、労働契約は「擬制的存在」であるが、それは「現在の労働法体系では否定し去ることのできない法技術である」と述べている（本書一一五頁）。
（4）　日立製作所事件・最判平成三・一一・二八民集四五巻八号一二七〇頁。
（5）　西谷敏『労働法における個人と集団』（有斐閣・一九九二年）二五六頁以下、土田道夫『労務指揮権の現代的展開』（信山社・一九九九年）三二五頁以下、同『労働契約法』（有斐閣・二〇〇八年）一二頁以下参照。
（6）　甲斐祥郎「労働契約の性格について」社会文化研究一三号（一九八七年）一二七頁。和田・前掲注(2)書二二四頁参照。
（7）　下井隆史『労働契約法の理論』（有斐閣・一九八五年）四七頁以下。

1　労働法における「身分から契約へ」

一　はじめに

残念なことに、今では追悼の気持ちをあらわすすべになってしまったが、この記念論文集が、故石井照久教授の還暦をお祝いする意味で企画された時に、私は表題のようなテーマをフォローしてみようと思い立った。それは、雇用契約というものに、いくらそれを「労働契約」と言いかえてみても、否定することのできない「身分的なもの」が宿命的に付着しているという事実が私の念頭から離れず、それを法的にどう説明するかという簡単なようでなかなか釈けない問題を考えてみるのによい機会だったからである。「身分から契約へ」というメーンの言葉を学生時代に教わったのはどの先生だったか記憶が定かでないが（たしか末弘先生だったように思うが）、実定法の解釈ばかり教わっていた時代には、この言葉が、法や、ひいては、社会の進歩を一言で表わす絶対的真理であるかのように思われたものである。学究生活に入ってからは、他の重要な法原則や法諺を学ぶ機会が多くなり、この一九世紀の学者の、むしろ素朴なフォーミュラが何を意味し、また、客観的にどう評価さるべきかについて特に研究する機会もないままに過ぎてきたが、わが国の社会関係というものを考える場合、特に、封建遺制といわれるような身分的なものを社会の随所に残しているわが国の社会的体質と法の関係をあらためて検討する場合に、まず、念頭に浮かぶのはメーンのこの言葉である。

1　労働法における「身分から契約へ」

わが国の労働法の理論の上では、一般にメーンという人物の影は甚だ薄いようである。それは、労働法が近代産業社会の産物であり、従って、その対象とする時期は、すでに「身分」を脱却した「契約」社会であると一般に受けとられているからであろう。しかし、労働法の基本概念の一つである「雇用契約」について、それが対等当事者間の合意としての契約性から程遠いものであることから、「契約」の虚偽性が言葉鋭く追究されるとき、そこでは、労働関係が果して「契約」なのかどうか、もし「契約」でないとすれば、それは「身分」なのかがもう一度問われねばならない。そして、労働関係が一旦、「契約」になったという前提に立つとしても、もし、労働者の契約上の地位が次第に低下して行くとすると、どこかの時点で再び「契約から身分へ」という逆理が生ずるのではないかという疑問が生ずるのである。

故石井教授は、言葉のいい意味で「近代主義者」であられたと思う。先生は、われわれが判例研究会を通じて教えを受けてきた中で、とかく労働関係における「後進的」側面にのみ目を奪われようとするわれわれに近代法というもののもつ意味を説かれた。それはいわゆる従属労働論に対する先生の見解の中にもうかがうことができる。私は先生の基本的なお考えに教えられるところまことに大であったと思っている。

「労働法における身分から契約へ」という発想は、実は Kahn-Freund 教授のものである。(1) 教授は、「身分から契約へ」という法理学の世界では半ば忘却の彼方に埋もれかけたフォーミュラを掘り起し、労働法の世界におけるその新たな意味をイギリス人的発想にもとづいて究明された。この規模壮大なテーマに全面的にとり組む余裕は今の私にはない。せいぜい Kahn-Freund 教授のテーマにあやかり、石井先生をはじめ先学に教えられたところをよく消化して、労働法のスタートラインがどこにあるかを見究めるようすがとして試論的に論を進めてみようと思う。

（1）　このテーマを表題に掲げた教授の論文は、A Note on Status and Contract in British Labour Law, Modern Law Review, Vol. 30-6, 1967 である。この論文は、M. G. Levenbach 教授の祝賀論文として一九六五年に Hedendaags Arbeitsrecht に掲載された

ものに若干加筆したものである。

二　法的評語としての「身分から契約へ」の意義

法の発展ということが語られる場合に、法的評語として、しばしば引合いに出される「身分から契約へ」(from status to contract) という言葉は、周知のように、ヘンリー・メーン (Henry Sumner Maine) が、名著「古代法論」(1)(一八六一年刊) の第五章「原始社会と古代法」の終りの部分で述べたものである。彼は、社会関係が status によって支配されている初期の社会と、社会関係がほとんど contract によって決定される進歩的 (progressive) な社会とを対比し、その間の推移 (movement) に社会の進化 (evolution) が見られるとして「身分から契約へ」という概括的標語によってそれを表現したのである。そこでは、status とは、すべての人的な関係が家族 kinship group としての family とその構成員との paterfamilias の支配関係として集約される社会の状態を意味し、契約とは、個人の自由な合意に基づく個人的義務を意味するものとされた。そして、古代の社会では、個人は自ら権利または義務を持たず、家長の命令と彼の身分を支配する持続的な規則とに従うだけで、契約という自由意思によるコンセンサスの概念を容れる余地がなかったのである。

しかし、メーンは、「古代法論」の中でも、また他の著者の中でも、「身分」および「契約」のそれぞれの意味を厳密にしたうえで、法の発展の過程における相互の関係を機能的に分析したというわけではない。「身分から契約へ」という言葉を使用する場合に、メーンは、「『人に関する法』の中で認められたあらゆる形式の『身分』は、古代においては『家族』の中にあった権力および特権に由来するものである。それゆえ、われわれが身分を最高の筆者たちの慣用に従い、このような人的状態のみを表示するものとし、これを合意の直接または間接的結果といった状態についてまでは適用しないものとする」として、その用法を限定している。メーンのこの限定の意味は必ずしも明確とはいえないが、ポロックは「古代法論」に付した一九二二年の脚注の中で、メーンのこの評語は、最も広い意味における「財産」の法に限定すべきものとし、家族法の領域では、現代のイギリスにおいてさえ、「身分から契約へ」の動きが確証されるようには見えない、といっている。(2)

メーンのこの短絡的 evolutionalism は、社会の多くの側面で evolution の現象が見られた彼の時代のイギリスでこそ支持を受け、彼はそれによって名声を博したが、それは、その後の社会の anti-revolutional な社会状況の下で萎え去った。しかし、彼の歴史的・比較的方法論とインスピレーションから生れた「身分」と「契約」というイデアルティプスが後の思想家に少なからぬ影響を及ぼしたことにも見られるように、(3)「身分から契約へ」という標語が、一面で社会の発展法則を示していることは確かである。それは、「身分」や「契約」という概念をメーンが用いたのとは少し違った側面で把える場合に、より妥当性を見出しうるであろう。その領域の一つとして労働関係を挙げることができる。

status という言葉は、英語でもいろいろな用い方をされるが、これを contract という言葉と対置させると、ある人の権利や義務が自分以外の他の者によって、あるいは、他の者との紐帯によって決定され、その身分を変えることができない以上、自らの自由に決しえない状態を指す。例えば、奴隷、市民、婚姻、父、夫、子あるいは外国人たることなどが特殊の「身分」を齎らす要因の例として挙げられる。しかし、この中で婚姻とか親子とかいうような家族法上の身分は、契約になっていないからといってそのことが直ちに進歩的でないとはいえない。その中には、本質上、契約になじまないものもあれば、かえって法によって身分を強化することにより当事者の利益がはかられる場合もある。例えば、労働法上、一定年齢以下の者が雇用契約締結の能力を与えられなかったり、制限されたりするのはこの例である。(4)

これに対して、一人前の人間が、その人種・種族・性・非市民ということだけで契約締結能力を奪われるのは、正に「身分」である。そこで、かつて人格性（法的な人）を否定され、土地 estate の一部分としてしか扱われなかった奴隷またはそれに近い農奴のような隷属労働から、人間としての存在を認められる「自由意思」による契約労働への転換は、もっとも典型的な「身分から契約へ」の進展であるといってよく、アメリカの南北戦争が「身分」と「契約」とのイデオロギー的闘争であり、「北」の「自由」契約の、「南」の「身分」に対する勝利であったことは人のよく知るところである。

奴隷労働と区別された意味での「自由」労働も、農業単一社会、あるいは、ごく初期の手工業的生産の段階にあって、労働が「家族」を生産の単位として行われたところでは、家族という身分的紐帯に束縛され、労働者の自由移動も極めて限られていたから、制度上の奴隷の廃止というだけでは直ちに契約労働の成立を意味するものではなかった。(5)「契約」社会の要素としては、自由意思、当事者間の対等性の外に、移動の自由ということが重要なのである。イギリス史上、労働市場が成立しない初期の資本主義段階では、救貧法、労働者法、徒弟法などの労働強制立法を通じて労働力の確保がはかられたが、国家が労働移動を制限し、就労を義務づけ、労働条件(賃金率)を定める段階での労働者の地位は、実質上、一種の「身分」と呼ぶにふさわしいものであり、このような立法は「労働法」ではなく、「身分法」とみるべきである。

しかしながら、そのような状態の下でも、雇用労働と呼ばれる形式(form)や慣行が存在することは確かであり、そういう関係については、取引社会の中で古くから用いられてきたcontractという概念を用いて法的処理をはかることが便利とされ、そこに法的に雇用契約という用語や理念が確立される。それは抽象的な法概念であるから、その内容や締結方式がどのようになされるかは特に問題にならない。しかし、この段階における法制度や法概念は、主として支配階級たる雇主または判事による労働者のコントロールのためのトゥールであるから、雇用契約上、労働者の義務が何であり、それに違反した場合にどういう法的サンクションを受けるかが法のルールとして判決を通じて形成されてゆく。イギリスでは、その名も主従法(law of master and servant)と呼ばれ、その内容はマスターに一方的に都合よくできていた。とりわけ、契約違反(忠勤義務や命令に違反したり逃亡すること）に対して告発による刑罰の強制があり、他方、労働者の規律違反は即時解雇の原因とされたのである。これは、一五六二年の労働者法（Statute of Labourer）以来の労働強制立法の痕跡がコモン・ローに入りこんできたものであって、契約違反に対する刑事罰が法律の上で完全に姿を消すのは一九世紀の中葉以後（一八七五年の共謀・財産保護法による）のことである。イギリスで奴隷労働が消滅したのはそれよりずっと以前の一七世紀のことであるが、使用者が一方的に定めた規律をもって、労働者に対し家父長的な絶対的権限を行使し、その違反に対して刑事罰という公権的支持を期待しえた段階での労働関係は、法制度の上では完全に「契約」関係といえても、実質はなお「身分」関係というべきものであった。結局、イギリスの労働関係において、労働者が実質上、「身分」を離れるのは一九世紀の後半とみてよいであろう。(6)

産業革命の展開が、身分的従属という意味では奴隷制に近い家族的労働関係を解体させ、「自由」で「独立」の労働者層を創出したことは、「人間解放」という意味において、正に「身分から契約」への進展であった。しかしながら、契約責任から刑事罰を取除き、それによって労働関係をそれまでの主・従（master and servant）関係から使用者・労働者（employer and employee）関係に転換させた一八七五年の「共謀・財産保護法」はウェッブにより「法における根本的革命(7)」と称えられたが、それは、労働者にとっては、従来の主人の庇護（雇用の安定）と引替えに得た自由に外ならず、逆に雇用契約上負わされるようになった義務は、主従時代より一段と苛酷なものとなったことに注目しなければならない。

要するに、メーンの「身分」から「契約」へという（個人的な）法的状態の発展を表現する言葉は、法的テーゼとしての普遍性や実証性について疑問があるとはいえ、労働者が土地に緊縛された身分状態から自由意思による契約労働への発展を表わすものとしては、イギリス、アメリカはもとより、他の地域においても一般論として否定しえないテーマといいうるであろう。

（1） Maine, Ancient Law, 1861. 法思想史家としてのメーンについては、内田力蔵「メーン」（木村亀二編著・近代法思想の人々・日本評論社)、E. A. Hoebel, Maine, International Encyclopedia of the Social Sciences, vol. 9, p. 530 参照。わが国では、すでに明治一八年に緬氏古代法(鳩山和夫)が出ており、明治の初期から中期にかけて大きな影響力を発揮したといわれる(内田前掲書一二七頁)。

(2) Kahn-Freund 教授も、status をメーンの用いている通りにとれば、一九六七年のイギリス社会でもまだ身分は終っていないといわれる。ibid, p. 637.

(3) 思想家としては、Henry Morgan, Emile Durkheim, Tönnies 等、法思想家としては Allen, Holmes, Pound 等を挙げることができる。

(4) わが国の労基法が、未成年者にその保護の観点から労働契約上の主体たる地位を与える(五八条)のに対して、民法が、別の意味での保護として、未成年者たる子の労働契約締結に親の同意権によるコントロールを与えている(四条)のは、ある意味で「身分」と「契約」との葛藤を表わしていて興味深い。

(5) イギリスにおいて裁判所で奴隷労働の存在が最終的に確認されたのは一六一七年の Pigg v. Caley 事件(Noy 27)だといわれる。そして一七七一年の Sommersett 事件でマンスフィールド卿はイギリス法の下では奴隷が許されないこと、奴隷を認める国から逃亡して来た奴隷もイギリスでは自由であることを宣言した。一九一七年の Horwood v. Millar's Trading Co. (1 K. B. 305)では、奴隷となる契約は裁判上強行しえないと判示されている。

(6) イギリスの労働関係における「身分から契約へ」の過程については、メーンは、「古代法論」の中で「奴隷の身分が消滅して、サーバントのマスターに対する契約関係にとって代られた」と表現しているだけである。彼は「契約」社会が成立した以上、その後に「契約」労働が産業革命の機械の発展の過程でどういう運命を辿ったかについては、ついに目を向けようとしなかったのである。

(7) S. & B. Webb, History of Trade Unionism (rev. ed., 1919), p. 291.

三　労働関係における「身分から契約へ」

他人に雇用されて働く労働は「雇用契約」であり、従って雇用契約は労働関係の基本要素である、といわれる場合、そのイギリス的意味は、そこに「身分」と区別された意味での自発的意思による労働が行われている、ということである。そこには、契約一般の要素としての意思の自由と契約当事者の対等性（equality）が当然の前提とされている。このオプティミスティックな法哲学は、laissez-faire の経済哲学と相呼応して資本主義英国の発展の支柱となるが、イギリスの労働階級には、雇主の支配と飢える自由とをもたらしたに過ぎない。一九世紀の後半以降における労働立法の登場は、法的には対等な契約当事者（労働者）の対等性の実質的回復の試みである。しかし、イギリスではその歩みは決してはかばかしいものではなかった。労働者保護のために契約内容に干渉をしようとする制定法の試みはコモン・ローの契約法の厚い壁にはばまれ、団結保護法による間接的な契約自由のコントロールも大陸法における労働協約立法のような直截的効果をもつものではなかった。他方イギリスではこれらの労働立法が制定されていく初期の過程において、早くも、労働立法による国家の契約自由に対する介入が、「契約」から「身分」への逆行をもたらさないかというイギリス特有の危惧が現れることに注目しなければならない。

労働立法の進展に「身分から契約へ」という近代的エスプリに対する脅威を感じとった最初の学者は、A・V・ダイシー教授といえるであろう。一九〇五年に、彼は有名な「イギリスにおける法と世論」(1)と題する講演集の中で、契約の自由の論理必然的帰結である「共同雇用」common employment の原則を否定する労働者災害補償法をはじめ労働立法に対して、それが「契約」を侵害する「身分」の表われとして危惧の念を表明した。彼は、労災補償法、老齢年金法、工場法、炭坑夫賃金規制法、最低賃金審議会法、労働争議法、労働組合法から国民社会保険法に至る一連の「団体主義的」労働・社会立法をもって、レッセ・フェールの契約自由に対する「社会主義」的挑戦と受けとったのである。

ダイシー教授がこの時代にすでに社会立法や組合運動の発展をもたらす世論の流れをみてとっていたことは先見の明であるが、それを「自由」の理念への否定と考えたところに保守主義者としての限界があった。カーンフロイント教授が指摘されるように、イギリスの労働立法の特徴は collective laissez-faire ともいうべきところにあるが、その collectivism に対し、ダイシー教授は世論の動きと立法との関連として把えるという画期的発想にもかかわらず、その方向において逆だったのである。(2) それはともかく、ダイシー教授の見解が、当時のイギリスの上・中流階級の労働立法に対する一般的危惧の念を代表するものであったことは明らかである。

カーンフロイント教授自身の見解は、イギリスの労働法の体系として、その後の集団的労働関係法の発展にもかかわらず、また今日、個々の労働者に一見、「身分」を強制しているかに見える保護立法の存在にもかかわらず、雇用契約が労働法の corner-stone として契約の自由を保障し（少くとも一九七一年の新労使関係法の成立までは）(3)、団体法も collective laissez-faire として次元の高いところで契約の自由を保障している以上、現在のイギリスでは、たとえ現象的にはそう見えても、「契約」から「身分」への逆行ということはないとされる。(4) そして、現代イギリスの労働法学者の多くも、この見解に賛しているようである。(5)

しかし、雇用契約が労働法体系の礎石をなしているという事実は、雇用契約が文字通り当事者間の自由意思に基づくことを保障するものでは決してない。この点、Rideout 教授は、カーンフロイント教授が雇用契約をもって労働法の礎石とされていることを疑問とし、今日では、もはや雇用契約は、自由意思による合意を表現するものではなく、法的概念としても多くの矛盾を包蔵している、としてその身分化とそれに対応する法的措置を提唱される。(6)

「身分から契約へ」という場合の「契約」という面についてみれば、そこに「身分」的支配関係の下ではみられなかった個人の自由意思にもとづく「合意」の存在ということが識別の基準として強調されるのであるが、それでは、「契約」あるところ常に当事者の真意による合意があるかと問えば、およそどのような契約の場合にあっても、無条件に肯定の答えは出てこないであろう。特に契約当事者の一方が強力な社会的力を有する組織体であるのに対し、他方の当事者が組織的交渉力を有しない大衆である場合には、契約の「付合化」standardization が一般的となる。とりわけ、雇用契約においては、労使間の経済的力の差異が契約の自由を形式化し、労働者が契約の合意性から遠ざかるのは日常の経験的事実である。そして、契約の核心が両当事者の合意という点にあるとすれば、そもそも個別的労使関係の下での雇用契約は、最初から真の意味での「契約」たりえたかどうかさえ疑問になってくる。そうなると、遡って、メーンの「身分から契約へ」というフォーミュラは、果して労働関係において実現されたことがあったのか、という疑問さえ、あながち根拠のない仮説とはいえないわけである。かりに自由意思に基づく雇用契約の存在がある社会で広汎に認められ、その意味で「身分から契約へ」の進展が否定すべからざる公理として一般的に支持されたとしても、その後、資本主義の高度の発展に応じて資本の集中と企業における使用者の権威的支配が進んでゆく段階において、その状態は維持されているのであろうか、と問われる時、そこには大きな疑問が提示されるであろう。すなわち労働者が無産者として企業で働かざるを得ない（経済的）地位に置かれる場合、果してそこに契約締結の「自由」なるものがあるかどうかということである。そこでもし、労働者が使用者（企業）の下で働かざるを得ない状態に置かれ、その意味で契約締結の「自由」を最初からもっていない状態をメーンのいう「身分」だとすれば、そういう状態の下で締結される契約の「内容」も「自由」であるはずがないから、いわゆる従属労働の下では、労働者は常に「契約」でなく、「身分」の下に置かれている、と断言することができるであろうか。われわれがこの問に否定的あるいは肯定的に答えるにせよ、そこでは従属労働関係の下における「雇用契約」とは、一体、何であるのかという根源的疑問に対する解明の必要が生じてくるのである。

（1）　A. V. Dicey, Law and Public Opinion in England during the Nineteenth Century, 1905.

（2）　Morris Ginsberg ed., Law and Opinion in England in the Twentieth Century, 1959, p. 215.　この書は一九五七年から五八年にかけてロンドン大学で行われた公開講座のテキストであり、ダイシーの前掲書と同じ標題の下で、その後のイギリス法の発達と世論との関係の発展過程を究明したものである。中でも労働法を担当したカーンフロイント教授の論文はひときわ評価が高く、イギリス労働法理論の礎石となっている。

（3）　教授は一九七一年の Industrial Relations Act にイギリス伝統の（労使関係に対する国家の）legal absentism に対する挑戦の

危険性を見てとっておられる。
(4) 前掲書の外、Legal Framework, Flanders & Clegg ed., The System of Industrial Relations in G. B., 1954.
(5) 例えば、Hepple & O'Higgins, Individual Employment Law, p. 6. しかし、将来において労働立法が「身分」の支配をもたらすであろうという危惧を示す学者もないわけではない。Batt, The Law of Master and Servant, by G. J. Webber, 5th ed., 1967, p. 27. Salmond, Jurisprudence, 11th ed., 1957 Chap, 11, Sec. 85 参照。
(6) R. W. Rideout, The Contract of Employment. Current Legal Problem, vol. 19, 1966, p. 111. 教授は、雇用契約を締結する自由というものが労働者にとって幻想でしかなくなった現在、雇用契約法は実態にマッチせず、変形するか、無視されるという形でしか機能していないのだから、むしろ、雇用を身分として認めてそれに対応する法を考えるべきだとされるのである。

四 雇用契約の性格と「身分」の関係——石井先生の所説に触れて——

今日の労働法の理論体系にあっては、洋の東西を問わず、少くとも教科書風の書物の中では、雇用契約(これを労働契約といい替えるかどうかは別として)に重要な地位が与えられているように見える。これは、「雇用契約」に代表される個別的労働関係が集団的労使関係法としての団結法に比べてより重要だとか、少くともそれと同等の位置を与えられるべきだという意味でそう扱われているわけではなかろう。むしろ、労働者の労働条件を規律する労働保護立法が個別労働関係を対象とし、労働者の雇用契約に関与するという形をとっている関係上、雇用契約がクローズアップしているに過ぎないのかもしれない。ただ訴訟法の点からみた場合には、労働訴訟がほとんど雇用契約の有効性とかその履行という形で争われており、また集団的労働関係法の領域においても、紛争が対使用者関係において生ずる際には雇用契約上の問題として法的処理がなされるという法的しくみになっているところから、この意味での雇用契約の重要性を否定することはできないであろう。

しかし、「雇用契約」ということが、労働関係において重要だということの意味は、右のような、実定法規の位置づけや訴訟技術の問題の外に、実は理念上の問題があるように思える。それは、近代的な労働関係が前提とする労働者の自由意思による就労というものが、法的には「雇用契約」という契約性を媒介することによってはじめて可能だという発想と関連する。そして、もし、この命題が百パーセント正しければ、労働における「自由意思」が「雇用契約」に体現され、逆にいえば雇用契約は自由のシンボルということになる。ちなみに、社会主義圏の諸国でも「労働契約」ということは問題となるが、そこでは、まさにこの命題が真実とされる。(1)

資本制国家では、特に労使間に階級的力の差が多いところでは、右の命題はそう素直に受けとられないであろう。むしろ雇用契約が「自由」を表明するなどといえばそれは法の虚偽性だと反論されるかもしれない。労働法では、契約当事者間の対等性の喪失とその回復が正に問題とされているからである。労働関係において、労働者が雇用契約の内容の決定に全く発言権がなく、使用者の一方的に決する労働条件の下に置かれるという状態、雇用契約の解約が解雇として一方的になされる状態、あるいは、労働者がその労働力を売る以外に（雇用契約を締結する以外に）他に生計の資を得る方途がない状態といった労働者の従属的地位が、もし法的な意味で status だとしたならば、その度合いが強まるに従って（絶対的窮乏化法則からいえば当然そうなるが）、「契約」は「身分」へと転化していくことになる。

雇用契約における契約当事者の不対等性、あるいは合意の擬制という事実は、大陸では早くから理論上の関心を引き起し、主として従属労働論という形で今日の有力な「労働法理論」を形成した。ところで、従属労働説をはじめに樹立した論者は、大陸（主としてドイツ）の学者であって、イギリス人メーンの「身分から契約へ」の命題を従属労働理論との関係でどう解するか——つまり、自国では労働関係がまだ「身分」の段階にとどまっているのか、それとも「契約」の段階に進んだのか——について特に何も論じていない。従属労働関係の下での雇用契約を真の合意や約因を欠くものとして無効だとみてしまうこと、そこでは、もはや伝統的なローマ法の法的 tool としての「契約」という概念を使用しえないことになるので、多くの従属労働論者は、当時のドイツ労働者が実質上、主体的な雇用契約の担い手でなかったこと、および企業体で身分的支配が強かったことを十分認識しながらも、雇用契約自体は有効に成立するものとし、その上に立って契約における労働者の主体性回復措置としての保護立法や労働協約の法理を説いたのである。なお、企業における労使関係の身分的性格ということは、ドイツの学者をして雇用契約における企業組織体への編入（Eingliederung）という性格を不当に強調させることになり[(2)]、そこから人法的な企業共同体関係の構想とその構成員の負うべき誠実・配慮という契約義務の観念を引出させた。継続的地位設定契約としての雇用契約には、必然的に、身分法的性格の強いことは否定できないが、企業共同体的発想は「契約から身分へ」の反動的逆行に途を開きやすいことはしばしば指摘されるところである。

わが国における従属労働論は主としてドイツの学説の影響を受けたが、当時の日本の封建的支配関係を強く残した労使関係という背景の下で、「身分」という要素が強く意識されたように思える。しかし、すでに明治憲法の下で「身分」は少くとも法的カテゴリーとして消滅し、民法はすべての雇用関係を「雇用契約」と宣言している。つまり、メーンの「身分から契約へ」の過程は、国家の手を通じて法的には実現されたのである[(3)]。しかし、士農工商とか華族、平民というような社会的地位にかかわる身分が法制度上消滅しても、「身分の思想」そのものは消滅せず、日本社会の体質として思想、慣行、習俗、感覚、意識等において存続してきた。のみならず、法制度の上でも改正前の民法の下で家や戸主のような身分的制度が存置され、刑法の尊属殺重罰の規定は立法上いまだに削除されていない。憲法一四条や労基法三条には、社会的身分による差別待遇の禁止が定められて、「社会的身分」というものがなお社会的機能を果すことのありうることを示している[(4)]。

わが国の労使関係に今なお色濃く残存している非近代的要素は、わが国特有の「身分の思想」を反映するものであるが、それはしばしば当事者を「契約」意識から遠ざけるに与って力がある。前述のように、労使関係に「身分的」要素が強く、従って契約性を弱めているのは、労働市場における経済的力関係の作用であって、それはわが国だけの特性ではないが、一般的な契約締結の自由を否定されたうえに、組織を背景とする契約内容についての交渉の余地が否定され、かつ使用者の権威主義的管理の下に立たされるとなれば、わが国の労働関係の「身分感」は一きわ強いものとなったわけである。わが国における従属労働論が、労働法規の適用上、雇用契約と請負・委任等の独立的契約とを識別する法技術論を越えて、契約性の根柢そのものにメスをいれようとする傾向を示すのは、わが国の労使関係の「特質」ないし「特質の意識」によるものといえよう。(5)

そこで、従属労働論のこのようなイデオロギー的立場をつき進めていけば、従属労働とは、単に、労働者が他人の指揮、命令下に労働を提供するという法的ないし経済的従属性にとどまらず、労働者階級として疎外された地位にある状態を広く包摂する階級的従属労働論に行き着かざるを得ないであろう。(6)そして、この立場からみるとき、雇用契約なるものは、実質上、「契約」に非ずして、労働者が企業の中で働かざるを得ない。status（に編入されたこと）を意味するものとなる。

いわゆる従属労働法論が方法論的にもっているように見える非近代性論に対し、「近代主義論者」としての故石井教授は、かねて疑問を提出しておられた。今しばらく先生の所説をうかがうことにしよう。

石井先生は、畢生の大作「労働法総論」の中で、従属労働論に関連して要旨次のように述べられている。「労働力は人間から分離しえないから、これを他人の使用に委ねるときは、法律的に使用者に対する身分的従属が生ずると説く場合においても、それが封建的な身分的従属を意味するものではないことはもとより、法律的な意味において『権力関係』を肯定せしめうるものではない。……従属労働とは、これを労働契約の場合についてみるとき、労働者が労働契約によって自己の労働力を他人の使用に委ねることから生ずる結果にすぎない。……資本主義経済秩序のもとでは生産手段の持主たる使用者と労働力の担い手たる労働者は、労働市場を通して自由な合意により（労働契約によって）結合するものだからである。……生産手段を私有する者に労働力の処分を委ねること自体が剰余価値支配（搾取）として従属的労働関係の核心たる身分的関係であるとし、正にこれを不当として排除するための労働法の生成を問題とするということも考えうることであるが、その場合における労働法は、一時的・便宜的な休戦的法形態として理解される労働法であるか、社会主義ないし共産主義における階級立法としての労働法である」(7)

右の引用は、教授が「労働法の概念」というタイトルの下で論じられた一部であって、私がここで問題に取り上げているテーマとして照合するのは必ずしも適当ではないと思うが、「従属労働」ということの意味を「身分」状態ではなくて、労働契約の下での事実状態ないし結果として把握しておられたことを示すのには十分であろう。もちろん、教授は、「職場における服従関係がそのまま全人格的な社会的な上位下位の観点に発展し混淆する」(8)わが国企業の封建的体質を随所に指摘されており、いわゆる従属的関係の存在自体を否定または軽視されたわけではない。ただ、そういう実態がある場合にも、現代のわが国の雇用関係が雇用契約たることを否定されるわけではなく、従って、従属的関係が法的に問題となるのは、雇用関係の下にある労働者として請負等と区別する場合の識別基準としてに過ぎない、とされるのである。

従属労働関係ということを右のように説かれた教授の説は、例えば「労働法の対象としての従属労働を法外モメントとして労働法上の考慮外におく基本的考え方と密着する」(9)というような批判を受けている。しかし、労働関係において一方の当事者が他方に対して「従属的地位」に立つ関係が雇用契約の成立そのものに影響を与えるものではないという見方が、どうしてそれを「労働法の考慮外におく」ことになるのか、批判説にはそこのところの実証が欠けていると思われる。そもそも批判説の立場では、従属労働関係を雇用契約成否のモメントとして、従属労働関係の下では雇用契約は無効となっているのかといえば、そういう見解は全くきかれない。それでは、「雇傭契約」と区別される意味での「労働契約」では、もはや従属労働関係は止揚されているがゆえに「契約」たりうるのかといえばそうでもない。批判説によっても、およそ資本主義社会では従属労働関係が解消されることはありえないからである。

要するに、現代の雇用関係は、そこに従属労働関係が存在していても、法的には雇傭契約関係が成立しているとみるべきだとする石井教授の立場は、今までのところ有効な批判を受けていないといわねばならない。

私も石井教授の所説に原則的に賛成である。しかし、問題はそれで終ってはいない。現代の雇用関係が法的に「雇用契約」とみなされるのは、単に現代が、奴隷社会でも封建社会でもなく近代社会だからという理由によるものではない。それは抽象的にいえば、現代社会があらゆる側面において「身分」支配の社会となること、あるいはそれに逆行しないことを原理的に保障されていることによるものである。現代社会（ここではわが国のこと）は、憲法をはじめとする実定法規で人権無視の身分支配を禁じているが、部分社会の中には「身分」がまだ残っており、完全に「契約」化されたわけではない（そういう社会は現実に存在しないであろう）。特に労働関係においては、身分支配の遺風が強い。加えて労働契約の締結の過程で当事者間に真の合意が形成される機会が乏しく、実質上、「契約なき」労働関係が成立する可能性が大きい。そのような状況にもかかわらず、雇用関係が原則として法的に「契約」関係とみなされるのは、やはり、諸種の労働立法が契約関係および契約内容に保護法的に介入しているからである。これを一般論的にいえば契約関係に対する国家のその保護水準が近代社会の水準からみて合理的ラインに達しているとみられる限り、その国家では、たとえ、労働者が「契約の自由」から程遠い状態にあるとしても、雇用関係に入ることをもって法的に雇用契約を締結したのだとみなすことが許されるであろう。

もっとも、労働立法が付与する保護の水準は、団結法を含めて各国において今後ますます向上し、かつ、その領域を拡げていくことであろうから、労働契約において当事者が現実に合意をとり交わす余地は少くなり、「契約の自由」なるものの理念的な価値がその意味で失われていくので、その段階では、もはや労働契約というような技術概念は無用に帰するかもしれない。少くとも労働法体系の中でこれまで労働契約が占めてきた主役の座から降ろすべき時が近い将来くるであろう。

わが国についてみれば、すでに述べたように、労働契約が法技術概念として訴訟上占めている役割の大きさからいって、制度上、にわかにこれを廃棄することは望めないが、概念的にみれば、今日の労働契約なるものは、労働保護法や集団的労使関係法が、その「自由性」に重要なワクをはめることを通じてはじめてその存在を主張し、余命を保っているに過ぎないといえよう。なお、わが国では、実定労働法規だけでなく、例えば、解雇正当事由説や解雇権濫用論など、判例法として発達した法理が、契約自由の重要な側面である解約（解雇）の自由に重要な制限を加えている事実に注目すべきである。[10]解雇の自由こそは、法的に「契約の自由」の主要な側面であると同時に、その圧力を通じて契約内容を一方的に支配し、実質的な従属関係を支える社会的機能をもつものであるが、国際的に見て労働保護法上最も後れた領域であるこの労働者の地位の保障も、ようやく各国で立法による規制措置がとられるようになった。その反面、労働者側の解約（退職）の自由は、強制労働の禁止という原則によって各国ともかなり早くから保障している。そして、この解約の自由における労使の「不平等」[11]が「契約から身分へ」の逆転を防止するのに寄与していることは疑いのないところであろう。

労働立法による契約関係への介入が身分—契約の近代的流れを、契約—身分の方向に逆流させないかというイギリス人流の危惧は、立法万能論者にとっておよそナンセンスと思われるかもしれないが、ナチス・ドイツ時代の労働法のようなポラー・ケースを例にとるまでもなく、およそ制定法が労働者の自主的意思を全く無視するような機能を果すようになると、そこに、国家の手による「身分」の強制の危険が生ずることになる。[12]

イギリスでこの種の立法として最も引合いにもち出されるのは港湾労働法（Docks and Harbours Act 1966）である。同法によれば、使用者はボードに組織化され、一方、港湾労働者は雇用を得るためにはすべて登録をする必要がある。登録をした労働者は仕事にあぶれても、使用者の拠出にかかる共同基金から「待機手当」を支給され、つまり雇用を保障される。ただし、労働者は登録した使用者の下でしか働けないから、その意味では「契約の自由」がない。そこに、契約の自由のない労使関係の下で労働の義務を負わされるのは「身分」ではないかという疑問が生ずるわけである。これについてイギリスの学者の答えは、ネガティブで、労働者はその場合にも登録するかしかないかの自由、つまり契約締結の自由をもつのだから、その限りにおいて「身分」の下にはないと論ずる[13]。

もう一つの例としてはストライキを禁止する労働立法の下での、雇用契約の自由と「身分」をめぐる問題がある。こちらの方は、わが国でもスト権の問題として大きな関心と議論を生んでいる。そこでは、ストライキの禁止は労働者が働きたくないという雇用契約締結拒否の自由を法によって禁止するものであり、その意味で就労を強制するものだから、国による「身分」の強制だという批判がなされる。ストライキは雇用契約の解約だという古典的見解に立てば、前例と同じように、ストの禁止は、理論上、契約締結の自由の否定とはならない。しかし、今日では、ストライキを雇用契約の（機能の）停止または中断と解する見解が国際的にも支配的であるから、法による雇用契約の継続の強制が「身分」への逆行にならないかという批判は、それが「強制労働」であるかどうかの問題とは別に、一理あるのである。

以上の例は、いずれも労働法上難しい問題であるが、単に労働者が（雇用）契約解約（退職）の自由を最終的に保障されているということだけでは十分に納得のいく説明たりえない。これはやはり「自由」の本質につながる問題である。前近代的社会における「身分」と対置される意味での一九世紀的、古典的「自由」が、いわばネガティブな自由として（現代的意味における）新たな「身分」支配を招き易い社会的状況にかんがみ、少くともその方向への流れを阻止するよう「契約」に新たな積極的役割を与えることが必要のように思われるのである。ともかく、労働法における「身分から契約へ」あるいは「契約から身分へ」というテーマは、メーンの意図と用法とは別に、雇用（労働）契約の性格の問題として、常に繰り返し問わるべき戒言であると思う。

（1）例えば、Andor Weltner, Fundamental Traits of Socialist Labour Law, 1970, c. 8 (Function of the labour contracts and its necessary content elements.) p. 124.

（2）Nikisch, Arbeitsrecht, S. 31 を代表とする編入説である。しかし、労働契約というものを全く顧慮せず、単に企業への編入ということだけで労働関係の成立を認めるような古典的編入説は、さすがに現在の西ドイツでは却けられている。A. Söllner,

Arbeitsrecht, 1969, S. 197.

(3) 井上茂「法秩序の構造」昭四八、三七九頁以下。

(4) わが国の雇用関係においては、労働者の会社における制度上の地位の差にもとづいて待遇または解約条件が異なる著名な現象として臨時工制度がある。臨時工が身分的な制度であることは疑いがない（最高裁判決も「身分」という言葉を使用している。最高一小判昭四八・一一・八労経速五〇二号）が、それが憲法一四条または労基法三条にいう「社会的身分」であるかどうかは争いがある。消極説をとる通説や行政解釈も、法令にいう身分とは、「生来の」身分をいうというだけで、臨時工のような身分が何故それに含まれないのか積極的理由を示していない。最高裁は、憲法一四条、地公法一三条の社会的身分とは「人が社会において占める継続的な地位」をいう（富山県立山町事件、大法廷昭三九・五・二七民集一八巻四号）と説明している。労働判例では、臨時工と本工の差異は労働契約の内容の相違によるもので、社会的身分による差別とはいえない、と解するのが一般である（東芝事件横浜地決昭三八・四・二四労民一四巻二号、日本スピンドル事件神戸地裁尼崎支判昭四八・三・三労判一七九号）。この考え方によれば、臨時工という身分による差別的待遇は、臨時工「契約」にもとづくものであって、ほんらいの「身分」によるものではないということである。

(5) 下井隆史「雇傭・請負・委任と労働契約」甲南法学一一巻二・三号、同「労働契約と賃金をめぐる若干の基礎理論的考察」ジュリスト四四一号参照。

(6) この問題については、拙稿・沼田教授還暦論文集所収「労働契約論」参照。

(7) 労働法総論一二五—七頁。

(8) 前掲書一四一頁。

(9) 浅井清信「労働契約概念を規定するもの」労働法四二号二三頁。

(10) 小西國友「解雇の自由」法学協会雑誌八六巻九号—八七巻二号参照。

(11) もし、労働契約における解約の自由を規制するために立法が労使を平等に扱うという立場をとるとしたならば、労働者側は解雇からの保護の代償として退職の自由を否定され、意に反する就労を義務づけられることになる。そうなると、それは、もはや「契約」としての労働関係でなく、法による「身分の」創設といえるであろう。

(12) 故フリードマン教授は、左右を問わず、全体主義国家において、この危険性を指摘された。Legal Theory, 3rd. ed., p. 146.

(13) Hepple & O'Higgins, ibid, p. 7. Kahn-Freund 教授は、この批判は、全く誤りというわけではないが、メーンが使用した意味での status とはいえない。何故なら、メーンのいうそれは、契約締結の自由に legal pressure が加わる状態であるのに対し、港湾法によって労働者が特定業者に登録せざるを得ない。social pressure は、単に事実上の compulsion に過ぎないからだとされる（ibid, M. L. R. vol 30–6, p. 643）。

〔石井照久先生追悼論集『労働法の諸問題』一九七四年〕

〔追補〕　労働法における「身分から契約へ」・再論

一　労働関係の長い歴史的変遷のターニングポイントを「契約」に基づく労働の成立に置き、その発展過程を一言で言い表す言葉に「身分から契約へ（from status to contract）」がある。この言葉は、もともと一八六一年に、イギリスの法制史学者ヘンリー・メーンが『古代法』(1)の中で述べたものである。メーンは、その第五章「原始社会と古代法」の部分の要約として、「人の権利・義務の関係が家父長の権力や特権に支配されていた」原始社会（primitive societies）と、その人的関係が「自由な合意」としての「契約」に基づいている今日（当時）の社会とを対比させると、その間に、「身分から契約へ」の社会の発展（evolution）を見て取ることができると述べた(2)。メーンの「身分から契約へ」というごく一般的な提言を当時の一般の人びとがどう受け取ったかは明らかではないが、やがてこの言葉を「労働」の社会関係に当てはめ、労働者が生来の「身分」秩序の下で家長の命ずるままに無定量の就労を強いられていた前近代的社会から解放されて、労働者自ら、職（仕事）とその場所を選ぶことができ、「自らの意思」で結んだ雇主との契約に従って自主的に就労することができる社会への「発展」ないし「進歩」を意味するものとして大きく評価されるようになった。労働運動の分野では、「身分から契約へ」を旗印しとして社会の「進歩的」イデオロギーとして利用された。今日でも、この言葉は、このような意味合いにおいて用いられている。

ところで、メーンが『古代法』を書いた当時（一八六一年）のイギリスの労働関係を見ると、「身分から契約へ」のプロセスが果たしてどの程度に進んでいたかは疑わしい。産業革命の過程が完了して久しく、産業労働者の「身分的」拘束からの解放が進んだことは明らかであるが、「身分」と「(雇用)契約」とは実際上、併存する状態にあった。「雇用契約(contract of employment)」という労務の提供と賃金の支払との双務関係として把える法的テクノロジーは、イギリスでは「身分」社会において導入され、契約違反の労働者を処罰することで、それが労働秩序を支える支柱の一つとなっていた。「身分から契約へ」という場合、「身分」と「契約」とを相互に相対立する概念として捉えられがちであるが、これを「身分的要素」と「契約的」要素の優越度として捉え直せば、両者が並存して、時代の経過にしたがって後者が優越して行くプロセスの問題ということになる。そこで、今日のイギリスの学説では、「身分から契約へ」という不明確な評語に代え「身分的モメント」と「契約的モメント」というより柔軟性のある言葉を用いている。それはともかく、イギリスにおける前者から後者への移行の過程を瞥見すると、ほぼ一四世紀頃に始まって、(ヨーロッパの他の後進産業国に比べて、)きわめて緩やかに進行した。[3]その原因の一つとして、「主従法」という制定法と相俟って、イギリス法において支配的な地位を占める「コモン・ロー」がマスターによるサーヴァントに対する「身分的」支配関係をバックアップしてきたことが挙げられる。一九世紀の後半に至って、「身分」の法的シンボルであった「主従法」が漸く廃止され、代わって、「契約」の法的シンボルとしての一八七五年の「使用者・労働者法」(労働者を「servant」から「employee」へ、雇主を「master」から「employer」に変えた)が制定されたことによりようやく「身分から契約」への実定法による裏付けができた。しかし、議会側がさらに進んで主従法の空隙を埋めるための「雇用契約法」を制定しなかったこともあって、雇用契約の「法」は、コモン・ローの法理に委ねられたままであった。議会は、雇用法の不備に基づく労働者の不利益を労働組合の団体交渉力によるバックアップを通じて埋めるべく、「団結法」の制定に重点を置き、一八七一年に、画期的な「労働組合法」を成立させた。そして二〇世紀の初頭までに、「労働争議法」(一九〇六年)を初め最低賃金法等の労働立法が制定され、主要な労働立法は、ほぼ、制定されてしまった(カーン・フロイント、Labour Law, 1959)。

以上のように、イギリスの労働関係における「身分から契約へ」の発展過程が決定的になったのは、「主従法」の廃止と「使用者・労働者法」の制定、「労働組合法」の制定を見た一八七〇年代になってからであり、メーンが『古代法』の中でこの言葉を使用した一八六一年からは一〇年も先のことであった。もともとメーンは同書の中で、「人（人格）の法」に関する変化として述べただけであり、労働関係における「身分」と「契約」との関係については何も述べていない。にもかかわらず、この言葉がその後の雇用契約の理論や立法の発展を促したかのように理解されがちなのはその「評語化」[4]によるものと思われる。

二　ここで、「身分から契約へ」というテーマを労働法の観点から最初にとりあげたカーン・フロイントの批判との関連でA・V・ダイシーについて補足しておこう。ダイシーは、不朽の名著と言われる『法と世論』[5]の中でメーンを含む一九世紀の政治思想家を批判的に取り上げている。彼は、二〇世紀初頭におけるイギリスの立法の展開と「世論」の相関関係を① Torysm（一八〇〇～一八三〇年）、② Benthamaite or Individuarism（一八二五～一八七〇年）、③ Collectivism（一八六五～一九〇〇年）の三期に分けて観察している。メーンの著作は②の時期に書かれたが、ダイシーは彼の古代法研究の基底にある法律論は、結局、ベンサムの個人主義あるいは功利主義論の系譜に属する「法倫理説」に外ならないとしてあまり評価していない。ダイシーは、②の時期を立法の進展と自由・個人主義の世論とが最もよくマッチした時代として評価した。反対に③の時期は collectivism あるいは socialism の世論に基づき集団主義的立法のアンバランスな発展に批判の目を向け、とりわけ、労働・社会法のそれに厳しい批判を加え、それらが個人の「契約の自由」を侵害するおそれがあると訴えたのであった。

立法の発展を世論という思想と関連づけて分析するダイシーの方法論から見ればメーンが低い評価しか与えられなかったのは相当かもしれない。しかしダイシーの③期における立法批判に用いた労働立法に対する批判は、「名著」らしからぬ誤解あるいは偏見によるところが大きく、半世紀後に再批判されることになった。

三　イギリスでメーンのいわゆる「身分から契約へ」というテーマが雇用契約の本質や性格にかかわる問題と

して再び取りあげられるようになったのは、第二次大戦後、ワイマール時代の法曹・労働法学者で、ナチスドイツから亡命したカーン・フロイントにおいてであった。彼は、社会学者ギーンスバーグがダイシーの『法と世論』にちなんで編集した『二〇世紀における法と世論』[6]において担当した『労働法』において、前記のダイシーの労働立法への批判に対して、厳しい反論を展開し、右の労働立法が決して労働者個人の自由を侵害するものでないこと、時の政府の立法政策の基本的立場は、労働関係を労使の自治に委ね、無用の干渉をしない非介入主義であり、労働者の保護に最低限必要と認められる法的規制以外は労働者の自由意思を尊重する方針をとっていたことを強調した。その後のイギリスの労働・社会立法の態様に照らせば進展がダイシーの懸念する労働者の自由の侵害の恐れはむしろ杞憂に過ぎなかった。右の論文の約一〇年後に書かれたA Note on Status and Contract in British Labour Law[7]において、カーン・フロイントは、結局、メーンのいう「身分から契約へ」の移行は、労働関係の側面に限定する限り、明らかに当時の社会の進歩に寄与したと評価し、そしてそれには（労働）法がその展開を促進するために一の推進的役割を果たしたこと、またそれによって身分→契約のもたらす「負」の側面が相当に埋め合わされたとして労働法における重要性を指摘した。そしてそこから雇用契約をもってイギリス労働法という「壮大な建物」の礎石（コーナーストーン）と位置づける彼の雇用契約の理論が導き出され、しばらくの間、イギリスの支配的学説となった。彼の偉大な労働法学説の全容を理解することはなかなか難しいが、特に雇用契約（の礎石）論については、イギリスの学者の間でも論議があるようである。それは、イギリスが「非公認スト」に見舞われた一九七〇年代に始まっている。

その一人として、R・ライドアウト[8]は、『雇用契約』は、イギリスでは、一九世紀はもとより、二〇世紀の現在においてさえ、雇用関係を基礎付けるほどの安定したものとなっているとはいえず、雇用関係の『礎石』どころか、『ざれ石の積み重ね』にすぎない」としてカーン・フロイントの「雇用契約礎石論」を批判した。そして、自説として、雇用の法的関係を「雇用契約」を中心とする考え方に代えて、雇用契約、労働協約、就業規則、慣習、制定法、判例法など、実際に雇用関係を規定しているもろもろの諸規範から成る「関係」と説いた。労働社会学者A・フォックスも、[9] 現代の雇用関係に見られる使用者の労働者に対する包括的な支配権が一四世紀以降「主従法」という法を根拠として一九世紀に至り「契約的構成（contractual framework）」に組み込まれたものであって、かつての前近代的な家族的農業や手工業時代ならばともかく、産業革命後の近代的産業システムにはもはや適合しなくなったにもかかわらず、清算されないまま残されたもので、使用者の指揮・命令と被用者の服従義務との関係のみならず、労使相互の信頼関係そのものをあいまい（diffuse）化し、法的には、雇用契約の規定の解釈について、裁判所に多くの「黙示条項（implied term）」を作成させることになった。こうしたことが、今日のイギリスの労使関係の不安定化の原因であると批判した「雇用契約」に固執しがちな法学者たちへの鋭い批判をこめてフォックスは、メーンのいわゆる「身分から契約へ」のイデオロギーとしての「発展説」に対する疑念を表明したものとして、その後の学説に少なからぬ影響を及ぼしている。

カーン・フロイントは、"A Note" および "Blackstone's Child"[10] において、これらの批判は、「身分」（status）の用語の拡大あるいは混乱から生じたものであり、また、「身分から」「雇用契約」への発展という事実だけで労働者が使用者と対等の立場に立ったことを意味しないことは明らかであるが、それゆえに国の手による労働者保護のための制定法が必要とされたのであり、その際、イギリスの制定法は「雇用契約」を「外側から」規制するに止めた点に特色がある。労働者がこれを受け入れるかどうかが「自由」である限り、労働保護立法の制定が当事者の「契約の自由」を侵害するという意味での「契約から身分へ」の逆行はあり得ないと反論している。[11] しかし、この論議は、雇用契約論の本質論に至っておらず、かみ合わないまま、今日に持ちこされている。

その後、一九七〇年代に始まる保守党政権による労働関係法の「大変革」を経て、今日のイギリスの労働法学の関心は、主として「雇用法」（Employment Law）に向けられ、多くの新たな研究成果を生み出しつつあるが、[12] その中で、メーンの「身分から契約へ」というテーマが今日の視点からとり上げられ、「雇用契約は果して『契約」か『身分』か」[13]が問われているのが注目される。この点については、「追補」としての本稿の範囲を超えるので、他日に期したい。

四　イギリスにおける「身分から契約へ」の移行の過程を同時代のヨーロッパ大陸諸国のそれと対比してみよう。[14]一九世紀の終わりから二〇世紀の初頭にかけて、後進資本主義国として深刻な労働問題に直面した「大陸法系」諸国では、集団的および個別的労働関係の両面において、国の積極的立法政策を進めた。フランスにおいては、民法典の中にローマ法伝来の「身分契約」としての「労務の賃貸借契約（location conductio operarum）」に代わる新たな「雇用契約」の定めをし、多くの国がこれに倣った。しかし、雇用契約における労働者の対等性が「法的たてまえ」に過ぎない点では、イギリスのコモン・ローと同様であった。劣悪な労働条件や失業問題を契機として、「社会問題」が深刻化したため、これらの諸国は、これに対処するために、労働保護立法および団結法の制定を積極的に進めた。特に、イギリスと異なり、労働協約に個別雇用契約に対する規範的効力を付与する立法政策が取られた。それは、労働法体系の下において「雇用契約」が（理論的には）雇用関係における首位の座を失うことを意味した。この政策の背景には、「雇用契約」の下では労働者は使用者に「従属する」地位に置かれているという、「使用従属論（subordination theory）」という学説の発展とその大きな影響力があったと思われる。これらの「大陸法系」諸国にあっては資本主義社会の下での労働者の「身分的」格差は使用従属的関係から必然的に生ずる問題であるから、「身分から契約」の過程は、労働関係にあっては何らの「発展」をも意味せず、むしろ、新たな使用者による「身分」的支配を齎したに過ぎないと考えたのである。その労働法学説の中にメーンの標語がほとんど見られないのはその故と思われる。そしてこの点は日本についても同じことがいえる。

五　わが国の現在の労働法学では、メーンの標語をめぐってイギリスで展開された「身分」と「契約」との関係は、今日の「労働契約論」の中で、直接、論じられることは、少ないようである。確かに、メーンの標語は、それ自体、「法原則」でもなければ、そこから何らかの法的命題といったものが引き出されることはない。つまり「法源」として何らかの実定法の解釈に役立つ法理としての意義はほとんどないのである。しかし、この出所のはっきりした評語のもつ「発展論」は、日本の開国に際して旧体制の打破と「近代化」促進のための大きな法的・政治的イデオロギーとなったことは確かである。そのことを前提にして、以下にわが国における「身分から契約へ」における「身分」問題への対応を概観してみよう。

㈠　わが国では、明治維新の開国政策の一環として「四民（士農工商）平等、人身売買禁止」、「諸奉公人職人等給金雇料の双方相対（対等）」の定め（大政官布告明治五〜八年）を通じて、労働の「身分」からの解放が進められ、やがて明治二九年制定の民法典に「雇傭ハ当事者ノ一方カ相手方ニ対シテ労務ニ服スルコトヲ約シ相手方カ之ニ其報酬ヲ与フルコトヲ約スルニ因リテ其効力ヲ生ズ」（二六三条）るものとして、「雇用」、「請負」、「委任」の労務提供契約上の法的枠組みをドイツ法に倣って、定めた。[15] この時点において、日本でも、市場経済制度がこのような私法体制を必要とするほどまでに発展しており、人が働くという関係が、雇用者と被用者との「契約」に基づいて成立するという社会的な認識も普及し始めていたから、メーンの「身分から契約へ」の移行が成立したといってよいであろう（ちなみに、メーンの「古代法」の邦訳は、すでに明治の初期において、人々に相当読まれていた。内田・注(1))。しかし、この段階では、国の資本主義市場体制の確立のための「契約の自由」を推進する法体制の方が先行して、企業、特に中小企業においては、劣悪な労働条件と「原生的労働関係」が支配した。そして、これに対する国の労働保護立法は著しく立ち遅れ、労働法の体制および内容がようやく整ったのは、第二次大戦以後であった。

㈡　戦後の（現行法の）雇用関係に冠する法制度における「身分」的差別の規制との関係を暫見すると次の如くである。労基法（第二条）は、（労働契約等で定める）「労働条件は、労働者と使用者が対等の立場において決定すべきもの」と定め、労働契約における労使の「対等性」を（あるべき）理念とし、具体的には、第三条に定める「均等待遇の原則」を初めとする保護的立法措置を通じて、労使間の現実的な「不対等」関係を規制していくという政策が採られている。そして、同条は、「使用者は労働者の「国籍」、「信条」又は「社会的身分」を理由として「労働条件」についての「差別的取扱」を禁じている。

「社会的身分」とは、憲法一四条において、人種、門地、性別のように、人が出生によって決定づけられる「生来」の地位または身分とされ、労基法三条のそれについても、同旨の解釈が採られており、これを「生来的事由」に限定し、企業の制度上の「身分」など、「後発的」なものは含まれないとする公権的解釈が早くから定着している（昭和二二・九・一三発基一七号、該当事例として「被差別部落出身」等が挙げられる）。学説、判例においても、この解釈が通説となっている。[16]

㈢　こうして、法に定める「均等待遇の原則」を「社会的身分」という生来的な事由に基づく差別のみに限定する解釈が定着してしまったことは、それ以外の、「制度」あるいは「慣行」による実質的な「身分的」差別は直接には実定法の規制対象とされないことを意味した。しかし、企業の制度に基づく、労働者の「階層」差別が労基法三条の「均等待遇」の原則に違反するとして争われた最初の訴訟事件である「期間雇用者（臨時工）」の雇止め事件ケースであった。

わが国では、私企業、公務において戦前から、種々の名称の「臨時雇」制度があった。ただ、戦前は、一般的に、私企業の雇用関係は期間の定めのない「常用」が普通であり、「臨時雇」は、一時的需要を賄う例外的措置にとどまり、契約期間もごく短期で、契約「更新」による継続雇用はなかった。ただ、第二次大戦中、労働力の不足を補うため常用労働者に代る「臨時工」が大量に採用されている。戦後、経済再建が軌道に乗った時点では雇用市場は厳しかったが、雇用された労働者は、ほぼ、常用であり、特に、男性ではそうであった。その後、特需景気により、製造業を中心に、大量の労働者が採用されたが、この頃から、企業は先行きの不況時に備え、雇用者を「期間」雇用者として採用した。戦前の臨時工の復活であった。従業員の採用は、最初から期間の定めのない「常用社員」と有期雇用の「非常用社員」に区分し、それぞれ別個の管理体制の下に置かれた。前者は「定期採用」であるが、後者は、必要に応じて随時、採用し、期間満了によって雇止めし、必要であれば、期間が更新された。両者の賃金体系も全く別立てとし、非常用者の賃金は、年功給と職務給を主体とする常用者の賃金体系によらず、職種、職務、勤務年数にかかわらず、一般に、一律の時給制とした。その額は、労働市場における最低基準線に固定化された。相対的に、常用者は終身雇用社員として厚遇され、両者の処遇格差は著しいものとなった。不況時に労働需要が減少して整理解雇が必要になった時に、容易に「雇止め」することのできる非常用労働者は、労働法上、解雇が難しい常用者の雇用確保のための「防波堤」とされた。

組合運動側では、戦後間もない時期から「企業民主化」闘争として「身分」制撤廃を要求事項に掲げ、「近江絹糸争議[17]」に典型的に見られるように、会社や職制による私生活干渉の廃止と比べて社内の「身分制度」である「職員」と「工員」の区分撤廃を求めた。この区分は、西欧社会の「ホワイトカラーとブルーカラー」の区分に似ているが、日本の場合は、企業側が最初から従業員管理制度の一つとして創出した点が異なる。特に大規模製造業においては一般的であり、給与体系や処遇に大きな格差があった。戦後、企業内組合が結成された時には、ほとんど「工職」の区別がなかったのに、企業の職制では依然として残っているので、「身分制」の撤廃は、職員層にも支持が強く、企業側も比較的早くから譲歩して、多くの企業で撤廃が進んだ。組合の次の目標は「臨時工」制度の廃止に向けられた。しかし、企業側にとっては、「臨時工」制度の廃止は、ひいては、非常用者制度一般の廃止につながるものとして強硬に反対した。組合側も、企業内組合の性格上、臨時工や非常用者を組合員として組織化するのが難しかったこともあって、結局、廃止運動は先細りになった。訴訟は、臨時工自身の手によるほかなかった。

「臨時工」事件についての最初の最高裁判決である「東芝柳町工場事件[18]」では、期間二ヵ月の「臨時工」として雇用され、常用者と同様の仕事（職務）に従事し、期間満了後も二〇数回にわたり契約を更新された後、期間の満了を理由に「雇い止め」され、このような「身分」的差別は労基法三条にいう「社会的身分」に当たり違法であり、解雇権の濫用として無効と主張して地位の確認を求めたものである。判旨は、「臨時工」制度の法的性格については、既述の「公権的解釈」を踏襲して、企業の管理制度に基づく処遇上の格差は、同法の「社会的身分」を理由とする差別的取扱いに当たらないとしつつ、当該臨時工の雇用期間に関する企業の取扱いが「期間の定めのない」従業員のそれと実質的に変わりがないと認められる場合には、解雇権濫用禁止の法理が類推適用されるものとして、結論として原告の請求を認めた。

本判決の社会的意義はこうである。憲法一四条の「法の下の平等」を根源とする実定法としての労基法が「身分」に基づく差別を「社会的身分」という「先天的」事由による差別に限定している以上、企業の「制度」によって生じる従業員間の「身分」上の格差については違法とまではみなし得ないが、企業側がこの制度をもって、「有期雇用」の更新を重ねつつ、期間の定めのない常用者と実質的に同一の仕事をさせながら、必要がなくなれば、期間満了という だけの理由で「雇い止め」をするような社会的に不当な目的に悪用するのであれば、それは、もはや権利の行使とはいえず、「権利の濫用」に当たるから、期間の定めのない労働者に適用される「解雇権濫用禁止の法理」を類推適用するのが相当と判断したことである。この頃には、「解雇権の濫用」に関する判例法理は多くの事例の積み重ねにより、ほぼ定着してきていたとはいえ、企業の従業員管理上、期間の定めの有無は、決定的に重要な問題であったから、本判決の企業側に与えた衝撃は大きかった。その後の「日立メディコ事件」[19]の最高裁判決は、東芝事件の認定事由に加えて、使用者が当該労働者の雇用に際して終身的あるいは常用者並の継続雇用の「期待を持たせる言動」をしたことを挙げている。

「臨時工」という名称は、企業の非常用化政策が進み、事務系一般社員に及ぶに至って「期間雇用者」とか「臨時社員」等に変わったが、それは、「臨時工」の判例法理が労働者全体に及ぶことを意味した。この判例法理は、企業側にも、有期雇用者の「雇い止め」には、常用労働者に対する「解雇」に準じた、それ相当の理由を要するという認識を持たせる一方で、その対策として、雇用期間の短縮、契約更新の中止、更新の回数の減少といった措置を講じさせた。判例のいわゆる「負」の効果であり、労働者側には立法による解決を求める声が強まった。

平成五年制定の「パートタイム労働法」は、非常用労働者の「身分的」格差の緩和に向けての最初の立法として、それなりの社会的意義はあったが、実効はあまり期待できなかった。同一九年の改正法により、「業務内容および責任の程度が常用従業員と同一の」パートタイマーに対する賃金を初めとする待遇についての差別的取扱いが禁止されることにより、ようやく、短期雇用者という企業の管理制度に基づく「身分的」差別が、労基法三条の「均等待遇原則」の中に実質的に組み入れられた。

(四) 有期雇用制度とともに、労働者の雇用関係や労働契約上の地位を不安定にした制度は、昭和六〇年から立法化された（昭六〇法五八「労働者派遣法」）労働者派遣制度である。この制度は、わが国だけでなく、いわゆる「フレキシビリティー」政策に基づいて、諸外国においても、特別立法を通じて、採用されているが、どこの国でも、この新たな有期雇用制度と従来の雇用契約関係との整合性をめぐって論議のあるところである。(20)

「労働者派遣法」は、「職業安定法」が厳しく規制していた労働者供給事業の規制緩和を図り、「労働者派遣契約」の下で、派遣先企業―派遣元企業と派遣労働者との就労関係を通常の雇用関係から切断することを眼目とした。その立法政策の根拠として、労働力の需要・供給者「双方のニーズ」とか、労働者の「職業選択肢の拡張」が挙げられているけれども、労働者側に通常の労働契約関係に代わる積極的メリットがあるわけではないから、要するに、「企業コストの削減」という労働市場政策に他ならなかった。ただし、労働者「供給」事業に本来伴いがちな不当な搾取関係を規制するため、「労働者派遣法」は、派遣就労をめぐる保護法規上の責任主体および派遣労働者の就業条件を明確化するため、事業の運営に行政取締り法規を設け、全体として、かなり厳しい規制措置を採った。しかし、最初、専門的業務のみに限定されていた派遣事業は、一九九九年、経済界の大幅緩和の要請にこたえて、ネガティブ・リスト方式により、製造工程以外の業務に拡張されていき、二〇〇三年には、深刻な失業緩和政策の一端として最後に残った製造業も解禁されることによって、規制は事実上、なくなった。

「労働者派遣法」の下では、派遣労働者は、派遣先に事業主の指揮・命令を受けて就労するが、通常の雇用関係であれば生じるはずの事業主との労働契約関係が生じない。そこでの最も大きな法的問題は、派遣先の事業主に対して、本来「労働契約」の当事者たる派遣労働者が保有すべき「契約主体性」を有しないことである。それは、これまでの労働法が築き上げてきた雇用の保護法理の重要部分を「市場の自由競争」の要請に応えて大幅に棚上げする措置に他ならなかった。「契約」の法理と保護法の及ばない労働関係は「身分」に支配され易い。(21)

(五) 「封建社会」の解体から近代資本主義社会の開幕までの幕間がきわめて短かった日本では、労働関係における「身分」→「契約」のプロセスを国のリーダーシップにより、大陸法型の「立法主導的理論モデル」に沿って進めた。それは、一面で成功したが、他面では、法の体制と実際の社会関係とのギャップが大きく、特に労働関係において、前近代的な「身分的」要素が残された。この「古典的」意味における「身分」的要素は、後の日本経済の「高度成長」と雇用差別規制を目的とする諸立法によって漸次、払拭されていったが、これに代って登場したのが、企業の従業員管理制度としての常用・非常用労働者の階層化という新たな「身分」制度である。それは、一見、「期間の定めの有無」という法的技術に依拠するだけの、「近代的」雇用管理方式に過ぎないように見えるが、実際は、常用労働者にのみ適用される「終身雇用―年功賃金制」という「日本的慣行」の「表と裏」の関係にあったところから、臨時工問題以来の判例法は、結局、これを法にいう「社会的身分」と認めなかった。この法体制が平成期の大不況を契機にしてパート、派遣労働を中心とする激しい非常用化現象を招いた。

わが国の雇用者全体の中でパートタイマー、アルバイター、派遣社員、契約社員、嘱託等の非常用雇用者の占める比率が急速に高まり、特に、リーマン金融ショック以降、三対一（正社員の全労働者に占める割合は、約六二パーセント）にまで達したと推定されている。非常用労働者の賃金水準が「生活保護者手当」のそれを下回る新たな「階級社会」(22)を産み出す原因の一つといわれる。これら非常用労働者は、短い雇用期間が終了して、新たに求職口を求めても、「非常用労働者であった」という前歴の故に、あるいは、非常用労働者としての就労期間中に、常用労働者として雇用されるに足るだけの労働能力または技能を修得できなかったために、常用雇用への途を閉ざされ、非常用労働者の労働市場に滞留せざるを得なくなっている。この現象は、今日の社会がかつて「身分から契約へ」という言葉に象徴されていた古典的（前近代的）意味におけるそれとは全く違った意味での、「身分」に支配された社会、あるいは、メーンの標語を逆さまにした「契約から身分へ」向かいつつあることを意味している。真の「雇用平等」を目指す「労働人権法」[23]としての労働立法の確立が求められるゆえんである。

（1） Maine, H. S., Ancient Law: Its connection with the early history of society, and its relation to modern ideas, 1861, edited by F. Pollock, 1927. メーン（一八二二～八八）の業績と影響について、内田力蔵「メーン」（木村亀二著『近代法思想の人々』日本評論社）参照。

（2） メーンの『古代法』が、法制史の研究という地味な学術書にもかかわらず、社会の人々の大きな関心を引き、彼の名を一躍有名にし、彼が同書の中で、ごく控えめな形で、中世の社会状況と現在（一九世紀中葉）のそれとを対比して、これを「身分から契約へ」という言葉で表現したことが、（産業革命を経て産業社会に転換した）現在の社会への移行の中に、政治的ないし文化的意味における「進歩」というイデオロギーを求めていた風潮に格好のキャッチフレーズを与えたからだと思われる。彼の『古代法』は、中世と現代という二つの社会のそれぞれの状況を明らかにして、そこから「身分から契約へ」の発展という conclusion を引き出すという視角から書かれた政治論では勿論なかった。しかし、その思想的バックには、J・S・ミル、A・コント、H・スペンサーら同時代の政治思想家たちの社会発展説に共通する理念があった。彼が「身分から契約へ」の発展という場合の、「身分」「契約」「発展」という言葉の厳密な意味について述べることなく、論証抜きのキャッチフレーズだけを遺したのはこの故であろう。

（3） イギリスにおける雇用関係法の発展過程については、森建資『雇用関係の生成――イギリス労働政策史序説』（木鐸社、一九八八年）、石田眞『イギリス団結権史――近代雇用契約法の形成』（日本評論社、一九九四年）、松林和夫「イギリスにおける団結禁止法および主従法の展開」（高柳・藤田編『資本主義法の形成と展開Ⅱ』）参照。

（4） メーンの「身分から契約へ」の（法的）評語化の意味については前論文本書一九頁以下参照。

（5） Dicey, A. V., Law and Public Opinion in England during 19 Century, 1905, 2nd ed. 1914, 伊藤正己「ダイシー」木村・前掲書

一三八頁。

（6） Ginsberg M. ed. "Law and Opinion in England in the 20th Century", 1959.（邦訳）戸田尚・西村克彦『法と世論』（一九七一年）。Kahn-Freund, O., "Labour Law" 1959.

（7） Kahn-Freund, O., A Note on Status and Contract in British Labour Law, 1967, 30 M.L.R., 635, カーン・フロイントのイギリス労働法に関する主要著作については、山下幸司「オットー・カーン・フロイント著論文選集」青山法学論集二一巻一号（一九七九年）参照。

（8） Rideout, R., "The Contract of Employment" Current Legal Problems, vol. 19, 1966.

（9） Allan Fox, Beyond Contract: Work, Power and Trust Relations, 1974, History and Heritage, The Social Origins of the British Industrial Relations System, 1985.

（10） Blackstone's Neglected Child: The Contract of Employment, LQR vol. 93, 1977.

（11） イギリスの「雇用契約礎石論」に対して「関係論」の立場からカーン・フロイントの所説に根本的な批判を展開したものとして森建資・前掲書参照。

（12） イギリス労働法研究会編『イギリス労働法の新展開』（二〇〇九年）参照。

（13） Deakin, S., & Morris, G., ed. "Labour Law" 5th ed. 2009, p.110.

（14） Hepple, B., ed. "The Making of the Labour Law", 1986. 戦前（一九四五年まで）における九ヶ国の労働立法の「思想」の優れた比較法研究。イギリスについてはHepple, p.1, p.114 参照。

（15） 下森定「労働契約の成立」有泉亨編『日本の労使関係と法』二六七頁（一九七二年）。丸山絵美子「労働契約法と民法」季労二二一号六〇頁（二〇〇八年）参照。

（16） 両角道代・東京大学労働法研究会編『注釈労働基準法上巻』八七頁、中窪裕也「労働契約の成立」日本労働法学会編『労働契約』講座二一世紀の労働法(4)（二〇〇〇年）。

（17） 外尾健一「労働契約書より見た労使関係」学会誌二号（一九五四年）、同『日本の労使関係と法』（二〇〇四年）。

（18） 「東芝柳町工場事件」昭四九・七・二二民集二八巻五号九二七頁。

（19） 「日立メディコ事件」最一小判昭六一・一二・四判時一二二一号一三四頁。

（20） イギリスでは "Agency Workers" 制度と呼ばれ、Employment Agencies Act 1973（The Contract of Employment Agencies and Employment Business Regulations）により適法化され、一九九〇年代から急激に適用者が増え全労働力の約三パーセントを

占める（Deakin and Morris, ed. op. cit, p. 175)。有田謙司「イギリスにおける有期契約労働、派遣労働の法規制」世界の労働五九―一一（二〇〇九年）参照。

(21)　浜村彰「改正労働者派遣法の検討」労旬一五五四号二一頁、勝亦啓文「派遣労働者の保護」季労二一一号四一頁、荒木尚志『労働法』（二〇〇九年）四二九頁、菅野和夫『労働法（第九版）』（二〇一〇年）二一三頁参照。

(22)　橋本健二『格差の戦後史――階級社会・日本の履歴書』（二〇〇九年）一九一頁。

(23)　荒木『労働法』六八頁、和田肇『人権保障と労働法』（二〇〇八年）、日本労働法学会『雇用平等法の新たな展開』学会誌一一七号所収各論文（二〇一一年）参照。

〔書き下ろし、二〇一〇年〕

2　労働契約における契約の推定操作について

一　はじめに

契約はすべて契約当事者たる人と人との意思の合致により成立する。しかし、双務契約では、もともと相対抗する意思が bargain を通じての歩み寄りによってある時点で合意 consensus に達したとの相互了解の下に締結されるのであるから、後になって契約書に表示された条項 term と当事者の真意にくい違いのあることが判明する場合がしばしば生ずるであろう。また、当事者の合意が契約条項として明示されていないが、契約締結の過程およびその後の運用の状況から判断して、当事者が合意の上契約に明示したとすればこうなったであろうという「黙示の条項」が存するとみなしたほうが紛争の解決として、より公正・妥当と思われる場合がある。

債権契約における契約解釈の方法としてのこのような契約の推定 implication または黙示の条項 implied term は、債権契約の一種ではあるが、契約としてきわめて特質的な性格をもつ労働契約（雇用契約）(1)の場合にあってはどのような形で機能しているのであろうか。これが本稿で考察しようとする問題である。

労働契約は、労働関係の基本を構成する法的概念であるとともに、労働関係から生ずる労使間の紛争を法的に処理するための法的道具 tool としても重要である。しかし、それは、多くの場合、契約書の形態をとることなく、「観念的」存在にとどまるところから、紛争があればその都度、当該労働者の労働契約の内容が具体的にどういうものであるかを、就業規則、労働協約、場合によっては慣行を通じて判断しなくてはならない。つまり、他の契約では、契約の推定は、契約書に欠けた部分について補充的に行えば済むのに、労働契約では、まず契約条項そのものを他の明示された規範から確認する必要があり、そして必要があれば、さらに契約条項に欠けた部分を黙示の条項として補足して、契約上の権利・義務を確定するという二重の意味の推定が行われる。

もっとも、本稿で労働契約における推定の問題を扱う場合、右の意味での二重の推定操作にいちいち言及するのは煩瑣にわたるので、一括して一つの推定として扱うことにする。

次に、労働契約の推定は何人が行うかということが問題となる。他の契約関係では、契約当事者の争いは、通常、直ちに裁判所に決着を求めて持ち込まれる。そこで契約の確認上、推定が必要であれば、裁判官が契約の解釈の問題として処理する。ところが、労働関係では、特に労働組合が介在して、労働契約に関する個別的紛争を組合が自ら（但し、訴訟当事者とはなれない）、または本人の委託により上げる場合には、それが訴訟に進む前に団体交渉の問題として労使間の討議の場に置かれる。もちろん、そこで解決に至らない場合に、裁判所にもちこまれると、結局、一般の契約関係におけると同じ手続に帰するのであるが、労働契約上の問題が団体交渉で論じられる段階では、契約の推定という作業は、交渉当事者たる労使自らがまずこれに当らねばならないのであり、それは当事者による契約意思の再確認となる。

それはともかく、本稿では、労働契約の「推定者」をもっぱら裁判官として扱う。そして、労働契約の推定が行われる多くの場合の中から、ケース・スタディーとして、労働慣行の存否が争われた事例および労働契約関係そのものの存否が争われた事例の二つを参考としてとりあげ、裁判所による労働契約の推定という法的作業において、客観性とは何か、またそれに近づくためにどういう問題があるかを検討してみたいと思う。

(1)　「労働契約」と「雇傭（用）契約」の用法については、その概念的差異をめぐって論争のあるところである（この問題についての私見は「労働契約論」労働法の基本問題〈沼田稲次郎先生還暦記念〉下巻四九二頁以下で述べた）が、本稿では、この用法の差異は直接関係がないので、主として「労働契約」の語を用いる。ただし、判例には、両者を全く区別することなく「雇用契約」の語を用いるものがあり、本稿で参考例として引用する判例の一つもそうである。

二　労働契約の性格と法的推定の必要性

一般に市民社会において締結される、いかなる契約 contract も、締結の時点でその後に起り得るあらゆる事態を予測し、それに対応し得る定めをしておくということは事実上不可能である。そこで、契約条項の欠缺を補うため契約の推定という法的な操作が必要となる。民法に定める債権法は、このような契約条項の不備または欠缺の場合の補充解釈のルールを定めたものであるが、裁判所は契約の自由または契約自治の原則によって当事者の意思に重点を置きながら、民法の規定を拠り所として契約法の一般原則を発達させてきた。従って、わが国では、判例法を主体とするイギリスのコモン・ローに比して、「契約の推定」の余地が一般的に少いといえるが、労働契約では、以下に述べる理由からその特殊の性格のゆえに契約条項の推定が必須とされるのである。

わが国では、民法の体系の下で、労働契約を、雇用という債権契約の一種として契約法の一般原則の適用を受ける地位に置いてきた。ところが、雇用契約は債権契約の一種でありながら、当初から他の契約とは異なった特殊の性格をもち、「契約の自由」をたて前とする債権法の一般原則をそのまま適用しえない場合が多かった。諸種の契約に比して「契約の自由」の犠牲的性格が最初からあらわであった。契約の自由を回復させるための労働保護立法と労働組合による集団的取引 collective bargaining という制度とが発展した。もともと出発点から「観念的」であった労働契約は、強行法規による内容規制と協約法の展開によってさらにその「観念的」性格を強めるのである。この労働契約の特殊性が「契約の推定」の機能をとりわけ強化したという事実を、以下に、労働契約の発達の過程に照らして歴史的にフォローしてみよう。

(1)　近代的労働は、すべて労働関係の直接の当事者である使用者と労働者との労働の合意を媒介として行われる。合意なき労働は、「強いられた労働」＝強制労働として近代法の認めないところである。この合意は、法的には「雇用契約」という形式をとる。このことは、市民社会における取引の合意が、すべて契約を通じて、法的に処理されるという法則の労働関係への適用に過ぎないが、前近代的労働関係から近代的労働への展開の里程標from status to contractとして重要な意義をもつ。即ち、近代的労働が強制労働としての前近代的労働と区別されるのは、法的には、契約書の有無にかかわらず、その基礎に「労働契約」が存在しているとみなされるということなのである。

しかし、それでは、「近代的労働関係は労働契約を前提とする」という命題はその逆も真であるかといえば、必ずしもそうとはいえない。つまり、「労働契約」の存するところ、常に、合意による「近代的労働関係」が成立する、とは限らないのである。労働契約は「合意」を擬制するための「外皮」に過ぎない、という批判が生ずるゆえんである(1)。

(2)　労働関係は、近代法以前においては、一の「身分」statusであった。雇用に関する法は、近代法以前にも存在した。しかし、それはlaw of master and servant（イギリス法では現在でもその名を残している）であっても、law of employmentではなかった。法的概念としての「雇用契約」は、もちろん、「身分」ではないが、労働関係は「雇用契約」となってから後も、「労働」そのものが最初から身につけてきた「身分」的性格（言葉を換えれば封建遺制的性格）を何時までも払拭しきれなかった(2)。のみならず、産業資本の支配的機構の確立期になると、別の意味の「身分的」（あるいは従属的）色彩を強めるに至る。これらの「契約」と「身分」の特殊の結びつきという事実は、「労働契約の推定」のプロセスにおいて最も考慮されねばならない点である。

(3)　労働契約は、他の契約と違い、最初から雇主と個々の労働者の一対一の文書による締結（確認）行為を発達させなかった。これは何よりも当時の労働者の立場によるもので、門前募集に群がる飢えた文盲の肉体労働者にとって「契約書」の締結というようなことは無縁であったであろう。しかし、その場合でも、彼らの雇用が法的に「労働契約」の成立であることには変りがない。彼らは雇主と同様、何時でも契約解消の「自由」をもっていたからである。つまり、労働契約は、彼が雇主に雇用されたことにより契約書の有無にかかわらず、また、彼がその内容を確知すると否とにかかわらず、観念的に成立するのである。そして、労働契約がこの意味において観念的存在にとどまる傾向は、その後、労働者側に契約意識が高まって以後もさして変らず、現代においても各国に共通に見られる現象なのである。

　労働契約がこのように、終始、「契約書」に親しむことなく、抽象的存在にとどまってきたことの理由は、単にその発生史的、沿革的事情のみによるわけではなく、資本主義社会における労働関係のありかたそのものに帰因しているように思われる。その原因の一つは、いうまでもなく、労使の地位の実質的不対等性のゆえに、一般の契約成立の誘因としての個々の取引 individual bargain の余地が少いことであり[3]、その二つは、たとえ契約書の締結が可能であっても、それぞれの労働者の能力、勤怠、または雇用の先行《さきゆき》など労働関係のもつ複雑で流動的な性格から、契約内容を適確、かつ、網羅的に文書化することが困難だという技術的理由である。一回限りの売買契約のような場合には、債務の履行について将来、変動があるとしても、それは当事者が大体、予測しうるものであるが、一定期間の継続的就労を前提とする労働契約では、恐らく、労使それぞれの事情による雇用条件の変更が生ずるであろう。契約に具体的に文書化するとしても、それはごく基本的な雇用条件に限られてしまう[4]。少くとも、契約内容が使用者によって一方的に決められるのでなく、あくまで相互の了解（合意）した事項を文書化するものであればあるほど、そうならざるを得ないのである。

　個々の雇用条件が個性的であった手工業生産時代から機械制工業生産時代に入って労働の組織化が進展してくると、雇用条件が画一的になり、それを契約化することはむしろ容易になったが、今度は、企業に雇用する尨大な労働者の誰をとっても、内容の全く画一的な契約書を取替わすことの意味が当事者双方に薄れてしまい、使用者は集団的な労務管理の必要上、制定せざるを得ない工場規則（就業規則）works rule に雇用条件を列挙して、それを雇用時に労働者に提示することで契約締結に代えるようになる。こういう現象は他の契約でも多かれ少かれ見られる「契約の付合化」に伴うものであるが、労働契約ではひときわ目立つのである。もっとも、この労働契約の集団的制度化によって、労働者の雇用条件がさらに画一化されるとはいえ、それによって労働者間の差異がすべて消滅してしまうわけではなく、逆に、労働の技能や地位あるいは差別によって労働者間に雇用条件の格差が拡がるという傾向も見られるが、いずれにしても、それは契約書の文書化という方向には進まなかったし、それを推進させる力が労働者側にはなかった。

(4)　資本主義の発達が労働運動を産み、やがて collective bargaining の時代に入ると、労働契約の基礎ではあるが、なかなか実現することのなかった individual bargain に代って、労働組合が直接、使用者（団体）との交渉を通じて雇用条件の維持・改善をはかるようになる。「労働契約」は、この段階においても、法制度としては依然として存続するが、ますます文書化から遠ざかり、観念的性格を強めてゆく。察するに、労使関係が将来さらにすすんで、使用者と労働者の個別的労働関係が、すべて労働者の利益代表組織としての労働組合によって（労働協約を通じて）排他的に処理されるようになり、そこから生ずる法的紛争についても現在と違って一元的な法的履行 legal enforcement 制度によって解決される段階に至るとすれば、そこでは、もはや個別的な「労働契約」関係という法的概念は観念的にも、また、訴訟技術的にも不必要となり、裁判所による「労働契約」の推定という作業も行われずにすむであろう。

ともかく、右の意味において個別的労働関係を完全に集団的労使関係によって法的に処理するような労働法体制の段階にまで進んだ国家は、現在のところ、一つもないようである(5)。もっとも、このような法体制は、あるいは労働協約に完全な意味の法的拘束力を付与することによって、部分的に実現されるかもしれない。しかし、それには、労働者の組織化を法的に強制するか、一部の組合の締結した協約に完全な拡張適用制をとるか、それとも、協約をそれ自体、法規と認めて、全労働者に洩れなく適用させるか、の何れかの体制の存在が前提となる。そして、そのこと自体に、労働者の組織の自由に関する重要な問題が含まれていることを知るべきである。(6)

かくして、現在、労働協約制度がかなり進んだ国にあっても、少くとも法制度の上では、個々の労働者と使用者の基本的関係として「労働契約」関係が残されており、労働協約は次第に法規範たる地位を強めつつあるとはいえ、基本的には、事実規範として実質的に労働契約を規律する地位にとどまるという法体系が一般的なのである。これは、ある意味で、過渡期の労働協約・労働契約併存期といえるかもしれない。しかし、労働契約の法的概念としての重要性はなお、強いのである。

(1)「労働契約」と「雇用契約」との本質的差異を強調しようとする説明には、しばしば命題の混同があるように思われる。つまり、「雇用契約」が市民法上の概念として形式的な契約の自由や対等者間の合意の擬制により非近代的労働関係の合理化に寄与してきたとし、この関係を労働法の導入により払拭して真の合意による契約としたものが「労働契約」だとする峻別論の説明は正当である。しかし、そのような「労働契約」においてもまた、当事者が真の近代的労働関係（対等関係）の下で相互に合意を確認し合うという手続（契約書の作成など）をとって成立することはほとんどなく、観念的な存在として推定の産物だという点で「雇用契約」と共通点をもっている。仮に、そのすべてが推定の産物ではないとしても、それは、資本主義社会の機構の下では、実質的に不対等関係の下で成立するのであり、「労働契約関係」であることから、そこに常に合意による近代的労働関係の成立を想定することは不当である。むしろ、「労働契約」が擬制であればこそ、労働立法の一層の強化と労働協約の発展が必要なのである。

(2)磯田教授は第二次大戦後の最も早い時期に、市民のために書かれた「労働法（岩波新書）」の冒頭で、労働関係を労働力の売買契約関係として位置づけ、当時の労使関係を濃厚に色どっていた身分関係＝家族主義（今日でも複雑に屈折した形で残っていることについて拙稿「労働法における『身分から契約へ』」石井照久先生追悼論集労働法の諸問題一五五頁参照）からの訣別を説かれた。平明な教授の所説は市民に対する啓蒙的役割にとどまらず、その後の労働法の理論的発展の礎石を提供したものである。

(3)双務契約では、契約書の締結は、取引行為についての当事者双方の意思の最終的確認手続であり、普通、その手続の完了をまって債務の履行が行われ、それによってその bargain は一切を完了することになる。これに対して、労働契約の場合は、契約の締結は労働関係の出発点、つまり雇用関係の成立を意味するに過ぎず、それ自体、実質的意味を有しない。契約当事者双方の意思は、雇用関係の成立後の「履行」の過程の中で漸次「確認」されていくのである。

（4）例えば、雇主がある労働者を雇用しようとする時点では、彼の能力や技能を正確に知ることはできない。そこで雇主が、彼を雇用して働らかせてみたうえで、その実際の資質や貢献度に応じて待遇を変えようという場合に、労働契約書の中に明示の条項を設けるとすれば、恐らく雇用時点での待遇だけを記載する外ないであろう。この場合「将来の働きによって待遇をよくすることがある」というような条文を設けてもそれは契約の term とはいえない。

（5）先進資本主義国家（例えば、イギリス、西ドイツ、フランス、アメリカ等）の労働法は、いずれも、労働協約と並べて「労働契約」をその構成要素としているが、社会主義圏の国家でも、個々の労働者の合意の基本的確認という意味において「労働契約」の概念を重視していることはきわめて示唆的である。例えば、ハンガリーについて Andor Weltner, Fundamental Traits of Socialist Labour Law, 1970, p. 124 参照。

（6）例えば、強大な国家権力により、労働組合の結成が強制され、さらに労働協約の締結が義務づけられて、それが労働契約に代る法的拘束力を与えられるような事態を想定してみるとよい。

三　労働契約における法的推定の態様

労働契約における法的推定ということの意味を具体的に説明すると、およそ次の六通りの場合を指摘することができよう。

(1)　当事者間に明示の労働契約が締結されていないで、その存否が不明な場合に、労働契約そのものの存在を指定する場合、

(2)　労働契約の契約条項（term）が強行法規の定める禁止規定に違反し、法的に無効とみられる場合に、これに代る契約条項を推定する場合、

(3)　労働契約が存在しているにもかかわらず、当事者の一方が、一方的に解約の意思表示をした場合に、その

存続を推定する場合、

(4)　労働契約に紛争の解決に必要な明示の条項が欠けている場合に、正当と思われる条項を推定する場合、

(5)　既存の労働契約の条項が（使用者によって）一方的に変更されて、その有効性につき争いがある場合に、正当な条項を推定する場合、

(6)　集団的労使関係の場で、団体交渉の決定や労働協約の締結により雇用条件が変更された場合に、契約条項を推定する場合、

以上の場合について、若干、具体的説明を加えておこう。

(1)の場合は、当事者間に労務の提供と対価の支払の関係（労働関係）が生じてはいるが、その契約関係が「雇用」、「請負」または「委任」のうちのどれに属するかが明白でないというケースであり、適用法規の種別をめぐる争いとなって現われる。その場合、もし、その労働関係が「雇用」であることが裁判所の推定によって確認されれば、当事者は「使用者」対「労働者」として労組法や労基法の適用を受けることになる。これについては、労働契約の「創設的推定」として後にあらためてとりあげることにする。

(2)の場合は、当事者の一方または双方の法的無知あるいは故意によって強行法規に違反する雇用契約が締結されるときなどに起こる。例えば、労基法所定の基準以下の条件を定める労働契約などである。この場合、その労働契約が同法の定める条項に抵触するかぎりで無効となる（一三条）。そして、法によって無効とされることで空白になった契約条項は「この法律で定める基準による」（同条後段）のであるから、そこに法所定の基準による契約が、法の推定機能を通して強行的に成立せしめられることになる。これは、英法でいう implied terms of law（法により推定された契約条項）である。[1]

(3)の場合は、例えば、不当解雇あるいは不当退職[2]のケースが考えられる。使用者による解雇の意思表示が違法または無効とみなされる場合は種々ある。労基法に抵触する解雇は原則として無効であり、不当労働行為たる解

雇も公序良俗違反を経由するかどうかで説が分れるが、まず無効とみられる。その他、労働協約または就業規則の定めに違反する解雇も無効とみるのが判例、学説の支配的見解である。その外、判例法は、解雇権濫用による無効を広く認める。いずれにしても、解雇の意思表示が無効であれば、労働契約が存続することは当然に推定される。この場合、裁判所は「労働契約存在確認」という形の契約の推定を行うわけである。

いわゆる採用内定の取消のケースでも、多くの判例は、内定による「労働契約」の成立を認め、労働契約が存在しているとの推定の下に一定の法的効果を与えている。(3)

(4)のケースは、労働契約の解釈の問題として、最も問題が多く、また紛争の起きやすい場合である。労働条件についてもそうであるが、服務規律（懲戒）については、いわゆる私法における「罪刑法定主義」の見地から特に問題となる。

この場合、契約に明示の条項が存在しない以上、その旨の契約＝合意はなかったと推定するのが最も無難な解釈方法かもしれない。しかし、すでに述べたように、労働関係は労働契約書にもとづいて展開されるのではなく、就労という事実が先行し、労働契約という法形式はその事実を追って観念的に成立せしめられるという実態的性格からみれば、現実の紛争の解決については、たとえ明示の条項がなくても、それに準ずる黙示の条項の存在を推定したほうが労働関係の合理的解決に資する場合が多いであろう。この場合、契約の補充は、(2)の場合と違って、実定法規の作用によるものではなく、むしろ、事実からの推定 implied terms of fact なのである。

例えば、ある企業で、職場規律違反に対する懲戒が明示的には定められていないが、実際上は、あるルールにより処理されているというような場合に、そのルールを「黙示の条項」とみるかどうかが問題となる。この場合、労働者は使用者の適法命令 legal order に従う義務がある、という命題が、労働契約の一般的性格から引き出しうるとしても、(4)そのことから当然に、使用者に包括的な「懲戒権」という権利が認められると考えるべきではない。やはり、個々のケースについて、それに従うことが労働者にとって合理的な契約内容であるかどうかが推定されることにより、合意に基く懲戒という形で解答が与えられるべきである。

この実態的ルールは、それが「慣行化」しているかどうかという角度から論じられることが多い。しかし、慣行と黙示の契約とは、相互にきわめて微妙な関係に立つので、あらためて**四**で論ずることにする。

(5)の場合は、(4)のバリエーションの一つである。使用者が既存の労働契約や就業規則の定めにかかわらず、労働者の処遇を恣意的に変更した場合、そして、とくに、それがある程度、職場で既成事実化したような場合に、労働契約はどういう変更を受けたものと推定され、またはされないかが問題となる。この問題は、わが国では、就業規則論と関連して議論され、やや複雑なので、項を改めて次節で論じよう。

(6)の場合は、労働契約が最も進んだ段階で起る。特に、集団的労働契約としての労働協約 collective agreement の出現以後、それが個別的労働契約とどういう法的関係に立つかについて新たな労働法理論の展開を促したところである。わが国でも、労働協約と労働契約の関係は、労組法一六―一八条の規定にもかかわらず、十分に明らかにされたとはいえない現状であり、契約推定との関係もさらに吟味さるべき課題の一つであるが、本稿では、紙数の制約もあって割愛することとする。

（1）　強行法規違反の労働契約は立法の効力によって法所定の基準がそれに代ると考えればよく、ことさら正当な契約条項の推定という操作を用いなくてもよいという反論があるかもしれない。特に労基法の場合は、法一三条後段のいわゆる直律的効力 unmittelbare Wirkung によって法所定の基準がそのまま当事者を拘束すると考えれば足りるという見方が強いかもしれない。しかしそうして決定された基準も、やがて当事者間で改訂、変更されていく関係にあることからみて、法理論としては、法による契約推定と考えた方が妥当だと思う。また、労基法は、同法九、一〇条で定めるすべての「労働者」「使用者」に適用されるもので、必ずしも「労働契約」の存在を予定していない、との反論については、同法が重要な内容としている「解雇」＝労働契約の解除その他、随所に出てくる「労働契約」という表現からみて、たとえ、同法が必ずしも「労働契約」関係の存在しないとみられる「労働者」に例外的に適用される余地があるとしても、原則的には、同法は労働契約の存在を前提とし、当事者の労働契約関係に対する国家の保護法的介入を定めた法規と解すべきであると思う。

（2）　労働者側からの一方的意思表示による解約は「強制労働」禁止の原則が働くので、解雇の場合と違って、たとえ、即時解約の点で、民法（六二七条）に抵触してもその法的履行は許されないが、解約後の二週の間、労働契約の存在が推定されることになるのかどうか明らかでない。

（3） 内定取消事件についてこれまでに出た六件の判例のうち、大津地判昭四七・三・二九以外のすべてが内定により労働契約の成立を認めている。

（4） 労働契約において、労働関係から当然に派生する使用者・労働者の一般的権利・義務を認めようとする考え方は各国において強い。三島宗彦「労働者・使用者の権利義務」新労働法講座7一二七頁以下。そのこと自体は否定しえないが、その基本的根拠が何であるかは、その限界の問題とともに難しい問題である。わが国の実定法は、民法、労基法ともに触れるところがない。私は、それは究極のところ、その社会が許容する広義の法の秩序の範囲内で認められる明示および黙示の「契約」だと考える。黙示の契約の推定は、かくして、結局、広義の法政策の問題に帰すると思われる。

四　雇用条件の変更と推定

今日の労働関係の下では、労働者の雇用条件（本稿ではこの言葉を狭義の労働条件の外、服務規律、解雇など広義の労働者の待遇条件もすべて含むものとして扱う）が一度、定まったまま恒久的に不変ということはむしろ少い。多くの事由によって改訂されてゆく。そして変更の結果が労働者側にとって、より有利となるのであれば、まず問題は生じない。しかし、変更の結果が労働者側に一般的に不利になるか、あるいは、一般的には有利とも不利ともいちがいに決め難いような場合（一部の労働者にとっては不利益に受けとられるので紛争となる）に、その変更が個々の「労働契約」の帰趨にどう影響するかは契約「推定」上の一つの問題となる。

手続面からみると、使用者が労働者の雇用条件を不利益に変更するのに就業規則の改正による場合とそうでない場合の二つがある。

まず、後者についてみれば、就業規則所定の労働条件を就業規則改正によることなくそれ以下の基準に引下げる措置をとった場合、もし、労働契約がそのように変更されたものと推定しても、労基法九三条の定めにより就業規則の規範的効力によってそれが無効となるのであるから、推定は法的意味をもたないことになる。これは、法規範によって契約の推定機能が封じられる場合の一つといえる。

次に、使用者が就業規則そのものを改正することによって雇用条件を不利益に変更する場合である。この問題は、法的カテゴリーとしての就業規則と労働契約のどちらに重点を置くかによって、「法規範説」と「契約説」との対立を生じた。最高裁は秋北バス事件において、独自の法規範説的見解を示したが、その判旨の理論的不明確さと説得性の欠如のゆえに、右判決以後の下級審は必ずしも最高裁多数意見の見解に従っていない。(1)(2)

それでは、雇用条件が就業規則の改訂によって一方的に変更されたが、その結果が従業員全体にとっては特に不利とも有利ともいえない場合には、労働契約はどのように推定されるべきであろうか。例えば、ある企業で新たに配転という制度が導入されたような場合である。わが国のような人事交流方式の労務管理体制がとられているところでは、配転が常に労働者にとって労働条件の不利益転換となるわけではない。しかし、さればといってそれが常に有利な変更ということもできない。

恐らく、こういう場合には、個々の労働者毎に固有の労働契約の変更の可否を判断する以外にないであろう。もっとも、さきに挙げた最高裁大法廷の多数意見のように、就業規則が、個々の労働者の賛否や知・不知にかかわらず法規範として機能するという考え方によれば、労働契約は一般的に変更されたものと推定されることになる。これに対して、契約の自主性を尊重する契約説的考え方では、少くとも就業規則の改訂に反対している労働者については、契約内容は不変で、従って意に反する配転は契約違反となる。

しかし、この考え方をとっても、実際に紛争のケースについて、契約の推定の作業をする場合には、理論上、多くの問題を生ずる。例えば、ある労働者が企業による制度の変更や待遇に反対の意思をもっていたとしても、その意思はどの時点で、また、どういう形で外的に表示されていなければならないかが問題となる。就業規則が改訂された時点では、特に従業員の誰からも積極的異議が述べられないまま実施に移され（そこから慣行の問題が生ずる）、それから数年を経た時点である労働者から「自分は最初からそれに反対であった」旨の主張がなされるような場合に、彼は契約の変更に初めから合意していないのだから、契約内容変更の推定を受けないとみることができるであろうが、仮に、もし、右の考え方を否定するとすれば、彼の労働契約は、就業規則の改訂に際して時を移さず、反対である旨の留保をしておかない限り、変更されたとの推定を受けると考えるべきなのか。

このように、労働契約の推定には、労働契約の成立と推定の時期（紛争時）との間に一定の時間的経過があるときは、その間の事実の累積と慣行を無視することができないところから、多くの難しい問題を生ずるのである。

（1）　最高大判昭四三・一二・二五最民集二二巻一三号三四五九頁。

（2）　拙稿「就業規則の一方的変更とその法的効果」社会労働研究一八巻二号五九頁。この時点で対象とした下級審判決は、芳山精麦事件（岡山地裁玉島支判昭四四・九・二六）、大阪日日新聞社事件（大阪高判昭四五・五・二八）、合同タクシー事件（福岡地裁小倉支判昭四五・一二・八）、中村産業学園事件（福岡地裁小倉支決昭四六・八・三）、日本検数協会事件（東京地判昭四六・九・一三）の五件であるが、その後、都タクシー事件（新潟地判昭四七・四・七）、山手モータース事件（神戸地判昭四七・一二・五）、日本ゼオン事件（横浜地裁川崎支決昭四八・三・二〇）、医療法人一草会事件（名古屋地判昭四五・一〇・三一）が出ている。

五　裁判所による労働契約の推定——二つのモデルを中心として——

労働契約の推定という操作は、訴訟の中でまず当事者自身が自己の主張を裏づけるために行うのであるが、最終的には、裁判所（裁判官）が「公平な第三者」として「客観的」に判断し、それにもとづいて法的なサンクション enforcement を与えるという形でなされる。そこでは、待遇条件の正当な履行とか、懲戒処分の無効などの労働者側の訴えに対して、使用者の措置が正当かどうかが、労働契約に含まれているはずの当事者の合意に照らして判断されるのであるが、合意そのものについて両者間に争いがある以上、裁判所の仕事はまず、労働契約の解釈と推定によって「正しい」合意を発見することである。もっとも、実際には、判決の中で、裁判官が常に「労働契約」の確認とか解釈を示すわけではなく、直接に、当事者の権利とか請求権の有無、あるいは措置の有効、無効を論じている場合が多い。しかし、法理論的には、その場合にも、(裁判官の頭の中で) 労働契約の推定という作業が行われているのである。

裁判所によるこの労働契約の推定作業は、三で挙げた六つのケースのすべてについて行われるわけであるが、これをさらにしぼって、労働契約条項 term の空隙を補う作業としての「補充的推定」、および労働契約そのものの存在を推定する「創設的推定」の二つの場合につき検討してみよう。

2　労働契約における契約の推定操作について

(1)　労働契約の補充的推定

これは、労働契約に問題の係争事項の解決についての明示の条項を発見しえない場合に、当該契約の補充解釈として黙示の条項 (合意) を推定する場合である。

労働契約における明示性 (逆にいえば欠缺性) の程度は、個々の労使関係または契約内容に応じてさまざまである。ある企業では、従業員の待遇につき就業規則に詳細な定めをし、さらに細則を設けて運用に遺漏のないよう配慮しているという例もあれば、逆に、就業規則には雇用条件の大綱が示されているだけで実際は運用に任せている企業もあるという具合である。紛争が生じやすいのが後者の場合であることはいうまでもない。この場合、推定作業は、明示されている関連条項の類推によって当事者の意思を推測し、たまたま条項として明示されなかったが、もし、当事者が明示していたとするならばこういう条項を置いたであろうという意味での契約の補充を行う。厳密にいえば、欠けた契約の補充であるが、関連条項の (拡張) 解釈ともいえる。

補充的推定で特に難しいのは、いわゆる「慣行」の取扱いであろう。一口に「慣行」とか、「労働慣行」といわれるものも、集団的労使関係におけるそれから、個々の労働者の待遇に関するものまで、労使関係の種々の側面において存在する。ここでは労働契約との関連で後者を対象とする。ところで、慣行の存否について労使間に主張の対立がある場合には、それに関連する契約条項がなく、その類推にも無理があるにもかかわらず、現実には、労使関係の中である程度の承認をもって実行されているという事実から、労使のいずれか一方からそれが「黙示の」契約条項と主張されるわけである。

労働関係は、ほんらい継続的関係であって、その間の事実の積み重ねと時間の経過の中からしばしば明示のとりきめにはない慣行が生れてくるが、それをすべて経験的事実のゆえに直ちに「黙示の契約」とみなすことは難しい。しかし、だからといって、明示の条項になっていないことが、ただちに、合意の内容となっていないことの証拠だと断ずることも、労働関係というものの実情からして、決して労働契約の正しい解釈論とはいえないであろう。すなわち、この場合、労働契約における「合意」は、文字通りの同意 agreement を意味するものとし、同意には「賛成する」か「反対する」かの何れか一つしかないのだから、当事者の一方が慣行の存否または契約化に反対している以上、「合意」の成立はありえない、という形式論理を持ち出せば、もちろん「黙示の契約」などということは起りえない。そこで、裁判所が契約（締結）の自由の原則に立ちつつも、この形式論理的合意論を排して「契約の存在」の推定をするのは、彼らが、それによって労働関係の合理的解決をはかるという法政策的目的をもっているからである。この政策目的に照して、黙示の契約を推定することに合理性があると判断される場合には、慣行の契約化を肯定し、そう判断できない場合には、当事者の一方が賛成していないという事実の方に重きを置いて契約の成立を否定するのである。

いうまでもなく、この裁判所による「政策的目的」およびそれに基づく「合理性」の判断は、一歩を誤ると、労使当事者による労働関係の自主的解決の原則を不当に侵害する危険性を犯すことになる。しかし、逆に、そのことゆえに、裁判所による契約推定の機能を否定し去ることも決して妥当とはいえないであろう。

以下に、裁判所が慣行につき黙示の契約との関係を論じた一つの典型的事例として、日立電子事件の東京地裁判決(1)をとりあげてみることにする。

事案は出向命令の適否に関連し、それまで長年にわたって事実上行われてきた慣行としての出向が労働契約の範囲内のものとして合意によるものと認められるかどうかが問題となっている。こういう事件の扱いにおいてまず注目すべきことは、裁判所が配転とか出向といった勤務場所あるいは勤務条件の変更措置を、もっぱら、使用者側の「経営権」に基づく専権的管理事項だとし、その行使については特に労働者の合意を要しないとする立場に立つかぎり、それらは適法行為あるいは適法な事実行為として法的に争う余地がないということである。そこで、裁判所がこのような考え方を改め配転を労働契約の変更の問題として考慮するようになってはじめて法的問題として登場する。裁判所の傾向としては、漸次、後者の傾向を示しつつある。本件でも判旨は、基本的にこの立場に立っている(2)。

2 労働契約における契約の推定操作について

まず、判旨の中から、ここで問題とする点に関連のある部分を引用しよう(傍点は筆者)。

「たしかに労働契約締結に際し、当事者間に明示の合意がない事項についても当該企業において慣行として行われている場合には、黙示の合意によりそれが契約内容となっていると認められる場合があり、又契約締結時にはそのような合意を認められない場合でも、労働契約関係が現実には長期に亘る継続的契約であって、労働関係の内容が多種類且つ流動的なことから契約締結後に締結内容と異なる慣行が長期的に亘って労働関係を律し、当事者もそれによることを黙示的に合意していると認められる場合には、当初の契約内容が修正されたものと解する余地がある」、しかし右にいう慣行とは、「当該慣行が企業社会一般において労働関係を律する規範的な事実として明確に承認され、或いは、従業員が一般に当然のこととして異議をとどめず、当該企業内においてそれが事実上の制度として確立している底のものであることを要する(3)」

判旨は、慣行が「黙示的合意」と認められる場合の要件、あるいは、判断の基準として二つのことを挙げている。すなわち、(1)それが企業社会における規範的事実として一般的に承認されていること、および、(2)それを従業員が当然のこととして異議をとどめず、事実上の制度として確立していることである。

(1)　企業社会一般における規範的事実としての承認

「企業社会」という言葉は、「労使関係一般において」と実質上同義とみてよいであろう。ところで、判旨は「企業社会一般において」というのだから、少くとも、その慣行がわが国の企業の圧倒的部分において普遍的に認められていなくてはならないわけである。ちなみに、イギリスでよく使われる労働慣行 labour practice という言葉は industrial society において普遍的に承認されている慣行を指しており、かなり具体性をもっているが、判旨も恐らくこの程度のものを想定しているのであろうか。

「規範的事実として承認される」という場合の「規範的事実」とは、それだけを切離すと意味がよく分らないが、続けて「規範的事実として承認される」と読むと、多少、分ったような気がする。類似の表現として労働法学上よく用いられる言葉に「規範意識」がある。その一般的使われ方からみると、「規範意識」とは、ある法則または制度を規範的または拘束的なものとして受け入れる一般的な諒解 consciousness ということであろう。それは、Passive な意味に用いられる場合には、ある法則または制度が自らに対して拘束力をもちうること、あるいは、その拘束を受けてもやむを得ないと思う普遍的な感情 belief ということになるであろうが、「規範的事実として承認される」というのも同じ意味と受けとってよいだろう。

問題は、「承認される」とは、具体的にどういう状態をいうのかということである。すなわち、その事実を誰が承認 recognise し、また、それを受け入れたこと acceptance が、どういう形で表明されていればよいか、である。この場合、「承認」は「企業社会一般」のものでなければならないから、かなり広汎な産業社会の人的階層にわたってそういう感情が存在していることが必要であり、一定の限られた範囲ではあるが、一種の世論 public opinion が形成されている状態を想定しうる。

ところで、われわれは、あるルールが拘束として機能することに対する、かかる一般的承認を普通、何によって知りうるであろうか。恐らく、その有力なデータとして権威ある社会統計とか、科学的な意識調査、または、世論調査というようなものが念頭に浮ぶ。

本件では、「出向」という社会的事実が「慣行」として認められるかどうかが問題になるが、出向について、現在の段階で右に述べたようなデータが果してあるといえるであろうか。私は疑問に思う。いや、出向ばかりではない。恐らく、企業社会一般にわたる規範的意識なるものについては、わが国では、まだ、法的データとして用うるに足る統計や調査はほとんどないといってよい現状ではなかろうか。

この事実にもかかわらず、もし、裁判官が、企業社会における一般的な「承認」という事実を認識しなければならないとすれば、それは何を通じて行われるのであろうか。答えは、多分、彼らの「良識」とよばれるものだけであろう。

要するに、判旨の第一基準《テスト》は、裁判官にある意味でスーパーマンたることを求めている点に問題があるようである。

(2)　企業における従業員の承認

次に判旨は、第二の要件として、特定の企業で、そこの従業員がその慣行を承認しているという事実がなければならないという。

まず、「従業員」とは、従業員の圧倒的多数という意味に違いないが、もし、従業員のうちの一部がそのことに積極的に反対している場合はどうなるのであろうか。賛成者についてだけ黙示の推定が行われるのであろうか。それから、「当然のこと」とは、何を当然のことと思うのか。慣行が存在しているということなのか。それとも、自分たちが慣行の適用を受けるということなのであろうか（恐らく後者であろう）。

次に、「異議をとどめず」とは、積極的に賛成しているということか、それとも、反対していないという

passive agreement のあることであろうか（恐らく後者であろう）。それはともかく、ある慣行が問題となっている場合に、従業員が積極的にせよ、消極的にせよ、それに対する賛否の意見を表明する機会というものが、普通、あるのだろうか。わが国の労使関係の下では（外国でも事情は同じであろう）、従業員が集団的意思を表明するというようなことは、組合のある場合を除いて稀有のことである。[4] そうかといって、使用者側が従業員の集団的意思の実態調査をするというようなことは恐らくありえないことであろうし、行われたとしても、その信憑性は疑わしい。ただ、従業員の集団意思を代表しうる組合が、その慣行の適用性が問題となった際に積極的に争わなかったという事実がある場合には、このフォーミュラがある程度、妥当するかもしれない。しかし、反対に、従業員の誰もが特に反対しなかったという事実だけからは、それは「当然のこと」として「異議をとどめ」ないとみなすわけにはいかないのである。

最後に、「事実上の制度として確立している」という場合の「確立」とは何か。確立した制度であることの証明はどのようになされるのか。これに答えることは恐らくきわめて困難であろうから、結局、「確立している」と認定するには、「異議をとどめ」ず、「当然のこと」とされている実態から判断する外ないであろう。要するに、それは前に述べたことの同義反覆に過ぎないのである。

以上、私が判旨の言葉をいちいち問題にしてとりあげたのは、ただ、労働契約の「推定」に際して、企業の従業員が集団意思を表明する機会もなく、また表明もしていないのに、誰も積極的に反対の意思を表明していない[5]という消極的基準 negative test だけからそこに「黙示の合意」を推定するということはきわめて問題だということを指摘したかったからである。

（1）　東京地判昭四一・三・三一労民集一七巻二号三六八頁。
（2）　判旨はいう、「使用者が企業体の経営者として労働者の労働力を業務目的のため利用処分する権能は、当該労働者との契約により初めてこれを取得するところであって、この契約関係を離れて、労働力を処分利用できる使用者の固有権限は存しない」

（前掲書三八七頁）。
（3）　同三八八頁。
（4）　時間外労働が行われる場合に、労基法は事前に時間外協定の締結と届出を義務づける。時間外協定とは、ある事業場内の労働者の過半数が一定の超過労働もやむを得ないとする集団意思の確認行為であるが、協定の労働者側の代表が過半数組合であれ、従業員の代表であれ、代表者は過半数の集団意思の委任を受けて協定締結の権限を得るに過ぎないのだから、協定の締結以前に集団意思の集約の手続がとられねばならないわけである。しかし、こういう手続さえ、実際には、ほとんど行われていないのが実情である。
（5）　この論法でいけば、例えば、浅草郵便局事件における慣行上の「休息時間」についても、当局側が長期間にわたるこの制度に積極的に承認もしない代りに、異議も述べず実施されてきたことは「黙示の合意」を意味することになるであろう。しかし、東京地裁判決（昭四八・七・一二）は、事実状態が実施当初から継続したからといって、職場慣行または事実たる慣習のいずれによるにせよ、正当の休息時間として「定着する筋合のものではない」として否定している。このように、労使関係の下では、しばしば、慣行という事実状態の評価について衡平を欠く解釈がまかり通っているという事実を指摘する必要がある。

(2)　労働契約の創設的推定

労働関係の当事者間で、労働契約の存否それ自体につき争いがある場合に、争いの解決方法として、裁判所が推定によって当事者に労働契約の存在を認める場合である。労働契約の存在を否定する側からみれば、それは、裁判所によって労働契約が創設されることを意味するので、その認定はよほど慎重になされなければならない。

当事者間に、実質上、労務の提供と受理の関係が存在してはいるが、それが法的に労働契約関係であるかどうかについて争いが生ずる例は少くない。それは特に、「労働者」に対する「使用者」責任（義務）の有無が問題となる場合に生ずる。通俗の意味での労働関係、つまり労務の提供が行われる場合の労務供給型契約類型として、民法には「雇傭」、「請負」および「委任」の三種が定められているが、それら相互の差異はそれほど明確なものではない。[(1)] 特に雇傭と請負との間がそうである。普通、労務の提供を目的とするか（contract of service）、仕事の完成を目的とするか（contract for service）、によって分けられるが、どちらの場合にも文書による契約書が取替わされるわけではなく、当事者の意思にくい違いがあれば断定は難しい。そこで、裁判所は、労働関係の実態的観察によっていずれであるかを判断するわけである。裁判所にして、もし、労働契約関係であると判断する場合には、一方の当事者がそれを否定しても、労働契約が両者の間に存在するとみなして、その法関係に沿った紛争の処理が行われる。それは契約関係を創設する creative な推定ということができるが、補充的推定の場合と同様、いや、それ以上に慎重な取扱いを必要とする。

以下に、裁判所がこの場合、どういう推定のしかたをしているかを、最近出た新甲南鋼材工業事件神戸地裁判決に例をとって検討してみよう。(2)

この事件は、いわゆる社外工の事件である。被告会社Yは約九〇名の従業員を使って金銀製造を業としているが、かつてYの営繕関係の下請工事をしていたAがYのために常時、六—八名の労働者を斡旋していた。Yはこれらの労働者を会社の本工、臨時工とともに組に組織して共同作業を行わせ、出勤のチェックや時間外就労の命令など直接の指示をしていた。Aは特に企業体としての独立性を有せず、供給した労働者の指揮、監督をすることもなかったが、Yから一人一日につき三、三〇〇円の割で一括支払いを受け、それを労働者に対し一人一日三、〇〇〇円の割で支払い、その差額は手数料として受領していた。その労働者の一人であるXがY社の勤務を六日間欠勤したために懲戒解雇されたとして、Yを相手に雇用契約の存在を前提として解雇の有効性を争ったのが本件である。判決は、結論としてXの請求を認めた。

判旨は

「XとAとの間には形式的には雇用契約が締結されたものと認められるのであるが、右契約はもっぱらAがYに労働者を供給し、その賃金から中間搾取する目的のためにのみ、その手段として結ばれたものであるにすぎず、なんら実体のないものというべきである。そして、Xの現実の労務の提供および稼働の態様を直視すると、YはXをその企業機構の一構成要素として完全にその支配下におさめ、Xは会社に対し従属関係にたつものであって、Xが右のような事実関係のもとで、日々労務を提供し、会社がこれを受領している限り、両者の間には少なくとも暗黙のうちに雇用契約関係が成立していると認めるのが相当」といっている（傍点筆者）。

結局、判旨は、XはAに雇用される労働者であり、Yとの間に雇用契約は存在しない、とするYの主張を却け、XA間の雇用契約は「形式的」で「実体のないもの」とし、Aは、XをYとの労務供給契約を通じてYの下で働かせているのだから、XY間に雇用契約（本件ではこの語のみを使用しているから以下それにならう）関係の成立を推定しうる、というのである。

この判旨の判断は、実態的には正鵠を得たものというべきであろう。請負とか社外工の名の下に、実質上の雇用関係がある労働者に、保護法の適用を拒否するばかりか、違法な中間搾取を合法化するような法的関係を否定して、実質上の使用者に使用者としての法的責任を負わせるには、こういう判断をするほかないであろう[3]。

しかし、判旨を、労働契約の推定に関する論理を述べたものとして把えてみると、それは、結論の妥当性にもかかわらず、十分納得のいくロジックを展開していないように思われる。判旨をXA間の法的関係と、XY間のそれに分けて検討してみよう。

(イ)　X—Aの関係

判旨は、XA間に「形式的に」雇用契約が締結されたことを認めるが、それは「なんら実体のないもの」という。契約の形式 title が内容または実体 substance を表わさない、という場合はしばしばある。脱法の意図をもつ場合によく見られるところである。その場合には、実体の方に形式を合わせるという操作によって正当な契約関係に引戻すことによって、解決を図れば済む。この場合はむしろ形式と実体のくい違いというべきであろう。ところが、本件では、判旨は形式のみあって、実体が「ない」とみている。つまり、雇用契約の不存在を推定したのである。しかし、「雇傭ハ当事者ノ一方カ相手方ニ対シテ労務ニ服スルコトヲ約シ相手方カ之ニ其報酬ヲ与フルコトヲ約スルニ因リテ其効力ヲ生ス」（民法六二三条）るのであり、その旨の当事者間の意思の合致をもって成立する。労務の提供は必ずしも契約成立の要件ではない。そうだとすると、本件において雇用契約が形式的に締結された（Xは確かにAに社員として雇用された）ということは、それが雇用契約として正式に成立したことを意味するのであり、「なんら実体」がなくてよいはずである。雇用契約が存在しているのに、それが「存在しない」ことを裁判所が推定するというのはいささか行き過ぎである。

もっとも、本件判旨は、その中間に「契約の目的」の違法性ということを媒介させている。すなわち、XA間の契約の目的（判旨はこの外に手段も付加しているが蛇足である）は、もっぱらAがYに労働者を提供し、賃金の中間搾取をするところにあった、と認められ、そのゆえに「実体のない」契約と推定されたのである。確かに、わが民法の下では、英法と違って、契約締結における目的ないし動機の不法が、その契約を無効とする機能をもつことは否定できないが、それは、その法律行為が公序良俗違反と認定されたうえでのことでなければならない。判旨は、そこを通さないで（正確にいえばそのことに触れないで）、Aの目的が中間搾取にあった以上、契約関係の「実体がない」と断じてしまう。[4]

しかし、雇用契約において、使用者その他第三者が不当な中間搾取（不当控除）をしたという事実は、労基法違反（六条）の責を生ずることはあっても、それだけで直ちに契約の無効を来すことはない。契約が無効とみられるためには、契約締結の目的が中間搾取を唯一の意図としていたことを厳密に認定しなければならないであろう。例えば、契約の締結が欺罔に等しいやりかたで行われた場合などは明らかにそういえる。これに反して、契約当事者が事情を知っていた場合（下請関係ではそういう場合がむしろ多いであろう）にはどうであろうか。下請関係が多かれ少かれ、「労務供給契約」的性格をもち、従って、何らかの程度において中間搾取的対価関係が生じているのはよく知られるところである。その意味で、本件判決は、下請関係における法（裁判官）による雇用契約関係の frustration の先例として重要性をもつことであろう。

ところで、判旨が、雇用契約は形式的に存在するとしても実体がない、という場合、それは、契約の不成立をいっているのか、成立した契約が無効であることによって存在しなくなるのかはっきりしないが[5]、いずれにしても、ＸＡ間には、すでにそれまでに雇用に伴う賃金支払（それが元はＹから出ているにせよ）その他、Ａの社員としての若干の関係が発生しているのであるから、その関係が最初から雇用契約でないとか、無効だとみなされた場合に、既往のＸＡ間の権利・義務の清算はどういうことになるのであろうか。雇用契約において、「解雇」が原則として将来における解約の告知という法律構成をされるのは、こういう遡及効の問題を顧慮するからに外ならない。

(ロ)　Ｘ—Ｙの関係

判旨は、ＸがＹの下で置かれた現実の労務の提供および稼動の態様からみると、ＸＹ間に暗黙のうちに雇用契約関係が成立していると認めるべきだという。それは、ＹがＸを「企業機構の一構成要素として完全に支配下におさめ、ＸがＹの従属関係に立つ」とみるからである。

労働法学では、従属労働関係にあることを雇用契約成立の、あるいは「労働者」たることの成立要件または指標とみるのが判例、学説の通説といえる。この点、判旨は「従属関係に立つ」という言葉を使っており、それは労働者が「企業機構の一構成要素として使用者の支配下に」おかれる状態だと説明している。これは、恐らく労働者が使用者の直接的指揮、監督（労務管理）の下に置かれるというのと同義とみてよいであろう。本件で、ＡはＸの雇用者としての労働の指揮、監督を全くやっていないのであるから、その認定自体はもとより正当である。

しかし、雇用契約が労務の提供と対価の支払を要素とする双務有償契約であることを考えると、ＸＹ間に、Ｘの労務提供とＹの受領があって、その間に従属関係が存在したとしても、Ｙが直接Ｘに対して対価の支払をしない場合に、そこに雇用契約の存在を推定しうるのであろうか。恐らく、この点については、判旨は、一方で、Ｘ

A間の雇用契約の存在を「実体的」に否定しているから、YがAに対してXの分として支払い、Aが（その中から中間搾取をしたうえ）Xに支払っている対価は、実体上、YがXに支払っているものとみなして雇用契約成立の要件を充足させているのであろう。もし、そうだとするならば、推定によって契約を創設しようとする以上、判旨はそのことを明示すべきであった。

XY間に雇用契約の存在が推定され、しかもXA間の雇用契約が否定された場合、YはAに代ってXの「使用者」の地位に立ち、法律上および契約上のすべての責任を負うことになる。すでに述べたように、この場合、XA間の雇用契約の存在が法的に否定されたものとし、その効果が遡及的に生ずるとすれば、YはXA間の雇用契約の締結の時点からAに代ってXの使用者たるべき地位にあったことになるから、もし、XがAによって不当に中間搾取されていた分の賃金相当額をXに対して支払わねばならないという問題も派生的に生ずるであろう（もちろん、YはAに対して求償権をもつことになるが）。

判決が確定するとすれば、今後、YはXをその従業員として扱い、直接、賃金支払義務を負うことはもとより、Xに対してYの就業規則を全面的に適用しなければならないであろう。もちろん、このことは本件における請求でもなければ、争点でもないから、判決がそれに言及する必要はない。ここではただ、裁判所による雇用契約の推定は、当事者が当初予期しなかったような新たな法的責任および事実関係を創設するものである以上、特に慎重さが要請されるということを指摘するにとどめる。

本件において、実質上の使用者たるYに使用者責任を負わせるには、結論的にいってXY間に雇用契約の存在を推定する外ないであろう。その意味では、判旨の結論はもちろん妥当である。しかし、この結論を引出すには、判旨のように、XA間の雇用契約不存在の推定と不可分に結びつけねばならないものであろうか。私には必ずしもそうとは思われない。すなわち、XA間に雇用契約が存在することを認めたままで、なお、XY間に雇用契約の成立を推定すること、つまり、XはYと、joint employer の関係に立ち、雇用契約がXA間とXY間に重複し

て存在しうることを認めるという考え方も成立つように思われる。(6)

判旨は、XA間の雇用契約が形式的に締結されたことを認めながら、実体がない、として結局、これを否定した。確かに、XA間には実際の労務提供関係において何らの実体的なものはないであろう。しかし、今日、企業がある人と「雇用」の約束をすれば、たとえ、現実の労務提供関係がない場合にも、雇用契約の成立が肯定され（採用内定関係を想起せよ）るのだし、まして賃金が支払われるとなれば、社会保険その他の法的義務が強行法的に成立する。就業規則あるいはそれに類する社則の適用なしにこういう関係が展開するであろうか。こう考えていくと、判旨のように、XA間の雇用契約を「推定」によって消去し去るのは裁判所として契約締結の自由に対する不当介入のおそれがあり、いくらか推定操作の行過ぎの感を覚えるのである。

（1）　幾代通「雇傭・請負・委任・寄託」注釈民法⒃債権⑺一頁以下参照。

（2）　神戸地判昭四七・八・二九（労働判例一六一号三〇頁）

（3）　本件を含め社外工の法関係についての学説、判例の詳しい論評として川口実「特殊雇用関係」労働法実務大系15一五一頁以下参照。

（4）　中間搾取が道義的に非難さるべきことはいうまでもないし、本件におけるAのやりかたがピンハネそのものであることは疑問の余地がない。しかし、AとXとは一応、労働契約を結んでおり、XはAの役割を知っているのであるから、それが、法的に違法、無効というためには、Aが「業として他人の就業に介入して利益を得」たこと（労基法六条）のゆえに違法性があり、そしてその契約は同法一三条のゆえに無効であると判断する必要がある。

（5）　下請関係における労働者受入企業（親企業）と労働者派遣企業（子企業）の労働者との関係が、労組法上の使用者・労働者の関係に該るかどうかが争われた油研工業事件では、一審判旨（東京地判昭四七・一〇・二四）は、右労働者は形式的な労働契約面で子企業に所属するにとどまり、子企業が労働者を指揮監督して「支配力」を有しない限り、「職業の提供者」即ち「使用者」ではなく、単なる労働者供給者に過ぎない。他方、親企業は、雇用契約上の雇用主と同様の支配力を有しているから労組法上、雇用関係が実質的に成立しているというべく、同法上の「使用者」と解される、と判示している。二審判決（東京高判昭四九・五・二九）もほぼ同旨。

（6）　技術研修のため下請会社から元請会社に出向中、墜落事故死した労働者の遺族から両社を相手として出された賠償請求事件（大成建設・新興工業事件）について福島地裁（昭四九・三・二五）は、この考え方に立ち、双方に労働契約に基づく安全保障義務が存することを認めている（ただし、判決は結論として、元請会社側に安全義務の完全履行があると認められる以上、両社ともに賠償義務なしとして請求を却けた）。これに反して、福岡地裁小倉支判（昭四九・三・一四）は同じような下請工の労災事故につき、元請会社との雇用契約関係を否定しつつも、事実上雇用契約に類似する使用従属の関係をもつある種の請負契約では、雇用契約上の安全保障義務が重畳的に生ずると判示している。

六　結　び

労働関係というものは、労働者が現実に労働を提供し、使用者がそれに賃金を支払うというきわめて具体的現象である。ところが、その労働関係を法関係としてみた場合、その基本をなす「労働契約」なるものは、多くの場合、契約書という具象的な形態をとることなく、労働関係の両当事者である使用者と労働者の間に「観念的」に存在しているに過ぎない。そこで個別的労働関係において紛争が生ずると、あらためて当該労働者の労働契約は何であるかを確定しなければならない。例外的に契約書が取替わされる場合にも、それは決して現実に行われている「事実としての」労働契約関係のすべてを表現しているわけではないから、争いがあれば労働契約の補充解釈という形で推定操作が必要となる。

労働契約の推定は、就業規則とか労働協約のような collective terms から推測されることが最も多いであろうが、労働慣行のような経験的事実から黙示的に推定される場合も少くない。また、労働法規が保護法的に労働契約に介入している場合には、労働契約自体はどのように変化するのかという問題も理論上、重要である。

本稿では、労働契約の解釈上、契約の推定が必要とされる若干の事例を検討し、そこに多くの問題が含まれていることを指摘した。黙示の契約が「推定」にもとづくものである以上、推定は例えば、労使関係の安定とか、公平の理念といった一定の立法政策的立場に立たざるを得ないが、それだけに、そこに客観的事実よりむしろ政策が優先させられる危険性が含まれている。推定の限界というようなものを一般的に示すことは難しいが、少くとも一つの点だけは強調しておきたい。それはすでに論じたことであるが、労働関係における既成事実としての労働秩序（具体的には労働者の服務）の静態的安定に重きを置くあまり、その「合意」の推定に性急であってはならないことである。労働法の理論において、その形骸化、擬制性が非難されながらも「労働契約」という形式がなお、残されていることの意味は、これをもって前近代的「身分」労働との峻別の座標たらしめようということである。従って、もし労働契約における推定の操作が、力関係によって作られた単なる「事実」を安易に黙示の合意とみなす方向に働くとすれば、それはもう一度、労働契約をして「契約」から「身分」へ転落させることになる。

労働契約における推定ということが、契約の性質上、また具体的紛争の解決に不可避だとすれば、推定作業の任に当る裁判官は、その裁量としての implication が真に、合理的で当事者の真意に最も近づくよう努力することが必要である。しかし、それは単なる道義論や「健全な」社会常識に訴えるだけでは解決できないものである。労働関係における当事者の意思の内面的考察や集団意識の把握に関する法心理学観察方法の発展が望まれるところである。本稿で事例として引用した判例が、結論としては妥当であるにもかかわらず、特に、法律学者以外の人々に対する説得性を欠く中途半端なものに終っているのを見る時、とりわけその感を深くするのである。

〔社会科学研究二六巻三・四号、一九七五年〕

3　労働契約論

一　はじめに

近代的労働関係はすべて、当事者の合意にその基礎を置くという意味において労働契約をその不可欠の要素とする。しかし、労働関係を法理論上、労働契約関係として構成することは、契約当事者の合意が実質上も対等であることを意味していない。むしろ、労働契約の形成過程における交渉力の対等性——特に労働者側の——の欠如が認識されるからこそ、その回復をはかるべく労働法原理が要請されるのである。

このように、合意とか契約といったほんらい対等者間の関係を前提とした市民法上の伝統的概念を、基本的には不対等者間の関係である労働関係においても同義的に使用しなければならないということは一の矛盾であるが[1]が、このような「契約の擬制化」は、多かれ少かれ今日の契約関係に不可避的に現れてきている現象であり、今や、契約をめぐるjurisprudenceの概念構成そのものにかかわる問題とさえいえる。

しかし、労働契約論における「労働契約」を、従来使用されてきた法的用語としての契約とか債権、債務といった言葉と全く無縁の新たな概念として使用するのならばともかく、あくまでそれを伝統的なjurisprudenceのワク内で説明しようとすれば、少くとも理論構成の上では、「契約の擬制化」現象を前提とした「市民法」との関係づけをしたうえで、あらためて労働法上の政策的要請を加味した労働契約論を考える必要がある。ところが、従来の労働契約論には（資本主義体制下での）、労働関係のもつ実態的な矛盾の追究に急なあまり、本質論の方が先行し、その「特殊性」の強調に重点が置かれて、法的な属性としての「契約」の諸側面に十分な検討が行われなかったように思われる。これはわが国だけの現象ではなく、長い歴史をもつ諸外国においても労働契約というものの法的性格の究明に、今日なお、残された課題が多いようである。[2]

本稿は、沼田教授の還暦をお祝いする本論文集において労働契約論というテーマを与えられたことを幸いとして、多くの先達が築き上げた労働契約論の論議の跡をふりかえり、どのような論議がどのような視角からなされたか、労働契約論の理論的構成にはどのような発想が考えられるかを試論的に考えてみたものである。

(1)　この労働契約がもつ契約原理（契約の自由）と実質的不対等性との矛盾および、そのことと労働保護法（労基法）との重層関係を沼田教授はまことに説得的なロジックで説明しておられる。『労働法論上巻』二一四頁以下参照。なお、教授は、従属労働についてこれを合意ないし契約を基本的前提とする概念であることを認められたうえ、その合意の抽象性の反省という点から従属労働概念の再検討の必要性を説かれている（労働法学会第四五回大会シンポジウム学会誌「労働法」四二号一八六頁以下）。本稿が多少とも教授の提案に沿うものとなれば幸である。

(2)　労働法の体系の中で「労働契約」をどのように扱うかという問題について、最近のヨーロッパの文献としてはさし当り、西ドイツの Söllner, Arbeitsrecht, 1969, フランスの Ollier, Le droit du travail, 1972, イギリスの Hepple & O'Higgins, Individual Employment Law, 1971 の三つを挙げることができる。必要な限りで言及することにする。

二　わが国における労働契約論

一　「労働契約論」と題する論文は、わが国では、これまでのところ、労働契約それ自体を特に労基法の立場から論述したものに比してそう多くない。[1]これは、恐らく、「労働契約論」というテーマが、わが国では、従属労働論というむしろ労働法の本質論ないし概念論として意識される傾向が強いこともあって、労基法の規定や労働契約の具体的「解釈論」の中では、どちらかというと回避されがちであることによるものであろう。労働契約とか従属労働というような労働法上の基本的カテゴリーについて意外に論争が少い（例えば社会政策学における社会政策の本質をめぐる論争の多彩さと対比）のも右のことと関係がありそうである。

以下には、わが国で「労働契約論」を正面からとり扱った比較的最近の諸論文をとりあげて、労働契約論論争に糸口をつけてみることにする。まず、戦前からの先達、故吾妻教授と浅井教授の論説は「労働契約論」の取扱いについてほとんど全く相反する立場がありうることを示すと同時に、そもそもその対立点とは何かを発見すること自体に多くの困難のあることを教える。

二　すでに戦前から「雇傭」契約について数々の論文を発表されてきた浅井教授は、最近の「労働契約論」(2)と題する論文の中で、労働契約を雇傭とは別の、独自の法律概念として把握し、その独自の存在意義を認めなければならない、と説かれ、「労働契約を雇傭と同じ次元でとらえ、あくまでも雇傭という法律概念の中に労働契約を閉じこめておこうとする」立場は、「ただに労働契約の本質論を誤った方向に規定するだけではなく、さらにさかのぼって……労働法学の方法論にかかわりをもつ」ものとして「徹底的な批判を加える」べきことを強調された。

三　ところで、浅井教授が、「労働契約を雇傭と同じ次元でとらえる立場に徹する」説の一つとして挙げられるのが故吾妻教授の説であるが、その吾妻教授は「労働契約の法的性質」(3)では、まことにユニークな労働契約論（「反省論」）を展開された。

教授は、右の論文の中で、わが国の労働契約論は、むしろ戦前において展開されたものが今日でも中心的地位を占め、戦後における研究としては見るべきものが少い、といわれた。これは、わが国の労働契約論が、戦前（戦後も）ドイツのそれに依拠しながら、「十分に批判的な検討を通してこれを摂取していない」ことへの批判だと受けとれるが、果して、この時点で「見るべきものが少い」といえたかどうか疑問である。それはともかくとして、ここでは、教授がどのような独自の労働契約論を主張されておられたかを要約的に検討してみよう。

教授は、右論文の前に「労働契約論は契約論という市民法上の法理の上に立って展開されるかぎり、労働法プロパーの理論的研究にとって実り多きものではない」と言明されていたが、(4) その意味するところが本論文でやや明らかにされたのである（教授は本論を論証でなくて、問題の所在の提起に過ぎないといわれているが）。

本論文は、一、労働法体系と労働契約、二、労働契約の法的性質の二つの部分から成っているが、前者では、「労働法体系」という側面から「ドイツ理論」とその影響を受けた日本の労働契約論が検討批判され、後者では、「従属労働説」や「編入説」などの「契約論的立場」が、教授の労働契約論の立場から批判される。

それでは、教授のいわれる労働法体系下の労働契約の把え方とはどういうことかといえば、労働契約を㈠争議権、㈡労働協約、および㈢労基法（労働保護法）とのかかわり合いにおいて把えることであり、そこでは、ほんらいの契約原理は適用の余地をなくしたり、狭めたりする。そこに「市民法の視角」と「労働法の視角」の相違があるが、「この差異を明らかにすることによって労働契約概念の本質に迫る手掛り」が得られるといわれるのである。しかし、以上のところからだけでは、教授の「労働法の視角」から見た労働契約論の本質または構成は必ずしも明らかではない。

「従属労働説」や「編入説」の指摘する労働関係の特色が「事実上の状態」を示すものに過ぎない、という教授の見解は、労働契約の契約条件の「流動性」や「集団性」が社会的、機構的背景に過ぎず、労働契約の法的性質ないし契約原理を左右するものではない、とする主張とともに、それ自体、説得力をもつ卓見である、と私は思う。ところが、教授が、他方で、従属労働論に立つドイツ流の労働契約論が、「契約論的立場」に立つ点に難点あり、とされるのは、私には十分理解できない。あるいは、右に述べられたこととの意味をふえんされたとも思われるが、教授の「契約論的立場」とは、「市民法的」契約理論を指すのであり、そして後に、教授は「市民法的契約理論の自己防衛」ということを説かれるのであるから、教授の批判が果してどのような主張に向けられたものなのか、隔靴掻痒の感を覚えるのである。

教授の従属労働・編入説に対するもう一つの批判は、それが㈠特に西ドイツにあらわな労働者の忠誠・服従義務ないし企業（労使）共同体の強調につながる点で契約における自由意思を不当に制約するモメントを含むこと、㈡経営組織体の構想が集団主義的体制―組合運動に対して阻止的作用をもつこと、㈢その労働保護法の把え方が、労働保護を「労働者への配慮という性格において把えること」によって、かえって労働者の主体的意識（の発達）を阻げる傾向をもつこと、にある。右の㈠㈡は、いずれも、もっともな批判というべきであるが、西ドイツの学者はともかく、少なくともわが国の学者の多くは、このことを早くから敏感に意識しており、ドイツ説の欠陥として指摘を怠っていないのであるから、この点、西ドイツ理論への批判を、直ちに、日本の学説へのそれに短絡させることは妥当ではない。教授は、特にこの論文では、従属労働や経営体編入論を、ドイツの専売特許的発想のように扱われているが、従属（または他人決定）とか編入という発想は、ニュアンスの差はあれ、フランス、イギリスはじめどこの国にもあるのであり、それらの国では、必ずしも西ドイツ的逸脱（とわれわれには思えるもの）が見られるわけではないことを指摘しておきたい。㈢の批判は、従属説への批判としては必ずしも正鵠を射たものではなく、それは労働保護法一般が負うべき宿命的課題なのである。(5)

教授は以上の所論を経て、最後に「集団主義的法体系」の下での労働契約論において、(イ)市民法的契約理論の自己防衛の必要性（――教授によればそれが集団主義的労働法体系の発展を擁護することになる）、(ロ)市民法的労働契約法理論の自己主張の抑制の必要性、(ハ)市民法理論と労働法理論の主張と抑制による協力関係の必要性を説かれる。しかし、集団主義的法体系もわが国の労使関係の実際において労使の契約意識によって裏打ちされておらず、そのことが右の協力関係を阻害する方向に働いて「労使関係の公正かつ安定的な発展を阻害する誤った理論を生み出し、労使関係に破局的な影響を与える」おそれを指摘しておられる。まことに示唆深い提言というべきであるが、残念ながら、私にはその含意が十分に読みとれず、教授が果して労働契約の法的性質を集団主義的法体系または労働法の視角においてどう把えられていたのか、お教えを受ける機会を得ずに世を去られたことをまことに惜しく思うのである。

故吾妻教授が本論文を労働契約と雇傭との峻別説に対する疑問という形で出発されているところからみると、それは確かに、前記の浅井教授の立場とは違うのであるが、吾妻教授の積極的主張が（集団的）労働法の体系の下にこれを位置づけ、むしろ市民法理論とけつ別するところにあったのだとすれば、浅井教授がこれを「労働契約を雇傭と同次元でとらえ、雇傭という法律概念に閉じこめておこう」とする立場であると批判されるは当らないわけである。

四　その後、最近に至って浅井教授は、学会誌に「労働契約概念を規定するもの」と題して再び所説を明らかにされた(6)。そこで従来の教授の所説とややニュアンスを異にしていると思われるのは、教授が労働契約を雇傭の発展過程たる「変形物」として把えられること、そしてまた、方法論上の問題として「価値増殖過程」という発想を強調されていることである。しかし、教授が「変形物」といわれる場合のその意味は、もともと次元の同じ物が単に形態を変えたに過ぎないという意味ではなく、雇傭と労働契約とは全く「質」を異にする対立物であり、両者を峻別すべきことを強調されるのであるから、教授が従来の所説に修正を加えられたというわけではないであろう。むしろ注目すべきは、教授が現在をも含めたドイツの従属労働論を一括して「価値増殖過程に基礎をおかな」い「形式的従属労働論」として、いわばドイツ理論の清算を明示されたことであろう。

浅井教授の峻別説が従来から一貫して方法論上の問題として説かれていることは明らかであるが、この論文では、労働契約の法的概念そのものの構成というよりは、（資本主義体制下における）労働過程の本質の究明という問題に焦点が移行しているように思われる(7)。法的概念としての教授の峻別説には、後述のように、私に十分納得のいかない点があるが、それはともかく、浅井教授の所説が、今日、いわゆる「従属労働論」に立つ峻別説の根拠づけとして一つの極を示すものであることは明らかである。

五　労働契約概念の独自性を強調するという立場から、労働契約を民法の雇傭と峻別すべき根拠を最も詳細に展開されたのは片岡教授であろう。[8] 教授は「労働契約概念は、民法的雇傭契約における自由の原理が、労働者の団結の法認を通じて生存権の確保という観点から修正を余儀なくされ、滲透をうけるところに成立つ」と説かれ、その原理的基礎を「生存権の理念」に求められた。つまり、雇傭契約が労働契約によって修正ないし変形されるのは、生存権の理念に根ざす団結の法認という事態の歴史的必然性であって、これに反して独自の労働契約概念の確立を否定する見解は、労働契約を規定する決定的モメントとしての従属性を欠落し、[9] 市民法と労働法のそれぞれの原理的立場の相違を見落すばかりでなく、そのような法理構成では、労働法体系の「統一的構成」が不可能である、というのが、教授の反対諸説に対する反批判を含めての主張である。ここでは、労働契約の概念が、労働契約を他の契約類型から区分する識別基準というよりは、むしろ、労働契約という契約概念を考える場合の認識の問題として提起されているように思われる。そして、労働法学が市民法理と別の独自の法体系を模索していた時代に、教授の問題提起は大きなアピールと影響力を与えたと考えられる。

六　一方、わが民法の「雇傭」が果して労働契約と「概念」を異にするものであるかどうかという問題は、つとに民法学者の関心を引くところでもあり、故我妻博士は、その『民法講義V_3（債権各論中巻二）』における「雇傭」の解説の中でかなり詳しく労働法学者の諸説に触れられた後、「民法が雇傭とするものはすべて新たな労働法原理によって規律されるべきものであって、その意味では、すべてこれを労働契約と考えてよいものと思う」と述べられ、いわゆる峻別説を却けられた。[10]

この見解は、『注釈民法（債権(7)）』における幾代教授においても引継がれ、「民法上の雇傭はあげて、実質的な意味での労働契約という概念のなかに取りこまれ、民法上の請負や委任のうちのあるものにも労働契約の外延が及ぶ」と説明されている。[11]

ところで、民法学者が、労働法学者のいわゆる従属労働―峻別論に消極的である理由の一つは、民法上の雇傭と委任の規定における日独の相異（ドイツ民法では有償委任は雇傭とされるので、労働法原理の適用を受けるべき雇傭を労働契約概念で識別する必要がある）という事実にあり、このことは前掲書で我妻教授がつとに指摘されたところである。

七　労働契約と雇傭との本質的差異を強調する峻別説に対しては、労働法学者の中でも、右の民法学者の指摘に賛して反対説が唱えられていたが、[12] これを労働法学の「方法論」上の問題として、従来の通説に正面から批判を提起されたのは下井教授[13]である。下井教授は、「わが国労働法学の支配的潮流をなす諸学説にあっては、独自の理論構築という問題意識は強烈であるが、問題把握の枠組み、問題解決のための原理・方法の提出というレベルにおいて検討するときには、その独自性評価を困難ならしめるような幾多の疑問点が見出される」として、「労働契約の概念」および従属労働の問題の再検討を提唱されたのである。教授は、いわゆる峻別説の根拠としての人的従属性なるものは、わが民法における請負・委任と雇傭とを区別する際にいわれる従属性と異なるものでないこと、「なす債務」と「与える債務」という区分も峻別の根拠として有効でないこと、人的従属性と経済的従属性との複合・結合という説明も労働契約を他の契約から区分し、あるいは労働法適用対象を一律に画定するための基準としては適切とはいえないとする具体的批判とともに、労働契約と雇傭との本質的差異の原理的基礎を自由と生存権の対立に求めるという労働法学の方法論に対して、そのことを認識することと雇傭と労働契約の類型的差異をいうこととの間には、規制原理と類型的異同という視点の違いがあるはずだとして根本的疑念を表明された。

八　右のような峻別説に対する批判の提起にもかかわらず、わが労働法学界では、「労働契約」を「雇傭（契約）」とカテゴリッシュに峻別し、前者が後者と本質的に違う点を従属労働（関係）の有無に求めるという発想が依然として強いようである。[14] 私には、この状態は、結局、法的概念というものの構成の仕方の問題と方法論ないし認識論上の問題とが、十分な討議がなされない結果として、未分離のままに残されていることから来ている

と思われる。(15)

(1) 労基法上の労働契約の解釈に関する限りでは、特に民法の雇傭の規定を問題にする余地が少いところから、両概念の差異を特に詳しく論じたものが少かったということである。
(2) 有泉＝青木編『基本法コメンタール労働法Ⅱ』（昭四七・日本評論社）四九頁以下。
(3) 「労働契約の法的性質」新労働法講座7『労働保護法』（昭四一・有斐閣）。
(4) 『労働法概説』二八九頁。
(5) 労働保護立法が労働者階級にとっての過保護となり、ほんらい彼らの団結した労働運動の力でかちとるべき目標とエネルギーを喪失させる機能をもつという批判である。
(6) 学会誌「労働法」四二号「労働契約論の再構成」（昭四八・総合労働研究所）五頁以下。
(7) 門田信男「労働契約の法構造」（季刊労働法八一号）もこの点に重点を置かれるようである。教授は労働契約を「等価交換法則に名をかりた搾取契約」であるとされ、労働契約論の「再構成」を説かれるが、教授のいわれる「個別労働法理に解消されず、かつ、「集団労働法理のうちに埋没せしめ」ない法理とは、一体どのようなものであろうか。
(8) 『団結と労働契約の研究』（昭三四・有斐閣）。本書は全三章中の一章が労働契約論に充てられ、東ドイツを含むそれまでの内外の文献を対象とした論述であり、その後の日本の労働契約論に与えた影響には大なるものがあったと思われる。
(9) 片岡教授は峻別説否定説としての津曲教授の説（「市民法と労働法」労働法講座第一巻（昭三一・有斐閣））に対して、民法的立場に立つかぎり人的従属性を導出する余地がないと批判される（前掲書二一四頁注）。
(10) 同書五三九—五四〇頁。ただし、否定説といっても「民法が雇傭とするものはすべて新たな労働法原理によって規律されるべきものであって、その意味では、すべてこれを労働契約と考えてよいものと思う」と説かれ、労基法の適用される雇傭だけを労働契約と呼ぶことは便宜の問題として至当であり、同書の労働契約はこの用法に従っている。
(11) 同書六頁以下。
(12) 宮島尚史『労働法学』（昭三九・青木書店）五六頁以下。
(13) 下井隆史「労働契約と賃金をめぐる若干の基礎論的考察」（ジュリスト四四一号、昭四五）、「雇傭・請負・委任と労働契約」（甲南法学一一巻二三号、昭四六）、「労働契約法における基礎理論的問題をめぐって」（学会誌「労働法」四二号）。
(14) 例えば労働災害における企業の安全保護義務についての、「雇傭契約」上のそれと「労働契約」上のそれとを峻別しようとする主張もその一例である。岡村親宜氏はこの区分が「通説的に承認されている」といわれる（労働法律旬報八三九号一〇頁。

なお同論文と同旨の報告が労働法学会で報告された）。労災関係の判例にもこのような見解がみられる（東京地判昭三七・六・二〇がその典型）が、学説・判例ともに峻別さるべき両契約がどのような法概念ないし定義によるものかを明らかにしないまま論を進めている。この場合、雇傭契約上の使用者の安全保護義務でも、今日の労働保護法の規範的要請に従って、論者の説くところの、いわゆる「労働契約」上の義務にまで黙示的に高められていると考えさえすれば、右のような峻別論は不必要になると思う。

（15）労働法学会第四五回大会はシンポジウムの統一テーマを「労働契約」とし、種々の有益な討論がなされたが、従属労働論をめぐる方法論の問題には深く立入らずじまいに終った。

三　労働契約論争の課題

わが国における労働契約論をめぐる以上の論議（あるいは潜在的論議）からみて、今後に残された課題としては、㈠労働契約と雇傭（契約）とを峻別することの意味ないし必要性の検討、㈡労働契約を他の労務供給型契約から区別する場合の指標としての従属（労働）性の検討、㈢労働契約—従属労働論といわゆる方法論上とのかかわり合いの理論的究明ということが考えられる。いずれも、今後解明さるべき重要な問題と思われるが、ここでは、若干の私見ないし疑問点を述べて今後の討議に期待したい。

一　まず、労働契約と雇傭契約との実定法概念としての範疇的峻別[1]が現在のわが実定法の下でなお必要かどうかである。確かに、労基法が、同法の適用外としての労働関係たる「同居の親族労働や家事使用人」（法的には民法上の雇傭契約となる）関係を予定しているところからみれば、今日の雇傭契約をすべて「労働契約」と全く同義とみてしまうわけにはいくまい。しかし、このような僅かな例外を除けば、民法上の「雇傭」はすべて労基法の適用を受ける労働契約であり[2]、労基法成立前のいわば歴史的範疇に属する民法上の「雇傭」契約[3]をもって現行の実定法上「労働契約」と読み替えることから生ずる不都合はほとんどないといってよいであろう。

浅井教授は、いわゆる峻別否定説が従属労働論に立っていないという点で峻別説との質的な相違を強調されるのであるが、峻別否定説も、雇傭契約がいわゆる従属労働をその対象とするものであることを前提としたうえで、そのゆえに労働契約との本質的差異を見出しえないと主張している(4)のであるから、教授の批判の角度は必ずしも有効とはいえないであろう。(5)

二　労働法の保護を必要とするという意味における労働者の地位を使用者側との対比において表現する用法として、日本では「従属性」という言葉が一般的・歴史的に使用され、ほぼ定着したかに見受けられる。この語は、多くの人が使用している用例ないし内容からみて、ドイツのabhängigkeit、フランスのsubordination(6)に近く、イギリスのcontrolという概念(7)より狭いように思われる。

このような労働者の（不利な）地位を表現する概念は、もともと相対的なものであるから、それを使用する人によって広くも狭くもなる。すなわち労働者が他人（使用者）の指揮・監督を受けて働くという時間的・場所的拘束状態に従属性の重点を置くこともできるし、さらに、そのような状態に置かれることによって労働者が受ける交渉上の不利な立場をも含ませることもできる。大陸法では、一般に後者の考え方が強く、その意味において、「人的」「組織的」「経済的」または「階級的」従属性という言葉が形成されてきた。これに対し、英米法系では、むしろ前者の使い方が一般的である。大陸法系の従属性概念をその発展過程からみてみると、おおよそ次のようにいうことができよう。まず、「人的」従属性論は、労働者が他人（使用者）の指揮・監督下にその労務を提供することによって生ずる対人的な地位の劣性という点にウェイトを置いた考え方といえる。しかし、この捉え方では、仕事の遂行の過程においてある程度、裁量を任され、従って仕事全体が彼の技能や経験に依存しており、その意味で使用者の直接の指揮・命令に服さないような労働者（管理職やホワイトカラーなどはその傾向をもつ）の場合、必ずしも従属的とはいえない場合が生ずる。ところが、このように人的関係という点で使用者からある程度の独立性をもつ労働者の場合は労働法規による保護が全く必要でないかといえば、必ずしもそうだとはいいきれない。そこで、その理論づけとして労働者の従属性が生ずる場を対人関係という点から、企業という機構的《メカニックス》関係に移すことにより、そこに「編入」される労働者が一般的に使用者の定める規律あるいは経営権に服さざるを得ない状態をもって近代企業における新たな従属性として把えようとするのが組織的従属説だといえよう。そこでは、従属性の指標が人的従属説における人的要素の強調から機構的なものに変えられることによってその包摂範囲が広くなるので、労働法上の要請により応えるものとなった。

ただ組織的従属説の考え方のウィークポイントは、ドイツ流の経営共同体説への接近を別としても、企業組織体との明確な雇傭関係がない労働者でありながら、実態としては労働条件決定における地位の対等性をもたない労働者について労働法規適用の積極的根拠を説明できないことである。そこで、この点をカバーし、組織体への従属ということをさらに進めて経済的範疇としての「労働者階級」というクリテリオンを加えて、企業における現実の支配関係がなくても、労働者階級としての被支配関係の可能性が存することをもって労働法規適用の根拠としようとする考え方が経済的ないし階級的従属説であるといってよいであろう。この説の利点としては、労働法規の適用を受ける労働者の範囲を一見「人的従属性」を欠くように見える場合、あるいは、客観的には人的従属性の下にあるにもかかわらず、自らは従属意識を欠如している場合にも、範疇としてこれを包摂することができるところにある。

かくして、従属性の意味は、従属の場を、人的関係（人的従属性説）—企業関係（組織的従属性説）—階級関係（経済的または階級的従属性説）と置き替えることによってその適用の幅を拡張しうることになる。(8)

三　大陸法系における右のような従属性概念の発展的展開は、従属性の意味を本質論として実態的または社会学的に把えるかぎり一つの必然性をもっており、正当というべきであろう。しかしながら、従属性という用語を厳密に、法的意味において使用する場合に、そこに本質論に及ぶ広範な社会的概念を導入することには問題がある。すなわち、従属性概念を階級というような限定の難しい領域にまで拡張するとなると、それはおよそ労働する者のすべてを対象として包摂することになり、ある労働者を他の一群のそれから識別する基準としての意味がほとんど失われてしまうことである。それは認定という法的作業を著しく困難とするであろう(9)。

このように考えると、従属性という法的概念は、その概念を使用する目的に応じて立てることとし、例えば、これを労働契約と他の労務型契約との区分の基準として考えようという場合には、当該労働者が、他人（使用者）の指揮・命令の下で拘束を受けて就労する状態から生起しうる労働法上の要保護性という立法目的に則して考察するという態度をとればそれで足りるのではないかと思う。そしてこのように考えると、結局、この意味における従属性という概念は、すでに民法制定当時、「雇傭」において、委任および請負と区分する基準として用いられており、特にこれを「労働契約」を構成する唯一の法的モメントと考える必然性はないように思えるのである。

四　従属労働の本質論は、労働契約という法的外皮の下にある労使関係の本態を究明することである。従って、その重点は、労働法規の適用を受くべき労働者概念の基準を求めるところにはなく、従属性の本質の把えかたにある。それは、そのような従属的労働の状態を引起している経済・社会的原因と実情とを実証を通して認識するということであり、このような認識と方法論が社会科学としての労働法学上必要なことはいうまでもない。いわゆる「本質論」なるものが、労働契約とはこのような意味の従属労働を対象とするものであり、そして従属労働の把え方としては、前記の意味における階級的従属という広い視点に立つべきことを強調する点にあるとすれば、恐らくこれを否定することは難しいであろう。問題は労働契約の法的構成にその方法論を適用してどのような具体的な説明を与えるかということである。

私は、今日の労働が、いわゆる従属的関係の下で行なわれ、従って労働立法による保護的介入を必須とすること、その適用対象は労働形態の名称いかんにかかわらず立法政策上必要な可及的広い範囲に及ぼすことが望ましいこと、そしてその対象となるべき範囲を定めるについて従属的労働関係のよって来る要因を理論的、実証的に究明するための学問的方法論が必要であることはいずれも当然のことと考えるが、いわゆる労働法の正しい方法論とは、労働契約と雇傭契約（もちろん現代法の下でのそれ）との本質的差異を峻別すること、雇傭契約が従属労働を対象とするものでないと認めること、そして、雇傭契約を（労働契約と違って）使用者の労働者に対する人格的身分支配関係とみる認識を通じてはじめて可能だという議論にはにわかに賛同しえないし、そのような命題はより厳密な論証によってはじめて成立つと考えるものである。

（1）　契約の類型はその指標如何によって種々の分け方ができる。例えば、「雇傭」と「労働契約」という対比の外に、「雇傭」と区分された有償委任または請負の中から「労働契約」関係とみられるもの（有泉亨『労働基準法』昭三八・有斐閣、四六頁）をとり出して、これらを広義の「労働契約」という横断的範疇として組立てることも可能である。

（2）　民法の「雇傭」理論体系が労基法の「労働契約」との関連なしには説明しえないことについては、我妻・前掲書五四〇頁、幾代・前掲書九頁。ちなみに裁判所は判例の中で、しばしば、「雇傭契約」と「労働契約」を区別することなく両者を全く同義に用いている。

（3）　外国の立法では、民法の「雇傭契約」の規定について新たな労働法規の制定による修正を行う機会に、「雇傭契約」という標題自体を「労働契約」と改める例が多い。例えば、一九七二年一月施行のスイス債務法第二部第一〇章。目下法案の審議過程にあるフランスの解雇保護法でも、古くから労働法典第一編二〇条以下に用いられてきた「雇傭契約 louage de services」に代えて「労働契約 contrat de travail」の用語が用いられることになっている。こういう国では雇傭契約と労働契約との差異はカテゴリッシュなものではなく、歴史的範疇のそれに過ぎないとみられる。西ドイツでは、労働契約（Arbeits vertrag）はすべて民法上の雇傭契約（Dienstvertrag）であるが、逆に雇傭契約は必ずしも常に労働契約であるとは限らない。労働契約はいわば雇傭契約の下位概念であるから、両者の差異はカテゴリッシュなものといえる。この点、日本民法の雇傭と労基法の労働契約との関係は、むしろスイス、フランス型に近いのではないかと思う。

（4）　下井・前掲論文一三〇頁以下。

（5）　浅井教授は宮島教授の説（『労働法学』五六頁）に対する批判という形で峻別否定説に反対しておられる（前掲学会誌四二号二三頁注二六）が、この部分には若干矛盾した主張が含まれているように思われる。

（6）　Ollier は労働の従属性について、法的従属（subordination juridique）と経済的従属（dependence économique）の二つの概念を区別するが、労働契約の下にある労働者にあっては両者が併存する関係にあると説明している（op. cit. p. 78）。

（7）　指標としてのコントロールとは、他人の指揮を受けて就労するという事実をいう。これはコモンロー上、労働契約と請負とを区別する基準として長く用いられてきたが、主として labour- only sub-contracting における災害補償責任の問題を契機として批判が生じ、判例法上、organization または integration test（大陸の編入説に当る）あるいは、これらの複合基準（multiple test）を生み出している（Hepple & O'Higgins, Ibid., 16）。

（8）　沼田教授の発想になると思われる階級的従属性の概念を実定法上の「労働者」概念との関連において詳細に論じたものとして山本吉人『雇用形態と労働法』（特に第二章）（昭四五・総合労働研究所）参照。

（9）　山本助教授も労組法三条の「労働者」の意義に関して、階級的従属性の概念が「常に『生のまま』（この意味はよく分らないが）、法的概念として全労働法規に導入されているわけのものではない」と説かれている（前掲書一〇一頁）。

四　労働契約論における労働契約の性格の問題

これまでのわが国の労働契約論にあっては、すでに述べたように、これを労働契約の本質の究明というフィロソフィカルな課題として提起し、そしてその本質の核心を従属性または従属労働という点に集約して契約としての特質を強調し、そこから労働保護法の必然性を導き出すという発想が強かった。もちろん、従属性ということはその重要な特質であることには違いないが、これをもって労働契約の諸特質を解明する唯一のモメントと断定してしまうことは正当とはいえないであろう。

労働契約を法律学の基礎的範疇の一つである契約の一種として位置づけるかぎり、そこには、従属性という性格以外の特徴的な性格を見出しうるように思われる。そして、労働契約にそのような諸性格があるものとすれば、その究明を通じて、従属労働性のみをもってしては十分に説明しきれない解釈上の問題点の解明の手がかりを得ることができるかもしれない。

私は、以上の意味において従属労働性の問題を一応、捨象し、労働契約のもつ契約としての特性について、継続契約的性格、身分法的性格、制度的性格および抽象的性格という四つの点をとり挙げることにする。

(1)　継続契約的性格

ごく一時的・単発的就業を除けば、労働関係は一般に長期間にわたり継続するのが例であり、そのことが労働契約に独特の継続的性格を附与していることについては別に異論もないであろう。

労働契約が継続的性格をもち、そして、この事実を法理論上も重視すべきものだとすると、まず、第一に要請されるのは、給付と反対給付との一回かぎりの交換を前提とする一般契約法の原則をそのまま労働契約に適用すべきではないということである。例えば、一般の契約では、その成立、履行、解除について、ある特定時点における諸成的合意に決定的ウェイトが置かれるのに対し、労働契約にあっては、労働者の合意は主として、その企業に就職して一定の期間働くという点に重点が置かれる。そこでは、労働契約関係は、企業への就職にはじまり退職に終る一定期間のプロセスとみる方がむしろ実態に近い。この長いプロセスの中では、契約締結の時点では特に表示されることのなかった合意が、事件(紛争)によってあらためて問題となり、そこで当事者が遡及的に合意を形成したり、確認したりすることが少くない。特に試用の打切り、採用内定の取消、配転・出向、休職、解雇など、当事者が一般に具体的な形で予定していないだけにトラブルが多い。

労働契約が契約締結時点のはっきりしないプロセスであることは、一般に契約論においては重要な地位を占める契約の成立要件について独自の問題を生ぜしめる。すなわち、契約の一般原則に従えば、契約当事者の諸成的な合意を労働契約の成立要件とみることになるが、この合意(または合意の推定)と労働者の現実の就労との間に相当の日時がある場合には何れを契約の成立時点とするかが問題となる。これを後者とする場合には、すでに契約の一般原則は適用を排除されるわけである。西ドイツ等に支配的な労働関係説[1]は、後者の立場を補強するために、労働者が企業組織に編入され、就労する事実たる「労働関係」(Arbeitsverhältnis)という法律概念を構想することによって契約法論の修正を試みようとするものである。(2) この説の利点は、編入・就労という事実に先行する合意に無効、取消の原因となる瑕疵があった場合にも、これに影響されることなく、有効な法律関係として取扱いうることの外に、逆に、全く合意性を欠く事実上の就業（いわゆる契約なき労働関係）についても使用者に強行法的規制および契約責任を負わせることによって労働者保護の実を挙げうる点にある。わが国では、法的概念にまで高められた意味での労働関係論を正面から主張する学説は少く、(3) 契約法上、理論的に背理だとする批判もある。(4) 私見としても、事実関係を直ちに法律関係とみなすことに伴う認定の困難性（例えば何を編入と定義するかなど）、およびその逆効果（例えば使用者の命じた不当な就労命令が既成事実化する）から考えて、労働関係という法的概念を構想することには消極的であるが、労働関係説が、労働契約における合意と事実とのギャップから生ずる契約原理のウィークポイントを補うべく払ってきた努力を評価し、その方向での立法的解決を進めるべきであると思う。

労働契約が継続的性格をもつということは、近代法の契約自由（従って解約の自由）の原則の下では、そのことだけで直ちに労働者の地位の従属性をもたらすとはいえないが、終身雇用制のような長期雇用にあっては、労働者の転職が事実上困難となるので、結果的には特定企業への従属の可能性を強めるものとなっていることは否定できない。そこで、各国の近代労働法は、労働契約の継続に伴う労働者の地位の安定への要請に応えて、労働者の意に反する解約（解雇）の自由を制限する傾向を強めている。とりわけ、わが国の場合には、実定法上は、解雇に正当事由を要求されないとはいえ、労使間の自主的協定、慣行、使用者側の解雇の自制および裁判所の切札としての解雇権濫用の法理を通じて、実質上、正当事由なき解雇が制約されており、(5) この面での労働契約の実質的変容ということに注目する必要がある。

(2)　身分法的性格

わが国のように「労働契約」という用語が立法上採りいれられることのなかった戦前において、すでに末弘博士は民法の「雇傭」と区別される意味での「労働契約」（狭義の）の概念を樹てられ、これを一種の「身分的契約」として特色づけられた。[6] 博士の定義によれば、労働契約は「一定企業における労働者の地位の取得を目的とする」契約であり、従ってそれは、労務および報酬に関する債権債務を発生せしめることを直接の目的とする「単純なる債務的契約」としての雇傭とは異なる概念であった。そして「身分的」契約としての法的効果は、博士によれば、債務的契約に関する民法諸規定の適用がないということであり、これに代って婚姻等の身分的契約に関する民法の規定を参酌しつつ「本契約の特質に適合する特別の法律規範を創成してその法律的取扱」をすることであった。

末弘博士の所説を保護法規が整備された今日の段階でそのまま採用することは困難であるけれども、博士が労働契約の身分法的特性に着目して、契約の一般法と異なる法原理の存在を明らかにされたことは、債権・債務法の契約原理だけでは説明しにくい労働契約関係の解明に示唆するところがまことに大きいと私は考える。

イギリスでは、コモンローとして発展した雇用法は、主従法 law of master and servant という言葉にみられるように「契約」法よりはむしろ「家族法」に近く、時代とともにそこから次第に「身分」的要素が薄れて行くという経過を辿っている。ジンツハイマーは、中世の家父長制労働の下での主人の支配権が法的核心として今日の「従属労働」に存続しているとみるのであるが、歴史的に見ると、雇用法と身分（家族）法の親近性は明らかである。従属労働論における従属性という発想の一端も正にここから出ているように思われる。[7]

しかし、労働契約に身分法的性格があり、それが身分契約になじみ易いからといって、これを一般契約法から全く切離し、債権法の原則の適用を排して身分法の法原則を適用しようとする試みがもしあるとすれば、きわめて問題である。第一、身分法的性格という場合の「身分」という用語は、これを法的概念として使用するに当っては厳しい慎重さが必要である。何よりも、それは使用者による労働者の人格支配を許すものであってはならない（たとえ現実には人格的支配を伴う労働関係が存在していてもそうである）。人格支配に及ぶような身分を認めることは、「契約」から「身分」への逆行を意味するからである。ここでは、近代契約法の下での身分が前提とされねばならない[8]。

このことを前提にしたうえで、労働契約における身分法的性格が要請する法原理を挙げるとすれば、次の四つを指摘しうるであろう。

第一に、労働者の雇用上の地位は、対使用者関係では、契約当事者たる使用者の個人的事情（例えば死亡）や経営体の譲渡、変動に影響されないこと、と同時に、一身専属的で譲渡や相続の対象とならないこと

第二に、労働契約の取消や無効に原則として遡及効が及ばないこと

第三に、労働契約の当事者間の（権利）義務として、明示の約定以外に（合理的範囲内において）推定的に負わされること

第四に、労働契約の違反に対する法的履行（legal enforcement）については、その意に反する強制履行が禁止ないし制限されること

である。

ただし、労働契約当事者の義務が身分法的性格をもつという意味は誤解を招きやすいので、もう少し具体的に説明する必要があるであろう。

契約法の一般原則によれば、契約の当事者は、約定事項についてのみ履行の責任を負うのが当然であり、従って、労働契約においても特にこの原則を否定すべき理由はないと一応、いいうるかもしれない。しかし、労働契約は実質上、長期継続的な企業の従業員たる地位[9]を得るという点にウェイトが置かれ、契約の履行過程における諸条件が最初からあますところなく約定されるわけではないから、契約内容が日々の労働履行の過程の中で確認

ないし補充されることになる。その場合に、労働の提供が使用者の直接管理の下で（あるいは、使用者許可による労働者の自主管理の下で）遂行されるという事実から一定の信義則が要請される。その要請はその一般的服務規律を使用者が定めるという意味において身分法的といえる。そのイニシャティブが使用者側にあるのは、その家父長的権威によるのではなく、企業の運営・危険負担をすべて使用者が負うことによる。また、労働者が単に使用者の命令に反しないという消極的義務だけでなく、使用者の最も利益になるような方法において就労する誠実義務や注意義務を負うとされるのもこの理由によるといえよう。[10]その反面で、労働者側にそのような誠実義務が労働契約上負わされるとすれば、使用者側にも、それに対応する「配慮義務」（例えば労災発生防止義務とか積極的就労提供義務など）が生ずるという考え方も出てくるわけである。

労働契約の（裁判所による）法的強行の方法が、労働契約のもつ身分法的性格のゆえに、他の債権契約よりも大きな制約を受けざるを得ないという点も重要であり、そこから幾つかの法的問題を生じている。

まず、労働契約上どのようなとりきめがなされていても、本人の意に反する強制労働が許されないこと（憲法一八条・労基法五条）は当然として、かかる強行法違反の強制労働に至らない程度の就労義務については、訴訟による間接強制（民訴法七三四条）がどの程度認められるかは、労働の性格にも関連して、しばしば問題となるところである。労働者が退職の意思をもつ場合はいかなる意味においても就労の強制は問題になりえないが、配転命令の拒否というケースでは、当該配転命令が特に不合理と認められないかぎり、使用者から転勤命令に応じて就労すべきことを求める法的強行措置（仮処分の申請）がとられる可能性がある。これに対して、ある判決は、就労義務の履行は訴訟法上の執行に親しまない、としながら、夫婦同居を命じる判決と同様、訴によりその義務の存在を確定し、その義務の内容たる給付を命ずる判決をすることは許される、ただし、これを発付するには、債務者が仮処分命令を任意に履行する可能性のあることを必要とする、と判示している。[11]

他方、使用者が労働契約に従って労働者の労働を受領する（つまり現実に仕事を与える）という行為も、労働者が自らの意思で働くのと同様に、全くその自由意見にまかさるべきであり、従って使用者にその意に反する労働受領を拒否する権利（又は強制されない自由）がある、という考え方は、特に外国ではかなり支配的である。例えば、不当解雇からの法的救済を損害賠償という間接的救済にとどめ、使用者の意に反する復職（restatement）を容易に認めようとしない伝統的考え方はそこからきている。労働を身分的共同体の形成行為とみる立場に徹すれば、法による労働者の復職は、使用者にとってあたかも破婚夫婦に対する同居命令のように受けとられることであろう。しかし、今日の各国の解雇保護立法は、少くとも不当解雇からの復職については労働契約の身分的要素を捨象してしまう傾向にある。

不当解雇または出勤停止を受け、訴訟で勝訴した労働者の就労請求権（または労務提供請求権）の問題は「復職」そのものとやや次元の異なる労働契約上の問題として扱われているが、基本的には同じ問題である。従来の判例法は、労働契約が労働の提供と賃金の交換を内容とするという理由で積極的な就労の請求を否定する傾向が強かった。否定説の考え方の中には、幾らか、労働契約がもっている伝統的な身分的秩序感が残っているように思われるが（しかし論理的には使用者の労務提供義務否定の根拠としにくい）。最近の肯定判例[12]は、労働契約の継続的関係から生ずる信義則上、使用者に労働給付の実現に協力する債権法上の義務があるという考え方に立つようである。この問題についての学説の肯定[13]（積極）説の論拠としては、債権者の一般的受領義務、労使関係の信頼的結合関係、使用者の労働力組織づけの義務、あるいは[14]、労働債務の「人格の投入」的特質など[15]が挙げられている。いまここでこの問題に立入る余裕はないが、いずれにしても、この問題は、労働契約の基礎理論と契約内容の解釈にかかわる重要な問題であって、今後の論議が期待されるところである。

(3)　制度的性格

今日の労働契約の内容は、あらかじめ就業規則や労働協約のような集団的規範によって規定され、契約当事者としての労働者が合意を通じて自らの雇用条件を約定する余地はほとんどないのが普通である。その意味で今日の労働契約は制度化（institutionalize）しているといってよい[16]。そして、労働契約の制度化によって、労働者の労働契約の他律化が進むだけでなく、そのことを通じて労働者の雇用条件が画一化、ないし、等質化されるという結果をもたらしている。

この事実は、労働契約の内容の解釈について、きわめて重要な機能をもつものである。というのは、ある労働者の労働契約内容について争いが生じた場合、訴えを受けた裁判所は、一応、個々の契約内容の認定や解釈を行なうという建前をとりつつも、一般的には労働者が特に反対の合意をしたと認められない限り、当該企業の全労働者について制度化された労働条件の基準を、当該労働者の契約内容とみなすという態度をとっているからである[17]。

しかし、労働契約がこのように制度化しているということは、あくまで事実として、あるは社会的機能としてそうなのであって、法的には、労働契約がそのゆえに当然に制度的規範の中に解消されることを意味するものではない[18]。就業規則や労働協約がどのような法的性格をもち、また、それと労働契約との法的関係がどうなるかは、それぞれの国の立法政策の問題であるが、就業規則はもとより、協約の場合でも、それが規範として成立することによって、これに労働契約そのものの存在を否定するような法的効果を付与している国はきわめて少い。多くの国では、政策上、就業規則や協約に、何らかの程度において、労働契約を規制する法的効力を与えはするが、それによって、労働契約の存在そのものを否定するまでには至っていない。わが国の労組法および労基法もまたその例に洩れない[19]。このことは、今日の多くの国の労働立法が、今なお、個別的な労働契約関係をその基底に置くという伝統的立場を捨てないでいることを意味しているが、それだけに、そのような労働契約と制度としての就業規則や協約との法的関係についての体系的な説明を困難にしているのである。わが国において、主として就業規則の使用者による一方的改正の法的効果をめぐって生じた就業規則論の錯綜[20]もここにその端を発しているといえるであろう。

労働契約のもつこのような制度的性格は、いわゆる従属労働論でいわれる「従属労働」をもたらす一因であることは否定できない。特に就業規則が生のままの形で労働契約を支配しているような場合にそうである。そこでは、いわゆる編入説が説くように、労働者の職場への編入ということが、とりもなおさず就業規則の有無をいわさぬ適用を意味するからである。しかし、この事実から、労働契約の特性としての制度的性格を「従属労働性」という概念によって置き替えてしまう（あるいはその中に解消させてしまう）ことはできない。というのは、事実的規範力をもつ就業規則といえども、それが直ちに労働契約そのものに転化するわけではなく、また制度的性格は協約を含めた集団的規範との関係においても生ずる問題だからである。

労働契約の制度的性格には、法的意味において解明すべきなお多くの点が残されているが、ここでは、労働契約の制度化がいわゆる「従属性」の強化に一役買っていることを指摘するにとどめる。

(4)　抽象的性格

「労働契約」は、現実の労使関係の中でフォーマルな形をとって存在することは少く、その意味では抽象的な概念上の産物である。慣習上、就労に際して労使が労働契約書を取りかわしたり署名したりすることが少いのは、特にわが国だけの現象というわけではなく、国際的に見ても一般的なようである。これには種々の理由が考えられるが、労働契約がもともと主従間の paternalistic な家族員契約として始まったという沿革的理由の外に、大規模経営体では、契約内容としての雇用条件が画一・標準化され、事実上、就業規則や労働協約という形で表明されているために、会社にしても個々の労働者としても実質的意味のない契約書に重きを置かなくなったという実態的理由を挙げることができる。

貸借契約など他の契約にあっても不文・口頭契約の例がないわけではないが、契約書を取替わさないことがむしろ一般的な慣行だという点で労働契約の抽象性はきわだった特徴をなしているといえる。

しかし、この労働契約の抽象性ということは、契約の形態が抽象的だということであって、必ずしも契約内容そのものが明確さを欠くことを意味するものではない。右に述べたように多くの場合、契約内容は、就業規則、労働協約等に明示されており、契約内容が抽象的に見えるのは、単に労働者がそれを知りにくいからである。

とはいえ、就業規則や協約は法的には、前述のように、労働契約の基準を示す規範ないし制度に過ぎないから、就業規則や協約があるというだけでは、労働契約が自動的に認定されるわけではない。個々の労働者の労働契約の内容を具体的に明確にする必要が生じた（労働条件をめぐる紛争が発生した）場合には、就業規則や協約に定める基準その他の慣行を参考にして、あらためて（抽象的に存在する）労働契約が何であるかを確定するという法的な操作が必要となる。これは裁判所の仕事であるが、この「抽象」から「具体化」への過程[21]にあっては、単に就業規則や協約の基準を移し替えるというだけではなく、そこに明示されていない他の雇用条件をも考慮する必要が生ずる。労働条件がほとんど画一化された近代工場制度の下でも、なお、個々の労働者に固有の雇用条件が残されている余地は意外に多いものであるが[22]、それらは、通常は、労使関係の中で慣行として処理され、表面に出ることはない。つまり法的には「黙示」の契約として存在するわけである。

労働契約がもつかかる抽象的性格のゆえに、労使間に紛争が生じた場合には、裁判所による労働契約の内容の確定または推定操作が重要となり、またそこでは「黙示の契約」の認定範囲が他の市民法上の契約の場合に比して遥かに広いものとなる。これは労働関係の下ではしばしば「契約なき労働」、つまり、労働者の現実の就労という事実のみがあって、就労条件、つまり契約内容が明らかでないというプロセスが生ずるからで、裁判所は契約の解釈において市民法上の紛争の場合よりはずっと労使関係の実態面に立ちいらざるを得ない。そこに裁判所の「深入り」の危険が生ずることについては、しばしば諸学者の指摘するところである。

労働契約の不明確さを避けるために、立法によって、契約内容の文書化、具体化をはかろうとする試みも外国にはあるが、[23] 企業における労働者の地位についての確認という意味での労働契約が結ばれるとしても、現実の作業過程の細目にわたる雇用条件をすべて文書化するということはとうてい不可能なことであろう。それらは、就業規則や協約という制度の中に一般的な形で編みこまれているのが普通である。

労働契約の抽象性ということが端的に表われるもう一つの例として、ストライキ中の労働契約のありかたに関する問題を挙げることができる。スト中の労使関係を単純な労働契約の解約として構成する考え方は今日、もはや時代後れであり、西欧諸国でも、これを契約の「中断」とか「停止」として説明することによって、契約法の一般原理の適用による矛盾を回避しようとしていることはよく知られるところである。そして、こういう発想が可能であるのは、もともと労働契約が抽象的性格をもっていることによるといえるであろう。

黙示の契約ということが最も問題になる領域は、当事者の義務に関するものである。[24] 現実の労使関係では、労使双方の義務が明示されないことが多く、就業規則等に定めがあってもその範囲や程度を明示することは難しい。それは、労働の従属性に左右されるところが大きい。裁判所は黙示の契約推定に際してどのような態度をとっているであろうか。二つの考え方がある。一つは、使用者の指揮・命令に従う就労という事実から労働者の義務の範囲を明示条項以上に理念的に拡大する方向であり、他の一つは、従属労働の地位に立つ労働者をできるだけ資本の恣意的拘束から解放するという見地から明示条項に限定するという立場である。いずれにしてもそこに沼田教授のいわれるイデオロギー的色彩が濃厚に現われることは否定できないことである。

（1） 片岡・前掲書二四〇頁以下参照。

（2） 「労働契約」、「労働関係」、「編入」の三つの関係について、Söllner は、労働関係を形成する決定的メルクマールは労働機構への編入であるが（これが雇傭契約との識別の基準となる）、労働契約もその重要な要素であり、これを考慮しない古典的編入説はもはや時代後れであると批判し、編入という事実によって労働契約には一般の契約法と違った特殊の原理が適用されると説いている（Ibid 196-197）。

（3） 片岡教授は前掲書において西ドイツにおける「労働関係」概念を詳細に検討批判された後、生存権の原理に基づく（労働法の）基本的立場にあっては、「労働者の生活確保の見地から課せられる無数の権利義務を附着せしめるべき基底としての労使の法的結合関係＝労使関係の概念を観念すること」が正当としてわが国でもこれを採用すべきことを主張される。

（4）我妻・前掲書五四五頁。

（5）この点につき内外の判例理論を中心として解雇と労働契約の関係を論じた労作、小西國友「解雇の自由」（法協八六巻九―十一号）参照。

（6）岩波・法律学辞典第四巻「労働契約」の項。昭和一〇―一一年頃の執筆と思われる。なお、学説上は諸外国における論争を承けてわが国でも早くから労働契約概念の提唱がなされている。片岡・前掲『団結と労働契約の研究』二〇四頁参照。

（7）従属労働論における人的従属という考えかたは、ここで私が使用した身分法的性格ということと結局は同義に帰するようにも思われる。が、人的従属という言葉の用法がまちまちなので、これも将来の討議を経て明白にすべき問題の一つといえる。

（8）この意味で私は、浅井教授が、一方で雇傭または労働契約の自由契約性を肯定されながら、他方で労働過程においては必然的に労働者の全人格の権力的支配が生じ、これを人的従属性だと説明されている（前掲学会誌一九頁）のは法理論の説明としては問題だと考える。

（9）従業員たる地位の内容または性格が、長期的雇用期間の過程で次第に変って行くことも労働契約の身分法的特殊性といえる。特に平社員からいわゆる管理・監督者になると、その地位は労働契約上きわめて複雑な性格をもつようになる。管理職の労働法上の地位については季刊労働法八九号特集の諸論文参照。

（10）使用者の定める服務規律が単に、現実の労働過程に就労している場合に要求される行為規範範囲にとどまらず、社員としての「身分」が要求する規範にまで及ぶのは、労働契約のもつこの特性から生ずると考える。会社の名誉・信用を保持するというような規律がこれに属するが、それが私生活の自由を不当に侵害するものであってはならないことは当然である。ここでも「身分」は「契約」に服さなければならない。

（11）三協精機事件、長野地裁諏訪支部三九・八・一〇判。判決は別居中の夫婦の一方が別に婚姻生活を持っているような場合を引合いに出して、任意の履行の可能性のない本件では仮処分の必要性なしと判断している。同旨、門司信用金庫事件、小倉支部四七・二・一五判。

（12）原則的に就労請求権を認めて妨害禁止の仮処分申請を認容した最近の判例として、高北農機事件、津地裁上野支部四七・一一・一〇決、NHK名古屋放送事件、名古屋地裁四八・七・一一判。

（13）諸学説の要約については、下井隆史「就労請求権について」労働協会雑誌一七五号参照。つとに肯定説をとられた教授はこの論文で、現実に労働することの価値を法的権利として評価すべきだとする積極的論拠を提示されている。

(14) 小西國友「懲戒権の濫用と就労請求権の有無」季刊労働法八五号。

(15) 下井・前掲論文六頁。

(16) 制度（institution）という言葉の中に規範的なものをすべて含めるとすれば、法律も当然その中に含まれるから、労働契約の内容を規制する保護立法も、その一つと考えてよいであろう。我妻・前掲書五五六頁はこの立場をとる。

(17) 一般の市民法上の契約ではこういう推定はできないし、できたとしても容易には許されないであろう。労働契約の特質というべきものである。

(18) 就業規則や協約に時間外労働や配転応諾を義務づける一般的規定が置かれていても、それは直ちに労働契約の内容として個人を拘束しないという議論がここから生ずる。

(19) 労組法上「労働契約」という言葉は、協約の規範的効力を定めた第一六条で出てくるだけである。同条だけでは、協約と労働契約との、法関係は明確とはいえず、またこれをめぐる理論上の論争も中途半端に終っているように見える。労基法上は「労働契約」は基本に置かれている（第二章）が、立法による法規制と労働契約それ自体との関係は直律的効力を定めた同法第一三条の規定にもかかわらず全く明確とはいいがたい。

(20) 指摘するまでもなく、就業規則について沼田教授の法規範説がわが国の判例・学説に及ぼした影響にはきわめて大きなものがある。秋北バス事件における最高裁判決（昭四三・一二・二五）のとった法規範説は教授の理論とは全く違ったものであるが、教授の理論の影響を受けたことは確かである。この事件は、その理論上の混迷のため、大法廷判決の中でも下級審がその適用に最も悩んでいる労働事件の一つといってよいであろう（その後の下級審の反応について、拙稿社会労働研究一八巻二号）。

(21) いわゆる法内超勤の義務の存否が争われた全逓函館東郵便局事件（函館地判昭四八・三・二三）参照。個々に「時間外労働契約」が締結されることはほとんどないから、法内超勤の根拠となる「労働契約」の存否が問題となる。判旨は抽象的契約の具体化の過程で若干の理論上の混乱を見せている（拙稿評釈ジュリスト五五四号、山本吉人「時間短縮と法内超過労働の法理」季刊労働法八九号参照）。

(22) 例えば、日常予定された労働以外の就労命令、予期しない職種や場所への配転などが「制度化」された「労働契約」の範囲内かどうかが問題となる。少なくとも、自明の契約内容であるとはいえない。

(23) 例えばイギリス一九六三年の雇用契約法は、労働契約を成文にすることを要求したのではなく、使用者に、契約当事者名、雇用開始日および一定の雇用条件を書いた文書を労働者に雇用開始から一三週間以内に手交すべきことを命じている。同法は一九七一年の新労使関係法によって若干の補強を受けている。

(24)　諸外国の労働契約論には、必ずといってよいほど、労使の当事者の権利と義務が説かれているが、それは明示の約定条項の外に黙示の契約を予定しているばかりでなく、黙示の契約を規定する原則や慣習が挙げられている。わが国でも、労働契約上、労使双方が信義則に従って労働を提供し、労働者を遇するという誠実義務が黙示的に存することを否定する説はあまりないであろう。三島宗彦「労働者・使用者の権利義務」新労働法講座7『労働保護法』(昭四一・有斐閣)一二七頁参照。

五　結　び

本稿は、労働契約論とは何かという課題に十分答えるものになっていない。せいぜい労働契約論の前提となる問題点を指摘したにとどまる。しかし、「労働契約論」にとり組んだからには、労働契約というものが今日の労働法の体系の中で占めている地位を確認しておくことが今後の理論の展開のうえで最少限必要なことのように思われる。

ある特定の国家についてみる場合、団結権を主体とした集団的労使関係法が生成してくる段階とそれ以前の時期とで労働契約の法制度または法体系に占める地位が決定的に異なってくることはいうまでもない。労働契約の主要な内容である労働条件の決定方式が、個々の労使の合意(実際には使用者の一方的決定あるいは就業規則等に制度化された合意)から団体交渉や労働協約という集団的決定方式に発展すると、そこでは、もはや、伝統的な私法(契約)理論によってはとうてい説明しえない現象がでてくる。特に、団体交渉や労働協約という新しい法制度や理論が生れ、立法上労働契約を規制する特別の法的効力が附与されるようになると、同じく「労働契約」という言葉が用いられていても、その性格はかなり違ったものとなる。労働契約に重要な影響を及ぼすのは、単に集団的労使関係法にとどまらない。各国の労働立法史をみると、団結法の発生以前に、工場法の形で個別的労働関係に関する労働保護法が成立しており、それによって多かれ少かれ、労働契約の内容は大幅な強行法的規制を受けるに至っている。もちろん、団結法と保護法とは一体となって相乗的にその効力を発揮するのであるが、労働保護法を「労働法」の内容と考えるかぎり、いまだ団結法が存在しない場合にも労働契約が労働法の下に制度的な修正を受けることはありうる。

いずれにしても、労働法の生成によって労働契約の概念は修正ないし変更される、という命題は肯定しなければならないが、このことを理由として、労働法成立以前の労働契約を民法上の雇傭契約と類型的に対比して両者間の絶対的概念の相異とみてしまうことは、少くともわが国の法制度の発展史からみるかぎり無理のように思われる。というのは、すでに述べたように民法典の雇傭は、封建的主従関係法の延長としてでなく、資本主義体制の法範疇として最初から一定の労働政策的考慮の下に特殊の契約法として成立したものであるからである。

ところで、労働契約が団結法および保護法によってその内容に決定的に制約を受けるようになった今日の段階では、もはや、諾成的な合意を中心とする「労働契約」という概念は労働法の体系上不要ではないかという批判が出てもよさそうである。故吾妻教授のいわれる「労働法」体制はこのような構想の上に立っていたのかもしれない。

しかし、各国の労働法の理論構成をみると、労働契約は、今日なお、その中に確固とした中心的地位を占めているし、わが国もまたその例外ではない。その理由としては、㈠集団的労使関係法が立法としてそれ自体、完結的なものでなく、むしろ、個々の労働契約の存在を前提としてその修正という法体制をとっていること、㈡労基法のような保護法が労働条件の最低基準を法定するだけで、その他は契約自由の原則に則っていること、㈢現状では、団結法と保護法の組み合わせを通じての契約法原理に代る新たな制度的発想が熟していないこと、㈣団結法、保護法を通じて紛争の法的解決が主として個々の労働契約の解釈を通じてなされるという訴訟制度のしくみになっていること、が挙げられるであろう。

特に最終の点は重要で、裁判所が労働紛争を契約の給付または履行の訴として扱わざるを得ない以上、それはほとんど契約法の領域の問題となる。しかし、そこでは、配転とか懲戒解雇、争議中の労働関係のように契約原理ではまかないきれない難問が登場していることは周知のところであり、その点からみても、労働契約論に残された課題は今なお、大きいといわねばならない。

〔沼田稲次郎先生還暦記念『労働法の基本問題』一九七四年〕

4　労働契約における権利と義務の考察

はじめに

労働契約における労使の権利と義務というテーマを研究してみようと思い立ったのは、外国の労働法の教科書には必ずといっていいほどとりあげられているのに、わが国ではあまり正面から問題にされていないという事実に気づいた時である。有泉先生は「労働基準法」を書かれた時、わが労基法にはそれについての規定が何もないにもかかわらず、一章をそれにあてて初めてその体系的構想を示された。[1] その後、故三島教授が「労働者・使用者の権利義務」という優れた一文を書かれたが、[2] 労使契約上の権利・義務を労働契約論としてとりあげた文献は比較的少い。権利・義務をめぐる労使の紛争が少いというわけではなく、むしろわが国の労働裁判の大部分が懲戒処分（特に解雇）の有効性を争う事件であるところからみれば実際上も主要なテーマなのであるから、[3] 直接そういうテーマの論文が少いということは、理論的関心が薄いという理由ではなく、とりあげ方の角度の問題であるように思われる。すなわち、懲戒処分の問題が生じた場合に、それを使用者の「懲戒権」とか、人事権の行使と限界の問題として把えるか、あるいは、懲戒の制度的根拠としての就業規則の適用の可否という形で把える場合には、論点がどうしても懲戒権論や就業規則論の方に置かれ、労働契約という側面からのアプローチが薄れることになる。その点、従来のわが国の学説、判例は、個別的労働関係の分野における問題を考究する場合に、あまりにも労基法という実定法規の存在によりかかりすぎていたように思われる。例えば判例は紛争が、単純な服務規律違反や組合運動に関連するものである場合には懲戒権の行使が濫用かどうかの判断を下すだけで、特に「労働契約」に言及することがあまりなかった。しかし、紛争が、時間外労働、配転・出向、研修命令、企業外非行、リボン・ビラ等の時間内示威行動等、労使双方の利益の抵触という領域で生じることになると、単に服務規律違反や懲戒権行使の範囲の問題でなく、双方の権利と義務、それも相互が労働契約を通して対応的にもっている契約上のそれが問題となってきたのである。他方、使用者側の義務の一つとしての安全配慮義務についても、労安法や労災保険法上の補償以外の損害賠償について「労働契約」上の義務違反（債務不履行）という考え方が有力になってきた[4]。

　右に挙げたような比較的新しい領域の問題については、すでに相当の判例の蓄積がみられるし、それをめぐって学説上の論議も活潑になってきているが、問題は、時間外労働の義務論といった個々のケースの検討よりも、より広く労働契約上の権利・義務とは、いかなる性格をもち、相互にどう関連するかということである。労使の権利と義務との関係、あるいは、労働者の義務と使用者の義務との関係が、「労働契約」という自律的意思を媒介とするゆえに相関的であることは確かである。しかし、その相関性とは、一体何であろうか、そしてその場合の「労働契約」とはいかなるものか、こういう問題が、現在の私にとって疑問であり、課題である。

　これに関連してもう一つ私の注目を引いていることは、最近の外国の労働立法の中に、労使のそれぞれの義務に関する規定を置くものがふえてきたということである。もっとも、立法といっても、労働保護法の立場からする使用者の義務のそれについては特に問題はない。問題は、労働者側の一般的労働義務が立法化される場合である。この義務の立法化は、労働法の領域でも、今日なお、原則として残っている、「契約自由の原則」の第二段階の修正（第一段階は保護立法による使用者の法定義務の強化）ともいうべきもので、ある程度、今後の労働立法の成行を示唆しているかに見える。ただし、立法の下地は、すでに各国の学説や判例法の中にも見出されるが。

以上に挙げた問題は、私の関心を、わが国の企業における労使の権利・義務（とりわけ労働者の義務）の性格の特殊性ということに向けさせる。そこでは、配慮義務対忠実義務という西欧諸国のそれとはまた少し違った独特の労使関係からくる企業倫理の追究が必要であり、問題が法律論のワクを超えそうに思えるが、アプローチだけしておきたい。

有泉先生の古稀を御祝いする本記念論文集に発表の場を与えられたことを幸としてあれこれ考えてみたが、なお、体系的考察というには程遠く、試論を捧げて先生の御教示にあずかりたいと考えている。

（1）「労働基準法」法律学全集一二〇頁以下。労基法の「労働契約」の章（第二章）は、まことに舌足らずの構成で民法の「雇傭」との関係も明確でなく、契約の効力（一三条は別として）や内容についても触れるところがない。有泉先生の「労働法」体系の構想は、先生自身が「労働民法」という言葉を使われるところからも明らかなように、労働法と民法のそれぞれの「精神」が互に独自性を主張し、時と場合に応じて交流し合うという考え方をとられているように思われる。労働者の「権利」は主張しても、「義務」という言葉を使うことを忌避したがる学者もある中で、先生が労働基準法論の中に「労働者の義務」、「使用者の義務」を加えられたことは、実定法規の解釈論に関する一つのメトドロギーを示されたものであると思う。先生のすべての論文が類い稀な説得性を示すのも、労働法と市民法という二つの法体系についての、先生個有の合理的融合性の考え方によるものと思われる。

（2）三島宗彦「新労働法講座」7一三八頁以下など。

（3）花見教授の若き日の代表作「労使間における懲戒権の研究」はこの分野における開拓的業績であった。

（4）最高三小判昭五〇・二・二五民集二九・二・一四三は公務員（自衛隊員）の事件であるが、使用者の契約上の安全配慮義務を認める考え方を全面に押し出した点で注目される。

一　労使関係における権利と義務の法的関係

一　「労働契約」における権利と義務の問題を考える場合には、「労働契約」よりもう少し範囲を拡げて「労使関係」という舞台の中で問題を把えてみる必要がある。というのは、「労働契約における権利と義務」という場合の「労働契約」という言葉はその概念、形態あるいはその内容の点で必ずしも明確とはいえないからである。概念を明確にしないままに「労働契約」における権利・義務は何かを問うても意味のないテーマに終ってしまうであろう。ただし、ここでは労働契約の概念そのものについて検討を加える余裕がないので、これをひとまず、法的概念または要素《エレメント》として一般に理解されている、「労働関係の両当事者の個人的合意」だと解したうえで論を進める。さきに、この意味の「労働契約」よりももっと広い概念としての労使（または労働）関係の中で問題を把えることが必要だといったのは、現実の労使関係の下では、法形式的にみても、また実質的にも「契約なき」労働関係が行われることがあり、あるいは逆に、労働関係がかなり高度に進んだ段階にあっては、労使の権利・義務の問題は、もはや労働組合と使用者の集団的交渉ないし協約の形で解決され、あえて「労働契約」に拠るという古典的形態に依存する必要がなくなってしまうからである。このように、一方では、労働契約というものの存在さえ意識されない事実上の強制的労働が行われているのに、他方では、「労働契約」という法的概念をもはやほとんど必要としない社会が出現しているという状況の距たりの中でこのテーマを考察しなければならないところに多くの困難があるが、労働問題は、巨視的にみれば、すべての点でそうであり、常に両極の極限状況を考慮する必要があるわけである。

二　労使関係の下での労使の権利・義務は、明示的・具体的な労働契約（便宜上「狭義の労働契約」という）を通じての合意によるとりきめの外に、就業規則や労働協約など「制度」（institution）の中で画一的に定められ、あるいは慣習や慣行に則して実施される。また、労働保護立法が強行法規として、労働契約による合意いかんにかかわらず労使の権利または義務を制約する。この立法による国家の介入の結果は、当然のことに、使用者の労働者に対する義務の比重を逆の場合より強めている。保護立法は、労働条件の最低基準の保護という点から使用者の狭義の労働契約上の約定条件を規制するのみならず、場合によっては、契約条項そのものを創設する形で使用者に法的義務を負わせる場合さえある。さらに、集団的労使関係の下で成立する協定や協約について、国家が立法を通じて労働契約に対する法規範的効力を付与する場合には、個別労働契約上の権利・義務が集団的自主法規プラス強行法規という形で修正される。こうみてくると、今日、労働者、使用者の相互の権利・義務は、もはや「労働契約」のみを通じて成立・存在しているわけでないことが明らかとなる。

三　しかし、右の事実にもかかわらず、労使間の権利・義務は、法的には、労働契約に基づくものとされるのはどういうわけであろうか。これは基本的には、「労働」―「労働契約」―「合意」という近代的労働関係の法的構成に関連している（つまり、労働契約という媒介項を使わないと「労働」と「合意」が結合せず、合意なき「強制」労働が生ずるというディレンマに陥入る）。かかる意味の労働契約は個別的契約にとどまるものではない。多くの国では、国家の強行法的規制や労使間の集団的協定による広義の「労働契約」が労使間に存在するものとみなし、その事実を通じて、基本的な個々の使用者と労働者の契約関係は、組合または国家というような直接当事者以外の第三者からの強制によるものではないという形式を維持している。使用者の事実上の圧力による支配・命令的労働が強制労働（苦役、forcedlabor）にわたらない限り、「労働契約」によるものとみなされる場合に、人はしばしばこれを擬制（fiction）というが、後者の場合もまた「労働契約」は一種の擬制的存在なのである。しかし、これは現在の労働法体系の下では否定し去ることのできない法技術である。[1]

こういうわけで、われわれは「労働契約」なるものを、種々の形態をとった、あるいは抽象的存在としての、広義のそれとして把えてはじめて実質上「労働契約における権利・義務」というテーマを提起することができるのである。

四　労働契約における「権利」と「義務」とは、二重の意味において対応的である。[2]すなわち、一面では、使用者または労働者の一方が、ある権利を有し、またはある義務を負う、という場合に、その「権利」または「義務」が、それぞれ相手方の「義務」または「権利」に対応しているという意味においてそうであるが、他面、ある労使関係において使用者または労働者に属する権利・義務が、全体的・総合的にみて相手方のそれと対応関係に立つという意味でもそういえる。

労使の権利または義務が、それぞれ相手方の義務または権利に対応し、そのありかたによって規定されることは、一般的にいって確かな事実である。一方が「権利」をもつといっても、相手方がそれに対応する「義務」を遵守しなければ、「権利」を有していることの意味がないし、また、一方が「義務」を負うことは、相手方にそれに対応する「権利」のあることが明示されていなくても、結果的に義務を遵守させる利益を享有するという意味において一種の「権利」をもつことになる。例えば、使用者が解雇協議条項によって組合と協議した後でなければ労働者を解雇しない「義務」を負う場合には、労働者はそういう形で地位を保障される「権利」をもつことになる。

第二の意味の権利と義務の対応関係は、労使関係というものが、一般に、相互間の一定の権利・義務関係のバランスの上に成立っている（それが大きく崩れると労使間の安定が失われたり、ストライキが起ったりする）という意味で首肯できるが、労使のそれぞれの具体的権利または義務が、相手方のどういう権利または義務と対応しているか、ということになると、それらの権利・義務関係を（労使間の交渉により、ある場合は一方的に）設定した当事者にとってさえ明確でないことが多い。労使の権利・義務は、その一つ一つがギブ・アンド・テイクの関係から成ると断定することは難しい。

五　労働契約とは、労働者が労務を提供し、使用者がこれに対価を支払うことを約する契約として定義され、そして一方は、労務提供、他方は、賃金支払義務という相対応する義務を相互に負うという意味で「双務」契約が成立するのだと説明される。そして、これら二つの義務が果して相対応するものとして合意されたかどうかは契約の成否に関係がなく、契約の「内容」または「効果」の問題とされる。確かに、労働（雇傭）契約は、法的には、労働者が「労務ニ服スルコト」と使用者が「其報酬ヲ与フルコト」を「約ス」れば成立する（民法六二三条）し、労務に服することの条件や報酬の額をどうするかは、契約内容の問題であってその成立要件ではない。しかし、近代的労働は両当事者の「合意」ということをその基礎としており、労働契約とは、まさにその合意の法的象徴なのであるから、契約内容である権利・義務のありかたも、ほんらい双方の「合意」に沿うものでなければならない。ところが、実際には設定された義務が「合意」に基づくかどうかは決して明らかではない。

六　労働契約にあっては、労働者に信義・誠実（または忠実）義務があり、使用者に労働者に対する配慮義務があって、両者は対応関係にある、ということがしばしばいわれる。確かに、それは社会的事実としてはある程度、真実をいい表わしている。しかし、そのゆえに、これを法的意味における公理と考えるのはドグマである。「信義・誠実」といい、「配慮」といい、いずれもそれ自体が具体的内容をもつものではなく、多分に道義的、抽象的要請に過ぎないのであるから、両者が相対応すべきものであるといっても、もともと比較衡量はできないのである。このことは、両者が対応関係にあるということを前提にして両義務の立法化をはかる場合、あるいは、どちらかの義務違反をめぐる紛争について裁判所が、両義務の対応を前提として判断を下す場合に、とりわけ問題となるところである。

七　労働契約上、労使がそれぞれ相手方に対して義務を負う、という場合に、その義務の内容は、しばしば不確定的である。とりわけ、信義・誠実の義務といった抽象的義務の場合にそうである。労働契約なるものは、その存在形態が多くの場合、抽象的で、それを認定するのに推定という操作(3)を用いなければならないことに加えて、労働契約のもつ身分的な性格のゆえに、そこで設定された義務が不定型的であることが多い。例えば「会社の名誉や信用を失墜しない」義務というものは、違反の状況や当事者の主観によってどのようにも流動的に変化する。それでは、そのような可変的な義務は当事者にとってネグリジブルかといえば、決してそうではなく、後述のように、特にわが国のような社会では、その不遵守に対する企業社会のサンクションは相当に大きい。義務の「対応性」あるいは「交換性」は、この意味でも問題なのである。

八　すでに述べたように、使用者側が負うている労働契約上の義務は、特に強行法規による規制と組合運動による集団的規制を通じて今日では相当に大きい。のみならず、使用者は、労働契約を結んでいない労働者についても、しばしば、契約関係があるのと同様の義務を負わされることがある。これは労働契約上の義務の外延的拡大現象とみることができる。例えば、契約が法により禁止され、「無効」であるにもかかわらず、あえてかかる違法労働を行わせた使用者、[4] 自らの指揮下にある下請労働者についての安全義務を怠った元請企業の使用者、[5] 偽装解散の場合の関連企業の使用者等[6]がそれぞれの場合に負わされる義務など、この類型に属する。

立法による契約義務の強制という現象は、労働者側にも生ずるが、[7] それは、使用者側の最低労働条件の確保、解雇保護、保安および補償に至る広い領域に及ぶ義務には比肩すべくもない。そこで、このような広義の配慮義務が強化されるにつれ、使用者側から、その代償としての忠実義務ないし協力義務を労働者側に求める声が強まってくるのは自然の成行きであろう。こうして義務の「バランス」論が生れ、さらには労働者義務の立法化の要請となって現われる。以下にこの問題を内外の法制度と考え方とを通じて検討することにしよう。

(1) この擬制的存在としての労働契約を集団的交渉システムがかなり発展した今日の段階でも、なお、労働法の基本的要素とみなすかどうかはメトドロギーの問題である。私自身は肯定論である。拙稿「労働法における身分から契約へ」石井先生追悼論集一五五頁参照。

(2) 「対応的」(corresponding)とは必ずしも等価交換的であることを意味しないことについては後で述べる。

(3) 拙稿「労働契約における推定的機能について」社会科学研究二六巻三・四号一七七頁参照。

(4) 法で禁止された最低年齢以下の児童を働かせたり、労基法上の手続によることなく超過労働をさせた場合の「労働契約なき」労働関係がそれである。

(5) 特に、元請会社が下請労働者に対する労働契約上の安全保護義務を請負契約によって重畳的に引受けるとした鹿島建設等事件福岡地裁小倉支判昭四九・三・一四判時七四九・一〇九参照。

(6) 川岸工業事件仙台地決昭四五・三・二六労民集二一・二・三三〇では、計画倒産により解雇された子会社の従業に対する親会社の労働契約責任が法人格否認の法理に訴えることにより、未払賃金の支払という側面で認められたが、船井電機事件徳島地判昭五〇・七・二三労民集二六・四・五八〇では、恒久的雇用に拡大された。

（7）　例えば労働安全衛生法四条が労働者に労災防止への協力を命じている如きである。労働協約が法的拘束力をもった場合に、それが労働契約上の各労働者の義務となるかどうかは各国で問題になるところである。拙稿「アメリカにおける非争議条項の法的強制の問題」社会科学研究二四巻四号二八頁、中嶋士元也「平和義務の契約法論的構成」法学協会雑誌九二巻七号、九号、九三巻一号、三号所収参照。

二　労働契約上の権利と義務に関する比較法的素材

わが国の労使関係における労働契約上の権利・義務の問題を考えるに際しては、外国法のそれがいろいろな意味で参考になる。もちろん、外国といっても、その実情はそれぞれの労使関係に応じて異なるし、労使の権利・義務のありかたを実態的に把えるとなると、一つの国でも困難であり、わが国のそれと直接比較、対照させうるようなデータを得ることは現状では容易でない。従って、ここに提供するのは、二つのプロトタイプとしてのスイスとイギリスにおける法的取扱いかたの例に過ぎない。この場合のプロトタイプとは、労使の権利・義務についての立法化の有無ということである。スイスは、いわゆる大陸法系の国であるが、他の大陸法系の諸国に先がけ労使の権利・義務の立法化に踏み切った国として、他方、この点につき契約自由の原則に最も忠実で、その意味では立法化から最も遠い距離にある国としてのイギリスと対蹠的である。しかし、そのイギリスでも、近年、労働契約法の領域における立法化の動きが目ざましい。そして、労使の権利・義務を直接立法化する試みはないとはいえ、判例法がこれまでに築き上げた法的ルールには、立法に匹敵する機能が見られる。

その他の国では、立法化については、両国の中間あたりで、立法政策的立場からなお論議のさ中にあるように思われる。[1]一方、いわゆる社会主義国であるルーマニア、ハンガリー等が立法で労使の権利・義務の定めをし、また、新興の後開発国諸国の新立法でもこの種の規定が積極的にとりいれられるようになったことは、別の意味[2]

で注目を引くところである。

（1） ルーマニア一九七二年（一九五〇年の改正）法、ハンガリー現行法の正確な制定年月日は不明であるが、内容はほぼ同旨。後者については、A. Weltner, Fundamental Traits of Socialist Labour Law, 1970 p. 164 参照。

（2） 例えばメキシコ一九七〇年連邦労働法は第四編に「労働者・使用者の権利と義務」の規定を置いている。

(1)　スイスにおける労働契約上の義務と立法化について

スイスは、相当の年月をかけた論議の末、一九七一年（施行七二年一月一日）に新労働契約法を制定し、これによって債務法の「雇傭契約」（Dienstvertrag）に関する規定（第二編第一〇章）を全面的に改正、名称も「労働契約（Arbeitsvertrag）」と改めた。[1] 新法は、「徒弟契約」、「商事外務員契約」、「家内労働契約」等の特殊契約についての定めのみならず、労働契約法をとりいれ、労働契約のひな型となるべき標準労働契約の規定を含むなど注目すべき内容をもつ体系的労働法典であるが、ここでは、労働契約上の労使の義務についての同法の規定をとりあげてみよう。

労働者および使用者の義務は、同法第一〇章「労働契約」の中で次のような形式において定められている。

I　労働者の義務（第三二一条a—e）

(a) 本人による労働履行義務（Persönliche Arbeitspflicht）
(b) 注意義務（Sorgfaltspflicht）及び誠実義務（Treupflicht）
(c) 報告（Rechenschafts）及び引渡義務（Herausgabenpflicht）
(d) 時間外労働（Überstundenarbeit）
(e) 規則及び命令への服従（Befolgung von Anordnung und Weisungen）
(f) 労働者の責任（Haftung des Arbeitnehmers）

Ⅱ　使用者の義務（第三二二条—三三〇条）

(a)　賃金（Lohn）
(b)　賃金の支払規制（Ausrichtung des Lohnes）
(c)　労働給付障害の場合の賃金（Lohn bei Verhinderung an der Arbeitsleistung）
(d)　請求権の譲渡・差押（Abtretung und Verpfändung von Forderungen）
(e)　出来高給労働（Akkordlohnarbeit）
(f)　労働用具、材料及び立替金
(g)　労働者の人格性の保護（Schutz der Persönlichkeit des Arbeitnehmers）
(h)　自由時間と休暇（Freiheit und Ferien）
(i)　その他の義務（Übrige Pflichten）

(1)　労働者の義務のうち、(a)労働者本人による労働履行（つまり代理人による就労を認めない）、(c)仕事の成果を使用者に報告し、引渡すこと、(e)使用者の規則、命令に従って働くことは、通常の労働関係の下でむしろ当然の義務とされるものを立法化したにとどまるが、(b)労働者の「注意及び誠実義務」、および(d)「時間外労働の義務」は、それが法律の中に定められていることの意味が大きいだけに注目をひくところである。

誠実義務については、スイスの代表的学説は、これを労働者の「本質的」（wesentlich）義務とし、労働関係が財貨の給付の交換とは異なり、「人的関係（persönliche Beziehungen）」に基づき成立するところから、労働者は、使用者の適法な利益を誠実に（in guten Treuen）に擁護すべき一般的誠実義務（allgemeine Treupflicht）を負うのだと説明している。(2)

本法が定める労働者の注意・誠実義務とは、「労働者が、命じられた仕事を注意深く（sorgfältig）履行し、使用者の正当な利益（berechtigten Interessen）を誠実に（in guten Treuen）擁護する」（三二一条一項）ことであり、具体的には、①労働関係の継続中、誠実義務に反して（特に雇主と競業関係に立つ場合に）第三者のための有償労働に服してはならず（同二項）、また、②生産・営業上の機密事項で労働者が仕事の過程で知り得たものを、雇用の継続中、自ら利用したり、他人に知らせてはならない。雇用の終了後でも、雇主の正当な利益の保護に必要な限り、沈黙の義務がある（同三項）。なお、労働者に要求される注意義務の程度（Mass der Sorgfalt）については、別に規定があり、それは、原則的に個々の労働関係によるが、判定に際して、「当該労働に必要とされる教育水準または専門的知識並びに（使用者が知り、又は知り得べかりし）労働者の能力（Fähigkeiten）および特性（Eigenschaft）を考慮する」とされている（三二一条e第二項）。

次に、時間外労働の義務についての法の定めをみると、労働者は、「合意もしくは慣習により、または標準労働契約（Normalarbeitsvertrag ―同法第三五九条以下に定めるスイス法特有の制度）もしくは労働協約（Gesamtarbeitsvertrag ―同じく同法第三五六条以下に定めがある）に定められた労働時間を超える時間外労働が必須（notwendig）とされる場合には、労働者がそれを行うことが可能（vermag zu leisten）であり、かつ、信義・誠実の原則（Treu und Glauben）に照らしてこれを期待することができる限りにおいて、これを行う義務を負う」（三二一条c）とされる。[3] 学説もまた、時間外労働が必須である場合にはその就労義務を認めるが、それは使用者が、故意に命じたり、強制したりした場合でないこと、そして労働者が、当該時間外労働が使用者の正当な利益の擁護に必要だということを認識し、かつ、労働者にとってその就労が可能であること（Leistungsfähigkeit）を条件としている。[4]

(2)　次に、使用者側の義務とされるものを検討してみよう。スイスの学説は、ドイツと同様、労働者の「本質的」義務としての労働義務、命令遵守義務、誠実義務に対応する使用者の本質的義務を、労働者に対する賃金支払義務と「配慮義務」（Fürsorgpflicht）だと説く。[5] 後者は、立法の規定では、労働者の「人格性」の保護として定められており、第三二八条が、その一般原則と、特にHausgemeinschaft（家庭生活関係ともいうべきか）における特則を定めている。[6] 一般原則によれば、使用者は、労働関係において、労働者の人格を尊重、保護し、その健康に十分な注意を払うとともに、良俗（Sittlichkeit）の保全に配慮しなくてはならず（一項）、また、労働者の生命及び健康保護のために、使用者にとって個々の労働関係および労働給付の本質上公正と考えられ、経験上、必須であり、技術的に可能であり、そして、経営または家庭関係（Haushalt）にとって、適切な手段をとること（二項）が義務づけられる。

（1）スイスでは、労働関係法の基本法典が「債務法（Schweizerisches Obligationsrecht）」であるため、その改正法が労働契約法という形で制定されると、債務法の改正としてその中に編入されることになる。債務法は一八八一年に制定され、一九一一年、一九三六年、一九四一年、一九四九年、一九六三年に改正されているが、労働関係法の分野では今回の一九七一年の改正が最も重要で画期的である。新法の草案はWalther Hug, Merz教授等の改正委員の手になり、一九六七年連邦議会に提出され、約五年にわたる審議を経て成立にこぎつけた。なお、条文はRechts der Arbeit誌1976 Heft 12によった。

（2）Manfred Rehbinder, Grundriss des Schweizerischen Arbeitsrechts, 2 Aufl. 1973, S. 34.

（3）時間外労働が「義務」とされる場合の条件が複雑なので、実情は分らないが、紛争が生じた場合には同条の解釈をめぐり問題が多いことであろう。

（4）Rehbinder, A a O, S. 31.「可能」ということの意味が拒否の正当性に関連して明確でない。

（5）Rehbinderは、配慮義務を一般原則上のそれと、労働者の「人格の保護」・「財産（Vermögens）の保護」および「所得の改善（Förderung des wirtschaftlichen Fortkommens）の保護」という特別の配慮義務に分類する。そして、このような配慮義務は、労働関係の共同体的性格（Gemeinschaftscharakter）により「人法的（personenrechtliches）義務」として、労働者側の「誠実義務」に対応（Gegenstück）するものと説いている（A a O, S. 56）。

（6）Hausgemeinschaftにおける配慮義務とは、①使用者と同一の家屋に居住する労働者に対する十分な食事と居室付与の義務（一項）、②業務上の傷病による休業中（勤務年限一年の者につき二週間、それ以上は勤務年限その他の事情に応じた相当期間）の医療給付義務（二項）、③妊娠・出産の女子労働者に対する通常給付の義務（三項）をいう。

(2)　イギリス判例法における労使の義務の考えかた

(1)　イギリスでは、現在のところ、労使の労働契約上の権利・義務について一般的な法原則を定めた制定法はなく、労使が労働関係の中で相互にどのような関係に立つかは、主として当該労働契約の明示の約定に任されている。少くとも、これがイギリス労働法の基本的考え方である。もっとも、労働保護としての最低労働条件の基準を国が定め、その遵守を使用者に強制する意味での制定法の立法化についてはイギリスは世界で最も古い歴史を有し、工場法（factory legislation）その他の立法を発展させてきた。それは、使用者にとって、対国家的側面における強行法規的義務であると同時に、対労働者的側面においても労働契約上の「強行的」義務を形成しているのであるが、それを別とすれば、労働契約上の一般的な義務ないし義務のありかたを定めた制定法は存在しないのである。

このように、イギリスでは、雇用契約上の義務はもとより、雇用契約の手続や法的履行方法についても、すべてこれをコモン・ローに任せ、雇用契約法という形の統一法典をもつことがなかった。ところが、一九六三年になって、この分野ではじめての「雇用契約法」（The contract of Employment Act）と題する制定法を定めた。これは、「雇用契約」なるものが、ほとんどの場合、文書でなく口頭で結ばれるため、その内容が不明確なままに労働が行われ、不当な労働条件がまかり通るという特性にかんがみ、雇用契約の文書化による基本的労働条件の明確化を企図した開拓的立法であった。すなわち、使用者は、原則として、労働者を雇用してから一三週間以内に、賃金、労働時間、休暇、傷病保障、年金、解雇の予告等の主たる雇用条件を記した契約書を労働者に手交することを義務づけられた。この契約書はそれ自体が雇用契約となるわけではないが、記載された事実が明らかに合意に反しないかぎり雇用契約の内容と推定されるのであるから、これを通じて雇用関係の明確化、近代化が促進されることはかなり期待できるであろう。雇用契約上の最も大きな問題点の一つが、契約が文書化されないことによる契約内容の不明確さにある、ということは各国に共通した問題であるのに、今日のところ、労働契約の文書化を義務づけた国がわが国を含めて意外に少いことを考えると、イギリス雇用契約法のこの試みはなお、実験的なものとはいえ、示唆するところが大きいといえる。

しかし、イギリスのように、組合組織がかなり発達していて、労働条件が団体交渉や労働協約で規律されるところでは、少くとも主要な労働条件については、右の雇用契約書に記載されるまでもなく明確である場合が多いであろうから、労使間において、特に個別的労働関係について生ずる紛争は、労働協約に協定化しえないような個別企業内の慣行や職場規律等に関するものとなるであろう。一九六三年の雇用契約法は、そういった労働契約上の義務の性格とか、それをめぐる紛争の一般原則の問題を扱っていないし、また、使用者が労働者に手交すべき契約書にもその種の条項は要求されていない。

結局、イギリスでは、雇用契約上、当事者がどのような義務を負うかについての一般原則を定めた制定法が存在しないところから、契約内容についての法的紛争が生ずれば、他の国と同様、労働審判所（industrial tribunal）または司法裁判所が、一九六二年法に定める契約書の記載事項以外、現実には存在しない雇用契約の内容を、当事者の意思、職場（就業）規則、職場ないし職業慣行等から推定するという方法をとっている。

ただ、イギリス法が他国、特に大陸法系諸国と違うのは、判例法主義によって、先例の ratio decidendi が法的拘束力を有するという点である。そこには、いわゆる学説の理論も、少くとも目に見える形では影響を及ぼしていない。逆に、学説の方が、そうして形成された判例法を典拠にしているとさえいえる。

われわれは、イギリスの雇用契約法における義務についてのルール、考えかた、正確には implied term といったものを知るには、コモン・ローという判例法をたどるしかないのであるが、しかし、ここで、各ケースについて判例法を辿っている余裕はないので、その大ざっぱな考えかたを知るために、判例法の整理をした学者の論述を借りることにしよう。

(2) まず、労使の権利・義務についての最近の学者による分類のしかたを参考までに紹介してみよう。

Wright[1]は、労働者の義務として、(a)何時でも仕事をなし得る状態に自らを置くこと（to be ready and willing to work）、(b)相当の注意力と技能を用うること（to use reasonable care and skill）、(c)適法な業務命令に従うこと（to obey lawful orders)、(d)使用者の財産の保護に配慮すること(to take care of employer's property)、(e)誠実に働くこと(to act in good faith)、(f)競業制限の約束を守ること(to observe covenants in restraint of trade)の六つを挙げ、対するに、使用者の義務として、(a)賃金の支払、(b)安全な労働体制を提供すること(to provide a safe system of work)、(c)労働者の(対第三者)責任を免ずること(to indemnify employees)、(d)その他の制定法上科せられた義務を守ることの四つを挙げる。

Batt[2]は、労働者(servant)の義務として personal service(自ら労務に服する義務)、obedience to orders, duties of disclosure, faithful and honest service, careful service, obligation to mdemnify(自らの違法行為につき使用者の対第三者責任を免れさすこと)、liability to account, secrecy を、使用者(master)の義務として、pay the wages, boards and medical attention, holidays, clothing and other benefits, to provide work(労働の機会提供の義務、但し原則的に否定される)、duty to indemnify the servants, duty to insure を挙げているが、内容的に見ると Wright の分類と大差がない。

Hepple & O'Higgins[3]は、これとやや違って、労使間の相互の義務として協力(co-operation)および注意(care)義務の二つがあること、その外、労働者固有の義務として忠実性(fidelity)を挙げ、他方、使用者については、保護法規としての幾つかの制定法上の諸規則に従う義務を挙げている。「注意」および「忠実」の両義務の内容は、前二著が挙げるのとさして変りがないが、「協力」の義務については、例えば、労働者が合理的な就業場所の変更(日本流にいえば配転)命令を拒否することは(かつては、使用者の適法命令遵守義務の違反とされていたが)、協力義務の違反であると説かれている点が注目を引く。

(3) 次に学説の多くが共通して労働者の義務として挙げるものについて、判例がどのように解釈しているか例示してみよう。

(i) 相当の注意力と技能を提供する義務

この義務は、労働者が仕事の履行上、「不当に怠慢ならざる」(not to be unduly negligent)注意力を払うべき義務および、それ相当の技能をもって仕事をする義務である。積極的に仕事を怠けることは、当然、契約違反となるが、怠慢により、あるいは注意力の不足によって起った事故については、過失の程度が問題となる。労働者が初めに期待された通りの技能を有しないこと（incompetent）が後に判明した場合の契約違反の有無は、契約時の労働能力の証明いかんの問題に帰するが、労働者が初めに特定の仕事《ジョブ》をなしうる能力があると述べながら、それをなし得ない時は契約違反と「推定」される。仕事中の酩酊やけんか等の非行も、reasonable care and skill を提供すべき一般的義務違反として問責される。ただし、使用者は、労働者が unreasonably にかかる行為に出たことを立証する責任がある。

(ii)　適法な業務命令に従う義務

労働者が仕事の履行について使用者の命令に従う義務があることは当然であるが、その場合、命令が適法（lawful）であり、かつ、労働契約の範囲内にあることが要求される。命令が契約の範囲内かどうか、例えば、仕事の場所の転換（配転）など問題となることが多いとされる（O'Brien v. Assoc. Fire Alarms Ltd., 1968 は配転命令が雇用契約の黙示条項となっていないと判示している）。

(iii)　誠実に働く義務

労働者は、契約に基づく仕事の遂行において相当の技能と注意をもって働く義務の外に、それを誠実に（in good faith）行う義務を黙示的に負うというのが判例である。「誠実」（fidelity）の語の外に、honestly とか、truly という言葉も使われる。具体的には、次のような内容となる。

(a)　業務に関して私利を図らない（not to make a secret profit）こと（Reading v. Att-Gen., 1951）。

(b)　正直（潔白）であること、例えば、雇主の預託金一五ポンドを私消することは、たとえ翌日返却するつもりであったとしても即時解雇の原因とされる（Sinclair v. Neighbour, 1967）。

(c)　一定の情報を使用者に告知すること。ただし、これは一般原則ではない。労働者は、自ら、又は同僚の非行(misconduct)又は欠陥(deficiencies)を使用者に対して告白する一般的義務はない(Bell v. Lever Brothers, 1932)。しかし、例外として、労働者が採用の際に先天的病気(例えばてんかん症)を秘匿したために事故を生じたというような場合には、事前に告知義務があったとされる(Cork v. Kirby Maclean, 1952)。

(d)　使用者の利益を侵害する(to detriment of employer)行為をしないこと。労務遂行の過程で使用者の財産につき相当の注意を払うべき義務の外に、使用者に影響を与えるような信用失墜行為(dishonesty)をしないことが要求される。スキャンダル(gross immorality)や酩酊も契約違反として即時解雇の原因となりうる(clouston v. Carry, 1906)。

(e)　機密の事実を暴露しないこと。労働者が使用者の機密の事実(confidential information)を暴露しないことは黙示の契約義務とされる(Bents' Brewery v. Hogan, 1945)。この義務は、機密が使用者に損害を与えるような形で利用されるかぎり退職後にも及ぶとされる。もっとも、機密が要求される事実は、財産権としての性格をもつものでなければならないし、その暴露が公共の利益になると認められる場合は別である。

(f)　無断で兼業(spare-time work)をしないこと。明示の契約がない場合に、一企業に専属的に雇用されている労働者が余暇に他の使用者のために働くことを使用者は禁止しうるか、つまり、労働者はそのような黙示の契約義務を負うか、については、イギリスの判例は、従来、消極的であった。しかし、一九四六年のHivac v. Park loyal Scientific Inst. 事件において、労働者が使用者に重大な損害を与えるような余暇労働を意識的、かつ、秘密裡に行うことは契約違反になると判示されている。

(g)　使用者のなす捜査・検査に応ずる義務があるか。判例は否定的であり、使用者は、労働者の合意のない限り、勤務中たると否とを問わず、労働者の身柄、衣服、私物の捜査や検査をする権利はない、というのが支配的考えかたのようである。

(4)　右に挙げた事項は、もとより網羅的なものではないが、一般的に問題となり易いものは一応、含まれている。わが国の場合と比較してすぐ気のつくことは、わが国で比較的大きな問題となっている時間外労働の義務がさして問題となっていないことである。

実際、イギリスでは判例法上、時間外労働 overtime が労働者の義務かどうかが最近まで問題とされることがなかった。学説上もまたそうである。これは主として、同国には、成年男子について労働時間の法定制限が存しないため、労働者が約定時間 normal working hours 以上に超過労働をするかどうかは全く本人の意思にかかる問題と考えられてきたことによるものであろう。理くつのうえでは、同意に基づく超過労働は「義務」の問題を生じないというのは、一応、正しい。従って超過労働が行われる場合に、一応、合意をとりつければ、それはもはや、(ii)で述べた「適法な業務命令に従う義務」の中に包摂されてしまう。合意がある限り、「労働契約」の範囲内であることは確かだからである。しかし、最近、イギリスの組合は overtime ban（時間外拒否）という順法闘争的争議戦術を利用しはじめた。そうなると ban が契約違反となるかどうかが問題となるし、さらに遡って overtime は「義務」なりや否やの本質的問題が登場する。すでに一九六二年雇用契約法が労働条件の明示を使用者に義務づけた時に normal working hours の定義をめぐって問題が提示されていたのであるが、右のような形で問題が生じてはじめて、この国も問題の重要性に気づいたようである。(4)

（1）　M. Wright, Labour Law, 1975, p. 32

（2）　Batt（G. J. Webber）, The Law of Master and Servant, 5th. ed. 1967, p. 204

（3）　Hepple & O'Higgins, Individual Employment Law, 1971, p. 64

（4）　はじめてこの問題の指摘をしたのは M. R. Freedland, The Contract of Employment. 1975, p. 19. である。

以上、両国の比較を通じて一般的にいえることは、法体系における大きな差異にもかかわらず、労使間の義務関係で特に法的に問題となっている事項はほぼ共通していることである。そして、労働者側の誠実ないし注意義務と使用者側の保護義務との相関関係は、実証的な判例法主義のイギリスにおいても明らかに看取できる。大陸系諸国の労働法の理論では、労働者の「誠実」義務と使用者の「配慮」義務とを相互に相対応する基本的義務として把えられる傾向が強い。西ドイツやフランスの学説では特にそうである。この「誠実」義務と「配慮義務」がどうして対応または交換関係に立つのか、という根拠について、ドイツの学説[1]（その影響を受けたフランスの学説）には、「経営共同体」的発想が強く、そしてこの発想に対しては、かつてファシズム諸国が戦時労務統制政策に利用したという歴史的事情のゆえに、とりわけ、わが国の学界では批判が強い。[2]この批判自体は誤りではないが、私は、労働関係における「誠実」と「配慮」の対応性という発想自体は、もともと労働関係それ自体が封建制「身分」関係に起源を有し、資本主義経済制度および近代化政策を通じて「契約」関係に発展してきたという由来に帰因し、その身分的要素が稀釈された[3]近代的労働関係の下でも、長期的継続的雇用関係の特色を形成していると解したい。[4]

いずれにしても、長い労働関係の歴史の中で伝統的に、あるいは現実的理由に基づいて要請されてきた労働者の義務に関する原則が、今日の労使関係の下でなお、妥当性をもちうるか、という問題は、イギリスを含めて、各国において再検討を迫られているようである。

（1）　ドイツの学説については、A. Hueck, ArbR I Aufl. 7 S. 197; Nikisch, ArbR I Aufl. 3 S. 270; A. Söllner, Arbeitsrecht. S. 270.

（2）　使用者の配慮義務についての西独およびわが国の学説の批判的論文として渡辺章「使用者の配慮義務について」日本労働協会雑誌一八九号とその所収文献参照。

（3）　労働関係は「身分から契約」への発展過程であるけれども、近代的労働関係の下でも、労働契約が多分に「身分」的性格をもっていること、ある意味では、契約から身分への逆転現象が現われていることについて、前掲拙稿「労働法における『身分から契約へ』」および、「労働契約論」（労働法の基本問題〔沼田稲次郎先生還暦記念論文集〕下巻所収）参照。

（4）　使用者と労働者の各義務が、企業という共同体に媒介されることによってある特質を帯びるという発想は、決してナチスの専売特許でないことは、スイス、オーストリー、フランス等の諸国の学説をみればよく分るところである。問題は、事実上の企業共同体規範がどの程度に契約意思に媒介されているかどうかであって、企業の共同体的性格の存在を否定し、原始的契約意思への復帰を説いても却って観念的法理論しか生れないと思う。

三　わが国の企業における労働者の義務の特殊性

一　わが国の労働契約における労使の権利・義務についての法的取扱いかたは、一般的に、「自由約定方式」をとっている西欧諸国のそれに近い。つまり、労基法等の特別立法によるものを除き、労使の権利・義務について具体的に定めた実定法規はなく、任意規定としての民法の契約法に関する規定が解釈基準として援用される以外は、すべて契約上の約定に任されている。しかし、「約定」といっても、それは実際には、企業における就業規則の中に制度的に定められ、就業規則に半ば(1)付与されている「法規範的効力」を通じて個々の労働契約の内容となるものと推定される、(2)という形態をとっている。

学説は、労使の義務を労働契約の「効力」の問題として把え、労働者の主たる義務を「労働する義務」（労働給付義務）とし、これに使用者の主たる義務としての「賃金支払義務」を対応させるが、その外に附随的義務として労働者側に信義誠実の義務、使用者側の安全配慮義務が一般的に存在することを認めている。(3)「主たる」義務とは、労働契約（または雇用労働関係）の本質上、当然に生ずる義務であり、従たる義務は、主たる義務の遂行上生ずべき問題についての、特別約定上の義務とされている。この場合、主・従の意味および相互関係が必ずしも明確にされているとはいえないが、それは別としても、従たる義務が果して法的拘束力をもつかどうかが、まず問題となる。

二　ところで、労働契約の上で、当事者が「義務」を負っていることと、その義務が法的サンクションをもちうるという意味で拘束力をもつこととは、一応、別のことに属する。しかし、労働契約の存在形態が、契約書による以外は、抽象的であるという労働契約の特殊性のゆえに、両者の区別は、実際には明白ではない。従って、論者は多くの場合、いちいち両者を区別することなく、一定の判断基準に照らして、相手方の要求（請求）に応ずる義務があるかないかを判断する傾向があり、時に論議を混乱させる原因となっている。ここでは、この問題に深く立入ることなく、むしろ、わが国の企業における（特に労働者側の）義務の現実のありかたの実態的な側面を検討してみることにしよう。ただし、紙幅の関係で、労働者の「義務」の中でも特に問題の多い領域に限定することにする。

（1）　わが国では、一方で労働契約法の理論的検討が十分でなく、他方、労基法の就業規則の効力に関する規定も中途半端であるところから、「法規範説」と「契約説」との対立を生じ、判例も、不評の秋北バス最高裁判決大法廷昭四三・一二・二五民集二二・一三・三四五九の示した中途半端な折衷説にとどまっている。「半ば」と表現したのは、こういう不確定性を意味する。

（2）　拙稿前掲「労働契約における契約の推定操作について」参照。

（3）　有泉前掲書一二二頁、三島前掲書一三八頁。

(1)　配転に応ずる義務

わが国企業の労務配置は一般に流動的で、配置転換（職務又は職場あるいは両者の変更）、出向（系列企業等への移籍出向又は身分保持のままの出向）、出張、派遣等の形態による人事異動が定期又は不定期に頻繁に行われる。これらの異動については、事前に本人の同意、了承、または組合との協議を経る場合もあるが、全く事前の相談なく、人事異動辞令あるいは、「業務」命令という形式で行われることも多く、実質上、労使間では職務や職場の変更命令に労働者が応ずべき義務が形成されているのが実情である。確かに、最近では、労働者側が企業の一方的配転を拒否し、その適法性を訴訟で争うという事例がにわかに多くなっており、そして裁判所も、かつての、単純な「経営権」説や形成権説から、労働者の合意性をより配慮した契約説的考え方に移りつつある（ただし、結論として配転を不当と認めるかどうかは別）が、一般的には、特定の職務または職場に勤務することについての事前の合意がない限り、わが国の雇用関係の下では、労働者は配転に応ずる労働契約上の義務があるという考え方が支配的であるように思われる。(1)

外国法の例をみると、ルーマニア法には「職務の必要」に応じて配転等に応ずる義務が明示されているのに対(2)

し、スイス法には明示の規定がなく、イギリス判例法はかなり消極的である。国によって労働者の職務の範囲に差異があるから、単純な比較は意味をなさないが、わが国の企業における労働者の職務の流動性が大きく、従って職種や職場の転換の幅がかなり広いことは事実であり、それだけ、転換（配転）に応ずべき義務（あるいはその受容性）の範囲が広くなっているといえる。

（1）　配転や出向が、「労働契約」に違反するものとして裁判所でその適法性を争われるようになったのは比較的最近のことであるが、そういう事実自体が労働者の義務意識の変化を示しているといえる。しかし、他方、日本の労働者の「職種」または「職務」意識は、一般にかなり不定型的であり、必ずしも契約意識と結びついていない。紛争事例がふえたといっても、まだかなり偶発的である。

（2）　ルーマニア法では、被用者は法の定めにより、その職務以外の場所で職務を遂行するため企業の指導者から代理として派遣（最高六〇日とさらに六〇日の延長が認められる）され、又は出向（最高六ヶ月、但しさらに六ヶ月の延長が認められる）を命じられることがある（六六条）。また職場の都合上必要があれば、普通、同一部門の別の事業所に配転されることがある（六九条）。但しこの配転は、被用者が診断書で証明された健康上の理由その他重大な理由（上級機関が当否を判断）により承諾しないときには実行することができない（六九条）と定められている。

(2)　超過労働に応ずる義務

現在のわが国で、時間外（法内および法外を含めて）・休日労働・休日の振替・宿直・日直を含めた広義の超過労働が平均的にどの位になるのか、正確なデータを得ることは難しい。これは時間外労働の一人当たりの限度を法律で定め、かつ、それについての届出義務を科しているような国以外ではどこでもそうであろう。従って、わが国の時間外労働が外国に比して長いとか短いとか、単純に結論づけることはできない。しかし、宿・日直のようなきわめて日本的特色のある特殊超過労働を含めて、超過労働に対する労働者の意識的、現実的受容性が少くとも欧米先進諸国より高いこと、逆にいえば、超過労働（三六協定のような法制度を含めて）に対する労働者の抵抗感が相対的に稀薄だということは肯定できそうである。

時間外労働の「義務性」がスイス法やルーマニア法のように立法上明らかでないわが国では、その存否につき学説、判例の対立するところであるが[1]、こうした法理論上の厳しい見解の対立ほどには、現実の労使間の紛争、対立が尖鋭化していないのは、労働側の時間外労働に対する受忍性の強さを表明しているように思われる[2]。

(1)　時間外労働の義務をめぐる学説、判例の対立は、消極説（合意説）の立場を鮮明にした明治乳業事件東京地裁判決昭四四・五・三一労民集二〇・三・四四七以来、判決が出るごとに論議を呼んでいる。現時点で最も新しい静内郵便局事件札幌地判昭五〇・二・二五労判二三二・五八は、「合意説」と「就業規則規範説」の折衷の試みといえよう（石橋主税「時間外労働義務の法的根拠」労判二四〇参照）。

(2)　もっとも、時間外労働の問題を、労働者の意識の上で、もっぱら「義務」（の受容性）のそれとして把えることは疑問であるかもしれない。時間外労働が付加的稼得を伴うかぎり、一定の「時間外労働」を得ることは労働者にとって「権利」としての側面をもつからである。この問題は、相対立する組合の一方に時間外を与えないことが不当労働行為として争われるようになって（日本硝子事件横浜地裁川崎支判昭四八・一二・一三判時七二八・一〇〇では肯定、日産自動車事件では不当労働行為の成立を認めた中労委命令を東京地判昭四九・六・二八労判二〇四・二五は否定、取消した）にわかにクローズアップした。この場合、時間外労働を与えらるべきことは、一種の期待権に過ぎないが、労働側では「権利」として意識している。労働関係上の権利と義務の複雑な関係の一端を示すものである。

(3)　社内教育を受ける義務

労働者が自己の「最高の能力《ベスト・アビリテイー》」をつくして労務を提供する義務のあることは当然であるが、その「能力」の維持・向上のために企業が教育・訓練を科する場合、労働者が合理的範囲の研修に応ずべきことは、一般的には、労務提供の義務から派生する「努力」義務ないし「協力」義務として肯定されるであろう。

このような「技能」教育はどこの国でも見られるところであるが、わが国では、技能教育のための社会的訓練が充実していないこともあって、個別企業が実施する技能教育の比重が特に高いようである。のみならず、わが国の社内教育は、単に[1]「技能」教育にとどまらず、広く「社員」教育として、教養、人格、管理能力といった人間的ないし精神的側面に及ぶことが多い。また、「教育」の場が、時間的にも場所的にも、通常の「勤務」の範囲を超える場合があり、労働者にとって、種々の点で「特殊」の義務を形成している。

(1) 研修の目的やそのやりかたが、思想、人格、一般教養、根性といった人間的側面に重点を置くと、それは「業務」との関係で労働者の応諾義務の存否が問題となる。著名な事件として三井美唄事件札幌地裁岩見沢支判昭二八・一・三一労民集四・二・七一、動労静岡地本事件静岡地判昭四八・六・二九労民集二四・三・三七四、イースタン観光事件横浜地決昭四八・一〇・一五労判一八六・三一がある。研修が技能または生産性に関連するものであっても、その動機またはウェイトが労働者の「考えかた」や行動様式への方向づけに置かれるに従い、「業務」との関連性が薄れることになる。いわゆる「マル生」問題は屈折した形ではあるが、社内教育のもつ矛盾を表面化した事件である。ただし、これはわが国独自の問題ではないし、そこから不当労働行為性の問題をとり除くと、その適法、違法性についてそう簡単に結論の出せる問題ではない。

(4)「社員」としての名誉・信用を保つ義務

わが国の就業規則には、たいてい、従業員が「社員」として「会社の名誉または信用を傷つけない」ことを服務規律として定めている。これは、労働者にとっては、単に労働過程（就労時間）だけでなく、それ以外の、企業外における私的生活の場においても一定の行為規範に従うべき義務を負わされていることを意味する。このような義務は、大陸法では、明確な形で出ていないが、ルーマニア、ハンガリー法には明示されているし、イギリス判例法でも肯定されている。少くとも、外国の場合にも、労働者は、会社で仕事をしている間だけ職場規律に従えばよく、一歩、会社の門外へ出たら、全く「第三者」として完全な自由をもつ、といいきれないことは確かである。これは、雇用関係が長期的になるほど、労働者に対する信頼度が増大することに帰因するらしく、従って、当該労働者の業務や地位に対応して責任の度合いも違っているようである。

わが国の企業が、社員に対し、その業務遂行に直接関連するものを除き、いわゆる社外の行動についてどの程度の行為規範を科しているかは、個々的で、いちがいにはいえない。就業規則の規定の有無やその文言も必ずしも実態を表明するものではない。従って、社員としての名誉・信用を保つ義務の濃淡、程度が判明するのは、たまたま「企業外非行」が生じて、これに対する使用者の懲戒処分が発動されたときである。

裁判例に登場した企業外「非行」の類型としては、暴行[1]・住居侵入[2]・賭博等[3]の刑事法違反・公選法[4]・道交法違反等の行政犯、政治的行動による刑事法令違反、[5] 風紀良俗違反行為、[6] 社外における会社批判等を挙げることができる。[7] これまでに出たかなりの数に上るこれらの事件を通じて、懲戒処分の問責を受けた具体的事由、業務との関連性、毀損されたとされる会社の「名誉」または「信用」の考えかたないし評価等を検討してみると、当該企業が、従業員に要求ないし期待している行動様式あるいは信義則の範囲がかなり広いものであることが分る。そしてこれらのことは、われわれの経験則に照らし、他の企業でも（もし同一の事件が生ずれば）ほぼ同様であろうと推測されるところである。もちろん、外国でも、同じ事由に対して信用毀損を理由に重罰を科すところも少くないであろうから、直接比較は難しく、わが国の規制が常により厳しいとはいえない。しかし、わが国の企業において、少くとも正規の社員の場合、その私生活時間帯を含めて一般的に社員としての名誉・信用を保持し、良識的行動をとるべき「規範」が存在し、企業もまた、従業員についてそのような観点からの社員「管理」を行なっているということは、一つの特色といいうるであろう。[8]

（1）四国電気工事事件高松高判昭四九・三・五判時七四三・一〇六のように、組合間の対立がからんだものが多い。
（2）横浜ゴム事件最三小判昭四五・七・二八民集二四・七・一二二〇。評価をめぐる多数意見と少数意見の対立に注意。
（3）太洋製作所事件千葉地判昭三五・三・二四労民集一一・二・一六八。休憩時間中のとばくが職場秩序の紊乱に該るとされた。
（4）小野田セメント事件大分地判昭四三・二・二七労民集一九・一・一六五。「会社の業務運営に多少背反する結果を生じたとしても解雇は酷」とされた。
（5）電電公社事件徳島地判昭四六・三・三〇労判一二六・一八。有罪判決による免職処分が濫用とされた。
（6）国鉄中国支社事件最一小判昭四九・二・二八労判一九六・二四、日本鋼管砂川事件最二小判昭四九・三・一五労判一九八・一七、その他一連の「起訴休職」事件。
（7）長野電鉄事件東京高判昭四一・七・三〇労民集一七・四・九一四、井笠鉄道事件岡山地判昭四一・九・二六労民集一七・五・一二二三がその典型。
（8）仁丹テルモ事件東京地判昭三九・七・三〇労民集一五・四・八七七。職制にある者がテレビに出演して会社を誹謗したことが「会社の体面を汚した」ものと認定されている。

(5) オープン・マインドの義務

労働者がその労働を提供する過程で自己の職務を誠実に履行し、その履行のために必要な使用者または監督者の指示・命令に忠実に従うという意味での信義・誠実の義務があることは、その原則を明示した立法あるいは契約条項のあるなしにかかわらず当然の要請であることは、諸外国の例を見ても明らかである。もちろん、その場合にも「誠実」の程度いかんは問題となるが、ここでは、勤務の過程で通常要求される類型のものは問題としない。

わが国の企業で特徴的だと思われるのは、企業が、その従業員に対して、精神的・人格的側面における全幅的服従を求めていることである。心の中をさらけ出させるという意味でいまこれを「オープン・マインドの義務」と名づけよう。もちろん、このような義務が就業規則等に明示的に定められていることはほとんどありえないが、そこでの一般的な服従義務や誠実義務が、事実上、労働者にとって規範的要請として機能していることは否定できないのである。

具体的ケースとしては、使用者が自らの信奉する宗教または信条への同調を強制する(1)といった極端な場合を別として、企業が労働者に思想・信条の「中立性」の保持を要求し、それを実行または担保する手段として強制的な「調査」が行われるような場合がしばしば生じている。また、労働者に対する「調査」は、企業内における盗難等の犯罪の事後または予防措置(2)として行われることがある。

思想・信条または良心の自由は、基本的人権として国民に保障されるが、企業という特定の目的のために多数人が一定の秩序に従って共同的・集団的に行動する私的施設の中でそれがある程度の制約を受けるのはやむを得ない。従って、その制約が労働契約上の「義務」となりうることもまた否定できないところであろう。しかし、思想・信条の「中立性」は、表向き、企業秩序を従業員間の政治的対立のいざこざから守るためとされるが、わが国の現状では、それがしばしば特定（必ずしも単一ではなく「革新思想」一般が対象となることもある）の信条ないし政治的立場の排除を目的としており、信条の選択の自由を失わせる形で機能しているところに問題がある。(3)さらに、特定の信条の排除を徹底しようとすれば、そのための「言動」の「調査」が必要となる。ところで、労働者は、この種の「調査」に対して、これに全面的に協力し、その心裡を意に反して開披《かいひ》する義務を負うのであろうか。一般に、服務規律違反の被疑事実が起った場合に、労働者が果して服務規定に違反したかどうかの調査を行うについて、当該労働者または同僚労働者の協力が必要とされることが多い。しかし、「協力」義務があるとしても、それがもし、不当に本人のプライバシーや良心の自由を侵害するとすれば、労働者の誠実義務ないし協力義務は、全人格的なものとならざるを得ない。(4)裁判所は、社内における原水禁運動についての人事部の事情聴取を拒否して譴責処分を受けた労働者の事件で、調査に対する労働者の協力義務の範囲に自ら制約のあることを認めながら、具体的判断においては、一、二審で反対の結論を引き出している。(5)しばしば問題となっている企業内における「政治活動」の全面的禁止(6)は、それ自体がオープン・マインドの義務を科すものではないが、ビラの社内持ち込みをチェックする段階で「検査を受ける義務」の存否が問題となる。(7)このような企業におけるオープン・マインドの義務が最も集約的な形で登場したのが三菱樹脂事件といえる。(8)いま、これらについて立入った検討を加える余裕はないが、この種の事件は決して稀有のものではなく、労使関係の一寸したいきさつで、どこの企業においても発生する可能性を含んでいるのであり、あらためてわが国の企業における精神的な意味の忠実義務の強さを感じさせるのである。経歴詐称などの事件もわが国の企業では、労働力の評価への影響よりも、むしろ人格的信頼性、つまり誠実義務の抵触として受けとられる傾向が強い。

（1）　キリスト教の信仰行事への不参加を理由とする解雇事件としての青山学院事件東京地判昭四一・三・三労民集一七・二・三四七、神道の講習会参加の強制事件としての三重宇部生コン事件名古屋地判昭三八・四・二六労民集一四・二・六六八など。

（2）　典型的事件として西鉄事件最高二小判昭四三・八・二民集二二・四・一六〇三。

（3）　拙稿「思想・信条と企業」季労一〇〇号一八八頁参照。ある判決は、企業が社内の政治活動を禁止する根拠として、使用者が「特定の思想や信条を他から強制されない自由、これを拒否する自由」をもっていることにこれを求めている（横浜ゴム事件東京高判昭四八・九・二七労判一九〇・八三）。

（4）　有泉教授は、労働者は特約がない限り、「自分の全生活を使用者のための労働に適合させる義務」はないとして否定されている（前掲書一二二頁）。

（5）　富士重工業事件における東京地判昭四七・一二・九労判一六六・二九と東京高判昭四九・四・二六労民集二五・一・二・一八三とを対比せよ。

（6）　この種の事件で、一、二審の判断が対立したものとして前掲横浜ゴム事件の外、ナショナル金銭登録機事件（東京地判昭四二・一〇・二五労民集一八・五・一〇五一、東京高判昭四四・三・三労民集二〇・二・二二七）、新三菱重工業事件（神戸地判昭三六・一二・四労民集一二・六・一〇四〇、大阪高判昭四三・九・二六労民集一九・五・一二四一）がある。

（7）　神戸製鋼所事件灘簡裁判昭四〇・三・二七労民集一六・二・一一、東芝事件横浜地判昭四三・八・一九労民集一九・四・一〇三三。

（8）　最高裁大法廷判昭四八・一二・一二労判一八九・一六。わが国における戦後の最も重要な事件の一つである三菱樹脂事件のような裁判が外国にはほとんど登場していないという事実は、それ自体がわが国における労働者の義務の問われかたの特異性を表わしている。前掲拙稿「思想・信条と企業」一八五頁参照。

三　以上、わが国の企業における労働者の「義務」のありかたの特質ともいうべきものを指摘した。そこでは、企業の労働者に対するさまざまの行為規範が存在していて、それが、労働者がそれを事実上守らざるを得ない状況の下において「義務」として機能している。その義務の根拠が何かといえば決して明白ではないし、このような事実上の義務が直ちに「労働契約」の内容となるという意味において法的拘束力をもつわけではない。このような事実上の義務あるいは規範が成立している原因ないし背景を追究していくと、結局、それはわが国の企業における労使の社会的関係（social relations）に帰着することになる。そして、その社会的関係の中でも特に大きな要因として、終身雇用制が作りあげた独特の「身分」的関係を挙げることができるであろう。

このような事情で、わが国の企業では、労働者の「義務」の範囲や程度を労働契約上具体的に明らかにすることは甚だ難しい。就業規則の規定も多くの場合、抽象的であるため、単に一つの基準を示すにとどまる。従って、右に述べたような問題について労使間に紛争が生ずると、当事者間の解決が困難であり、結局、裁判所の判断に任せる外ないことになる。また契約の内容に企業特有のニュアンスがあることもあってアメリカにおけるような第三者の仲裁にもなじみ難いのである。

法的紛争において裁判所は、労働者の義務の程度を、就業規則の規定の外、慣行を含めた当該労使関係全体の状況に照らして判断し、そうした結論の下に「労働契約」上の「合意」は何かを示すことになるが[(1)]、その場合、労働者がその生活の大部分を終身雇用制下の企業に委ね、単に労働力の時間的提供者というのではなく、「会社」の社員として長期的、共同的生活を形成していく点を考慮せざるを得ないであろう。終身雇用制という制度は、法的にはあいまいな概念であって、雇用上の地位とか、雇用条件のエスカレター式上昇を保障するものではないが、使用者側が要求する特別の「社員」としての義務の見返りとして意識されていることは確かである。ここで判例をいちいち検討する余裕はないが、労働契約上の労使の義務の認定に際して、裁判所が一方では企業の労働者に対する社会的責任を、他方では、労働者の企業に対する忠実性の担保を考慮にいれていることは否定できない事実である[(2)]。もっとも、わが国の裁判所が問題を処理する態度には甚だ複雑、かつ、微妙なものがある。すなわち、裁判所にもちこまれる紛争では、労働契約上の義務の存否の確認というよりは、労働者側が義務に違反したことを理由とする使用者の労働者に対する懲戒処分の効力（それも無効であること）が争われるために、いきおい、裁判所の判定も、懲戒処分の均衡的（制裁処分の労働者にとっての苛酷性と使用者が労働者の義務違反行為によって受ける業務の阻害性との計量的）評価による良識的ないし調停的結論が先に立ち、労働者側に義務の違反が存することを認め（それも就業規則の懲戒事由に該当することの認定で終っていることが多い）ながら、「権利の濫用の原則」の適用によって解決をしている場合が多い。統計的観察を試みたものはないが、懲戒処分の訴訟事件では、「義務」違反を肯定したものが否定されたものの比率より高く、逆に、処分の効力が濫用として否定されたもの方が肯定されたものより高い。このような傾向は、必ずしもわが国の裁判所に独特のものとはいえないであろうが、特色であることは否定できず、そして、このことによって労使の義務のありかたについての判例法の形成が妨げられてきたのである。

（1）　労働関係は、たとえ労働条件に関する僅かの変更であっても、最初の「労働契約」の改訂である以上、当事者の「合意」を要する、という立場に徹すると、この種の法的紛争はすべて契約意思の問題として考えざるを得ないことになる。「実態」と離れ、高度に「制度」化した労働条件を形式的な労働契約という法技術を用いて解決しなければならないところに本質的問題があるように思われるが、当面、立法以外に解決の途はなさそうである。

（2）　渡辺章・前掲書一一頁参照。

四　以上のことから、集約的に次のようなことがいえるのではないかと思う。すなわち、わが国の企業における労働者の使用者に対する「義務」の範囲および程度は、終身雇用制という大きなワクの中で労使の意識を含めた労使関係によって規定される。そこには企業の「主観的」判断が相当に入りこみ、ある場合には厳しく、他の場合には「温情的」に運用される、というように、時と場所に応じて「流動的」である。つまり、それがいかなる程度に「労働契約」の「内容」化しているのか不明確かつ、不確定的である。労働者の「義務」の違反をめぐる法的処理（裁判）において契約内容の確定や契約意思の解釈ということよりも、むしろ労使の「利益の均衡」の観点から判断されざるを得なくなる原因の一つがここにあるといえる。私は、ここでは以上のような社会的実態と法的処理にまつわる難しい問題をさらに立入って論ずる余裕はない。ただ、もし、わが国において将来、労使の義務を明確化するという意味において立法化が行われることがあるとすれば、以上に述べたような「義務」の実態にかんがみ、その影響するところがまことに大きいであろうことを指摘し、問題点を述べておきたい。

四　労働義務の立法化の問題点

一　「雇用契約法」といった制定法規の中に、労使の労働契約上の権利や義務（特に義務の場合がそうである）についての具体的原則（民法一条のような抽象的一般原則ならば別である）を盛りこむことは、理論的にも、また、立法技術からいっても、決して容易な作業ではない。それは立法化によって当事者の権利・義務が法規範化するからである。

とはいえ、多くの場合ほとんど文書化されることのない労働契約上の労働条件とともに、権利・義務関係が法規に明文化されることのメリットは少なくないであろう。「権利」の明示はもとより、「義務」が明示されることは、不文法的服務規律による使用者の懲戒権に苦しめられる労働者側を困難な闘い（誠実義務や慣行による規律に違反していないことを実証しなければならない）から相当程度に解放する効果をもつであろうし、裁判官もまた、就業規則の不明確な規定の解釈や、黙示の契約（合意）の推定に悩まされる度合いが少なくなるかもしれない。イギリスの一九六二年法は確かにそのような効果をもたらしたようである。また、西ドイツやフランスにおいて事実上、労働者が負わされている「注意」義務の程度が、スイスの立法で規定されているものと同じだとすれば、後者の立法方式の方が紛争の防止や解決にとって有効であることは確かである。

二　右に述べたように、労使間の権利・義務の内容を法規に明示することには、労働者にとっても、また労働関係一般にとっても一定の利点があることは明らかである。にもかかわらず、その立法化、特に義務の面における立法化にはそれ以上に大きな問題が含まれていることを看過してはなるまい。

「労使自治の原則」という概念は、レッセフェールとか「営業の自由」の概念と同様に、少くとも今日の労働法秩序の下では、それ自体矛盾を含む古典的概念の座に置かれつつある。労使自治つまり、労働条件の対等決定の原則が労使の力関係の差によって貫徹しえないからこそ労働法秩序が要請されてきたという事実に照らしても、労働契約における労使自治の原則をいまさら強調することは、確かにアナクロニズムとの批判を免れないかもしれない。しかし、右の批判は、労働条件の基準の設定という点では当っているとしても、その他の労使関係のありかたについては、国家の介入による法定主義の方が、労使の自主的決定より常にすぐれているとは断定しえない点においても必ずしも正当とはいえないのである。また、それゆえにこそ、労働組合を媒介とするより高次の集団的自主決定方式の必要性が強調されるわけである。もし、団体交渉や労働協約の形式における労使間の自主決定が望み得ないような個別的労働関係において労使の（労働条件以外の）各義務が制定法に明示されるという場合、それが、労働契約を通じての自主的決定より望ましいと断言することは難しいであろう。スイスやルーマニア法が定める労働者の義務の中にはなかなか厳しいものが見られる。かりに、法で定める労働者の義務が、労働者にとって許容しえないようなものであれば、それは、実質上、「法による」労働の強制になりかねない。それが法規ではなく、「契約」によって労働者（の真意に反して）に科される場合にも、裁判所によるその法的履行が許される以上、一の法的強制たることを免れないといえるが、involuntary labour と認められる限り法的拘束力を否定される余地が残されている点で立法化にまさる。ある労働者の義務が、制定法上のものか、それとも契約（合意）によるものかの差異は決して小さくないはずである。

義務の立法化のもつもう一つの問題点は、労使の義務が法定される場合に前提とされる義務の対応性の問題である。

すでに示唆したように、労使のそれぞれの義務は、それによって得る利益と損失だけに限定しても、相対応するものとして比較することができないし、その組み合わせからバランスの均衡点を求めるということもきわめて難しい(1)。例えば、わが国で最近大きな問題となっている時間外労働や配転応諾の義務を例にとってみると、このような労働者の特別義務が（あると仮定して）、使用者側のどういう対応的義務の見返りとして認められるのかと問えば、その答えは決して容易ではないであろう。

三　労働者の「義務」が立法化されるということになると、スイス法がその好例であるように、一般的には誠実義務が、具体的には超過労働の義務など従来から問題となっているものが、まず対象とされることになろうが。たとえば、実定法に労働者の時間外労働の義務を（たとえ条件付にせよ）明示するのと、これを原則的に当事者間の合意の問題に任せるのと、立法政策として何れが妥当であろうか。議論の分れるところであろうが、私としては後者の方をとりたい。もちろん、後者を選んで時間外労働の義務の存否を個人の契約意思（合意）に任せた場合、（わが現行法の下でそうであるように）労使の力関係によって使用者側の恣意がまかり通るおそれは少なくない。しかし、その解決は集団的な労使関係による外はなく、それが不可能な場合には、裁判所による個々の契約意思の推定に判断を委ねることになる。この点、イギリスのコモン　ロー方式が築き上げた黙示の義務の原則は、一般的傾向において実定法主義と大きな差異はないが、柔軟性という点で勝っているように思われる。要するに、労使関係の「安定」を急ぐあまり、「誠実義務」と「配慮義務」との対応という安易な前提に立って労働義務の立法化を進めることは、それが集団的労使関係法の発展を阻害するという側面を別にしても、個別労働関係法自体として問題だといわねばならない。

（1）　詳しくいえばこうである。労働者が使用者のために全力をつくして誠実に仕事をするのだから、使用者はそれに対応して、労働者の労働生活につき全面的に注意を払い、損失補償の責任を負う道義的責任がある、という意味において「配慮」義務が「誠実」義務に対応することは肯定できる。しかし、逆に、使用者のそういう配慮の見返りとして労働者側にサーヴァント的な全面的・人格的忠実性が要求されるとすれば、その対価性は疑わしいといわざるを得ない。というのは、「配慮」義務が、主として具体的危険または損害に対する負担という ad hoc な性格をもつのに対し、「誠実」義務は、抽象的かつ、無限定的な要請だからである。これとは別の観点から、使用者が今日、負わされている立法上の保護義務の大きさからみて労働者にも対応的に誠実義務が科されるべきだという主張がなされるかもしれない。しかし、その主張に一理があるとしても、両者間に等価性を見出すことは難しい。

五 結 び

個別的労働関係についての諸国の労働立法の系譜をみると、労働保護法の強化の要請の下に、使用者側の労働者に対する保護「義務」は、その範囲においても、また、内容、密度についても時代を追って強化の方向に進んできた。例えば、労働者に対する最低労働条件の保障、雇用または身分の保障（不当解雇の禁止）、労働災害の補償責任、その他福祉生活への相当配慮の義務などである。これは今後もますます進められる必要がある。

このような使用者の義務の法的強化に対比すれば、労働者側については、これまで使用者に対する義務の強化がはかられることはなく、立法はむしろ使用者側の義務の強制からの解放という方向に進んできた。しかし、使用者側の法的義務の拡大は、経営コストの増大を伴なうところから、そのバランスシート上、今後労働者側に一層「経営への協力」義務を要請することであろう。国家の立法政策の点から労働者の義務の「立法化」がどのような立法趣旨に基づき出てくるのかは、やや象面を異にする問題であるが、いずれにせよ、立法それ自体よりも、立法化の前提となる労使の義務の考えかたの方に問題があること既述のとおりである。しかし、問題の一つは、労使の労働契約上の義務の問題を具体的に処理しているわが国の裁判所の対応のしかたにあるように思われる。労働契約における権利と義務の関係を体系づけることに意味があるとすれば、さし当り、法のルールと現実の企業社会における規範的な義務意識とのギャップをつきとめてみることも一つの方法であると思われる。

〔有泉亨先生古稀記念『労働法の解釈理論』一九七六年〕

5　日本的雇用慣行と労働契約

一　日本的雇用慣行の提起する法的問題

「終身雇用制」(1) あるいは「年功処遇制」(2) といった個々の制度的慣行とともに、これらの慣行を含む一般的な意味での「日本的雇用慣行」という言葉は、現在ではかなり日常用語として用いられている。しかし、「日本的」という形容詞は、世間でよく使われているわりにはその内容が正確に把握されていないように思われる。もともと、地政的に外国との接触が少ないまま、近代社会に入ったわが国の場合には、その伝統的な固有の慣行も一般に日本に特殊なものとして意識されず、他の国でも同じように行なわれていると思われがちである。「特殊的」かどうかは、比較する対象が身近に把えられる場合により具体的に意識されるからである。「雇用」慣行についても同じことがいえそうである。わが国の産業は明治の開国後、西欧資本主義諸国をモデルとして発展し、大企業を中心として西欧の経営体制を一般的に受けいれた。その際に、西欧諸国の雇用慣行がそのまま、あるいは「日本的」に変容されて、その後の日本的慣行を形成したとみられるものも少なくない。その意味では、今日の「日本的」雇用慣行と「西欧的」雇用慣行との差異よりは、未だ成熟した近代的経営体制をもっていない後開発国や東南アジア諸国との差異(3)のほうがむしろ大きいかもしれない。「日本的」雇用慣行を論ずる場合には、どの経済圏と比較するかを前提条件とすることが必要と思われる。しかし、ここでは右のような広義の対外比較を試みる余裕がないので、資本主義的経営体制の下に高度に合理化された経営・組織制度をもつ点で共通点をもつ先進西欧諸国との対比において、わが国企業の雇用慣行の特色と思われる点を対象とすることにする。

このような日本的雇用慣行の存在は、わが国の経済発展の規模が飛躍的に進み、わが国が国際経済の中心となるに至った七〇年代頃から国際的に注目を引くところとなった。とりわけ、日本企業の海外進出や現地法人会社の設立により、あるいは外国人の日本への移住・流入にともない、わが国の企業が現実に外国人労働者を雇用するようになって、いずれの側においてもあらためて見直しを要する問題として意識され登場することになった。最近アメリカの対日経済「解放」の要求が、日を追って厳しくなりつつあるが、そこでは日本の特殊の流通機構や商慣習が経済摩擦の原因として改善を求められている。やがて日本企業の「雇用」慣行に対してもアメリカ流の「合理化」の矛先が向けられることになるであろう。日本企業の取引社会の商慣習には企業内部の雇用慣行と密接な関係にあるものが多いからである。

ところで、「日本的雇用慣行」の内容であるが、この言葉によって、人がまず思い浮かべるのは初めに挙げた「終身雇用制」や「年功処遇制」であろう。確かに、この二つの制度が、日本的雇用慣行の特色を形成すること自体について異論は少ない。しかし、わが国企業の雇用慣行の特色はもとよりそれに尽きるわけでない。雇用慣行という場合の「雇用」という言葉はやや漠然としているが、これを企業の「労務管理」のそれに置き換えてみると、企業が労働者の採用から退職に至るまでの人的管理の過程において、意識的又は半ば無意識的に実施している「しきたり」の中には、西欧諸国の企業の場合には、通常見られないものが幾つかある。もちろん、その中には厳密にフォローすればわが国固有のものとはいえない慣行もあるであろう。それは雇用慣行の比較制度論として別に究明さるべき課題であるが、ここでは、その存在を前提としたうえで議論を進める。

本稿では、わが国の私企業の雇用上の諸慣行のうち、「日本的」特色をもつと見られるものの中から、とりわけ労働者の「労働契約」との関係において理論的に問題となりうるものをとりあげる。いかなる意味において問題となるかといえば、これらの慣行が、多くの場合、「慣行」であるが故に、あるいは慣行にとどまっているがために、「労働契約」としての意味ないし性格を稀薄化する方向に働いているのではないかということである。「労働契約」としての性格が稀薄であることは、とりわけ労働者サイドからみれば、使用者との「交渉」(bargain)の余地がより狭められることを意味する。(4) もちろん、ある問題が労働契約の対象となるべき事項であるからといって、そこから直ちに両者間の「交渉」がスムーズに進むということになるわけではない。それは力関係の別問題である。ここではとりあえず、労働契約が、特に労働者にとってほとんど形式化され、就業規則や労働協約等の制度に実質的にとって代わられているという事実が労働契約の内容やあり方を稀薄にしていることを一般的に、指摘しておきたい。

このように、今日の労働契約はその実態からかけ離れた抽象的存在に化していく傾向が強いとはいえ、法理論的には、今日、なお、労働関係の基本をなす「礎石」(corner stone)の地位を占めている。それは、企業と労働者間に労働関係を成立させ、それを社会的に公認させるための基本的法制度とみなされているからである。現代社会の高度の発展に伴う労働契約の形式化と制度化による実態とのかい離という現象は、わが国のみならず、諸外国において共通に見られるところであるが、わが国の場合は、労働契約の内容を形成しているにもかかわらず、当事者の意識としては「事実」にとどまり、契約の範疇に「昇化」しないものがとりわけ多いところが問題なのである。「日本的雇用慣行」は、法的にはこのような視点から把えられる必要がある。そして、日本的雇用慣行という、事実によって形成され、労働契約として把え難い慣行的制度を、労使間の本来の合意としての労働契約の範疇にできるだけ近づけるという解釈上の操作あるいは立法上の措置が要請されるのである。

そこで以下には、最初に、わが国の私企業における労働者の管理をめぐる主要な慣行をとりあげ、その運用の実態について検討する。次に、労働関係の基本的な法制度である労働者と使用者間の労働契約が、わが国では実際にはどのような形で「集団」・「制度」化されているかについて法理論的見地から検討する。特に労働者にとって「労働契約」の中身が明確でないことの制度的理由の一つがそこにあるからである。そして最後に、わが国の雇用慣行が、実質的にも、個々の労働契約をどのように特色づけているか、その問題点を検討することにする。

(1) わが国の終身雇用制を法的側面において定義づけるとすると、「企業が正社員として雇用した労働者を、労働者側の著しい服務規律違反行為あるいは企業側の著しい経営困難による剰員整理の必要性が生じた場合以外には、解雇しない慣行」ということになる。

(2) 年功処遇制とは、正社員の場合、賃金を年齢や勤務年数により一定期間ごとに昇給させ、また職位や職階の面で一定期間ごとに昇進・昇格させる制度をいう。

(3) 日本と韓国の雇用慣行の比較については、安春植『終身雇用制の日韓比較』(論創社、一九八二年)の優れた研究がある。

(4) わが国では契約の対象とならない慣行も直ちに経営の専管事項とされるわけではない。それは労働者サイドの経営「参加」の領域である。最近の経済学では、雇用契約により特定化されていない事柄に関してはエージェンシー (ageney) の理論によって雇主側がコントロールの残余権 (residual rights ─労働法の用語では労務指揮権) をもつと主張されている (Hart, O., "Incomplete Contracts and the theory of the Firm", Journal of Law, Economics, and Organization 4 119-39, 1988)。これに対して、青木昌彦教授は日本の企業は契約の不完全性の度合が相対的に高いが、残余権は雇主側に専有されず従業員の間にも広く拡散・分有される傾向にあることを鉄鋼業や自動車産業の事例で説明されており、示唆的である (今井・小宮編『日本の企業』一九八九年、三一頁以下)。

二　わが国の私企業における雇用慣行

わが国の私企業において、労働者の雇用管理に関して一般的に見られる制度あるいは慣行のうち、とりわけ労働契約とのかかわりが深いと思われる①採用の方式、②雇用期間の定めかた、③採用内定制度、④試用制度、⑤配置と配置換え、⑥昇進・昇格制度、⑦賃金制度、⑧労働時間の管理、⑨退職制度、⑩服務規律・懲戒制度、⑪

教育・訓練制度をとりあげ、それぞれの特色を検討してみよう。

(1)　採用の方式

企業、とりわけ大規模企業では学卒者の定時採用を原則とし、ほぼ毎年、採用計画に基づく一定数の労働者を採用している。採用手続は、通常、就業規則に定める「採用基準」(資格、選考方法)により行なわれる。常用労働者は従来、新規の高・大卒者から充用し、外部から「中途」採用するのはごく例外的であったが、最近、産業構造の変化や求人難から中途採用率が高くなってきている。[1]非常用労働者は、業務の一時的需要に応じて、随時、募集される。彼らは比較的簡単な採用手続で採用され「準社員」、「期間社員」、または「臨時社員」として位置づけられ、常用者に「登用」される場合を除きその身分が変わることはない。雇用者をこのように二つの階層に分けて採用するという身分制雇用政策は、他の諸国でも古くからみられるが、わが国の特色は、二つの階層の労働者間の雇用保障及び待遇上の格差がとりわけ大きいということである。

常用労働者の採用に際しては、通常、親権者の外に然るべき社会的地位を有する者の「身元保証書」の提出を求めるのが例である。[2]

(2)　雇用期間の定めかた

雇用期間の定めかたについては、わが国の企業は常用労働者と非常用労働者にはっきり峻別する取扱いをしている。すなわち、常用労働者については採用の際に労働条件や待遇を明示するが、雇用期間に関する限り特に企業側の意思を表示したり、あるいは両者間で合意の手続をとらないのが一般である。形式上は不明確の状態に置かれるのであるが、労働者の方も常用として採用されることがはっきりしていれば不安をもつことはない。それは「常用」としての雇用ということの中に暗黙のうちに、非常用者とは違って継続的に雇用されることの身分保障的意味が含まれていることを知っているからである。企業に定年制の定めや、慣行があること、就業規則に「解雇」の場合の定めがあることでそれが裏づけられる。法的には、「期間の定めのない」労働契約は必ずしも恒久的な雇用を保障するものではないが、通常の状態であれば一定の継続的雇用を前提としているという認識が労使間のみならず、社会的にも定着しているといえる。

これに対して常用以外の労働者については、企業は、臨時雇はもとより、パートタイマーでも雇用の際に予め雇用期間を明示するか、これを明記した労働契約書を手交するのが例である。パートタイマーについては行政が指針として企業側に指導していることにもよるが、最近、契約更新を重ねて雇用期間が長くなった非常用労働者が「解雇」あるいは「雇止め」の有効性を法的に争うことが多くなったため、企業も積極的に書面による契約の方式をとるようになった。期間の定めをする場合の雇用期間は、労基法の定め（一四条）の関係上、一年を最長とし、一ヶ月、三ヶ月、六ヶ月といった区分が多い。日雇では「〇月〇日まで」という期限で示されることもある。

期間の定めのある労働者の場合には、すべて所定の期間が終了すれば、労働契約は自働的に解消することになるが、期間満了前に、企業から期間の更新の有無について労働者に意思表示がなされることが多い。従来、企業は常用者の代りに、期間満了を理由に何時でも解約できる非常用者を雇用調整のためのプールとして、契約更新を重ねる形で継続雇用し、必要がなくなれば一方的に解約した。そこから前記の「常用化した臨時工」が常用労働者としての地位を求めるというわが国特有の訴訟問題が生じた。

(3)　採用内定制度

わが国の企業は、特に高度経済成長期以後、新規学卒者の人材確保をめざし、在学中の学生に対し、卒業期よりかなり早い時期から採用試験を行ない、合格者に「採用内定」の通知を出し（「就職協定」の関係で内「内定」

というものもある)、これと前後して学生に入社の誓約書を提出させている。比較的大企業に多いが、今日では定着した慣行になりつつある。採用の「内定」は「本決定」を予定したものであるが、「労働契約の締結」の方式は特に法律で定める形式はないから、どちらも事実上の行為に過ぎない。採用内定には通常、内定者が「見込み」どおり学校を卒業することその他の留保条件がつけられる。企業はこの条件に抵触するか入社のための適格条件に欠けると判断した場合には、「内定の取消」を行うことがある。採用内定となった学生側からの入社意思の撤回を意味する「辞退」はあまり問題とはならないが、企業側の採用内定の取消しは大きな社会的関心を引き訴訟も幾つか発生した。最高裁は、条件付ながら「労働契約」の成立を認める判決を出して常識的な解決を図った。(3)

(4)　試用制度

多くの企業では特に常用の新規学卒者について「試用」という制度を採っている。入社後、社員を一定期間(三ケ月ないし六ケ月が多い)「試用」という特別の地位に置き、それが終了した段階で「本採用」とするものである。このような試用制度が何を目的としているかは、社内規定をみる限り、あまりはっきりしていない。(4)「試用期間」中に「新入社員教育」が行なわれることが多いが、それだけではなく。むしろ、その間に社員としての職務上あるいは人物の評価を下し、不適格者を排除(解雇)することが企業サイドのねらいのようである。実際には、不適格者として本採用を拒否(解雇)されるケースはきわめて稀である。

試用制度は、わが国の場合、常用労働者を基幹労働力として継続雇用していくという終身雇用制の一つのプロセスとしての最初の人物テストとみることができよう。試用期間中は、正式の「社員」としての待遇や身分保障が与えられない(組合も加入資格を認めないのが例である)。ただし、「本採用」になると試用期間は、入社時に遡って「勤務期間」に通算されるのが例である。

（1）従来、常用者の中途採用率が低かったのは、特定の業務部門に空席が生じても、新規学卒者から成る終身雇用制の多能工グループから配転によって容易に充足でき、企業外の労働市場から求人する必要が薄かったからである。

（2）わが国の企業は、特に常用労働者の採用にあたって身元の「確認」と人的「保証」を重視する。身元確認のためには詳細な履歴書、身上調査書の提出が求められ、時に興信所による調査が行なわれる。新入社員は、保証人による「身元の引受け」と会社に損害を与えた場合の賠償責任（場合により連帯保証）を内容とする「身元保証書」の提出を義務づけられる。

（3）最判昭五一・七・二〇民集三三巻五号五八二頁、昭五五・五・三〇民集三四巻三号四六四頁。なお、花見・深瀬「就業規則の法理と実務」の調査では、採用内定について定めをした例は皆無である。

（4）花見・深瀬・前掲調査では試用期間について就業規則に定めをしていない例は一つもない。しかし、その目的を具体的に定めたものは見当らないようである（三二頁）。

(5) 配置と配置換え

㈠ 配　置

わが国の企業は、従業員の職務管理の合理性をはかるため、職務を幾つかに分業化したうえ、係、課、部等のヒーラルキー（階層）による編成を行なっているが、この組織上の階層がきわめて多層的なのが特徴である。各階層の長として、仕事を通じて部下の管理にあたるのは「管理者」である。各管理者はさらに上級の管理職の指揮・命令に服する。末端の職場組織は、通常、「係」であるが、その下にさらに班が置かれている場合も少なくない。このような集団的管理体制の下での管理職の権限ないし責任は、社内規定のうえでは必ずしも明らかにされておらず、職場のしきたりに任されている。いずれにしても現場の労働者はいわゆるラインに所属し、その中で複数の管理職の重畳的な管理に服する形をとっている。

このような係、課、部を基本とする伝統的な管理組織も、最近の労働者構成の高年齢化、高学歴化に伴い、高位の役職に格付けさるべき労働者が増大し、ポスト不足を来したため、部次長、課長補佐、課長代理といった中間職制が出現し、資格制度あるいは職務権限がより複雑化している。一方では、企業内における意思決定、情報伝達、指揮命令の迅速化という要請から係や課を廃止するなど組織の簡素化をはかる傾向もあり、またライン組織には適しない職務について専門職制度あるいはスタッフ管理職制度が導入されるようになっている(5)。

いずれにしても、企業は雇用した労働者を職務と所属部署を指定してこれらの管理組織の中に配置するわけであるが、この配置は一般に「人事異動」と呼ばれ、通常は、社長名による各社員宛の「〇〇課〇〇係の勤務を命ずる」辞令が交付される。この辞令には、職階および給与の号俸の指定が併せて記載されることが多い。常勤以外のとりわけ短期の臨時労働者（アルバイト等）については、所属長の「指示」に任せることもあるが、労働契約書が交付される場合には社長名でなされる。

辞令上の「職務」の指定は、「ボイラー工」というように最初から職務指定の採用である場合を除けば「〇〇係勤務」といった所属すべき部課を示す形で行なわれる。これは経営者サイドからすれば、なすべき仕事の内容や範囲を指定したものでなく、仕事の行なわれる組織上の部署を示したに過ぎない。それはまた、組織上の部署が配転によって変更されれば、職務自体も変更されることを予定した指定のしかたということができる。労働者の労働契約上の「職務」が明確でないという、後にとりあげる問題がそこから生ずる。「辞令」といういかめしい形式をとるわりには、職種や職務、具体的には「仕事」の内容や範囲が明確でない、というのがわが国企業の一般的特徴である。

（5）雇用職業総合研究所「企業の組織・業務遂行方法に関する調査結果報告書」（一九八五年）によれば、専門職制度の導入は昭和五〇年以降急速に進み、五九年で超大企業四八・五%、大企業三二・五%、中小企業二七・九%の比率である。またスタッフ管理職制度を制度上又は事実上、採用している企業の比率は、それぞれ五八・八%、五二・二%、四〇・九%に達している。

(二)　配置換え（配置転換）

わが国の企業は、常用労働者については採用後、最初に発令した配置を定期的に、あるいは臨時の措置として変更（「配置換え」）をするのが例である。(6) 一般に「配置転換」、略して「配転」と呼ばれる。配転には、労働者の職務（ないし職種）を変更するものと、職務を変えず勤務地のみ変更するものの両種がある（双方の変更を伴うものもある）。いずれの場合にも、最初の発令と同様、企業の「人事異動」の一環として本人宛の「辞令」を交付し、場合により社内に掲示される。採用時に職種あるいは勤務場所が特定されている場合には、その一方的変更である配転命令は契約違反の問題になりうるが、わが国の企業では、一般に職種や勤務場所を厳密に限定して雇用する場合は少なく、むしろこれらを限定しないのが例であるから、年度初めの定期異動で一旦、配転の辞令が出ると労働者側もほとんど異議なく従うのが例である。

企業が配転辞令に個別的、具体的「理由」を示すことはまずない。また、配転を機に、それと同時に昇格、昇進を伴うことが多い。稀に「降格」が行なわれるが、これは懲戒処分の措置であって考課査定によることは少ない。

このように企業の配転は人事異動命令としての権威をもたされているが、実際には、組合との間に労働者の意向を事前に非公式に聴取する慣行を作りあげているところも少くない。配転は労働条件そのものではないが、生活条件にかかわるところがある（単身赴任問題がその典型）し、労働条件に変りがなくても、わが国の労働者は仕事の内容そのものについて大きな関心を持っていることを企業サイドもよく承知しているからである。

配転に労働者側の意向を反映させる最も典型的な形は、労働協約に基づく「事前同意・協議」約款である。特に組合役員の配転についてこの種の協定が多い。一般組合員については現在ではむしろ少ないといってよいであろう。個々の組合員の配転についてではないが、配転の基準について労働協約に定めたものがある。企業合理化による大量配転については、この種の協議が行なわれることが多い。組合がないか、あっても配転問題に関与しない場合にも、企業側があらかじめ従業員の希望を聴取して参考にするところがある。これは、企業が発令に先立って「内示」の形で上司から当人の意向を聴くという形でなされるもので、「内示」は「説得」の意味を兼ねているようである。

わが国の企業が従業員の職務変更を伴なう配置替えを、どのくらい行なっているか、統計上の資料はないが、小規模の企業を別とすれば、個人ごとに一定の周期をもってすべての従業員の配置替えを行なうのが、一般的な慣行といえよう。この点は、職務（job）採用を原則とし、職務の変更を意味する配転の必要性も希望も少ない西欧諸国に比し際立った特色といえる。

企業がこのように積極的に配置替えを行なう理由は、①「終身」雇用の常用労働者を、多種の職務をこなせる多能型の労働者およびその管理職に登用する政策をとっていること、②企業自ら積極的に企業内訓練や研修を行ない、これによって企業内労働市場の充実を図り、中途採用をしないこと、③配置替えの時期に昇進や昇格を実施することにより、従業員の期待感に応え、抵抗を少なくすること、④配転により人事の停滞を防止し、人間関係をスムーズにすること、等が挙げられる。

企業の配置転換には、右のような企業の積極的な人事政策に基づくもののほか、企業の雇用調整つまり剰員政策として行なわれるものがある。特に最近の産業構造の転換に伴なう企業の合理化対策として後者の意味の配転が急速にふえつつある。それだけに労働者側からの抵抗感も強まり、訴訟に訴えるケースがふえてきた。

以上のようにわが国の企業の配置転換、とりわけ職務の変更を伴う配置替えが学卒採用の常用労働者については日常茶飯事といえるほどに常態化している反面、常用以外の者については職種または勤務地の変更を伴う配置換えはしないという建前をとっている。また、常用労働者でも、中途採用者、特に中高年層についてはその採用が職種ないし職務を特定して行なわれる限り、常用者について述べた上記の必要性があまりないため、配転の対象とされないのが通例である。

学卒採用の常用労働者の中でも、女子は従来、採用対象が高卒者までに限定され、しかも現場（事業所別）採用であり、また、職種が限定されていない場合にも、その職務が基幹労働者である男子の補助的業務にとどめられ、勤務年数の長い者の場合にも、職務の変更はもとより、勤務地を変える配置換えの対象とはされなかった。女子の配転が問題になるようになったのは、最近、男女雇用機会均等法の制定により大卒女子が採用されるようになってからである。(7)「努力」規定とはいえ、事業主は「配置」及び「昇進」について女子を男子と均等に処遇しなければならない関係上、従来のように女子の職務を最初から別建てとすることはできなくなった。そこで、大卒女子を採用した企業では、従来、男子の大卒者では当然とされたオールラウンド職務制を「総合職コース」として女子大卒者にも選択させる制度を設け、採用時にこれを選択した女子については、男子と同様、勤務地の変更を伴う「配転」の対象とする方針をとるようになった。実際上の効果は、今のところ未知数である。(8)

㈢　出　向

「配転」が同一企業（法人格）内部の職務又は職場の異動であるのに対し、「出向」とは、「子会社」と呼ばれる、親会社の「系列」下にはあるが、一応、法人格を異にする企業（出向先）に、「親会社（出向元）の人事異動として」その労働者を配置させることである。同じことが（長期）「出張」とか「派遣」の形で行なわれることもあるが、これらは当該労働者の職務の範囲で一般的な「応援」にとどまるのに対し、出向の場合は期間も長く、派遣先の企業の労働管理に服させる点が異なる。

わが国の私企業では出向制度が役員や高級の管理職のみならず一般の労働者について普遍的に行なわれるようになったのは、比較的最近である。(9) これは、企業が昭和五〇年代からの産業構造の転換等による「軽量化」や雇用調整の必要に迫られた結果、採られるようになったもので、「配転」とはやや異質の、むしろ新しい型の企業慣行である。

こういう事情で、わが国の企業が配転と出向とを人事管理上、どのように区別し、あるいは関連づけているのかは必ずしも明らかではない。従来、配転については積極的な inovation 政策として重視してきた企業でも、必ずしも出向制度を同じようにみて積極的に採用しているわけではない。就業規則の上でみると、現在でも「出向」に関する何らの定めもしないまま実際には実施しているケースがかなりある。実情は、配転が定期の人事異動としてほとんど恒常化した制度となっているのに対し、出向はまだ個別事情に基づく一時的異動にとどめられている。ただし最近では特に経営上の必要から雇用調整としての出向を積極化する企業も増えてきた。そしてこれに対応して就業規則の中に出向に応ずることを義務付ける規定を置くものが多くなりつつある。出向の「配転」化の現象ということができるであろう。

出向は、(出向元)企業の職務命令によって労働者の職場を本来の企業とは別の会社に異動させることである。この場合、労働契約の主体(企業)が変わることになるが、「親企業との労働契約の解除――子会社との労働契約の締結」という手続が採られることはまずなく、親企業の「人事異動」として出向を命ずるという形が採られる。出向者の出向先での職場も、最初から親企業(出向元)が指定し、出向先がこれを自働的に受け入れる形が多い。

出向者の出向元企業における社員としての身分(社員籍)は変わらず、勤務年数もそのままカウントされることが多い。いずれ出向先から出向元へ「復帰」することが予定されているからである。のみならず、もし出向先における基本賃金が給与体系上、出向元の場合より低くなる場合には、その差額を出向元が補塡するところが多い。とはいえ、出向者の出向元への復帰は必ずしも制度的に保障されているわけではない。とくに調整型の出向の場合は、社員籍のある出向元に事実上復帰することなく、ある時点で出向先に「移籍」されることもある。

在籍出向に対して、最初から出向先に社員籍そのものを移動させる出向制度がある。これは「移籍出向」と呼ばれ、理論上は「在籍」出向と区別される。ただし、「移籍」出向でありながら、出向先が出向者をある時点で出向元へ「復帰」させるという例もあり、名称と実態は必ずしも一致していない。

このように、出向制度はいろいろの問題を抱えながら、一般に普及化する方向に向っており、企業側も配転とは一応、異った政策を採りつつも、「広域」企業市場におけるグループ人材移動として積極的な位置づけをしよ

うとする傾向が強まっているようである。(10)

(6) 職種または職務の変更を伴う配転が、企業の「人事異動」という形の業務命令として日常的に行なわれ、またそのような政策が企業の重要な人的管理政策の基本をなしていること、それに対して労働者側が大きな抵抗を示さず、あるいはむしろ支持すらしているという点は、職種の変更を労働契約そのものの変更として把える西欧社会との大きな差異ということができる。

(7) もちろん、高卒の女子労働者についても、男子と区別することなく、能力本位の職務配置を行なってきた企業は少なくない。ただし、居住地変更を伴なうような配転は、管理政策上、なるべく回避されてきた。女子の遠隔地配転が訴訟問題にまで発展するようになったのは、同一企業内の共働き労働者の不当労働行為問題がからんだからである。

(8) 企業の女子の配置に関する基本方針が変わったとしても、実際上の障害がなくなったわけではないから、今後、どのような慣行が生れるか注目される。

(9) 出向という制度はすでに戦前からあるが、主として官公署間で身分関係の変動なしに一時的な業務支援あるいは研修のために用いられてきた。

(10) 出向に関して詳細な実態調査に基づく論証的研究として永野仁『企業グループ内人材移動の研究』(一九八八年) 参照。

(6) 昇進・昇格制度

わが国の企業では、常用労働者を一定の勤務年数と経験により上級の職務に就けて行く「昇進」または「昇格」制度を人事の基本政策としている。「昇進」と「昇格」とは、厳密には区別を付け難く、しばしば混用されるが、一般には、「昇進」は、職位としての係長、課長、部長等のいわゆる役職(管理職)の地位(階級)の上昇を、「昇格」は、勤続年数、職務能力等を基準にした職階(参事、主事、書記、雇等の等級)あるいはこれに対応した賃金ランクの上昇を意味するものとされている。

部課長等の「役職」は、わが国の企業で古くから採られている企業組織の根幹となる管理上のポスト(11)である。最近では、この官僚制的階層制(ビューロクラシイ)を簡素化したり、別に「チーム制」や「専門職制度」も登場してきたが、部課長を頭に置く「ライン制」はなお普遍的である。これに対し、「職階」は一種の「資格制度」

である。戦前の日本では職員と工員という身分的な資格制度が支配的であったが、戦後の「民主化」の過程でこの区分はほとんど姿を消し、これに代わって、事務職、技能職を問わず、すべての社員を主として勤務年数に応じて数段階の職階に位置づけ、給与表もこれとリンクさせる職階制度が登場した。「職階」と「役職」とは必ずしもリンクしないが、相互に一定の関連をもっている。昭和四〇年代あたりから、能力的あるいは職能的資格制度が加味され、五〇年代に入って急速に体系化されてきた。(12)

役職への昇進と資格制度における等級の昇格とを連動させているところもあるが、それぞれの資格の基準が別々であれば連動しない。役職への昇進にはポストが限られているうえ、人的評価が中心になるためにその具体的基準を定めていないところが多い。労働省の雇用管理調査によると、「総合」評価の中でウエイトの高いファクターは五〇〇人以上の大企業では「能力」、「業積」、「在籍年数」、「人柄」の順であり、三〇～九九人の中小企業では「能力」、「業積」「人柄」の順となっており、在籍年数は大企業の方が重視されている。また、昇格の基準として、「職務の遂行能力の程度」、つまり職能資格に重点を置くところがふえてきている（管理職層で約六割、一般職で約四割というところである）。

わが国の企業における昇進・昇格制度は、勤続年数を基準とするにせよ、職務能力をより重視するにせよ、賃金基準ランクの引き上げと連動し、刺戦給制度（インセンティブ・システム）の一つとして機能している。(13)もっとも、その基準が従業員によって十分に納得されているかどうかは別問題である。

(11)　もっとも雇用職業総合研究所の「企業の組織・業務遂行方法に関する調査」（昭和六〇年）によれば、部、課、係の組織をもつ企業の割合は五〇〇〇人以上の大企業で四三％と半数以下であり、編成の形態もいわゆるピラミッド型一色ではなくなりつつある。

(12)　労働省「雇用管理調査」（昭和六二年）によれば、資格制度のあるところは平均二五・三％、五〇〇人以上の企業では八八・一％に達するが、三〇～九九人の中小企業では一六・六％にとどまる。中小企業では現在も役職制度が支配的である。

(13)　「日本的雇用慣行と勤労意識に関する調査」によると、男子の約七割が役職（管理・監督職）のポストにつく希望を持っているという。

(7) 賃金制度

わが国の私企業の賃金制度の最も大きな特徴は、基本的な賃金体系が年齢や勤務年数によって昇給するいわゆる「年功賃金制」を採っていることである。もっとも、年功賃金制が採られているのは常用労働者の場合だけである。常用以外の労働者は、勤務年数が通常、一年末満であるから、更新によって勤務年数が長くなった場合に「昇給」することはあっても、これは「年功賃金制」ではなく、職務ないし職種による固定給のランク上げである。常用労働者と一時的就労者との間に賃金額にある程度の格差があるのは、諸外国でも同じであるが、わが国では常用労働者が終身雇用を前提として年功に基礎を置く賃金体系を適用されるだけでなく、昇進、昇格その他の面で特別の待遇を受けるのに対し、非常用者は最初から勤務年数が限定され、賃金についても主として地域別ないし産業別最低賃金の日額、時間額を基準にした職種別の定額制によっているため、常用者との間に稼得総額の上で大きな格差が生じていることが特徴的である。

以下に、常用労働者の賃金制度の特徴について検討することにする。

常用労働者の賃金は、予め賃金規定に定められた賃金体系に基づき、採用時の初任給を出発点として年功給を原則とし職能給を加味した基本給に諸手当を付加するというのが通例のモデルである。職能給は管理職による査定を前提とする。査定のしかたは企業によりさまざまであるが、純粋の「職務」能力のほかに「協調性」といった「人的」評価が含まれているのが特徴といえる。それとは別に、賃金の「生活費」的要素を重視するという戦後から引き続いてきた賃金政策により、ほぼ毎年、春闘時に労使交渉による「賃金ベースの改訂」（ベースアップ）が行なわれるのも大きな特色といえる。

また、賃金そのものではないが、年二回程度支給されることが今日ではほぼ慣行化した賞与・期末手当等と呼ばれる、特別の給付金制度および、従業員の退職時に支給される退職金制度もわが国の特有の慣行といってよい。賃金制度に付随して、企業が労基法所定の手続（一八条）の下に社員の委託により給与天引制で貯蓄金を管理する「社内預金」制度[14]も、わが国独自の慣行である。

㈠　賃金の体系

賃金の体系は、常用労働者と非常用労働者制に就業規則またはその付属規定としての「賃金規定」に定められる。常用者の典型的な賃金体系は、次表のごとくである。

- 定期給与
  - 所定内賃金
    - 基本給
      - 属人給（年齢給）
      - 仕事給（職能給）
    - 諸手当
  - 所定外賃金（超過勤務手当）
- 期末手当・賞与

「所定内賃金」の主要部分を占める[15]基本給は、戦後、最初は生計費に対応する「年齢給」を基軸に年功にスライドする、いわゆる年功給が普及したが、五〇年代以降「仕事給」の比率が急速に高まってきた[16]。前者は年齢、勤続年数、資格等（あるいはその組み合わせ）を基準として給与表に号俸等級として示される。これが「年功」賃金の基本である。後者は、「職務給」、「職種給」または「職能給」から成り、それぞれ職級または号俸等級が定められ、管理職が部下の職務内容や職能を評価して決定される。労働者の職能の評価のしかたは、一定の基準に基づき前年度の成績を評価してランク付けしたものを、一年間にわたり適用するというのが通常の方法である。

その際、人事考課の基準は明示される場合とされない場合があり、基準が明示される場合にも、評定結果は本人に知らされないことが多い。

賃金の額の基準は、通常、新卒採用者の「初任給」を最低ランクとして、二年次以降はこれに昇給分を積み上げるという方式がとられている。中途採用者の場合は、特に大企業の場合、常用労働者として中途採用をすること自体がこれまで例外的な措置であったこともあって、特別のランクづけをしていないところが多く[17]、常用者の賃金体系を適宜、準用するという方式をとっている。最近、中途採用が増大したことによりこれを一般の常用者にマッチさせ、格差問題を生じないように工夫がなされるようになった。

㈡　昇　給

常用労働者の賃金に（定期）「昇給」があることは現在ほとんど常態となっている[18]。常用者以外の者も勤続年数により日給額の増額という形で昇給があるが、前述のように昇給の意味は異なる。常用者の昇給は、賃金規定には、「所定の経過（勤務）期間を超えたものにつき、毎年一回、所定の昇給額の範囲で行なう」等と定められているが、その場合にも「会社の業績及び各人の技能、勤務成績等により、基準額につき考課のうえ決定」とされ、自働的というわけではない。「勤務成績の特に悪い者」または「懲戒処分を受けた者」などは除外される。

定期昇給の原則が明示されていない場合にも、基本給のうち、年齢、勤務年数にスライドして給与号俸が定められていれば、号俸ランクの上昇によって当然に昇給がある。これが「年功賃金制」の最も大きな特徴である。職務給や職能給についても年功によるランク制がとられている場合が多い。ただし、この場合にもランクの格付そのものはたいてい企業の人事考課によっている。

定期昇給制がとられている場合にも、労働者が一定の年齢に達すると、総人件費の抑制という見地から昇給が停止されたり、昇給率を逓減させることが多い[19]。

㈢　ベースアップ

ベースアップ（略してベア）は、（定時）昇給とは違って、基本になる賃金の水準の額そのものの引上げを意味する。すでに毎年「春闘」期の労使交渉で手直しすることが慣例化しているが、ベースアップそれ自体については賃金規定に明示されていないことが多い。企業サイドからみれば「ベア」とは、人件費の総額を組合員数（従業員数）で割った平均率である。[20]春闘では通例、最初に大企業のベア（率）が定まり、それに準じて、ある程度の格差をもって中小企業に波及する。組合組織のない企業でも、同業他社の「春闘相場」を基準として、一定のベアが行なわれる。ベアで引き上げられた賃金総額を労働者にどのように配分するかは労働者間で微妙な利害問題を含むため、企業のイニシャティブで行なわれるのが例である。

㈣　手当制度

わが国の賃金構造の特色の一つは、基本給のほかに「手当」の名を冠する賃金部分の種類が多く、かつ賃金全体に占める割合がかなり大きいことである。[21]

手当には、①一定の技能や資格に対して支給されるもの（技能手当、教育手当等）、②職務ないし仕事の遂行に対する奨励として支給されるもの（出勤手当、精・皆勤手当、業績手当等）、③役職者の地位にある者に対して支給されるもの（役付手当）、④生活補塡を目的とするもの（家族手当、通勤手当、住宅手当、教育手当等）、⑤早出、残業、深夜業、休日出勤、交替勤務、宿日直等、一般と異なる勤務時間への補塡として支給されるもの（時間外手当）等がある。⑤を別とすると、これを採用している企業およびそれが所定内賃金に占める比率からみて、通勤手当、役付手当、家族手当の三つが主要な地位を占めている。

右の諸類型の手当のうち、①②は、本来職務に対する賃金としての基本給に含まれるべき性質のものであること、③は、（中間）役職者の種類が多いため人件費に占める比率が高いこと、④は、本来被用者の負担すべきものを企業が肩代りする点に特色がある。

諸手当は、賃金規定と、時間外手当などの割増賃金や、賞与、退職金等の算定に際し、除外されるのが通例である。従って経営サイドからは、人件費コストを引き下げるものとして支持されるが、他方、労働者側も、家族手当や通勤手当は、生活補助としての実感が大きい点で、職務手当は、職務の評価が実績で示されるという点で、奨励給は仕事へのインセンティブを促すものとして支持しており、少なくとも手当を廃止して賃金に一本化せよという主張は大きくない。基本給には一般に年功的性格が強いのに対し手当には年功的要素があまり考慮されないという点で、年功的性格を薄める面があることが指摘されている。

㈤　賞与・一時金制度

賞与・ボーナス、期末手当等と呼ばれる一時金は、賃金規定上、特別の給付金として扱われる。その平均額は基本給の四〜六ヶ月分に当たり、今日では、三〇人以上規模の企業のほとんどで支給されており、最近の求人広告にはどの企業も「年二回賞与支給」と明示するまでになっている。ほんらい常用労働者に限られていたが、最近ではパートタイマーに支給しているところが多い。しかし、賞与や一時金は、現在のところ、なお、賃金の本質的構成部分となってはいない。それはかつてのように、企業の「恩恵的」給付ではないにしても、なお、企業「利潤」の分配という要素を多分に残している。(22)就業規則や賃金規定には、「賞与を（業績により）支給することがある」旨の定めにとどめられている。

一時金の配分方法には、「一律定率」と「考課査定による」場合がある。最近では、定額制は少なくなり、また「率配分」の比率が低下して、考課査定の割合が高まってきている。(23)算定方式は、通常、基礎給×支給率×プラスαの方式が採られており、支給率、あるいはプラスαの算定には人事考課の要素が加味されることが多い。支給率は、勤続年数、年齢、職位、職階等に応じて決定される。ここにも年功賃金制の要素が含まれている。

㈥　退職金制度

企業が勤続年数を重ねた常用労働者が退職する際に功労的な特別給付を行なうという慣行は、わが国では主として大企業を中心として戦前からあった。戦後はそれが一層強化され、現在では、公務から中小規模の企業にまで、広く普及しつつある。[24] 外国にも退職時に何がしかの功労的給付を行なう例はあるが、このような賃金制度の一部としての退職金はわが国の雇用管理の一つの特色ということができる。最近では、パートなど常用でない短期雇用者についても、一定の期間勤務した者に退職金を支給する企業が出てきている。

わが国の退職金がこのような沿革と特殊性をもっているために、本来の「賃金」との関係については、労使それぞれの意識に若干のずれがある。労働者の側には退職金を賃金の後払い（賃金の一部を退職時にまとめて払う）とみる考え方が強い。しかし、戦後の賃金をめぐる労使間の厳しい議論の中で退職金が賃金に解消されることなく残ったのは、そこに、長年企業に勤務したことに対する報償と退職に伴う生活補償の意味がこめられていることに対する労働者側の支持があり、それが企業側の安定した労働力の確保の要請とマッチしたことによると思われる。

退職金制度を採用している企業も、退職金という特別の給付をする理由をフォーマルには示さないのが例である。とはいえ、企業は、就業規則、賃金規定または退職金規定の中に「退職時には退職金を支給」する旨を明示し、その算定基礎や受給資格もかなり明確にされている。それは賞与・一時金と比べると遥かに具体的である。

わが国の退職（一時）金は、(イ)原則として常用労働者にのみ適用される（見習、嘱託、臨時雇、パートを除く）こと、(ロ)解雇者の場合にも適用されるが、「懲戒」解雇の場合には除外（剥奪）または減額されること、(ハ)定年、死亡、業務災害、会社都合の場合と自己都合の場合とで支給率が異なること、(ニ)支給額はほぼ勤続年数に応ずるが、（職能）資格が加味される等の点で特色がある。なお、最近では、退職一時金制度から退職年金制への移行が増えている。[25]

(14)　労働省の社内預金の現状に関する調査によると昭和六〇年三月は従業員三〇〇人以上の企業の過半数が社内預金を実施していたが、平成元年三月には三五・九％に減少している。

(15)　労働省「賃金労働時間制度等総合調査」（昭和六一年）によると、定期給与の八九％が所定内賃金、一一％が所定外賃金である。所定内賃金のうち、基本給部分は八五％、諸手当部分が一五％である。

(16) 実際には仕事給、属人給の両要素を含む総合給型が多い。

(17) 前掲総合調査（昭和六二年）によれば、中途採用者につき制度を設けている企業において、賃金算定につき、他社での職歴、職種を在職と全く同一に評価するものは四二・二％、一定の割合で評価するものは五三・五％である。昭和五六年調査時のそれ（それぞれ二九・三％、二六・三％）に比すると著しく増加していることが分る。今後、中途採用の増加につれ、この比率は益々高まると思われる。

(18) 労働省・前掲調査によれば、四人以上の企業で定昇制度を採用しているところは、昭和五七年で八六・九％、昭和六二年では八九・五％に達している。最近の求人広告では、多くの企業が正社員については、「毎年昇給あり」と表示している。

(19) 労働省・前掲調査（昭和六二年）によれば、従業員三人以上の企業で六〇歳定年を定めている約六〇〇〇社のうち、五二・六％が中高年齢以降の基本給の昇給を抑える措置をとっており、そのうち一定年齢（平均五三歳）から基本給を引き下げる企業は八・九％ある。

(20) ベースアップを企業サイドから見れば、定（期）昇（給）分を含めて企業の人件費の総額を増額することである。労働者サイドからすれば、理論的根拠というよりも、物価騰貴による「生活保障」の要求である。従って賃金が「増額」されればよく、それが「定昇分増額」であろうと、賃金体系の改訂であろうと形式はあまり問題とされない。

(21) 労働省・前掲調査（昭和六二年）では、手当の所定内賃金に占める比率は一四・七％である。ただし、この比率は昭和五六年をピークに年々低下の傾向にある。

(22) 労働省・前掲調査（昭和五八年）では、制度として「成果配分・利潤分配方式」をとっている企業の比率は平均三二％である。

(23) 日経連「賞与・一時金調査」（昭和六三年）では、比較的大企業中心のデータであるが、考課査定部分が一五・九％となっている。

(24) 労働省「退職金制度・支給実態調査」（昭和六〇年）によれば、従業員三〇人以上の企業では八九％、三〇〇人以上の企業では一〇〇％が退職金制度を持っている。

(25) 中労委の「退職金、定年制および年金事情調査」（昭和六二年）によれば、従業員数一〇〇〇人以上の三五六社のうち、退職一時金制度のみ九・〇％、年金制度と併用八一・八％となっている。

(8)　労働時間の管理

(一)　制度上の労働時間と慣行上の時間とのギャップ

企業では従業員の就業時間について、通常、就業規則に「労働時間」、「休憩時間」、「休日」、「休暇」等の原則が定められる。「労働時間」は、「始業時刻」から「終業時刻」までの「就業時間」、「勤務時間」または「所定労働時間」として表示されることが多い。始業と終業時刻が明示されていれば、「労働時間」も自ら明確なはずであるが、実際には始業時間と「出勤」時間あるいは「労働開始時間」との間に、若干のずれがあることが少なくない。それは、わが国の企業が従業員に始業前に出社して朝礼や体操に参加させたり、始業前に職場の掃除や仕事の準備作業を命じたりする慣行があるところから生ずる。(26)

従業員にこのような始業時間前の就労の義務があるかどうかについて時として労使間に紛争を生じている。これを義務づける明示の定めがないのに企業が欠勤や遅刻扱いとし、賃金カットその他の処罰を科した場合には、訴訟に発展している。(27) ほんらい労働者が労働義務を負う対象となる時間は、就業時間（所定労働時間）に限られるはずであるが、就業規則等に「午前八時に所定場所で体操を開始することをもって始業とする」というように定められている場合には、それが、労働契約上の義務となりうる。

企業が始業前に社員を揃えて朝礼、体操や上長の訓示を行なったりするのは、一部とはいえ、かなり古くから続いているわが国独特のしきたりである。また、労働の現場で、作業開始（始業）前に更衣や機械、車輛等の整備などに多少の準備時間が必要とされる。普通はその程度のタイムラグについては、企業は、就業規則等に定めをしたり、業務命令を出したりすることはない。そこで、何らかの理由で労使関係が不安定化した場合に不満が吹き出て、労働者（組合員）側が「順法」闘争の手段とすることがある。そうなると始業前の「準備」時間が「労働時間」に当たるか、またはそれに参加する（実際に参加しなくても少なくともその時間帯に出社している）ことが社員としての「義務」に含まれるのか、それに違反すれば「不就労」として賃金カットその他の不利益処分をされてもやむを得ないのかがあらためて問題となるわけである。実際には、従業員は、就業規則のうえではっきり明示されていなくても、企業または職場のしきたりに従うのが通例である。これも日本的慣行の一つといってよいであろう。終業時間後の「跡片づけ」時間についても、ほぼ同じことがいえる。

(二)　時間外労働の管理

今日、多くの企業では、時間外労働が必要となることを予定したうえで、就業規則に「業務の都合により所定時間外に労働させることがある」旨定め、賃金規定等に、「時間外（割増）手当支給」に関する定めをしている。しかし、労働者に実際に時間外労働をさせるには、労基法の定め（三六条）により過半数労働組合、それがない場合には「労働者の過半数を代表する者」との書面による「時間外協定」を結び、これを監督署に届け出る手続が必要である。監督署に提出されるこの書面は書式が定まっている（規則一六条）ので、労使間の「時間外協定」の方もそれとそっくりという場合が多い。協定のフォーマルな内容は、①「時間外労働をさせる必要のある具体的事由」、②「業務の種類」、③労働者数（男女別）、④「一月及び一日を超える一定期間についての延長（上限時間）」（延長時間については「指針」によって「目安」時間が定められている）、⑤有効期間の定め、である。有効期間についての法的規制はないが、大体、三～六ケ月単位のものが多い。(28)

時間外協定を結ぶに際して三～六ケ月という長期の期間に「業務」別にどの程度の時間外労働と労働者数が必要となるかは、企業としても正確に予測することが難しいから、実際には、過去のデータから腰だめ的に割り出している。企業に労働組合がない場合には、労働者側がそれをチェックすることはまず起りえない。組合がある場合にも、時間外の総枠を協定する程度にとどまり、各職場単位に細かくチェックすることは稀である。こうして、時間外協定の内容は、主として経営サイドのイニシャティブで決定されている。昭和六三年の労基法改正により労使協定による労働時間の弾力化の措置が導入されたが、今後、この傾向はより強まるであろう。

時間外協定で定められた時間外の総枠内でこれを個々の労働者にどう割り振るかは、企業の時間管理にとっても大きな問題である。企業サイドに立って職場毎に必要な作業量を割り出し、「時間外」数を算定するのは、普通、中間管理職である。時間外労働は労働者の私生活時間に影響する反面、時間外労働による割増手当が大なり小なり生活費の一部となっているために、時間外労働の割り振りをするに当っては従業員間の均等という点からの配慮が必要となっている。処理をあやまると労使関係の安定を損うおそれがあるからである。労働者が時間外就労の義務を負うかということは困難な法的問題であるが、幾つかの判例を経て、就業規則等に「会社が業務上の必要により時間外労働を命じた場合には、労働者はこれに応じなければならない」旨の定めがある場合には、労働者には労働契約上の義務がある、とする積極説に立つ判例法が優勢となるにつれ、この種の規定を就業規則に導入する企業が多くなっている。(29)

なお、労働組合が企業との間に時間外・休日労働に関する労働協約（定）を締結する場合には、「組合は会社業務の都合により必要ある場合には組合員が時間外（休日）に労働することを認める」旨の一般的合意を宣明したうえ、「組合員一人当たりの時間外（休日）労働の合計時間は原則として一月〇時間（男女別）以内とする」というように総延長時間の枠を設定するのが通例のやり方である。各職場ごとにとりきめをする場合もあるが、フォーマルな形にすることはないようである。企業側が監督署に届け出るための協定書は、前記と同一の形式によりその都度、作成されている。

現場において労働者が実際に就労した時間外労働の時間数をチェックするのは、企業サイドでは直属の職制である。もっとも、労働者による自主管理（申告）に任されている場合もある。労働組合側のチェック（協定枠と実際の時間外数との開きの監視）はどのように行なわれているのか、あまりはっきりしていない。

実際には終業時間後の時間外勤務であるにもかかわらず、職場の諸状況から労働者の側で残業としての申告を差し控えることがある。俗に「サービス残業」と呼ばれる。(30)

㈢　休日・休暇の管理

週休二日制の普及や年次休暇日数の増加にともない、そのありかたが企業サイドの大きな関心事となっている。わが国でどのくらい休日労働が行なわれているのかについては、一般的統計データはない。休日労働の管理のしかたとしては、企業は通常、法定の休日労働の手続によっているが、緊急の場合には、個々の労働者ごとに休日の「振替」措置をとっている。

週休二日制には、「完全二日制」、「隔週二日制」、「月一回制」、「変動制」などさまざまの形態があって、企業規模により差がある。(31) 年次休暇については、企業は業務運営との関係で従業員サイドの協力を得るのに苦心しており、休暇のフォーマルを組合または従業員代表と協議して決めるなど、企業独自の方法を作り上げている。

わが国の立法（労基法）は、年次休暇のとりかたについてILO条約の基準や先進諸外国の場合と違い、一定の継続期間まとめてとることを要件としておらず、一日単位の行使を認めている。その故か、実際上もきわめて短い。(32) このことは、企業にとって年次休暇による業務運営への支障度がきわめて低いことを意味する。労働者の年次休暇が「事業の正常な運営を阻げる場合」に認められる企業の「時季変更権」が行使されることが少ないのも、そのことと無関係ではない（どの程度に変更権が行使されるのかについての一般統的計資料はない）。

労働者の年休の「請求」とこれに対する企業の「対応」を定めた明文の規則は就業規則にはあまり見当らない。企業ないし職場での慣行に任されているようである。通常、年休の請求は、直属上司への口頭又は文書による「届」の提出によってなされるが、当日の電話「連絡」や欠勤後の事後振替措置も広く認められている。一方、今日でも、年休申請届に休暇をとる「理由」を記入させるところがある。

年次休暇による「業務への支障」を判断するのは大体、職場の直属上司である。職場単位で調整が行なわれるが、チームワークの生産現場では代替者による補充が難しく、事務部門でも「個性」の強い専門的業務は代替が難しいので、他の部署からの「応援」によらず、年休者の欠員のままでやりくりするのが例のようである。結局、このような短期・コマギレの年休制度は、長期にわたる計画的年休という発想になじまないばかりでなく、企業サイドの年休者の代替者補充制度の発展を遅らせる結果となっている。

多くの企業では、労働者の年休消化率が低いため年休が年度内に行使されない場合が多い。就業規則等ではこのことを見越して休暇の「繰越」使用を認めている。繰越の期間は、二年が多いが、長期累積繰越を認めるところも少なくない。年休の消化率の向上のための方策あるいは長期の休暇実現のための計画等の側面では、企業の休暇管理のありかたは、今日なお、一般に消極的である。(32) 休暇の「管理」が業務運営の円滑という側面にのみ重点を置いてきたためである。

(26) ややデータが古いが、ある労働組合の調査によると、始業時間の二一〜四五分前にタイムカードを打刻する組合員が三九%もある（嶺学「社会労働研究」二〇巻一号）。この早出の理由が、仕事の準備のためか、あるいはそうすることが義務付けられていることによるのかは明らかでないが、わが国の労働者の出勤に要する時間（平均約一時間半）を考慮に入れると、生活時間への影響はかなり大きいと思われる。

(27) 日野自動車事件・最一小判昭和五六・一〇・一八労経速一一三七号、三菱重工長崎造船所事件・長崎地判昭和六二・一一・二七労民集三八巻五〇六号五八〇頁。

(28) 花見・深瀬編『就業規則の法理と実務』（昭和五五）二四六頁。

(29) 静岡郵便局事件・最三小判昭和五九・三・二七労判四三〇号六九頁、日立製作所事件・東京高判昭和六一・三・二七判時一一八五号五三頁。

(30) 嶺学『職場の労使関係』（昭和五一）一五三頁の事例参照。

(31) 労働省「賃金労働時間制度等総合調査」（昭和六一年）によると、一企業平均の週休日と週休以外の休日を合わせた年間休日数は昭和六一年で約八〇・五日（昭和五〇年では七四・五日）、労働者一人平均の年間休日総数は九四・一日である。週休二日制が本格的に始まったのは昭和四〇年代に入ってからであるが、四一年では三・二%の企業が実施していたに過ぎない。五〇年には四三・四%、六一年には五〇・九%と急速に増加している。

(32) 昭和六一年における企業の年休付与日数（繰越分を除く）は、労働者一人平均一四・九日（昭和五一年は一三・四日）であるが、実際に行使されたのは七・五日であり、取得率は五〇%にとどまっている。この取得率について企業規模間の格差がほとんどないことが注目を引く。

(9) 退職制度

わが国の企業においては、労働者とりわけ常用労働者の退職は、単に雇用契約の解除という契約レベルの問題ではなく、長年、労働生活の場であった共同体組織からの「離脱」という意味あいに把えられてきた。つまり、退職は、通常、終身雇用の労働者が定年に達するまで勤め上げた末引退するという形で生起するのであり、「中途」退職あるいは解雇はあくまで例外措置に過ぎなかった。そこから、退職と解雇のそれぞれについてのわが国独特のしきたりが形成されてきたと思われる。

(一) 退職

「退職」は、常用労働者についての制度であり、常用でない労働者の場合は「期間の満了による契約の解除」として扱われる。

労働者が退職しようとする場合、多くの企業は、二週間ないし一ヶ月前に「退職願」または「辞表」等の書面を提出させ、企業がこれを「受理」または「承認」するという形式をとっている。

「定年」退職の場合は、定年年齢に達した時、または定年到達の年度末をもって退職することになっており、この場合も、企業は本人から退職「願」または退職「届け」を提出させたうえ、「〇月〇日をもって定年退職とする」旨の辞令を本人に交付しているのが例である。[33] 多くの企業では、経営状況が悪くないかぎり、子会社等を含めて定年以後も引き続き、退職者を雇用しているが、[34] この場合、労働者は、一旦、企業を退職する形をとり、「嘱託」その他の名称で再雇用される。しかし、あらためて「労働契約を締結する」ためのフォーマルな手続は、通常はない。このような実質的な定年延長制度がある一方、最近では企業は、合理化のため出向や退職勧奨の形で定年前の退職制を進め、あるいは「選択定年制」等の弾力的政策をとるようになっている。

(二) 解雇

「解雇」も、常用労働者についての概念である。常用労働者以外の場合には、契約期間満了であれば雇い止めとし、期間途中の解約の場合にも「解雇」でなく、契約の「打ち切り」として扱うことが多い。

わが国の企業は特に剰員整理の場合には常用労働者の「解雇」をできるだけ回避し、「万やむを得ない場合の」最後的手段にとどめる政策をとっている。これは、企業の基幹労働力として終身雇用を前提に多額の人件費と育成費を投下してきた常用労働者を一時的な景気変動によって企業外に放出することは、再び労働需要が回復した場合に閉鎖的な労働市場からの補充が困難であるばかりでなく、解雇が労働者の信頼性を失墜させ、労使間の大きなフリクションとなること、法廷での争いになった場合に裁判所が解雇にそれ相当の理由の存在を要求し、それが認められなければ解雇権の濫用になるとの厳しい対応を示してきたという諸事実によるものである。

企業の「解雇」の取扱いかたには一定の慣行的な類型が見られる。(35) 多くの企業では解雇を懲戒処分としての解雇である「懲戒解雇」とそれ以外の解雇である「普通（又は通常）解雇」に類別している。そして「普通解雇」は、「勤務態度の悪い者」または「著しく労働能力の欠ける者」など勤務不適格を理由とする「不適格解雇」と、労働能力には問題がないが、労働力の合理化としての剰員整理を理由とする「整理解雇」に類別する。いずれも解雇事由は就業規則にそれぞれ明示されるのが例である。(36)

解雇事由が明示されていることは、労使ともに、これに該当しない以上、企業は労働者を一方的に解雇しないことを約束したものと解釈しており、従って、これによって労働者は実質的な雇用保障（job security）を得ているという認識が強い。イギリスやアメリカに見られる一時的解雇（レイオフ）ないし解雇に優先順位をつける制度は、わが国では全く見られない。

労働者側の労働能力の欠如や剰員整理による解雇とは別に、企業は労働者の服務規律違反を理由とする懲戒処分としての解雇を行なう。この点では諸外国も変わりはない。外国における懲戒解雇の効果は、予告なしに「即時」解雇とすることであるが、わが国でも同様の手続をとる。ただし、わが国では立法により即時解雇に基準監督署の認定が必要である。わが国の特色は、懲戒解雇した者に対して、退職金の一部または全部を支給しないという金銭上の処罰が即時解雇に併科されることである。その比率は明らかでないが、大部分の企業がこれを就業規則に定めている。

ただし、懲戒解雇がこのような重い制裁となるために、多くの企業はこれを重大な服務規律違反の場合に限定し、また、その事由に相当する場合にも情状の重い者にのみ適用している。むしろ、そのような象徴的効果に期待しているということであろう。

懲戒解雇に相当する場合でも、実際には「罪一等を減じて」、形式上は「普通解雇」の類型に含まれる「諭旨」退職扱いとし、退職金を支給するという「温情的」制度があることもわが国の特色といえよう。

(33)　労働省「雇用管理調査」（昭和六二年）によると、定年制を採用している企業の比率は、五〇〇〇人以上の規模では一〇〇％（昭和四九年以来）、三〇～四九人規模の企業でも八五・六％に達している。
(34)　労働省・前掲調査によれば、再雇用の比率は五八歳定年制が一般的であった昭和五一年では八三・五％に達していたが、六〇歳定年制の増加により、昭和六二年では六九・六％に低下している。
(35)　このことは、わが国に私企業の解雇についての統計調査がないため、一般的傾向として指摘するほかはない。
(36)　多くの就業規則は、解雇事由を明示する場合にもそれを制限列挙とせず、「その他、経営上やむを得ない場合」という包括的条項を加えている。

⑽　服務規律・懲戒制度

わが国企業の従業員に対する服務規律には、内容および規律違反者に対する懲戒処分のしかたにおいて独特のものがある。

企業は古くから社則の中に服務規律に関する詳細かつ独特の定めを置き、社員の行為規範としてきた。今日、それが就業規則の「懲戒に関する定め」に引き継がれている。(37)両者を対比すると、前者においては、企業の権威的性格が強いのに対し、後者では、懲戒の対象となる事由がより具体的、限定的になり、懲戒の手続が詳細に定められるなど、民主化されたことが一般的に指摘できる。服務規律は、社員一般に適用される建前であるが、主として適用されるのは常用の社員である。常用でない労働者については、職務遂行に必要なかぎりで準用されるにとどまる。この点にも、わが国企業の身分別「峻別主義」ともいうべき考え方が反映している。

企業が定める懲戒事由には、①「業務の正常な運営または職場秩序を紊す行為」——無断欠勤・離席、けんか、暴行等の外、一般に業務命令拒否が該当する。②「企業の信用・名誉を失墜させる行為」——企業機密事項の漏洩、贈収賄等、経歴詐称もこれに含まれる。③故意、過失による企業に対する「加害行為」、④企業内における「政治活動」等がある。[38] 服務規律の対象となる行為を諸外国のそれと比べると、一般にその範囲が広く、とりわけ、労働者の勤務時間外、または企業外の私的行為にまで規律が及ぶ点が特徴的である。

わが国の企業が一般に定める懲戒の種類には、戒告、けん責、減給、昇給停止、降給、出勤停止、諭旨解雇（退職）、懲戒解雇（免職）等がある。実際に最も多く適用されるのは、戒告またはけん責であり、この場合には、「始末書」を提出して「反省」または「悔悟」の意思表明を求められるのが例である。戒告とけん責の実際上の差異は必ずしもはっきりしていない。

服務規律に違反した者に対する懲戒（制裁）の手続は、ある意味において、その企業の民主主義のバロメーターである。規律違反者を取り調べて違反の有無を認定し、懲戒処分の種類や程度を決定する権限が、企業サイドにあるのは当然だが、多くの企業では懲戒委員会を設置し、そこに従業員の代表者を参加させ、あるいは聴問の中で本人の弁明をきくなど手続の公正を期している場合が少なくない。ただし、それがわが国の企業でどの程度に普及しているかについては、今のところデータに乏しい。[39]

（37）　もっとも、第二次大戦後、労基法の制定に際し、使用者が「制裁の種類及び程度」を就業規則の（相対的）記載事項とすることを義務づけたことが大きく作用している。
（38）　就業規則の服務規律に関する定めかたについては、花見・深瀬編・前掲書九五頁、一七四頁以下参照。

（39） 花見・深瀬編・前掲書二一四頁によると、懲戒委員会が設置されているところでも、その内部手続について定めをしている例はほとんどないという。

(11) 教育・訓練制度

わが国の企業が古くから従業員の社内教育や訓練を重視して制度を備え、それにかなりの費用を投下する政策をとっていることはわが国の雇用慣行の特色の一つとして指摘することができる。(40) ただ戦前における企業内の職工技能養成制度以来、企業が包括的な教育訓練の対象とする従業員は、常用労働者に限られる。すでに述べたように、企業は新規の労働力を主として学校卒業直後の労働者に求めてきたが、仕事に直接役立つ技能というほどのものをほとんど持っていない新規の学卒者を一人前の技能者として育てるために、労働の過程の中で企業自ら教育訓練を行なう。これらの者は「終身」にわたり、多種の職務を経験し、研修を通じて多能労働者となり、やがて管理者となることを予定され、教育訓練もその地位に応じて多角的に行なわれる。最近、技術革新の速度がきわめて早くなったことに対応して、社内の教育訓練の必要性もさらに高まっている。

企業の教育訓練の内容は、広義の職務に関する知識や技能の向上を目的とするものが主体であるが、純粋の技術的なもの以外に、企業（帰属）意識ないし忠誠心の涵養といった精神的要素が含まれることもある。それは、とりわけ、新規学卒新入社員に対する合宿、自衛隊体験入隊、参禅等による集団訓練に典型的に表われている。(41) 技能や職務に関する教育訓練の主要な方法としては、就業に即して上司や先輩が部下に対して行なうＯＪＴおよび就業時間外に企業内または企業外で行なういわゆるＯＦＦ－ＪＴＯがある。(42)

これらの教育訓練を労務管理上、どのように位置づけるかは企業によってかなり違うが、労働者との関係では微妙な問題を含んでいるようである。労働者サイドからみた場合に、教育訓練が労働契約の内容になるかどうかは、企業が教育訓練をどの程度に規範化し、義務づけているかによって違い、いちがいにはいえない。

教育訓練は、通常、労働者の労働条件の内容と目されているわけではないので、就業規則には特に定めをしていないのが例である。しかし、企業内の教育訓練を労働時間中に行なうことになると、労働者にその受講を命ずる手続が必要となる。特に手続なしに事実上の指示として行なっているところが多いが、社内規定の一つとして、「教育規則」を定めている例がある。そこでは、「基本方針」として、①愛社心を高揚する、②職務上の知識、技能の向上を図る、③役付社員の管理監督能力の向上を図る、④職場の秩序を確立する、ことが挙げられている。(43)少数であるが教育訓練について就業規則に定めている事例では、「職員は、職務に関する知識または技術の向上のための教育研修を命ぜられたときは、特別の理由のないかぎり、拒んではならない。前項に要した日数または時間は、通常の就業とみなし、給与を払う」、あるいは、「職員は、人格を淘冶し、知識を高め、技能を錬磨するために、進んで教育を受けなければならない」というように、「義務」の側面が強調されている。(44)

企業の教育訓練の多くは、右のように、企業の「業務」として上司による指示の命令の形で行なわれているものが多いが、最近では、企業が従業員の自発的な知識・技能の習得に対しその経費を「援助する」形で奨励している例も少なくない。(45)

(40)　労働省「雇用管理調査」(昭和六一年)によると、従業員教育を実施している企業は昭和四一年で六二・八%、昭和五九年で八二・五%に達している。規模別で見ると、五〇〇〇人以上では一〇〇%、三〇〜三九人規模でも七八%の高率を示している。その費用は、昭和六〇年度でおよそ六〇〇〇億円と推定されている。

(41)　労働省「事業内教育訓練実態調査」(昭和五七年)によると、四分の三の事業所がOJTを意識して行なっているが、特に新入社員配属時、配置転換時、昇進時、新技術・設備導入時等、業務内容に大幅な変更が生じた時等に計画的に実施されている。

(42)　OFF-JTOはOJTを補完する形で行なわれる。労働省「民間教育訓練実態調査」(昭和五四年)によれば、実施した事業所は五七・六%であり、大企業ほど昇進・昇格に伴う比率が高い。今後、管理職では「経営方針、経営計画、経営戦略」、技術職では「専門職の高度化、活性化のための教育」、事務職では「OA機器の操作」が重視されるとみられている。

(43)　産業労働調査所『社内規程百科』(一九七五年)三四六頁。

（44）花見・深瀬編・前掲書四〇一頁以下参照。
（45）労働省の昭和五七年の実態調査では、約半数の事業所が、金銭援助、あるいは企業主催の社内講座等による援助を行なっている。

三　わが国の私企業における労働契約の存在形態

前節には、わが国の私企業において雇用管理の側面にみられる日本的雇用慣行の幾つかを事実として指摘した。これらの慣行が個々の労働者の労働契約とどのようにかかわるかというのが本節の課題であるが、その前に「労働契約」と一口に呼ばれるものが、実態としてはいかなる形で企業の中に存在しているのか、あるいは逆説的にいえば「存在していないのか」という問題を検討しておく必要がある。

わが国の企業では多くの場合、他の契約関係であれば通常、締結の際に当然に用意されるはずの契約書が雇用の初めから終りまでほとんど作成されることがない。このように、労働契約が契約書という具体的形態から離れて行き、観念的存在に転化し、その内容が本来の労働契約でない就業規則や労働協約といった集団的制度の中に埋没化していくという現象は、ひとりわが国にのみ見られるものではなく、他国でもしばしば見られるところである。本節では、労働契約がこのように集団的規範に埋没化されるプロセスを法および実態の側面から究明してみたい。

(1)　労働契約締結の法的形式

労働契約は双務契約の一つとして契約の両当事者が契約（合意）を成立させる一定の行為を為すことで成立する。一方の当事者にその意思が全くないのに、相手方当事者の一方的意思で労働契約が成立することは法的にはありえない。もっとも、現実の労働（就労）関係にあってはこのような法的手順を踏まず、現場でいきなり一方の当事者（使用者）が相手方（労働者）を働かせることによって、事実的に成立することが少なくないのはしばしば見られるところである。「事実上の労働関係」といわれるものである。このような「契約なき」労働関係について、近代法は、労働者の側に真に就労の意思がなく、相手方の強制によって働かされる場合にはこれを違法労働として否定する（強制労働の禁止―労基法五条）。これに対して、労働が労働者の自発的意思によってなされたと認められる限り、契約の形式が不備であっても、法的には、両者間に「黙示の」契約意思があったものとして労働契約の成立と効果を認めている。契約が成立しなかったものとして扱えば、事実上提供された労働の結果が無為に帰し、労働者は賃金を支払われず、使用者だけが利益を得る結果になるからである。

多くの国では、雇用契約は雇主側の求人の意思と労働者側の就労意思の合致によって成立するという意思主義をとり、契約の形式（form）は、当事者の自由意思に委ねている。実際には、口頭契約から各自が署名した契約書を取り交わす方式へ、そして後述のように就業規則等に制度化されることにより契約書の存在が無名化するに至った。ただし、最近立法により、重要な雇用条項について書面によることを義務付けることが多くなり、別の意味で書面主義の復活が見られる。(1)

(a)　わが国における労働契約の慣行的形態

わが国では労働契約の締結の形式については、一般的な法の定めはない。民法（六二三条）は「当事者ノ一方カ相手方ニ対シテ労務ニ服スルコトヲ約シ、相手方カ之ニ其報酬ヲ与フルコトヲ約スル」行為によって、雇用契約が成立するものとしているが、他の債権契約と同様に、当事者が「約スル」形式は定めておらず、当事者の選択に任されている。労基法もこの原則を引き継ぎ、労働契約を締結する場合の形式は特に定めていない。従ってその形式は書面でなく口頭（実際上は使用者の「通告」の形をとる）でも差し支えない。ただし労基法は、「賃金に関する条項」については書面による明示を義務付けている（一五条一項後段、規則五条二項）。労働契約の形式を定めるのはもっぱら企業側であり、労働者側からこの点についての意思が表示されることはまずないといってよい。

労働契約の形式の定めかたについては、わが国の企業では一つの支配的な慣行がみられる。それは、企業が採用する従業員の身分（常用と非常用労働者）に応じて、労働契約書の作成・交換の使い分けをするものである。このやり方は、企業規模のいかんにかかわらず、ほぼ共通して見られるところであるが、従業員身分別に労働契約の形式をみると、だいたい次のような類型に分けることができる。

(イ)　常用労働者（正社員）

①　新規学卒採用者　新卒採用者の場合には、入社時に提出を求められる「誓約書」の類を別にすれば、採用内定時はもとより、入社時においても、企業の代表者（社長）と個々の労働者が署名、押印した「労働契約書」と題する書面を交互に取り交わすという例は、ほとんど見られない。新採用社員が、入社後、一定試用期間を経て、「本採用」となった段階でも同じである。入社時に、「試用契約」と名付ける特別の契約が締結されることもまずない。こうして常用の社員については、「労働契約の締結」を外形的に象徴するものは何もないまま労働契約が成立し、その状態が退職まで続くことになる。ただし外資系の企業では、常用者でも雇用契約書を取り交わしているところがある。

②　中途採用者　企業は常用者を中途採用する場合も、特に労働契約書を取り交わすことはない。ただし特殊な職務に就く者については、職務の内容や待遇を明記した契約書が用いられることがある。

③　出向者　常用労働者が系列の子会社等に出向する場合には、出向元から「出向」の「辞令」により出向先に移動するだけで、出向先企業との間に新たに労働契約書が取り交わされることはない。「移籍出向」の場合も、出向者は出向元を退職する形になるにもかかわらず、少なくとも出向の時点では、「退職」のそれではなく「出向」の辞令が出るだけで、出向先企業との間に中途採用者としての労働契約書が交わされていることはない。

④　定年退職後の再雇用　定年に達した常用労働者が、その後引き続き「嘱託」等として雇用を継続される場合は、通例、一旦「退職」後、「再雇用」される形をとる。その期間は有期（この場合は「常用」社員でなくなる）の場合と、特に期間を明示しない場合（この場合「常用」社員であるのかどうか明確でない）がある。職位、職務、待遇条件等は「別に定める」例が多いが、いずれにしても再雇用時に労働契約書が取り交わされることは、ほとんどない。

(ロ)　非常用労働者

非常用労働者は、雇用期間が有期という点では同じであるが、企業内での身分上の取扱い、職務、または労働条件については差異がある。労働契約の締結手続では通常次のようになっている。

①　パートタイマー　パートタイマーは、今日、すでに質量ともに企業の半常用的な労働力となりつつある。この変遷の中でその労働契約の締結方式にも変化が見られる。すなわち、パートタイマーがまだ日雇労働者並みであった段階では採用に際し契約書が用いられることはほとんどなかったが、その後、契約の更新で雇用期間が長期化するに伴い労働契約書が交換又は手交される場合が多くなった。この労働契約書には、まず契約期間が明示されたうえ時間賃率、勤務時間、業務（または作業の部署）、年次休暇の要件・日数等が記載される。この場合の労働契約の締結方式は、労使が署名、押印したものを取り交わす場合と、社名の入った契約書が労働者に交付されるだけで労働者の方は署名する必要がない独特の形式の場合がある。ごく短期のパートでは、口頭の「説明」に終る場合も多い。

②　臨時社員（期間社員）　わが国ではいわゆるパートタイマーよりずっと古くからあった定型的な雇用形態であって、かつては「臨時工（社員）」と呼ばれ、もっぱら労働需給の調整のために期間を限って雇用されてきた。今日では、「臨時」という名前が嫌われて、「期間社員」と呼ぶところが多くなった。フルタイムの勤務であるところがパートタイマーとの違いであるが、パートタイマーの場合と同じ理由で契約書が作成されることが

多くなった。

③　嘱託　特定の業務のために、非常勤で雇用される場合と、常用の定年退職者が継続して雇用される場合とがある。前者では労働契約書が用いられる場合が多く、後者ではほとんどないといってよい。

④　日雇労働者　労基法上の「日々雇い入れられる者」であり、学生「アルバイト」が典型である。その都度の臨時的仕事に、一日または時間単位で、ごく短期間の雇用を前提としているため労働契約書が用いられることはほとんどない。たいていは業務と時間給の額を企業が口頭で示すだけである。

以上の身分別の類型からみると、わが国の企業で採用または就労の当初から労働契約書が作成され、両当事者間で取り交わされるのは主として常用に近いパートタイマーあるいは臨時（期間）社員など有期雇用の場合に限られ、常用労働者の場合には、特殊な中途採用者を除き労働契約書が用いられることはほとんどないといえる。

(b)　労働契約の契約内容の表示

労働者が企業に雇われる場合に労働契約書が交換されなければ労働者はどうやって契約内容を知るのであろうか。労基法が制定される以前の戦前期には、常用労働者については企業が採用に際して、社則、賃金規定、就業規則等、企業があらかじめ定めた文書を提示することにより知らせるという方法をとった。これらの社内文書が整備されていない中小規模の企業では採用時に大ざっぱな労働条件の内容を口頭で示すだけで、詳しいことは「就労して初めて知る」という状態であった。戦後、労基法（一五条一項）は、労働契約の締結に際して、使用者が（労働契約書の作成、交付を義務づけるという直接的方法ではなく）、各労働者に対して賃金・労働時間その他の労働条件を「明示」すべきものとした。明示すべき事項は施行規則に定められている（五条一項一号―一一号）が、これらの事項は、使用者が作成を義務づけられた就業規則の必要的記載事項とほとんど一致するので、解釈例規は、企業が労働者に就業規則を「提示」すれば足りると指導している（昭二九・六・二九）。次節に述べるように、このことが、就業規則をして労働契約に代替させ、労働契約を「集団・制度化」していくのに大きな役割を果たすことになったのである。

わが国における労働契約が右のような形態をとっているのは、社会的、歴史的事情があると思われる。わが国の取引社会では一般に意識的に契約書を用いない場合が多いといわれる。(2) このことと結びつくかどうかは別としても労使間では労働者を雇う場合に「労働契約を締結する」という意識が古くから乏しかった。「雇用」が必然的に「契約」に結びつくという受けとりかたが雇主側ばかりでなく、労働者の側においてもそうであった。特に第二次大戦前では常用、非常用を問わず雇用の際に、特に雇用契約書を作成したり、交付したりする例はむしろ稀であった。企業は労働者を「雇ってやる」のであり、雇って貰う側が契約書を求めたりするのは身分をわきまえぬ「不そん」な態度とされた。雇入れに際しては契約書が用いられる場合にも「誓約書」とか「身元保証」の面が重視された。

第二次大戦後、労基法は雇用を「労働契約の締結」として明白に位置付けたが、企業の実情は個別的な労働契約書の取交わしという形式を採用せず、常用労働者については原則として（書面によらない）口頭契約の方式をとっている。非常用労働者についても、かなり長い間、契約書は用いられなかったが、いわゆる「臨時工」の「常用化」の問題が発生して以後、企業は主として期間をめぐる紛争の事前防止という目的から労働契約書を用いることが多くなった。行政側が労働条件の明確化という見地から契約書の作成を指導したこともこれを促進した一因ということができる。こうして現在のわが国の企業では労働契約の形式について従業員の身分に応じた区分けをしている。これは必ずしもわが国の企業独特のやりかたとはいえない。常用と非常用の採用区分はどこにもあるし、両者の雇用条件に格差がある以上、契約書に差異が生ずるのは当然であるし、契約内容の基準を一律に表示する就業規則や労働協約という集団的制度の発達が労働契約書を形式化させる傾向があるという点でも各国とも共通しているからである。

(2) 就業規則による労働契約の存在形態の変質

(a) 雇用契約と就業規則

雇主と労働者間の個別的雇用契約と企業の集団的労務管理の制度としての就業規則とは、沿革的にも、理論的にも最初は相対立する性格を持っていた。

企業が多数の労働者を雇用し、規律正しく就業させるためには、職場（服務）規律を中心とする集団的な社内規範を定めておく必要がある。こうして工場制の製造業を中心として就業規則という制度が生れた。それは、当初、雇用契約とは内容上、別の概念のものとみなされた。雇用契約は、個々の労働者の賃率や労働時間等の雇用条件を対象とするものであったのに対し、就業規則は職場における労働者の就労についての集団的規律を目的としていたからである。しかし、雇用契約といっても前近代的労働関係の下では、雇主と労働者との自主的「交渉」によって締結されたわけではなく、雇主の一方的に設定する基準を契約という外被で法的に擬制したものに過ぎなかった。そこで、契約の内容である雇用条件も企業規模の拡大や生産様式の整一化につれて就業規則の中に均一化されるに至った。そうなっても個別労働契約の存在自体が消滅したわけではない。

こうして法理論上は、労働関係は労使の個別的合意である契約によって規定されるという原則が特別の立法により否定されないかぎり、労働契約と就業規則とはそれぞれ固有の identity を持ち、就業規則それ自体を労働契約と同視するという一元的取扱に踏み切った国は、現在のところ、どこにもない。それは、労働関係におけるように契約当事者の一方が圧倒的に優位に立つ場合にその地位に物を言わせて一方的に設定する規範を契約と同じレベルの規範と認めることが、私的自治を理念とする契約法の体系そのものを崩しかねないことに対して大きな懸念が持たれているからであろう。

(b) 就業規則の立法的規制の動き

このように、法理論上は、就業規則を雇用契約とは関わりのない事実上の存在にとどめおくとしても、企業の労務管理規範としての就業規則の実質的な契約支配は進行する。そこで近代国家の労働立法は、法律で労働者の労働条件の最低基準を定める保護立法を進める一方、就業規則に対する何らかの立法的措置を講ずるようになった。

近代国家の就業規則に対する立法的規制の登場は、それぞれの国の産業の発展度に応じて、時期を異にしているが、立法の契機は、使用者による就業規則の一方的決定という事実から生ずる労働者の屈従的で過酷な状態が明るみに出たことであった。とりわけ就業規則の運用上問題となったのは、労働者の職場における服務規律違反に対する懲戒処分の厳しさであった。体罰や過重な罰金は日常のことであったから、立法は体罰の禁止とともに、服務規則の明示や罰金の限度を定める方向に進んだ。

ヨーロッパ大陸における就業規則に対する立法的規制は、その先駆的形態として評価の高い一八七七年の「スイス連邦工場労働法」にみられるように、労働者保護条項（最低労働条件の諸基準）を定めた工場法の中に、就業規則（Fabrikverordnungen）に関する条項を設けるという方式が一般的であり、一九世紀の後半までに多くの国で同旨の立法が生れた。この系譜につながる一八九一年のドイツ（改正）営業条例（Arbeiterschutzgesetz）は、就業規則（Arbeitsordnung）に関し詳細な定め（一三四条a—h）をもつ立法のモデルとして、その後の各国の立法に影響を及ぼした。

一九世紀末から二〇世紀の初めにかけて制定された各国の就業規則に関する法律の立法趣旨は、雇用契約の一方の当事者である企業としての使用者が一方的に制定し、その実施を強制しながらその内容を労働者に知らせようとしない就業規則について、法律をもって使用者に作成を義務付けたうえ、その内容を労働者に周知させることであった。

このような就業規則立法に一つの転機を与えたのは、一九二〇年のドイツの「経営協議会法」であった。同法は、就業規則を従業員代表から成る経営協議会[(3)]と企業間の合意にまで高めることに成功した。この制度は、第二次大戦後、西ドイツの一九五二年の「経営組織法」に引き継がれ二つのモデルを形成している。今日、ヨーロッパの多くの国の就業規則法は必ずしもこの方式を踏襲しているわけではないが、経営協議会という労使間の協議ないし諮問制度を通じて就業規則の専権性のコントロールをはかっているようである。

大陸諸国に比べ、イギリスはかなり違った対応に終始してきた。イギリスでは、先進工業国として、すでに一八世紀の後半には相当整備された就業規則（code of factory discipline）をもつ企業があったことが知られている。(4)しかし、国家の側では、就業規則についての特別の立法をもって対処しようという動きは少なく、大陸諸国における立法の進展とは対照的に、今日まで、就業規則についての一般的規定を定めた立法はない。その主たる理由としては、伝統的なコモンローの契約自由に対する国の介入の消極性、工場法の適用対象が女子・未成年者等の要保護労働者に限定されていること、企業の経営専制に対する規制は国家の立法よりむしろ労働組合運動に拠るべきだとする考え方が強いことが指摘できる。もっとも、イギリスでも、企業内の様々の労働問題を従業員の代表組織との折衝により解決するための労使協議制が発展した。それは未組織分野の労働者に、労働協約に代わる補完的役割を持たせようとするもので、間接的には、それが従業員による就業規則のコントロールの機能を果すことになった。こうして、イギリスでは、法的側面において、就業規則が労働契約に対して及ぼす機能はきわめて小さい。

(c)　わが国における経過と特色

わが国において、「就業規則」という用語が最初に登場したのは、大正一五年（一九二六年）の改正工場法施行令および同施行規則である。当時は、「就業規約」、「労働規則」、「工場規則」、「従業規則」等の用語も用いられた。明治三一年（一八九八年）の農商務省の「工場法案」には、すでに就業規則（職工規則）の規制に関する条項が含まれている（一六、一七、三〇、三一条）。有名な綿糸紡績職工事情に、就業規則の実体についての報告がしばしば登場するところから見れば、明治二〇—三〇年代には、わが国の企業において管理規則としての就業規則がある程度普及していたことがうかがわれる。

創業期のわが国の近代的工場が、職工を雇用するに際し、雇傭契約書をとり交わしたのか、あるいは就業規則の条項を示すにとどまったのか、この分野の研究がかなり進んだ現在でも、十分に解明されていない。(5)

工場法案の作成に当った農商務省は、当時すでに、工場における就業規則の実情をよく調査しており、またヨーロッパ大陸においてその法的規制が問題となっていた事実をも摑んでいたようで、それが前記の工場法案に至ったものと思われる。周知のように、この工場法案に対しては経営サイドからの反対が強く、ついに陽の目を見ずに終った。そして、その後の工場法案には、もはや就業規則の規制に関する条項は姿を消している。それが実現したのは、遥か後の大正一五年の改正工場法においてである。その理由について、浜田は、工場法（の立法者等）が、就業規則の法規制について反対の立場をとっていたと推断するのは誤りだとし、工場法（一七条）が、「職工ノ雇入、解雇、周旋ノ取締及徒弟ニ関スル事項」を勅令で定めることになっていたという法技術的側面に求めている。(6)首肯しうる論証であるが、法規制について雇主側の見解が分かれたことも一つの原因といえるのではないかと思われる。

大正一五年の工場法施行令は「常時五〇人以上ノ職工ヲ使用スル工場ノ工場主ハ遅滞ナク就業規則ヲ作成シ之ヲ地方長官ニ届出ツヘシ就業規則ヲ変更シタルトキ亦同シ」とし、就業規則に定むべき事項として、㈠、始業終業の時刻、休憩時間、休日及び職工を二組以上に分けて交代就業させる場合の就業時刻転換に関する事項、㈡、賃金支払の方法及び時期、㈢、職工の食費等の負担に関する事項、㈣、制裁の定め、㈤、解雇に関する事項を挙げていた。地方庁官は必要と認める場合に、雇主に就業規則の変更を命ずることができた（二七条の四）。加えて施行規則には、工業主が「適宜の方法」により就業規則を職工に周知させることが義務付けられ、また始業・就業時刻、休憩、休日に関する事項を作業場の見易い場所に掲示すべきことが定められた（一二条）。そこに現行労基法の定め（八九、九〇、一〇六条）の骨子が、すでに登場しているのを見ることができる。

大正一一年協調会発行の「主要工場就業規則集」に掲載されている片倉製絲紡績株式会社の就業規則(7)によれば、会社は、職工雇入に際して双方の間で雇傭契約書二通を作成し、それぞれ一通を所持すること、就業規則を交付し、かつそれを食堂に掲示すること、就業規則を改正する時は一ヶ月以前に改正の要旨を職工に予告し、かつ法定代理人または保護者に通知することになっている。雇用に際し、就業規則の交付に加えて雇傭契約書を取り交わすことが、当時の大企業の一つの慣行となっていたことがうかがわれる。

このように、雇用労働関係を雇用契約関係として把える考え方が、労使いずれの側においても未成熟のままに、資本主義の急速な発展に対応して企業の管理組織化を進めるため、特に大企業では、労働保護法的観点から就業規則の法的規制を強化しようとする行政サイドのモデル(8)に沿って就業規則を整備していったように思われる。その点では、当時の国の立法政策は、個々の労働契約に任せておけば不明確になりがちな労働条件や服務規律をより明確にさせるために就業規則の充実をはかるという開明的立場に立っていた。しかし、それが他面で企業による集団的な労務管理の強化をもたらし、雇用契約という発想の進展を阻げる負の役割を果したことも否定できないであろう。

昭和一〇年代の、いわゆる戦時体制時代に入ると、国家による直接的労務管理体制や賃金統制令による経済＝労働統制が進められ、企業の就業規則は、政府の統制政策の受皿の機能を果たすようになった。国家総動員法に基づく昭和一七年の重要事業場労務管理令は、「重要事業場」の事業主に「従業規則」の作成を義務付け、これを厚生大臣の許可の下に置いた。同施行規則（第二条）による記載事項は工場法施行令によるものとほとんど同一である。賃金関係の事項が除かれているのは、すでに昭和一四年に制定された賃金統制令が常時五〇人以上の労働者を使用する事業主に対し、工場法による就業規則のそれより詳細な一〇項目にわたる記載事項を含む「賃金規則」の作成・届出義務を課していたからである。賃金関係は、戦時下の労働力確保のためインフレによる賃金騰貴の防止および賃金の不当切り下げの防止という目的から、国家の手で就業規則の対象事項から切り離され、

「賃金規則」という別個の管理制度の下に置かれたのである。

以上、第二次大戦終了までの、いわゆる戦前のわが国の私企業における就業規則と国家によるその法的規制の態様を概観した。近代的企業形態がわが国に導入されると同時に集団的な労務管理制度としての就業規則が制定され、「雇用契約」という法的発想を全く知ることのなかった労働者は、労働条件も服務規律も最初から企業の定める就業規則により一律的に定められる体制の下に置かれた。時として雇用契約書が用いられることはあったが、それも労使間の合意書というよりは、単に雇用関係の確認ないし誓約書的性格の強いものであった。

第二次大戦後、労基法が就業規則を正式に法体系の下に組み入れ、原則として使用者にその作成を義務づけ、内容事項を法定して労働条件明示の義務とセットにして企業における基本的な規範と定めたことは、それなりに一定の保護法的効果を果したが、一方でわが国の私企業と就業規則との関係を必然的なものとするという機能も果した。

労基法がその内容を規制したからといって経営規範としての就業規則を使用者の「一方的」制定にまかせる限り「合意」の産物としての労働契約に代わりうるものではない。そのことをクローズアップさせたのは、使用者が労働者の不利益になるよう就業規則を改正した場合の労働契約に対する効力の問題であり、これをめぐって法理論上の大きな論争が生じた。そして、この論争の帰趨に決定的影響を与えたのは、立法ではなく、最高裁を始めとする判例法であった。

この問題が訴訟で争われた当初、判決は多岐に分かれる学説の対立を反映して結論も積極・消極両論に分かれた。就業規則をそれ自体、法規範として認めることにより労働契約が実質、形式の両面において意義を失ってしまうことにためらいを感じたからであろう。企業の側もまた、法廷での帰趨が明らかでない以上、よほど経営状態の悪化に当面しない限り、あえて就業規則の「不利益変更」の措置をとらなかった。しかし、就業規則の経営規範としての機能は、労働組合始め労働者側の抵抗が弱まるにつれ、定着して行った。

諸外国においても就業規則と労働契約との法的関係についての学説・判例は統一していないが、就業規則それ自体を、法規範として認めることにはなお、大きな抵抗があるようである。わが国の労基法が制定時に就業規則を同法の体系の中に組み入れた時点では、まだそれを法規範と認めたわけではなかった。これをさらに一歩進めて法規範の一つと認め、使用者が就業規則を法所定の手続により改訂すれば個々の労働契約に優越する法的効果をもつことを宣明にしたのは昭和四八年の最高裁大法廷判決である。(9) ただし最高裁は、その場合の就業規則の改訂によって生ずる労働条件の不利益変更はやむを得ないとみられるだけの「合理性」をもつことを条件とした。その判断は最終的に裁判所に任される形となったのである。多数意見は、すでに就業規則による労働契約の支配が決定的な事実となっているわが国企業の実態からすれば、労働契約を根拠にあくまで就業規則の改訂に反対する少数労働者の地位を保護しなければならなくなる少数意見が引き起こす「社会的」混乱をおそれたものである。この判決は、わが国の私企業における労働契約の実際上の存在形態がほとんど就業規則の条項そのものに外ならないことを確認させた象徴的事件であったということができよう。

(3)　労働協約による労働契約の存在形態の変質

(a)　団体交渉――労働協約制度の発展

就業規則と並んで労働契約の集団的制度化に大きな役割を果したのは労働協約（collective agreement）制度である。ただし就業規則との違いは団体交渉――労働協約制度が労働者側の就業規則制度の適用による経営の専制支配からの解放の側面をもっていたことである。それでは、労働協約制度は、いかなる意味において労働契約を変質させたとみるべきであろうか。

団体交渉（collective bargaining）とその結果である労働協約は当然に労働組合の存在を前提としているが、労働組合が結成されてもそれだけで団体交渉システムや、さらに高度の労働協約という集団的制度が労使間で順調に進展するわけではない。

労働組合と雇主間に労働協約の端緒としての賃率協定が登場したのはヨーロッパにおいても一九世紀の中葉である。イギリスが最も早く、大陸ではむしろ同世紀の後半になってからである。しかし、労働協約と雇用契約との関係をめぐる法理論の発展やそれに基づく協約立法は、大陸諸国の方が早く進んだ。

労働組合や団体交渉というシステムが社会の中で根づき始めた段階にあっても、労使のこれに対する対応は、一様でなかった。雇主側は、なかなか労働組合を認めず、ストライキの威圧をもって団体交渉を求める組合に対し、ロック・アウトや組合員の一斉解雇をもって応じた。しかし、労働運動の側にも転期が訪れ、曲折を経て団体交渉による産業レベルの賃率協定が登場する。そうなっても労働組合の内部では労働協約の評価や位置づけをめぐって一方では労働協約を一時的な休戦協定に過ぎず、期限が切れれば直ちにストライキ状態に戻るだけだとする考え方があり、これに対し、労働協約を産業社会における恒久的な自主立法と位置づけ、これを専制的な雇用契約に代る新たな制度とみる考え方が対立して、両者の間に長い間、論議が続いた。(10)

成立した労働協約に雇用契約と同様に法的拘束力、つまり裁判所による履行力を付与するかどうかについても各国で大きな論議となったが、就業規則の場合と同様に、イギリスと大陸諸国の間に大きなコントラストが見られた。

イギリスでは当初から労働協約を労使当事者間限りでの自主法に過ぎず、当事者は裁判所に直接履行の訴えができないものとした。これは労働組合を適法化した最初の立法である一八七一年労働組合法（第四条）の中で定められたもので、trade union（雇主団体もこの中に含まれる）間の合意である協約を当事者間のいわゆる紳士協定（gentlemens agreement）と位置づけたものである。同法は、伝統的に敵対的であった裁判所の介入を忌避する労働組合の意向に沿ったものであった。イギリスでは労働協約の法的取扱いは基本的に変わらず、今日に至っている。

大陸諸国ではイギリスと全く異なる対応がみられた。大陸の法学者は伝統的な民法典の体系に沿って労働協約を当事者間の関係に関する限り契約法になじむ債権—債務の関係として把握した。とはいえ、協約が当然に個々の労働者の雇用契約に対し法的拘束力をもちうるかどうかは別個の問題として、ドイツにおけるロトマールの代理説とジンツハイマーの法規範説に代表される論議が各国でみられた(11)。結局、労働協約が雇用契約を通さないでもそれ自体一つの法規範となりうることを精緻な理論により主張したジンツハイマーの見解が有力となった。ドイツではこれらの学説の主張に沿って一九一八年、労働協約令という形の特別立法が制定され、労働協約に対して雇用契約に優先する強行的あるいは補充的効力を付与した。翌年フランスでも同旨の立法が制定され、その他の大陸諸国でも、単独立法または民法の修正の形でこれにならうものが多い。

(b)　労働協約と雇用契約の法理論的関係

労働協約の発展は、労働組合という労働者の組織と雇主または雇主団体との集団的合意である労働協約と、個々の企業の中で協約の適用を受ける労働者の雇用契約およびそれを実質的に規制している就業規則との相互的関係をどう捉えるかという論議を生じた。労働組合が組織を拡げ、労働協約が普及するにつれ、その内容も労働時間、有給休暇、疾病保障など組合員の労働条件の一般的基準から組合の権利保障、苦情処理、紛争手続など労使関係の手続条項に及ぶようになり、また有効期間も長期化して恒常的な協約に発展するようになると、これまで企業内の労使間の規範としての雇用契約や企業の管理規制である就業規則は実質的に協約にとって替られることになる。就業規則の方は、多くの西欧諸国ではまだ法規範として認められるところまで行っていないところが多いが、労働関係法体系の基本的地位を占めてきた雇用契約さえ労働協約の前にその主座を空けわたすことになるのである。

大陸諸国の多くは労働協約に雇用契約に優先する強行法的拘束力を付与したが、それは雇用契約とその事実上の形態である就業規則から生ずる労使間の不平等を保護法とは別に労働運動の自主的力の所産である労働協約に市民権を与えることによって修正を図ろうとするものであった。第二次大戦後は各国とも組合組織の進展とともに産業別の労働協約が支配的となり、また、立法を通じて労働協約を未組織労働者に対しても拡張摘用する制度が生れた。労働協約が全労働者の一部に過ぎない組織労働者(ヨーロッパ諸国の現在の組織率はイギリスの五二%を最高に西ドイツが四〇%、フランスは推定二〇%程度にとどまる)のための特権的な制度から、組合と無縁の未組織労働者の雇用契約をも支配できるようなったわけである。これらの協約立法の発展もあって、労働協約は、主として労働条件の分野において実質的に個別雇用契約の代替的機能を果たすに至っている、というのが西欧諸国の支配的状況である。

(c) わが国における労働協約制度の経過と特色

わが国の産業界に「労働協約」と名づける制度が登場したのは、一八九七年(明治三〇年)頃といわれる。この時期には、労働協約という制度はヨーロッパ大陸においてようやく緒についたところであるから、労働組合が抑圧体制の下でようやく生存を保っているわが国において労働協約という、ある程度労働関係の円熟した段階で現われる制度が登場しているその早さに驚かされるのである。労働組合法案さえ陽の目を見ない第一次大戦から昭和の初期にかけて労働協約数三四、適用労働者一〇万四、三二九人を数えている。全労働者からみれば僅か二、三%とはいえ注目すべき現象である。(12) もっとも、この時期の労働協約がどのようにして締結され、機能していたかは明らかではない。

第二次大戦後の昭和二〇年一二月に成立した(旧)労働組合法は、労働協約制度を立法の基本的柱の一とし、ヨーロッパ大陸法系諸国の協約立法に定める規範的効力制度を導入した。不当労働行為や団体交渉制度がアメリカのそれを母法としているのと対照的である。同法は、労働協約の形態や内容については当事者の自由に委ねる原則を採用した。組合の側には混乱と論争があったが、結局支配的形式となったのは、企業内協約、つまり企業とその企業内組合とを当事者とする企業単位の労働協約であった。

労働組合法は、労働協約で定める組合員の労働条件に関する基準以下の内容を定めた労働契約を無効として協約所定の基準をもってこれに代えさせる。協約が西欧のように横断組合との間に締結されていれば、協約のこの法的機能を通じて企業単位の労働条件が横断的労働市場の基準の方向に修正されるが、わが国のように組合が企業別に組織されていると、組合側の意思いかんにかかわらず締結される協約も企業的協約となり、「横断的」基準から遠ざかる傾向をもつ[13]。「春闘」はいくらかこれを産業別に統合する機能を果たしてきたが、それも平均賃金の額に限られている。そして、就業規則は法律上、労働協約に違反しえない（労基法九三条）ことになっているため、企業はもし協約の定めに抵触する場合には通常、協約の内容に合わせて就業規則を改訂する手続をとる[14]。こうして企業内労働協約は、就業規則が労働契約に対してもつ法規範的効力も包摂して労働契約に対し強力な法的効果を及ぼすことになる反面、就業規則との間に一種の癒着現象を生じさせた。

以上、わが国の労働協約法の下では、労働協約はその適用を受ける組合員（およびその拡張適用を受ける非組合員）の労働条件を協約所定の（組合員の）平均的基準に統合し、それまで労働契約の内容を実質的に支配していた就業規則の機能を否定する形において労働契約の存在形態を変質させることになったのである。

(4) いわゆる労使協定制度と労働契約

わが国の企業では、企業と労働組合または従業員の集団（代表者）との間に「協定」の名を冠した合意文書が取り交わされることが少なくない。これには二種類のものがある。その一つは、前節で扱った労働協約の一の形態（フォーマル）としての「協定」である。「一時金協定」、「ユニオン・ショップ協定」、「組合事務所貸与協定」等がそれに当たり、労使の当事者間で個々の項目別に協約を締結する場合の形態である。「協定」という名称であっても、労組法（一四条）の要件を充たしている限り、「労働協約」に外ならない。包括的協約が締結される場合の主たる条項の細目または付属規定としての「賃金協定（賃金規程）」、「退職金協定」も同じである。本協定の付属協定とか覚書も法的要件を具備している限り同様である。この種の協定と労働契約との関係は、労働協約の場合と同一に解される。

協定のもう一つの形態は、法律の定めによって企業が一定の例外措置をとろうとする場合に労働者側と締結する必要のある、いわゆる「労使協定」である。労基法の労使協定（一八条二項、二四条一項但書、三二条の三、三二条の四第一項、三二条の五第一項、三六条、三八条の二第二・四項、三九条五項、三九条六項）をはじめ、労働安全衛生法や雇用保険法（施行規則）等にも定められている。とりわけ、労基法に定める諸協定は、企業の日常の労務管理に不可欠で重要な役割を果たしている。

労基法の労使協定は、法が所定の最低労働基準を下回る基準を例外として認める場合の条件として使用者と「当該事業場に、労働者の過半数で組織する労働組合がある場合においてはその労働組合、労働者の過半数で組織する労働組合がない場合においては労働者の過半数を代表する者」との間に書面により締結されるものである。当該事業場に労働者の過半数を代表する労働組合（以下、過半数組合）がある場合とない場合とで締結される協定そのものの性格が異なるのは当然である。過半数組合がある場合には、その組合の代表者が事業場所属の全従業員を代表すべき協定当事者（名義人）となる。「代表」というからには、当該組合の代表者（通常は委員長）を全従業員の「代表者として選ぶ選出手続、締結さるべき協定の内容や賛否について自組合員はもとより、組合員以外の従業員の意見を聴き、最終的に集約する手続が必要なはずであるが、法律はその手続について何も定めていない。当該過半数組合の中では組合大会等で協定の締結に応ずるかどうかの討議と採決がおこなわれる（執行部一任ということもしばしばあるが）。場合により過半数の組合員が反対のため協定が不成立に終ることもある。協定の締結期が労働争議に重なるような場合に、組合が争議行為ないし圧力行為として「三六協定締結拒否」とか「協定破棄」の挙に出ることがある。その場合には非組合員も時間外労働を行なうことができないのは当然である。労働組合としては、法的には締結（拒否）の自由をもつとはいえ、基本的に「三六協定不締結」を貫き残業の全面拒否をすることは難しい。

事業場内に過半数組合とライバル関係にある少数組合があっても過半数組合が賛成して協定を締結する以上、協定の成立を阻止することはできない。少数組合員だけ適用を除外する条件付協定は法的に認められないからである。少数組合の方は過半数組合が反対している限り、使用者と時間外協定を締結することはできない。結局、法的には過半数組合は、労使協定を締結する権限を独占しており、非組合員はもとより少数組合員に対しても拘束力をもつ協定を締結することができるようになっている。この点、アメリカの排他的団体交渉システムに似ている。

事業場に過半数組合がない場合には事情は一変する。まず、そこに組合があっても、全従業員の過半数を組織していなければ協定の当事者となる資格が与えられない。前記のように交渉によって使用者の同意を得たとしても少数組合員のみを適用対象とする労使協定を締結することは法的には認められないのである。そこで、組合が事業場単位に過半数を組織していない場合には、組合は法的にはその存在価値を否定され、組合員は従業員の一人として協定の適用を受ける地位に立つことになる。

過半数代表者の選出方法、資格あるいは過半数代表者が従業員に当該協定についての意見を求めたり、それを集約する手続については労基法に何らの定めもない（労働省は、労働時間関係の協定締結当事者については労働時間の管理に当たる管理監督者は適確性を有しないこと、過半数代表者の選出方法については労働者の投票、挙手等の民主的方法をとるべきことを通達している―昭六三・一・一基発一号）。実際の選出方法についての調査データはきわめて乏しいが、企業側が指定した管理職が単に名目的な締結当事者になることが多いようである。事業場の従業員の「代表者」を選出する機会が他にほとんどない以上、そうならざるを得ないであろう。このような手続で企業側が指定した者が「過半数代表者」（前記通達がどのような効果を及ぼしたかについての統計データはない）として労働者側の意見を代表すべき真の適格性をもつかどうか、また締結された協定が「自主的」労使協定としての資格を備えているかどうかは疑問である[15]。

とはいえ、立法が書面協定の締結手続について何らの定めをしていない以上、その手続上の瑕疵は法的に問題とならず、使用者はこれを監督署に届け出ることによって協定に定める範囲内において法違反の責任を免責される。問題は、協定の私法的効力であるが、協定締結者たる過半数代表者を選出組織さえ現実に作ることのできない無組織の企業の労働者が協定の内容や実施について異議を唱えることはまず起こり得ないことであってみれば、その私法的拘束力を争うような事例がこれまでほとんど聞かれないのはむしろ当然のことといえよう。

過半数代表者が労使協定の締結当事者となる場合にも、例えば時間外協定の内容が使用者の一方的恣意に委ねられるわけではない。このような弾力性の大きい時間外労働の法的規制が長時間労働の起因となっているとの批判をうけた行政当局は、昭和五〇年代頃から通達行政により時間外枠の目安を設定し[16]、業界を指導している。組合のない多くの企業では、時間外労働の総枠を設定するための従業員の組織を作る基盤そのものが作り難いし、他に従業員の意見を集約する方法も見つからない。実際には、企業として、行政当局の右目安に沿って同一規模の同業他社のモデルを基本に時間外協定を作成している例が多いようである。

企業内に過半数を占める有力な組合組織があって労働時間短縮の見地から時間外労働の枠の規制に真剣に取り組んでいる場合には、組合と企業間の交渉が実質的意味をもつから、締結された時間外協定は実質的に労働協約に等しく、「自主的」労使協定の名に値する。それが非組合員をも拘束するのは労働協約の拡張適用の場合に準じて考えたらよいであろう。しかしながら、この場合に、組合側がこの協定を正式の「労働協約」として企業との間に締結しているかというと、実情は必ずしもそうではない。多くの組合は、これを「労働協約」として扱わず、名実ともに「労基法上の労使協定」として扱っている。その理由は必ずしも明らかにされていないが、労働組合として時間外協定のように、本来の法所定の最低基準を緩和する法的措置を受けいれるという、いわば「負」の協定を「自主的」協定（労働協約）の名で締結することに対する何がしかの抵抗感があるためであろう。

時間外労働は基本的に認め難いが、さりとてこれに全面的に反対するだけの「力」をもたないわが国の企業内組合としては、法の定める規範を「やむを得ず」受け入れるという形において体面を保とうということかもしれない。少なくとも組合幹部の感想を聞くとそういう答が返ってくる。

組合にとっては、このような意味あいで締結した労使協定の下で、個々の組合員に時間外労働を義務づけることについてためらいがあるようである。使用者側としては、時間外協定を締結することにより、法律上、一般的に労働者に時間外、休日労働をさせることができるのであるが、時間外労働はその都度の現場の必要に応じて生ずるから、個別に業務命令を出すことになる。そこで、組合側としては、時間外就労について何らかの理由で反対の組合員についてまでこれに応じさせる責任を使用者側に負わなければならないのか、という疑念が生ずるわけである。

現実に時間外協定の下で組合員が時間外就労を拒否した場合、それが企業の服務規律違反の責任を生ずるかどうかは大きな法的係争になって、現在のところは学説、判例とも賛否両論に分かれている状況である。

労基法その他の法律により、法所定の厳格な基準を緩和する場合の従業員過半数代表と企業間の労使協定という制度は、日本の産業的風土にフィットするものとして拡張されていく傾向にあるようである。それは、本来は労働契約の内容として明示されるべき問題を従業員集団の代表者との集団的合意として処理する日本的管理方式の一つということができる。労働契約の集団・制度化の現象がここにも露わである。

(1)　例えばイギリスでは、立法（一九七八年雇用保護法）により、使用者が一定の被用者に雇用開始後一三週以内に所定の雇用条項（terms）についての書面による説明書（statement）を交付することを定めている。その法的性格は、雇用契約書そのものではないと解されている。立法により使用者に義務づけられた事項といえども直ちに当事者間の（合意としての）雇用契約の内容とはならないという契約法に徹した考えかたである。

(2)　わが国の企業ではしばしば重要な取引についてさえ当事者間で契約書が取り交わされないことがあり、わが国の一つの特色とみられている。例えば病院と医薬品卸売業者間の取引で八〇％以上が契約書を用いていないといわれる。このような取引社会の慣行とわが国の労働契約において契約書が用いられないという慣行との間に共通の意識が存在するのかどうか興味のある問題である。

（3）　企業の従業員をメンバーとする経営協議会という組織を通じて就業規則の制定や一方的変更に労働者の意思を反映させようとする考え方は、就業規則のもつ経営法的・専権的性格を弱める次善の策として支持を受ける一方で、労働組合の側では経営問題に「深入り」するものとして警戒の空気があった。この制度は政治的には労働運動との妥協の産物と評されるように、企業内の経営協議会と組合との関係はどこの国でもそうしっくりといっているわけではない。

（4）　最近の注目すべき研究として、小野塚知二「経営権と労働組合」社会科学研究四一巻三号三〇三頁参照。

（5）　わが国の戦前における就業規則の立法的側面からの詳細な研究として浜田富士郎「就業規則法制の展開過程と就業規則法理」（上）（下）日本労働協会雑誌三五五・三五六号（一九八九年）参照。この論文は、現在の学会における最も大きな課題の一つである就業規則論争に戦前からの立法資料的検討を加えることによって新たなアプローチを試みた画期的な研究である。

（6）　浜田・前掲（上）三八頁。

（7）　片倉製糸の就業規則の体系は、第一章　総則、第二章　雇入及解雇、第三章　就業時間及休憩時間、休日、第四章　賃金及貯蓄金（今日の社内預金に当たる）、第五章　褒賞の各章から成り全文三九条である。住友製鋼所でも、就業規則は「職工」のみに適用されるものとして定められており、その他に職工服務規律、職工勉励賞規程、有効賞規程、職工退職手当規程、職工扶助規則、職工貯蓄金規則等が定められている。職工は定傭、臨時傭、試験傭、の三種から成り、臨時傭は業務上の都合により臨時に雇入れられる者として「其用務ヲ終リタルトキ」解雇すると定められ（但し人物、技優秀なる者は定傭職工に採用されることがある）ていた。定傭職工は男工満五五歳、女工満五〇歳に達した時「自然退職」とする定年制があった。雇傭契約という用語は、この就業規則では用いられておらず、職工雇入の際は、所定の様式による「被傭書」を保証人の連書をもって提出することとされている。

（8）　内務省社会局は、大正一五年改正工場法案提出の際「モデル就業規則」を発表した。

（9）　秋北バス事件・最大判昭四三・一二・二五民集二二巻一三号三四五九頁。就業規則がそれ自体として労働契約に対する法規範性を有するという考え方は右大法廷判決によって宣言されたが、裁判所は「合理性のない就業規則の一方的変更による不利益な労働条件を課すことは許されない」というフォーミュラとセットにしたうえで、ケースごとに改正の合理性および不利益性を判断するという処理をしている（御国ハイヤー事件・最二小判昭五八・一一・二五労判四一八号二一頁、大曲市農協事件・最三小判昭六三・二・一六労判五一二号七頁。「合理性」についての判決の対照的分析として山本吉人＝判例労働法研究会・季労一五四号八五頁以下参照）。変更された就業規則の法的効力も、右「合理性」の基準に照らし有効性をテストされるとはいえ、就業規則が従業員一般の労働契約に対して法規範性をもつに至ったことは、右大法廷判決によって確立された。

（10）サンジカリストやコミューニストの影響力の強い戦闘的（militant）組合では労働協約を階級闘争の一時的な休戦協定（armistic agreement）とみる傾向が強いのに対し、trade unionism あるいは社会民主主義系の組合では実証主義的立場から半恒常的な産業社会の自主法として捉える考え方が強い。しかし、後者の組合でも、協約の有効期間が切れて新協約を結ぶまでの改訂期を休戦協定の停止した戦闘状態として位置づける考え方は今日なお根強い。

（11）最新の研究として西谷敏『ドイツ労働法思想史論』（日本評論社、一九八七年）と所収の文献、久保敬治『ある法学者の人生―フーゴ・ジンツハイマー』（三省堂、一九八六年）参照。

（12）労働組合はまだ微々たる組織であり、その中で協約締結にまで至ったのはさらに僅かであるとはいえ、わが国にも労働協約というものが存在するに至ったという事実に励まされて、学者は当時としては難解な労働協約の法理論にとり組んだ。外国とりわけドイツ、フランスの学説が紹介され、不毛な立法とは対照的に優れた業績が残された（例えば後藤清『労働協約理論史』一九三五年）。戦時体制が進み、労働組合の壊滅とともに協約もすべて消滅するが、これらの研究の成果は、第二次大戦後の労働組合法の制定に際して大きな影響を及ぼすのである。

（13）わが国の「企業内」労働協約は、西欧諸国の「産業別」協約に対比した場合、協約所定の労働条件が企業のイニシャティブで定められる結果、横断的労働市場のそれと切断され、また、横断的労働市場そのものの形成を妨げるという機能を果している。わが国の協約が「一時休戦型」のそれより恒常的「平和協定」型のものが圧倒的に多いのもそこからきている。労働組合が実際上はともかく、理論上は協約の有効期間が切れれば直ちにストライキに入るという西欧型の対応は、わが国ではほとんどみられない。

（14）例えばわが国の企業では、労働協約が失効したとしても、労働条件の内容がほとんど就業規則に規定されている結果、日常の労働関係の継続については特に支障を生じない。制度的にみると、労働協約の細則である賃金規則（協定）と就業規則の付属規定である賃金規則とはしばしば一体化している。

（15）西谷敏「過半数代表と労働者代表委員会」日本労働協会雑誌三五六号二頁（一九八九年）。

（16）昭和五七・八・三〇基発第五六九号、平成元・二・一五改正基発第六五号。

四　労働契約の側面からみた日本的雇用慣行

二節では、わが国の企業における労働者の採用から退職に至る雇用管理の特色をとりあげ、これを「日本的雇用慣行」として把えた。ここで一般に「日本的雇用慣行」の名称として通常用いられるものより広い把え方をしたのは、本稿では労働契約とのかかわりに重点を置いたからである。

三節では、これらの雇用管理の法的礎石となっている「労働契約」のあり方、つまり「契約の形態」を問題とした。これは、わが国の企業における「労働契約」の実際の形態が、契約書という目に見える形でなく、ほとんどの場合、就業規則という制度の中に埋没させられて「観念的」な存在に化している事実をあらためて強調するためであった。わが国の企業における労働関係が、法的には、この意味における観念的な労働契約を媒介として成立しているという事実は、同じように具体的な形として把え難い日本的雇用慣行を究明するに際してまず留意すべきことである。

わが国の労働契約の「存在形態」を特色づけているもう一つの側面は、その中に集団的な法体制が独特の形で入りこんでいるということである。これは企業に労働組合が組織され、労働協約が締結された結果として個々の労働契約が規制されている場合に限らない。わが国の立法は、未組織の企業についても労働時間の協定等、重要な労働条件の決定について従業員代表による労使協定制度を採り入れ、それを通じて個別労働関係（労働契約）の集団的規制に大きな役割を果している。個別契約における「集団主義（collectivism）の優位」は組織化された分野だけの現象ではないことに注目すべきである。

本節では、**三**節で分析した労働契約の実態的形態をふまえたうえで、**二**節で指摘した雇用慣行のそれぞれの内容を本来の契約モデルの観点から把え直して、どこに問題があるかを究明してみたいと思う。

(1)　日本的雇用慣行と階層別雇用

一　すでに随所で述べたように、わが国の、とりわけ大規模企業においては、労働力政策として従業員を「常用」と「非常用」労働者の二つに階層的に分け、それぞれ相異なる管理体制の下に置いている。(1)この政策の結果、企業の基幹的労働力として原則的に「終身」雇用の下に置かれ、実質的に雇用を保障されるばかりでなく、労働条件その他の雇用条件にめぐまれる常用労働者と、短期の限定的雇用者である非常用労働者との間に「身分的」ともいえる大きな格差が生じており、(2)一方、常用労働者については「会社共同体」のメンバーとしての雇用管理が、他方、非常用労働者については、エトランジェ（部外者）として「企業共同体」に組み込ませない雇用管理をするという二重の意味における日本的特色を見出すことができる。

二　企業が労働需要に応じて被用者を有期（fixed term）と不特定期間別に継続的（continuous）と一時的（casual）雇用に、あるいはフルタイマーとパートタイマーに分けて雇用する制度は、諸外国でも普通に行なわれていることであり、それ自体としてはわが国の特色とはいえない。しかし、わが国の場合には、この制度の下で「常用」労働者とそれ以外の非常用労働者との待遇（必ずしも賃金ではない）上の格差がとりわけ大きいということである。

西欧諸国の場合にも、フルタイムの常用者は、それ以外の被用者に比し、より有利な労働条件で雇用されているが、両者の格差は主として職種や職務の恒常性によるもので、常用者の賃金も職種、職務別に格付けられ、年齢や勤務年数を昇給基準とする年功比率が低いうえ、基本給以外の「手当」に当る部分がほとんどなく、賃金と連動する一時金や退職金制度もないから、常用かどうかによって日本ほど大きな格差は生じないといわれる。にもかかわらず、常用労働者については、日本のような「終身雇用」の慣行がなくても、今日ではどこの国でも解雇が難しいのが実情であり、このことを踏まえて企業は常用の職務を雇用期間を限定した非常用労働者で代替しようとする気運が強い。そこで常用としての安定した継続的雇用を望む労働者側からは、雇用期間に関する国家の自由放任（無規制）政策に対して批判が強まり、とりわけ一九七〇年代以後、各国において、特に雇用期間を限定する理由のない限り、「期間の定めをしない」ことを雇用の原則とする雇用政策が採用されるようになった。(3) その後、八〇年代の不況による深刻な失業者増加に伴い、この政策も緩和を余儀なくされたが、ヨーロッパの場合、正当理由のない雇用期間を一方的に設定することは一般に難しくなっているようである。

これに対して、わが国では、労働契約にの締結に際し、企業側が一方的に期間の定めをすることについて、何らの法的規制もない。「日本的雇用慣行」にいう「終身」雇用制も「年功制」処遇も、雇用期間が最長一年に満たない非常用労働者には初めから適用の余地がないのである。企業の全労働者の中で非常用労働者の占める比率がごく小さかった時代はともかく、それが著しく高くなった今日、雇用保障が「一部の」常用労働者の「特権」でしかないということは、企業がその労働力の中核となるべき常用労働者を確保するという政策自体の合理性を認めるとしても、なお、社会的アンバランスの感を免れない。

企業のこのような階層別雇用の結果としての、常用労働者と常用労働者との身分上および待遇上の格差が国の雇用期間に関する自由放任政策に基づくものだとすれば、今やその政策自体の当否が問われるべきである。(4)

以上を要約すれば、日本的雇用慣行といわれる終身雇用制や年功的処遇は、実際には、「常用」と呼ばれる労働者のみについての慣行であり、それ以外の非常用労働者層には、短期の雇用を前提とし、勤務年数やそれによる企業への貢献度や職能性の向上をほとんど考慮しない雇用慣行が適用されている。このような雇用慣行は、企業の伝統的労働力政策による階層別雇用政策に基づくものであるが、それには国の立法政策が少なからず寄与しているということである。(5)

（1）　常用労働者と非常用労働者の階層別雇用・管理政策は、大企業において典型的であるが、中小企業においても常用労働者はいろいろな意味で高い地位を与えられており、定年後も、引き続き就労する比率が高い。その点では「終身」雇用の概念が大企業の場合より、より実体をもっている。

（2）　企業が雇用労働者を常用と非常用に峻別し雇用条件に格差をつけることは、労基法三条にいう「社会的身分」を理由とする「差別的取扱」に当たらないというのが通説的解釈である。これは、「社会的」という概念を「生来のもの」に限定して、常用と非常用といった結果的に生ずる格差と区別しようという考え方によるもののようであるが、論理的にいえばやや無理な解釈である。真実は、終身雇用制と裏腹をなすこの階層別雇用政策が日本の企業社会にあまりにも深く根を下ろした慣行になっているところから、これを否定的に解釈することによる社会的に深刻な影響を考慮した「政策的」解釈と思われる。

（3）　EC諸国のうち、特別立法により「期間の定めのある契約」の締結を規制し、期間の定めをすることについて正当理由を要求している国として、イタリア、ルクセンブルグ、ポルトガル、スペイン等がある。その外、ドイツでは、立法はないが判例法によって実質的に正当理由が必要とされており、ベルギーは、有期の契約を締結する場合にも最高を二年に限定し、一定の場合に限り更新を認める、など、労働者側の意に反する有期契約を規制しようとする動きが強い。

（4）　この階層別雇用政策が最も端的に表われるのは、企業が合理化のために労働者を大量に整理解雇する場合である。企業はこのような場合に、できるだけ常用労働者を残す途を選び、そのためには常用でない者を優先的に解雇しようとする。これもわが国の労働慣行の一つといえる。ある判例は、常用労働者の整理解雇につき、それが正当と認められるための要件の一つとして、企業が臨時雇等非常用者をまず剰員として整理したかどうかを挙げている。

（5）　政府は最近、主としてパートタイマーの処遇改善のための各種の行政的措置を構じており、それなりの効果を挙げている。しかし、問題は労働契約において決定的に重要である雇用期間がある一群の労働者層についてはその意思いかんにかかわらず、一方的に企業の決定に任されたままでよいか、ということである。

(2)　終身雇用制と労働契約

一　わが国におけるいわゆる「終身雇用制」が「雇用慣行」といえるかどうかについては賛否の議論のあるところであろう。これをもはや慣行から一歩出て企業の「制度」とみる説、あるいは単に人事管理の方針と把える考え方もある。[6]「雇用慣行」という場合の「慣行」の意味についても、世間で通常用いられている用法と法学の世界で専門的に使用される慣行（慣習）との間には若干のニュアンスの違いがある。ここでは、それが慣行的制度にせよ、管理政策にせよ、わが国の企業における雇用関係の特色を形成している、という一般的な見解[7]（ただし、最近では急速に、衰退ないし変動しつつあるとみられている(8)に従い、終身雇用制というものが個々の労働契約の内容にどういう形で入りこんでいるかを検討してみよう。

二　わが国の企業では、就業規則の規定を始め人事管理に関する公式の文書のどこをみても「終身雇用」とか、「終身、雇用を保障する」といった定めはまず見当らない。そのような労働契約が締結されることもないし、雇用に際して「終身」雇用する旨の約束がなされることもない。要するに、終身雇用といっても、企業側がそれ自体としてフォーマルに制度化したり、確認することはほとんどないのである。

それでは、わが国の常用労働者はどのようにして、またいかなる意味において労働契約上、「終身雇用」を約束されたものとみなされるのであろうか。

二節で述べたように、企業に常用社員として雇用された者は、原則として①雇用期間が限定されず、定年制が適用され、②一定の試用期間を経て「本採用」とされ、③最初から職務や職場が限定されず、配置は人事異動により随時、変更され、④年功制を基本とする賃金制度や昇進制度の適用をうけ、退職時には所定の年功制に基づく退職金を支給され、⑤企業による教育・研修を受け、⑥一定の事由に該当しない限り解雇されることはない。

右のうち、①の雇用期間の定めがなく、定年制の適用があること、及び⑥解雇の事由が限定されていることがとりわけ「終身雇用制」を裏づける制度的定めである。採用時に雇用期間の定めがない、ということは、期間の満了による自動的な契約解除は起り得ないことを意味しており、そのうえ企業に定年の定めがある場合には、「定年に達するまでは、(原則として)一方的な解雇が行なわれない」ことを意味する。後者の解雇の事由の限定は、その反対解釈により、労働者は特定された解雇事由に該当しない限り解雇されない、という身分保障の側面からの継続雇用を裏づける。右のいずれも「原則として」の留保がつくが、これによって従業員たる地位が一応(定年までは)保障されるのである。わが国で終身雇用制と呼ばれるものは、文字通りの終身(生涯)までの雇用を意味するものでないことはもとより、企業制度上も右以上の意味は持たされていない。以上のことを労働契約の内容に移し替えてみると、次のようになる。ある労働者が労働契約の締結時に（その時期については法的に必ずしも明確ではないが）、⑴「常用」労働者として雇用されること、⑵雇用期間を特に定めないこと、⑶定年制が適用されること、⑷就業規則等に解雇の事由が限定されていること、を明示されることによって、彼は、労働契約上、「少なくとも定年までは、一方的に解雇されることなく、継続的に雇用される」という意味での終身的雇用の合意をしたということである。右の要件のうち、定年制と就業規則上の解雇事由の限定とは、常用者を雇用する企業のすべてに実施されているわけではないから、この要件を満たさない「終身雇用制」は、単に企業が常用者を慣行的に一定の引退年齢まで雇用し続けているという事実的なものにとどまるとみる外はない。ある解雇が解雇権の濫用になるかどうかの判断において裁判所は、終身雇用の慣行性ということを考慮に入れているようである。(9)

三　わが国企業の終身雇用制を特色づけているものとして、右の要件の外、さきに挙げた試用制、配置・配転、年功制処遇、社員研修という諸制度の存在は終身雇用制に関連して決定的に重要である。その意味をあらためて指摘してみよう。

⑴　試用期間とは主として新規採用の学卒者を対象とする観察期間である。これには技能研修や見習の機能もあるが、常用者のみを対象とするのは、企業が、彼がその後、生涯にわたり会社のために働き、定年まで「勤め上げる」会社にとって適合的な人物であるかどうかの、広い意味における職務適合性をおおづかみに評価するためであり、一種の人物テストの期間である。本採用といっても採用拒否（解雇）の例はごく稀であってほとんど形式化している。

⑵　配置については、あらためて後述するが、職種を限定しない採用、広い範囲にわたる職種・職務の指定およびその後のひんぱんで柔軟な配転は、終身雇用を前提として初めてそのロスを補い、有効に機能する政策である。

(3)　年功処遇制についても後述するが、年齢、勤務年数を基本とする年功賃金と社内昇格制は、終身雇用制と密接、不可離の関係にあり、労働者側から見れば終身雇用制の主たるメリットは年功処遇制にある。

(4)　企業の負担による教育・研修も、労働者の配置さるべき職種・職務が終身雇用勤務を前提として大幅に変化することを予定するものであって、その適応性を習得することは一の「雇用条件」になっている。

このようにみてくると、わが国企業の終身雇用制は、単に「従業員を終身雇用する」ということだけでは「日本的雇用慣行」としての意味を大してもたないこと、その本質的な性格を終身雇用者としての「扱い方」に深くかかわるものとして、年功制や包括的職務配置制等の雇用慣行と一体のものとして把える場合において、はじめて実質的意味をもち得るといえよう。

(6)　例えば石田英夫『企業と人材』（放送大学教材、一九八九年）では「日本企業の人的資源に関する戦略」として「内部化」と呼ばれている（三〇頁）。

(7)　終身雇用制という慣行的事実は、その定義や基準があいまいなせいか、これを統計的データに表したものがあまりない。石田・前掲書で用いられている高年齢者雇用開発協会『定年延長と人事管理の動向』（昭五九）の中には「終身雇用制は堅持していく」というアンケートがある（ちなみに七九％の企業が支持）。社会調査には内容を説明しないまま、こういう形で設問されているものが多い。多分、日本人にはこれで十分「分かる」からであろう。ちなみにアベグレン・ストーク『カイシャ』（一九八五年、植山訳三〇一頁）では、「終身雇用制度」を①大学を卒業したばかりの若者を採用すること、②職種別採用でなく、総合的な能力や性格を基準に採用すること、③一生を会社に捧げてもらうことを要求するかわりに一生職を保証すること、としている。

(8)　終身雇用制の変動傾向は、しばしば労働者の企業移動率で示される。労働者の一九九一年発表の雇用動向調査（従業員五人以上、一四〇〇〇事業場）によると、九〇年中の労働移動者（就職、転職、退職者）一〇五五万人のうち転職者は過去最高の三一七万人（男一七〇万、女一四七万）である。従業員全体のうち転職者が占める割合は男子八・五％に対し女子一一・三％であり、後者の半数近くが一〇～二〇代である。また新規学卒入就職で同年末までに退職したものは二〇万人で退職者比率一八・二％に達している。

(9)　終身雇用が労働契約の内容になっているかどうかを法的に争ったケースはほとんどない。労働者側がそれを主張しても直接の立証が難しいからである。ただし、裁判所が解雇をめぐる争いで就業規則等に「解雇制限条項」がない場合にも、企業が常用労働者について一般的に「終身雇用」を前提とした長期雇用制をとっているという事実を重視して権利濫用と判断した例は少なくない。この意味において、わが国の終身雇用制は一の「法的」評価を得ているということができる。

(3) 職種・職務と労働契約

一　わが国の企業では、常用者については職種を特定した、いわゆる西欧型の「職種採用」は一般に行なわれない。具体的な職種や職務は、入社後、あるいは本採用時に決まる。特に新規の学卒採用ではそうである。一方、非常用者の場合には随時・短期雇用という性格上、職種・職務が最初から特定ないし範囲を限定されている。ただし、常用者でも女子の場合は従来長い間、企業にとっての「基幹」労働力とはみなされず、雇用期間が長くなっても職種・職務は単純作業か男子の補助作業にとどまり、原則として勤務地を変更する配置転換はなかった。そのような特殊の雇用慣行が女子の場合にだけ成立していたといえる。

常用労働者の職種や職務は採用の当初から契約当事者間の交渉の対象にならず、もっぱら企業サイドが事務、営業、現場というように大くくりに指定するのが通常である。職務が特定した後も、西欧諸国で行なわれているような詳細な「職務分類」(job classification) や「職務評価」(job evaluation) は行なわれていない。この指定は人事管理上、「配置」と呼ばれるが、労働者が採用後、最初に配置された職務や職場も、その後の定時または随時の「人事異動」によって恒常的に変更される。これを一般に「配置転換」と呼んでいる。

このように、もっぱら企業サイドによる包括的な配置および配置転換が人材管理あるいは要員計画に基づいて普遍的になされるということは、職務や職種がかなり固定的で、(必ずしも労働者の合意を媒介とするものではないにしても) 少なくとも使用者側による一方的、恣意的な変更がかなり難しい西欧型の配置に比べて、「日本的雇用慣行」として特色づけることができるであろう。

二　右のように採用時の職種や職務がもっぱら企業サイドの指定で大まかに定められるうえ、その後の変更である配転が原則的に予定されているわが国の場合には、労働者にとっては、自らの仕事（職種・職務または職場）に関する労働契約上の内容が何であるかを「確認」するのが一般に困難である。そこで配置は、ほとんど会社の人事異動任せの「白紙委任」契約になっている、といわれる。たまたま同一または同種の職務に同僚（例えば同期、同学歴の者）よりずっと長く就いていたとしても、それが彼固有のjobとみなされることにはならない。就業規則上、会社はすべての従業員について「業務の都合により職務を変更する」ことができるからである。労働契約の内容としてのjobが最初から不確定的で、常に配転が制度的に予定されているとすれば、労働者が配転を契約違反として法的に争うことはきわめて難しい。

三　それでは、わが国では労働者の配置あるいは配転がすべて企業の人事として一方的に業務命令として行なわれるか、といえば、実情は必ずしもそうではない。(10)企業は、配置先に関して従業員の希望を調査したり、「適正職種」の自己評価をさせることによって、その意志をなるべく人事に反映させようと努力しているし、あるいは、配転実施に先立つ上司による非公式の折衝を通じて、「内意」をとりつけるよう努力しているところもある。就業規則の中ではむしろ少ないが、労働協約の中に配転についての「同意」または「協議」条項を置いているところは少なくない。配転についての苦情を労使の代表から成る苦情処理委員会にかけ解決を図るところもある。これらについては、企業それぞれに独自の慣行があるようである。

企業が配転を行なう理由としては業務運営上の必要、企業組織全体のニーズとしての人材の育成、労働者に新たな職務を経験させることが挙げられる。何れにしても従業員は毎年の定期異動期に一定の年数ごとに移動するのがわが国の常態である。配転による待遇上の不利益がないばかりでなく、配転を期に昇進・昇格が行なわれること（いわゆる「栄転」）もあって、（遠隔地への配転を別とすれば）従業員の側にも特に不満はないし、またあったとしても表に出ることは少ない。わが国の企業のいわゆる「柔軟な」配転人事とはこのような状態の下で行なわれるのである。

四　それにもかかわらず、配転をめぐる労使間の紛争が社内で解決しない場合には、配転（命令）の法的有効性をめぐって法廷に争いがもち込まれる。その件数はそれほど多いわけではないが、職種や職務の変更、特に企業の命令による配転といった現象が起こりにくい西欧諸国に比べればかなり多いといってよい。

配転をめぐる訴訟では、主として配転という使用者の一方的措置が労働契約に違反するかどうか、という形で争われる。すなわち、労働者側は、自己の職種、職務あるいは就業場所が、採用時あるいはその後の時点で労働契約の内容として確定しているにもかかわらず、使用者が労働者の合意によることなく一方的にこれを変更するのは契約違反だと主張する。そして、救済として「配転命令が無効である」こと、あるいは「配転先の職場において就労する義務のないこと」の確認を求める。これに対して使用者側は、労働者が現在、就労している職種や職務は契約内容として確定または特定しているわけではなく、労働契約上その範囲はより広く、各職種にわたりうるものであること、従って使用者の配転によって変更されることを労働者側も採用時に知ったはずであるし、また就業規則には「業務上の必要によって配転させる」旨を定めているから、配転は人事権の正当な行使であり、労働契約に違反しないと反論する。

そうすると、問題は、労働者の現在の職務ないし就業場所がいかなる契約として労使間で合意されたかどうかの認定または解釈にかかることになるが、わが国の企業における慣行からみると、少なくとも新規学卒の常用者の場合、これを明示的に定めるという例は少ない。のみならず、企業が配転に関し就業規則に前記の定めを置くようになってからは、採用時のその旨の説明と相まって、労働者は「予め配転があり得ること」、その場合には「これに応ずることを事前に合意した」とみなされるのが通常であろう。判例の大勢も、最近では、常用労働者は特約のない限り、予め包括的に配転に合意したものとみるようになった[11]。その背景には、それが日本の企業社会における労使慣行として定着するに至っているという判断ができ上っているように思われる。

ところで、訴訟において、労働者側から、かりに職種や職務が労働契約の内容として特定しておらず、使用者側に配転という形でこれを変更する「人事権」があるとしても、それは濫用されてはならず、もし、労働者に当該配転命令に応じられない正当な事情があるにもかかわらず、それを一方的に行使するのは「権利の濫用」として許されない、ということが労働契約違反の主張とは別に主張されることが多い。裁判所もまた、この主張を受けいれて、配転が労働契約違反といえない場合にも、企業にとっての配転の業務上の必要性と配職によって被る労働者の不利益とを勘案したうえ、両者の「利益の均衡」[12]という観点から「権利の濫用」の有無を判定するという、「仲裁的」判断を下すことが少なくない。その当否は別として、このように、厳密な意味では「労働契約の法理」とはいえない判例の法理は、わが国独自のものといえるかもしれない。

右のように、配転がわが国の企業で恒常化した慣行になっているとすれば、労働者側にとっては、一定の条件の下で、例えば職務能力、勤務年数、あるいは同期の者と対比において、企業に対してそれを労働契約上請求しうる一の権利といえないであろうか。配転の労働契約性は、今後、この両様の意味で問題となりうるであろう。

配転に関するわが国の学説は、配転の「法的性質」（下井隆史『雇用関係法』一一〇頁ほか）、あるいは「法的構成」（菅野和夫『労働法第二版』三二五頁ほか）として、使用者の配転命令（権）の法的根拠、これに対する労働者の服従義務、あるいはその範囲、限界という形で論じている。そして学説の主要な考え方は、「包括的合意説」と「契約説」あるいは「特約説」に分れている[13]。いずれも、わが国では配転の規制に関する立法が全くないところへ、職務の概念が稀薄で流動的だという企業の労使関係の実態による影響を受けているように思われる。特別の規制立法が必要かどうかについては賛否両論に分かれるところであり、現在までのところ消極説が強いようである。

五　次に、これもわが国独特といってよい「出向」という慣行を配転との対比において取り上げよう[14]。

子会社あるいは関連会社への配置換えである「出向」という制度が、相当に古い沿革をもちながら、現在のように関連企業間における「広域配転」として広く普及するようになったのはむしろ近年のことである。その点では、企業内の配転に比して伝統的な雇用慣行と位置づけるまでに至っていないかもしれない。とはいえ今日では、出向をフォーマルな人事管理制度とし、就業規則の中に配転と並べて「業務の都合により出向させることがある」旨の規定を積極的に置くところがかなり多くなった。とりわけ昭和五〇年代の不況時における雇用調整としての出向以来、それが顕著になった。(15) 出向の理由としては、経営技術指導、経営の多角化、従業員教育、雇用調整の必要等が挙げられている。(16)

出向と労働契約との法的関係については今日なお、定説のない状況である。出向のうち「移籍出向（転籍）」の場合には、一般に、出向元企業との労働契約が一旦解消され、出向先企業との間に新たに労働契約が締結されるものとして把えられている。もっとも、この場合にも、出向先に転籍した社員を再び出向元に「復籍」させることがある。こうなると、「在籍」出向との差異ははっきりしなくなる。「在籍出向」にいう「在籍」という意味は、法的には、出向元企業との間に「労働契約が残っている」状態と解することにまず異論はないであろう。それでは、出向者が一定の長期期間にわたり出向元企業の人的管理から完全に離れ、もっぱら出向先企業の指揮・監督下に就労している場合に、そこに実質的に「労働契約」が成立していることを全く否定して出向元との間にしか労働契約は存在しないとみるのが妥当か。それではあまりにもフィクションに過ぎよう。とすれば、出向労働者は出向元および出向先の両企業との間に労働契約が存在するとみるのがより自然であろう。出向と、もっぱら企業が労働者の管理に当たる「出張」や「派遣」との相違点もそこにある。

出向の法的判断についてはリーディング・ケースである「日立電子事件」（東京地判昭四一・三・三一労民集一七巻二号三六八頁）は、昭和三〇年代という日立系列会社間においてもまたわが国の企業の大部分においても、出向が一般的な慣行になっていない時代の考え方を代表している。それは、出向者の待遇等の取扱いについて共通の制度がないこと、就業規則に出向義務に関する規定がないこと等からみて、従業員が出向命令を当然のこととして受け入れる慣行ないし黙示の合意が認められないとして、出向の効力を否定した。(17) しかし、その後、経済不況に伴う企業合理化の一環として、雇用調整型の出向が急激に増え、中には系列会社の枠を超えて、全く別会社に仕事を求めて出向者を派遣する形態さえ現われてくるに従い、判例の態度にも変化が生じてきた。すなわち、出向には常に労働者の個別的同意を必要とすると解することは「実態に沿わない」(18) とする考え方が登場し、そして更に、その合意性も入社時、またはその後にいたって労働者が包括的な同意をしたとみられる事実の有無、もしくは就業規則や労働協約の関連規定、あるいは「労働慣行」の存在等を考慮に入れて判断すべきものとする考え方が強まっていった。そこには、出向について、労働契約とのかかわり、つまり、その主体としての労働者の意思といった側面よりも、企業制度としての人事異動の円滑性に合理性の根拠を求めようとする判例の考え方が出てきているのが注目される。

こうして雇用慣行としての出向は、法的根拠不明確なまま、徐々に法的サンクションを得てきているように見える。もっとも、具体的事案についての裁判所による「合意性」の認定は、配転の場合に比べればはるかにシビアであり、また出向による労働者の身分関係の不安定や労働条件の不利益というマイナス面に配慮し、「権利濫用の法理」を用いることにより出向の有効性を総合的に判断するものが多い。(19)

以上、日本的雇用慣行としての職務配置の仕方は、労働契約の側面からみた場合、契約内容として確認することをきわめて難しくしている。労働者が法的に争い得るのは、せいぜい使用者の一方的な命令による配転が職種または勤務地を限定する旨の特約に反するという場合である。いずれにしても、日本的雇用慣行がもっとも経営サイドに有利に機能している領域ということができる。

(10)　わが国企業の人事異動に関する数量的データを示す調査や統計資料はこれまでのところきわめて少ない。平成三年三月に実施された労働基準局の「労働契約等に関する実態調査（一五五〇人）」はそのわずかな例である。この調査によると、配転について労働契約に定めのあるもの四・二％、労働協約に定めのあるもの一八・五％、就業規則その他の文書に定めのあるもの四七・六％、「何らの定めもないもの」三二・五％となっている。「定めがある」とは、企業が「配転を命ずることがある」旨の定めのほか、配転に際しての組合との協議条項等がある場合であり、「何らの定めのない」場合とは、配転が企業側の一方的な業務命令で実施されている場合である。

(11)　配転が労働契約の範囲内かどうかは、わが国では採用時に職種を限定する旨の合意があったかどうかの判断にかかることになるが、実際には、一定の資格をもつ職種とか、特別の約束（特約）がある以外は認められるケースは少ない。限定が認められた例として日野自動車工業事件（東京地判昭四二・六・一六労民集一八巻三号六四八頁）、東亜石油事件（東京高判昭五一・七・一九労民集二七巻三・四号三九七頁）。他方、採用後、長年の間、同一職務に就労していたという事実だけでは職種を限定した契約と認められないとして典型として日産自動車事件（東京高判昭六二・一二・二四労経速一三一二号三頁）参照。

(12)　家庭的事情を考慮して権利濫用が認められた典型的ケースとして日本電気事件（東京地判昭四三・八・三一労民集一九巻四号一一一一頁）、徳山曹達事件（山口地判昭五一・二・九判時八一二号一一三頁）参照。反対に同居中の母親や有職の妻を残しての配転が、「転勤に伴う通常のもの」と判断して濫用と認められなかったケースとして東亜ペイント事件（最二小判昭六一・七・一四判時一一九八号一四九頁）参照。

(13)　学説のいう「契約説」とは、訴訟において当該配転の適法性を判断する場合の基準として、彼の職種または職務を労働契約の内容として特定する合意があったかどうかに求める考え方のことであり、「包括的合意説」とは、職種または職務についての特別の合意がないか、または「いかなる職務にも就労する」旨の合意があったかどうかにその基準を求めるものと思われる。とすれば、いずれの考え方も労働契約における合意の存否の判断の方法上の差異に過ぎないといえる。私見としては、明示または黙示の合意があったかどうかを基準にすべきだと考えている。

(14)　労基局の前掲調査によれば、（在籍）出向について就業規則その他の文書（社則の類と思われる）に定めをしているもの五五・二％、労働協約に定めをしているもの二〇・三％、労働契約に定めをしているもの四・八％、何らの定めのないもの三〇・二％であり、転籍（出向）については、それぞれ三九・八％、一三・二％、三・一％、三九・五％である。「配転」と「出向」のそれぞれの比率を比較してみると、それほど大きな差異がみられない。ということは、出向という人事が、現在では、配転なみに通常化していることを示しているようである。

(15)　連合「総合生活開発研究所」の平成三年二月の調査によれば、連合加盟三六三単組のうち、企業の九二・一％、一〇〇〇人以上の大企業では九七・五％までが出向を実施し、全従業員に占める出向者の比率は九・六％に達している。

(16) 連合・前掲調査によれば、出向の主たる理由として「雇用調整」、「経営技術指導」、「経営の多角化」、「教育ローテーションの一環」を挙げている。これらの出向理由について組合側がどう対応しているのかは明らかでない。
(17) 同事件の判決に示された「事実」によると、日立では昭和三〇年代、三八の「系列会社」のうち、約三分の二の会社相互間で出向が実施されていたようである。出向者数はまだ少なく、昭和三六〜三九年の出向者数三名以下のところが約一〇社という状況である。日立本社の当時の就業規則には「社員を社命により社外の業務に専従させた場合は専従期間休職させる」、「系列会社からの転入者につき前会社における勤務期間を勤続年数に通算する」旨の規定があるだけで、「出向」自体に関する定めはなく、業務の必要に応じ約半月前に内示した上、業務命令で出向させていたという。
(18) 例えば興和事件(名古屋地判昭五五・三・二六労民集三一巻二号三七二頁)、ダイワ精工事件(東京地八王子支判昭五七・四・二六労判三八八号六四頁)など。
(19) 例えば、日本ステンレス事件(新潟地高田支判昭六一・一〇・三一労判四八五号四三頁)など。

(4) 年功制処遇と労働契約

一 終身雇用制とともに日本的雇用慣行の最も典型として挙げられるのが「年功賃金制」を始めとする「年功に準拠する(seniority based)処遇制度」である。第Ⅰ節でみたように、わが国の賃金制度および昇進・昇格制度について「年功」の占める度合いはかなり高いといえるが、純粋に「年功」すなわち年齢、勤務年数に比例する部分は、今日では明らかに低下してきている。他方、西欧諸国における賃金構造の中で「職能」の評価に経験年数や先任権(seniority)が加味されることが多いから、それがどこまでが「日本的」かは議論の多いところである。(20) それは別として、ここでは、わが国の賃金制度のうち、年功賃金の部分と能力給の部分のそれぞれが労働契約の内容とどのようなかかわりをもっているかという観点から要約しておこう。

賃金制度の一般的な特色としては、

(1) 中規模の企業を含めてわが国のほとんどすべての大企業が賃金制度を常用と非常用労働者用とに区分し、それぞれ別建の賃金規定を適用している。

(2)　非常用労働者の賃金体系は、(単純な)職種または職務別の時間給(時給・日給)から成る。稼動実績に応じて、歩合給的加給制が採られることもあるが、常用者の場合のような考課査定による職能給はほとんどみられない。本給以外の手当は全くないか、あっても交通費あるいは精勤手当の類であり、家族手当を支給するところはほとんどない。更新によって実質的に雇用期間が長くなった場合に、時間給のランクを勤続年数に応じて上げるところはあるが、それも常用者の場合の昇給におけるような考課査定を含むものではない。

(3)　常用労働者の賃金体系は、「基本給」と各種の「手当給」の二本立てである。そして、それとは別に一時金・賞与制度があり、今日ではほとんどの企業で恒常化している。また、基本給に勤務年数を乗じて算定される「退職金」または退職年金制度があり、これも現在では普遍的な制度となっている。

(4)　基本給は、職級別に、学歴、勤続年数を基準(年齢給)とする統一的な号棒制の(モデル)基準(給与表)が定められ、定期的に昇給する。「年功賃金」といわれる所以である。[21] 職能給部は、上司の考課査定により、通常向う一年分の格(ランク)づけがなされる。

(5)　基本給のベースについては、「社会的相場」を考慮した初任給が設定され、それを出発点とするがその額は、物価や生計費の上昇を考慮し、毎年、ほぼ「春闘」時にベースアップ(ベア)と呼ばれる改訂が行なわれ、その際に年齢階層別に昇給カーブの是正がなされることが多い。

二　日本的雇用慣行としての賃金制度の特色を以上のように把えるとすると、それは、個々の労働者の労働契約の側面から次のような問題点を含んでいるように思われる。

(1)　常用労働者の賃金は、終身雇用を前提とした長期の継続勤務を前提として、毎年、額が変動していくため、静態的に労働契約の内容として把えることを難しくしている。

(2)　基本給のうち、年齢、勤続年数による「年齢給」部分は、スケジュール化されているから労働契約内容としては明確であるが、今日では一般に五〇%以上を占めるに至ったといわれる、使用者の査定による「職能給」部分については、査定基準や査定値が公表されない限り、労働者の側からは契約内容として確定的に把握することが甚だ難しい。[22] 基準が公表されている場合でも、わが国の考課査定が一般に厳密な職務能力よりも、「勤務態度」、「協調性」、「企業への貢献度」といったかなり抽象的評価を内容としていること、査定が末端の直属上司である管理職にはじまり、より上級の管理者による「調整」が行なわれることから労働者が最終的賃金決定の具体的過程や理由を知ることはきわめて難しい。従って、個々の労働者が査定が不当に低く評価されたとしても、労働契約違反として法的に争うことはかなり困難である。[23] 賃金ランクの引上げを意味する「昇給」の場合にも、もっぱら使用者側の裁量においてなされる点において同じである。

三　昇進・昇格について、ほぼ右と同じことがいえる。企業が（常用）労働者をいわゆる役職（管理職）に昇格（promotion）させる場合の資格は、[24] 比較的下級の役職では勤務年数（年功）により自動的に昇格させる場合もあるが、一般に上級に進むにつれ、年功（勤務年数）とは別に役職者としての資質・能力の評価が重要視される。これらの昇格基準は、年功資格部分以外はもっぱら企業の裁量によるから、ほとんど公表されることはない。わが国のような年功的な企業社会では、労働者にとっての昇格は、待遇面のみならず、社内における「権威」(authority) にかかわるものとして重要な意味をもつが、これを労働契約の「雇用条件」として把えることは、実質的にほとんど不可能のように思われる。

(20)　年功賃金が一般にいわれているほどには日本の企業にユニークなものでなく、国際的に共通する面をもっていることは経済学の領域でかなり早くから指摘されている（小池和男『職場の労働組合と参加』一九六六年、隅谷三喜男『日本の労働問題』一九六七年、島田晴雄外『労働市場機構の研究』一九八一年、佐野陽子『賃金と雇用の経済学』一九八一年など）。

(21)　年功賃金の根拠としては、労働者が勤務年数を重ねて、仕事上の経験を積むに従い、熟練が高まるので賃金も上昇するという「熟練説」と、年齢が高まるにつれ生計費も高まるのでそれを保障するために賃金も上昇するという「生計費保障説」の二つの仮説が主張されている（小野旭『日本的雇用慣行労働市場』一九八九年）。いずれにしても、労働者側は雇用の際に賃金体系の根拠についてまで説明を受けることはまずないから、これを「所与」のものとして受けとる外はないが、労働組合の主張等からみる限り、これまでのところ組合も右のような「仮説」に立ったうえで基本的に年功賃金制度を当面受け入れざるを得ないという考え方のように思われる。

(22) 労務管理ないし賃金管理の側面からみれば、私企業の賃金体系に企業の裁量に基づく職能給もしくは職務給を含ませることは制度として十分合理的であり、また企業の裁量である以上、労働者の能力や成績についての人事考課が人事上の「機密」として本人に知らされなくてもやむを得ない、ということになろう。しかしそれは、労働契約が契約当事者間の「合意」の産物であるという「契約原理」とはほんらい相容れないのだという認識を基本に据えたうえでの次善の政策と考えるべきである。

(23) 考課査定による職能給や、考課査定を含む昇給・昇格を労働契約違反として法的に争うことは、基準が明示されない限り、きわめて困難である。それは、一般に、民事訴訟においては、原則として不利益ないし損害を蒙ったと主張する原告側がその事実を証拠を挙げて立証しなければならないからである。労働者には、賃金支払期ごとに給与明細書が示されることになっているが、それは結果としての金額だけであり、使用者側の裁量に属する部分については判定の経過やデータは示されないし、「不利益」を立証するための他者との比較資料は入手困難である。これまでに法的争いとなったのは、ほとんど不利益待遇が性的差別または不当労働行為によると主張された場合に限られている。

(24) わが国の労働者処遇制度は、終身雇用制を前提としていることもあって、基本的に、賃金にせよ、地位にせよ、原則的に上昇（promote）の方向をとっている。降格とか、「格下げ」といった処遇は、懲戒処分の場合を別とすれば、通常、とられず、マイナス評価は昇進・昇格の「保留」という形で処理されることが多い。それだけに労働者にとっては「不利益」処遇の立証が難しいわけである。職務能力を理由とする降格の例はきわめて少ない。外資系企業において生じた稀な例としてエクイタブル生命保険事件（東京地決平二・四・二七労判五六五号七九頁）がある（小畑史子・ジュリ九八六号九八頁評釈参照）。

(5) 労務管理、服務規律と労働契約

「雇用慣行」とまでいえるかどうかは別として、わが国企業の常用労働者に対する労務管理のしかた、あるいは規律（discipline）のしかたには、独特のしきたりがある。企業と従業員間の人間関係に由来するといってもよいであろうが、このことは、労働者の労働契約上の義務の範囲ないし性格を考えるうえでなかなか重要と思われる。

労働契約における契約主体としての労働者と使用者の契約上の「権利」と「義務」は相互的（reciprocal）であり、一方の「義務」は相手方の「権利」に対応する、と原則的にはいえるが、長期継続的な雇用関係の下で使用者の指揮・監督下に拘束され、日々、労務を提供する労働関係にあっては、一般の債権―債務関係とは異なり、当事者の一方の義務が直ちに相手方の権利ないし請求権に直結するわけではない。また一方の「義務」と相手方の「義務」との関係についても、必ずしも相互的あるいは互換的（give and take）関係が生ずるわけではない[25]。

労働者の労働契約上の義務としては、通常、使用者の指揮・命令に従って労働を提供する「主たる」義務とは別に「付随的または従たる」義務として「信義誠実に行動する義務」がある、と説かれている[26]。

企業の実際の労務管理上は、このような「主たる」または「従たる」義務といった抽象的表現が用いられることはないが、企業が特に常用労働者あるいは「正社員」に対して単に労働力の提供にとどまらず、プラスαの「社員たるstatusとしての義務」を期待しているのは明らかである。しかしその範囲や程度は、必ずしもはっきりしているわけではないから、義務違反に対する懲戒やマイナス査定といった上司と部下間の人間関係に及ぶ紛争が起こりがちである。

確かに制度の上では、わが国の企業の就業規則は一般によく整備されており、労働者が上司の指示・命令に従って就労することを始めとする従業員としての行為規範（服務規律）がそこに定式化されている。そしてこれに違反した場合の制裁（懲戒）規定もかなり詳細に定められ、また、懲戒の場合の決定手続についても相当程度に、従業員側の利益を保障させるための配慮がなされている。

しかし実際には、わが国の企業の従業員に対する規律（従って違反に対する制裁）の対象となる行為は、西欧社会のそれに比して一般に幅広く把えられ、また本質的に従業員の生活管理的色彩が強い。これは、既述の終身雇用制や職務範囲の不明確さにも関連しているが、とりわけ、労働者の労働契約上の義務の範囲が明確でないところから[27]、問題になりやすい。

一　わが国の企業においては、労働者は職務内容を一般によく理解している。常用であれば通常、経験年数を経たベテランの労働者は、特に上司によるその都度の指示を待つまでもなく、自主的に仕事をこなす。にもかかわらず、職場の監督機構は企業規模が大きくなるほど複雑で、末端の労働者は「中間」管理職を通じて重層的な規制を受けるしくみになっているから、個々の労働者の仕事に関する「責任」と「権限」はしばしば労働契約の内容としてみる限り明確でない。例えば、事務職では、些末なことにも自己の責任で処理することが許されず、上司の「決裁」が必要とされる。

また仕事のしかたは、ブルーカラーのみならず、ホワイトカラーの場合にもチーム・ワークの下で遂行されることが多いが、その場合、各労働者はチームの一員として互いに「共同的に」仕事を進める必要があり、仕事の進行上、時として直接の職務以外に、職場の他の仕事の応援を求められることがある。多能工としてのわが国の労働者はOJTを通じて柔軟に対応できる能力を身に付けており、仕事の縄張り紛争のようなことはめったに起こらない。職場の上下関係はかなり「権威的」であるが、チーム・ワークの下では地位に関係なく「目標」の達成に協力する必要があり、管理職でも部下の仕事の代替をすることが珍しくない。このようなチーム・ワークの就労体制の下では、所定の終業時間がきても、たとえ所定の仕事は終了していても、下級者は自由に退出することができない雰囲気下に置かれている。職場のいわゆる「サービス残業」(28)も主としてこのような人間関係の下で生ずる。

このような関係は、労働者の「義務」の性格を質量両面において不明確にしている。労働者がチーム・ワークの中で「協調的」であることは、就業規則の中で明示の服務規範とされているわけではないが、「協調性」ということが、しばしば上司による人事考課に際して重要な判定基準の一つとされており、結果的には、それは労働者にとっての「義務」化を意味する。

二　第二節で触れたように、企業が実施している始・終業時間が、正式の定めとは別に職場の慣行に任せられている場合がある。そこで法上の労働時間と制度上または「慣行上」の労働時間との間には、しばしばギャップが生ずることがある。[29] その一つに、職場における始業前の「準備」作業とか、就業後の「跡片付け」作業、あるいは始業前の体操、「社訓」や「社歌」の斉唱といった日本的慣行がみられる。そして、立法（労基法）上の「労働時間」と労働契約上の「労働時間」との間に生ずるギャップについては、従来は慣行という形の企業の一方的決定によるか、多数派従業員との間に締結される労使協定によって処理されてきた。これに対して、近時、少数派従業員からの訴訟がしばしば提起されるようになった。[30] 慣行の支配に対する異議の申立てである。

三　労働者の義務の範囲をめぐって最も問題となるのは、所定労働時間を超えた「時間外」労働、または所定休日の「休日」労働のそれである。これらの所定外労働について労働者が就労の義務を負うかどうかは、労働契約上の大きな問題である。わが国の私企業では、戦前には最高労働時間の法的規制がなく、「所定」労働時間と「時間外」労働の区別は、もっぱら企業の就業規則上の定めに過ぎなかったから、時間外就労も企業サイドの一方的業務命令で決定され、時間外労働の契約上の義務の有無は実質的に問題になりえなかった。

第二次大戦後、労基法は、法定労働時間制とともに経営上やむを得ない理由で例外的に認められる時間外休日労働について、事業所ごとの労働協定の締結と届出を有効要件として認めたが、この協定に基づく時間外・休日労働の就労義務については何の定めもしなかった。暫らくの混乱期[31]を経て、企業は事業所別の労働（時間外・休日）協定の締結という法的手続を前提としたうえで、就業規則の中に企業は「業務上の必要がある場合には時間外・休日労働を命ずることができる」こと、「この場合には従業員は正当の理由のない限り応じなければならない」旨の規定を置くようになった。労働組合側は、従業員の過半数を代表する資格で協定当事者になっている場合にも、時間外労働が日常的に恒常化せざるを得ない経営状況の下では就業規則の右規定の挿入に反対する態度を貫くことはできなかった。こうして、わが国の私企業の時間外・休日労働の手続としては、法的要件としての労働協定・届出と企業内規範としての右就業規則の規定というワンセットの慣行が出来上った。労働組合のコントロールは、労働協定締結ないし更新の諾否、協定で定める時間外労働数の総枠の規則にとどまった[32]。この協定の総枠の範囲で職場ごとに具体化される緊急度と時間数に基づき、上司が個々の労働に就労を割り当てるわけであるが、労働者が相当の理由なく、これを拒否することは、「上司の指示・命令に従う」べき服務規律違反に問われるし、企業としては、時間外を予定した業務運営に支障を生ずることもさりながら、労働者の「恣意的」な拒否を放任することによる他の労働者への波及を恐れて重大な服務規律違反として扱わざるをえず、懲戒解雇の重罰に処することも少なくない。

わが国の労働者が置かれている現在のような労働関係の下において、また時間外手当が労働者の稼得の相当部分を占めている家計状況からして、時間外就労そのものに反対してこれを拒否する例は実際には少ない[33]。これまで法的紛争になった事例も数えるほどである[34]。しかし、一旦、争いが生ずると、理論的には労働契約の解釈として妥協の困難な問題を生ずる。判例は、時間外労働の拒否者に対する懲戒処分の有効性判断の前提としての労働者側の時間外労働に応ずる労働契約上の義務の存否について長い間、見解が分れてきた。平成三年に至って、最高裁は企業の労働者の時間外就労は労基法上の手続要件と就業規則等の合理的定めを通じて労働契約上の義務となりうることを一般的に認め、下級審の対立に一応の終止符が打たれた[35]。政策的には雇用慣行を重視した選択である。

四　企業の労働者の義務の範囲についてのもう一つの特色は、多くの企業が労働者の職務の遂行とは直接に関係のない、企業の対外的信用あるいは名誉を保持する一般的義務を負わせていることである。就業規則にはこの義務を服務規範の一つとして明示的に定めていることが少なくない。そこで、労働者が就業時間外に、職務の遂行とは関係なく、私生活の場においてなした非行がたまたまマスコミ等を通じて「○○会社」の従業員の非行として世間に暴露されたりすると、企業はこれを「企業の体面を汚した」行為として懲戒処分に付し、対社会的な会社の名誉の侵害性が大きいと考えた場合には企業外への放逐（懲戒解雇）することも稀ではない。

職務外・企業外非行が何故、企業の服務規律に違反することになるのかは、そのような規範が労働者にとっての労働契約の内容となりうるかどうかという基本的問題にかかわる。この場合、就業規則に「企業の名誉・信用を傷つける行為をしてはならない」こと、そのような行為をした者は「懲戒処分に付すること」が定められているから、これを「遵守することが労働契約の内容となっている」との主張は、設問に対する解答にはならない。それは就業規則イコール労働契約のロジックに過ぎないからである。わが国の企業が、企業外非行について管理職以外の一従業員についてまで[36]一律に企業の名誉の保持を義務付けているのは、単なる労働力の提供者としてではなく、「会社」という共同体の一員として社会的に行動すべきことを規範として求めているからであり、また、あえて懲戒処分を行なうのは、職務外の非行であるとしても、そのような「不心得な」社員を出したことに対する会社の管理責任を追求するに急なわが国社会の風潮によるところが大きい。そこに企業の雇用慣行が社会のおいきてに影響されているのを見ることができる。

このような企業内の服務規律規範や懲戒処分の効力について、わが国の裁判所はむしろ積極的介入の態度をとっているが、最近の判例の傾向としては、企業外非行を服務規律の対象に含める根拠として、企業側については「企業秩序の維持」の必要性を、労働者側の義務の根拠としては、社員としての「信義則」を挙げるものが多くなっている。[37]

(25)　学説上、労働者の使用者に対する忠実義務は、使用者の労働者に対する配慮義務と相互関係にある、としばしば論じられる。これは一般的な企業倫理としては受け入れ易いテーマであるが、具体的な義務違反をめぐる係争事件においてはほとんど意味を有しない主張である。

(26)　労使間の義務を「主たる」義務と「従たる」義務に分ける考え方は、最初は、労働者側の長期的雇用関係における忠実あるいは信義的な義務を重視することから出発した。そしてその根拠として家内工業時代における雇主の家父長的「配慮」が強調され、それに見合う「報恩的」忠実業務が労働者に求められたのである。今日では、当該労働関係における黙示の義務を推定したり、義務違反に対する懲戒処分の相当性を判断する場合の「利益衡量」の論拠として使用されている。

(27)　例えば新卒の大学出身社員を対抗野球試合の応援に動員する類の公私混同が日本の企業では日常的にみられるが、西欧社会ではほとんど起こりえない現象であろう。このような「仕事」が労働契約上の義務となりうることを外国人に説明することは難しいであろう。企業は、実際上の義務命令による事業所外の「労働」として処理しているが、公権的取扱いにおいても、もし途中で事故による傷害が発生した時は、使用者の「指揮・命令下にある」ものとして労災補償法の適用が認められることになっている。

(28)　営業や研究部門等に見られるきわめて日本的な慣行の一つである。その理由はいろいろあるが、法によって時間外労働が禁止されている場合（女性など）、時間外協定が締結されておらず、あるいはその協定枠を超える場合、人件費または予算上のワクを超える場合、あるいは仕事の性格上、「どこまでが労働時間であるか把握が難しい」場合などであり（石田・前掲一二二頁参照）、自分の判断あるいはチーム内のとりきめで正式の時間外労働としての申告をせず、時間外割増手当の請求を放棄する等の形で起きる。一九九一年の労働白書は、「サービス業」という言葉と実態を初めて公的に発表した。

(29)　労基法上の労働時間と就業規則等を含めた労働契約上のそれとの間にギャップがあることは、学説上、相当古くから指摘され、論じられてきた。菱沼謙一『労働時間・残業・交替制』（一九七一年）六二頁、同「入門時遅刻認定制と始業時刻の意味」労判四四八号（一九八五年）四頁、安西愈『労働時間・休日・休暇の法律実務』（一九七七年）九頁、山本吉人「労働基準法と労働時間規制」法学志林八六巻三・四号（一九八九年）三四頁。荒木尚志『労働時間の法的構造』（一九九一年）は、多義的に使用される労働時間の概念を二つに峻別することにより、労働時間制の判断枠組みを確立すべきだとする新たな提案をしている。

(30)　昭和五〇年代、労働契約上の労働時間の起算点の確認を求める争いとしては石川島播磨事件（東京地判昭五二・八・一〇労民集二八巻四号三六六頁、東京高判昭五九・一〇・三一同三五巻五号五七九頁）をはじめ幾つかの判例が出ている。この事件は、多くの企業が労働時間制度体制の合理化など労働条件に影響する問題を解決しようとする場合に採ってきた「多数派」従業員との「集団主義的」解決というやりかたに対し、少数派が労働契約＝合意による解決を主張して争ったものである。企業内の「集団主義」に立脚した慣行の合混性いかんという難しい問題を提供したものとして注目を引いている。

(31)　大規模の企業では、時間外協定の締結・届出という法的義務は比較的よく遵守されているようである。これには労働組合がかつて時間外労働そのものはやむを得ないものとして、三六協定の締結に対する拒否権を労使交渉の武器に使ったことも影響している。比較的最近まで就業規則に時間外・休日労働に関する義務づけ規定を置いている企業は多くなかった。労働協約が「優越」性を保っていた時代には、企業側が組合の反対を押しきって就業規則の改訂という手続をとってまで規定することは難しかったからである。

(32)　期間一～三ヶ月程度の三六協定が締結されるところでは、期限終了後の組合側の締結拒否戦術は労使間のバランスを維持するための組合側の有力な武器であり、しばしば労働争議に代る戦術として利用された。とはいえ、組合にとっても長期的な拒否を続けることは内部的に不可能であり、次第に時間外の総枠問題に交渉がしぼられ、「時短（時間短縮）」問題に転化していった。

(33)　今日では企業の一方的命令による超過勤務のパターンは崩れつつある。日本労働研究機構の一九九〇年の調査によれば「上司の命令によるもの」が四三・四％で最も多く、「労働者の申し出・申告による方が多い」が三六・〇％でこれに次ぎ、「上司の命令による方が多い」は一七・四％にとどまっている（調査報告研究要旨 No. 8 1991）。

(34)　労働者の時間外就業（over time）の問題は、最高限度を規制したうえ、例外的に許容を認める立法を定めている国では、労働契約との関係でどこでも起る問題である。立法が使用者に対し許容された範囲の時間外労働を「労働者の同意を得たうえで」認める、あるいは逆に、許容された範囲の時間外労働については使用者が「無条件に」命ずることができると定めている場合には、契約との問題を生じない。また時間外労働の割当権を職長が専権的に握っているところでは、指定を拒否した労働者は即時解雇を申し渡されるであろうから、これまた実質的に問題となりえない。しかし、立法または判例法上、解雇に正当事由が求められている国では、時間外拒否が労働契約違反になるかどうかがまさに問題となる。

(35)　日立製作所事件・最一小判平三・一一・二八労判五九四号七頁。手抜き作業を補正させるための残業命令を拒否した労働者に対する懲戒解雇が有効とされたもの。

本判決の結論は、企業の就業規則を（合理性あるものという条件付きながら）法的規範と認め、その規定が労働契約の内容として拘束力をもつことを一般的に宣言した昭和四八年の大法廷判決（秋北バス事件・昭四八・一二・二五）からみてある程度予測されるところであった（三(2)(c)参照）。

(36)　諸外国でも、企業の威信（prestage）を害うような労働者の私生活上の非行やスキャンダルが解雇の事由とされることがないわけではないが、それは概してホワイトカラーの管理層に限られ、その理由も職務者としての適格性に欠けるという点に置かれるようである。わが国では、外部との接触の多いホワイトカラーであれ、現場のブルーカラーであれ、職務や地位に関係なく常用の労働者である限りは、就業規則に定める「企業の信用・名誉を失墜させる行為をしない」義務に違反するという理由で懲戒処分の対象とされるのである。

(37)　特に刑事犯や破廉恥行為が対象となるが、政治デモや街頭運動等も規模や性格によって対象とされる。横浜ゴム事件（最三小判昭四五・七・二八民集二四巻七号一二二〇頁）、日本鋼管事件（最二小判昭四九・三・一五民集二八巻二号二六五頁）、国鉄中国支社事件（最一小判昭四九・二・二八民集二八巻一号六六頁）等参照。日本鋼管事件において判決は「会社の対面」とは、「会社に対する社会一般の客観的評価」であって、「経営者や従業員等の有する主従的な価値意識ないし名誉感情を含まない」といっている。懲戒処分における公正、適切な評価が必要だという意味ではそのとおりであるが、労働契約における規範意識としては何の説明にもなっていない。これに対し、国鉄事件の判旨は、企業の「社会的評価の低下毀損は、企業の円滑な運営に支障をきたすおそれがある」として「企業秩序の維持」という高度に抽象的な規範を根拠としている。森誠吾「経歴詐称・企業外非行と懲戒」季労一六〇号六〇頁参照。

(6) 企業内教育・訓練、小集団活動と労働契約

一　わが国の企業において、従業員の教育・訓練（研修）に大きな比重をかけていることを日本的雇用慣行の特色の一つとして把らえることに対しては、雇用主が被用者の技能や能率の向上のため必要な訓練をすることはある程度、どこの国でも見られるところであり、わが国固有の慣行と位置づけるほどのことはない、という反論がありうる。しかし、既述のように、わが国の企業の研修は主として常用者に限るとはいえ、入社後（場合によっては採用後入社までの間に）の「試用」教育にはじまり、本採用後の配置はもとより、配転で新たな職務に就いた場合の随時の「職務」研修、新たな技能の修得のための積極的な援助、いかなるポストでもこなし得る管理者になるための研修、というように研修の対象範囲が広い。ほとんど定年近くまでの生涯にわたり、職種、職務、地位を問わず行なわれ、中高年者については、退職後に備えた準備教育や生活指導としての研修まである、というようなことは、他の国ではあまり見られないことであろう。(38)

加えて、社内研修制度が、定年までの長期にわたる終身雇用的キャリアを前提としていること、その間に職種、職務が配転によって恒常的に変更されるのに対応して、従業員が社内での多能工的および管理職者としての管理能力を身につけることを目標としていること、そのための費用を（ＯＪＴはもとよりＯＦＦ—ＯＪＴでも）主とし

て企業が負担し、勤務時間内の研修はすべて「業務」として扱われ、賃金等に何らの影響もないこと、等の諸事情もほぼ、一定以上の規模の企業において共通に見られるところである。従業員の側からみれば、研修を「義務」として受け入れざるを得ないのである。

それでは、これらの研修は労働契約上労働者の義務であるかといえば、その旨の労働契約書が取り替されている例は見当らないしそのような合意の存在を裏づけるものもない。ただ少数であるが、就業規則に「会社は業務の知識又は技術の向上のため従業員に教育研修を命ずることがある」、「この場合特別の理由のない限り拒否してはならない」と定める例はある。この場合には一般に契約内容になっているとみなされることになるであろう。逆に、何らの定めがない場合には企業は研修を「業務」として自由に命ずることができる、という考え方も成り立つ。

しかし、企業の従業員に対する研修を労働契約上、従業員側の「義務」の側面でのみ把えるのは、その内容、方法、効果等からみて実情に合わないように思われる。従業員にとっては、長期的に見れば、職種や職務が現在のものに特定しているわけでなく、配転・出向、昇格により、あるいは企業の合理化等によって、近い将来に変更が予想されるだけでなく、近時のようにテンポの早い技術革新に自らの知識、技能をフィットさせる必要があるとすれば、職務の必要に応じて研修の機会が与えられる期待をもつに至ることは当然の趨勢であろう。まして、研修の機会が企業側の恣意によって決められるような場合には、公平の原則によって差別なく与えられることを要求する権利があるといえる。この意味においては研修を受ける利益は、「労働条件」に接近した[39]一種の「権利」として把えることができる。それは、従業員の側から集団的利益としての福利厚生上の「便宜」などより、重要視されているかもしれない。現に法律（労働安全衛生法）が定める安全衛生教育は、安全な職場環境の確保という点から従業員にとっての一つの「権利」の性格をもっているといえる。げんに地方公務員法は、当局に職員に対する研修の機会を「義務」づけている。[40]

私企業において研修を労働契約上の「権利」として位置付けるような明示の規定は、現在のところ見受けられないとはいえ、右に述べた意味での労使双方の意識からみれば、そこに義務と権利の組み合わせによる一種の黙示の合意が形成されている、といってよいのではないかと思われる。

二　「日本的雇用慣行」の一つの要素として職場の労働者のグループを主体とするＱＣ（サークル）活動、ＺＤ活動など一般に「小集団活動」と呼ばれる行動が挙げられることが多い。本稿では、第**二**節においてこの「小集団活動」を「雇用慣行」に含ませなかった。というのは、「小集団活動」とは本来労働者の「自主的」活動である以上、企業の労働者に対する上からの「労務管理」ではないし、もともと労使間の個別的な合意としての労働契約とは理念的に相容れない性格のものだからである。労務管理論の中でも、この運動を日本の企業における特色ある制度として把えながら、これを直接の労務管理の対象ではなく、むしろ集団的な「経営参加制」の一つの形態として位置付けるものが、最近では多いようである。[41]

それでは、小集団活動は「労働契約」とは無縁のものかと問えば、必ずしもそう断定できないように思われる。小集団活動は、沿革的には、職場の労働者自身による自主的管理（職場自治）方式として諸外国において古くから種々の形態の下で試みられてきた。わが国でも状況はほぼ同じで、主として昭和三〇年代後半から主要産業に拡がり、五〇年代に入ると普及率は著しく高まり、わが国産業の生産性の高さと品質の向上を支えるカギとさえいわれるようになった。初めは現場部門に限られたが、次第に営業、管理、開発部門にも波及している。前掲の「労使コミュニケーション調査」によると、小集団活動のある企業の割合は昭和四七年の三九・七％が同五九年で六〇・二％（内五〇〇〇人以上の企業では八三・七％、全員参加率が七七・八％）に普及している。[42]

小集団活動がこのように普及したことの背景には、これまでに述べた日本的雇用慣行の存在が大きく影響していると思われる。とりわけ閉鎖的市場を形成している終身雇用制、年功処遇、幅の広い柔軟な職場配置、企業内教育等が相乗効果を及ぼしたことは確かである。

企業は小集団活動を労働者の自由意思による改善運動として、建前としてはこれを管理体制に組み込んだり、従業員の参加を強制したりしていない。もとより就業規則には「小集団活動」の項目はない。小集団活動は、日常の就業時間とは「隔絶」され、企業の教育・研修過程に組み込まれていないし、賃金その他の個人別稼得の対象ともなっていない。

しかし、このような小集団活動が製造業のみならず、サービス業にも普及し、かつ実施されている企業での従業員の参加率が七〇～八〇％というように高率化してくるとなると、もともと従業員の職務性あるいは職能性が特定的でなく、配転を通じて変動していく高度の柔軟性をもち、企業内教育によってその適応性を身に着けさせるという労務管理体制をとっているわが国の企業では、多能化を目標とするフォーマルな社内教育体制とQC技法を中心とするインフォーマルな小集団活動とがどこかで結び付かざるを得ないであろう。そしてまた、生産性向上の志向意識の高いわが国の労働者の資質からして、小集団活動の成果が挙がるほどに、その成果の人事考課への反映を求める声が高まることが予測される。昭和六〇年に雇用職業総合研究所が実施した事例研究(43)によれば、小集団活動が結果的に多能工化を促進する方向に作用していること、一般職層では小集団活動と人事考課制度とは全く関連付けられていないが、管理・督監者層では、日常のサークル活動を活発化させ、所定の成果を挙げさせることが管理責任として期待され、昇進・昇格の人事考課に反映させている例が少なくない。

すでに述べたように、わが国の企業の就業体制が広くチームワークとして遂行されていることを前提とすれば、就業時間後のインフォーマルな小集団活動に職場の大多数の者が参加すれば、むしろ「参加しない」ことのほうが目立つことになるであろう。もちろん、管理・監督者を含めて全ての従業員は労働契約上は何らの義務も負わないのであるが、そこに「サーヴィス残業」に類似した人間関係が生ずることもあながち否定できないであろう。少数であるが、法的紛争例も出ており、ある判例は、全従業員に対し、作業ミスをした場合にはQCサークル活動のそれを含めて「作業ミス報告書」を提出させている場合にこれを提出しなかったため解雇された溶接工のケースにつき、作業ミス報告書の不提出は、労働提供の義務それ自体の違反とはならないという理由で解雇を無効と判示している。(44)

小集団活動に対する労働組合の態度は、今のところ微妙な状況にあるようである。それが労働者の「経営参加」の一つの形態であるとしても、労働組合サイドからみれば、労働協約や労使協定のように組合がアクティブにとりあげるに至っている問題ではなく、どちらかというと、時には組合役員がQCサークル等のリーダーの一人になることはあるとしても、基本的には従業員の「自主的」意思による参加として「反対はしないが、組合運動として積極的に支持もしない」という態度にとどまっている。(45) 労働組合が一般的に労働契約の具体的内容にわたって組合員のためにコントロールの役割を果すに至っていない状況が象徴しているように、企業内教育も小集団活動も、現在のところ、労働契約としての位置付けは「未定」である。しかし、従業員の多数の者にとって、それが企業内の一つの慣行としての重みをもってきていることは事実であり、早晩、とりあげられるべき課題となることであろう。

(38)　労働省が平成三年三月に実施した「労働力尊重時代の人事政策に関する調査」では、従業員の退職後に備えた教育・指導・援助を行なっている企業は、健康管理指導二一・四%、退職後の生活設計指導一九・一%、職業能力の開発八・一%となっている（同省「従業員福祉の実態とサラリーマンの本音」）。
(39)　労基法は、昭和四四年、労働者を採用するに際しての明示すべき労働条件および就業規則に記載すべき事項として「職業訓練に関する事項」を加えた（規則五条八号）。
(40)　地方公務員法三九条一項。
(41)　例えば白井泰四郎『現代日本の労務管理』（一九七九年）二六四頁。
(42)　石田・前掲『企業と人材』一五七頁以下による。
(43)　職研調査研究報告書No. 52一三九頁参照。
(44)　新興工業事件・神戸地尼崎支判昭六二・七・二労判五〇二号六二頁。
(45)　前掲職研調査報告書一五五頁参照。

五　結び——労働契約の再検討のために

序説にあたる第一節で述べたように、本稿は、わが国の企業の労働働関係において「日本的雇用慣行」と呼ばれる慣行が法的制度ないし規範としての労働契約とどのようにかかわるのかというテーマをとりあげた。日本的雇用慣行の問題は、主として企業論ないし労務管理論においては、終身雇用制や年功賃金制などの雇用上の慣行が日本特有のものか、それとも他の産業諸国にも共通性をもつものかどうか、そしてそのような慣行が企業の至上命題としての生産性の発展にとって阻碍要因になるのか、あるいは逆に発展要因として機能しているのかという角度から論じられているようである。このような論点は、経済政策や社会政策上の政策課題として重要であり、とりわけ日本の企業が「外資系」企業の一つとして他の国に進出し、そこで「現地」の人々を雇用する場合において切実な問題となろう。他方、日本の企業が近い将来、移入してくるであろう外国人を大量に雇用する場合においても、日本的雇用慣行の「適用」による文化的「摩擦」の問題がきわめて現実的な課題となるであろう。また、終身雇用制のような伝統的な慣行は、企業の労務管理や政策の問題とは別に、今やわが国労働者自身の生き方にかかわる問題として価値を問われつつある。

日本的雇用慣行にかかわるこのような重要な側面については、もとより専門でない筆者には、本論において必要な限りで触れた以上に究明する余裕がない。本論では、これまで「日本的雇用慣行論」の中では直接に言及されることのなかった雇用慣行とその適用対象者である労働者の労働契約上の「個別」意思の問題をとりあげた。雇用慣行について、それと労働者の個別意思との関係が何故問題となるかといえば、そもそも「日本的雇用慣行」なるものの具体的内容が労働者の意識の中であまりはっきりしていないからであり、またはっきりしているとしても、労使の当事者間では慣行なるが故に、契約交渉（「とりきめ」）の対象となることなく、もっぱら企業側に都合のよいルールとして機能する結果になりかねないからである。そうなると、「労働関係は当事者間の合意である労働契約を媒介として行われなければならない」という近代法の基本原則に背馳することになる。

労働契約が当事者間の完全な同意の産物ではなく、むしろ合意の擬制的性格が強いこと、また、労働契約が形式化制度化してそこに労働者の意思がますます反映されにくくなっている傾向は、もとよりわが国だけに限らず、このような法―契約制度を採用している諸国共通の問題である。そこから労働契約の有名無実化による労働者の保護を目的として、立法による契約内容の規制や労働協約のような集団的規制など、これを補強する制度が発展した。これによって労使間の私的規範としての労働契約の地位は今日、著しく後退したが、にもかかわらず、労働者の一人ひとりの合意に基づく労働という理念を最も端的に象徴する古典的な「労働契約」は、他に代替すべき法的概念がないままに現在でも基本的な法規範であり続けている。

問題は、わが国においては、近代の諸国に普遍的に見られるこの労働契約の機能の衰退現象が、特に著しいということである。その理由については、すでに第三節において、わが国の労働契約の「存在形態」という形で論じた。要約すれば、わが国では日本的雇用慣行の主たる適用者である常用労働者は、採用から退職までの企業の在職期間中、ほとんど一度も文書による契約書を作成しないこと(1)、そして、企業における実際の労働関係は、企業が作成した経営規範としての就業規則によって画一的に規律され、さらに企業別の労働協約あるいは労使協定という集団的規範が加わる結果、個々の労働者の合意規範としての労働契約はいよいよ「観念的」存在と化していること、さらに裁判所が判例を通じて、企業規範としての就業規則に直接の法的拘束力を認めたことによって労働契約のフィクション化が一層進められた、ということである。

「日本的雇用慣行」は、右に述べたように、それ自体内容が明確でないが、筆者は、初めに労働契約とのかかわりが深いと思われる労務管理上の手続、制度、あるいは非公式の慣行やしきたりを幾つか選択した。その中には、就業規則等の定めを通じて明示の制度に近くなっているものもあるが、根拠不明のまま白紙委任的に企業の決定に任されているものも少なくない。その結果、労働者サイドからみれば、明示されるべき労働条件を始めとして、ほんらい労働契約の内容たるべきことを知らされないままに就労しているわけである。第四節では、その幾つかを例示的にとりあげた。大筋をたどれば、終身雇用制や年功処遇制など、現在のわが国の企業において基本的な管理政策として採用されているにもかかわらず、それが慣行であるために労働契約の内容として把えることの技術的な難しさを指摘した。企業内教育・訓練や福利施策には何程かの契約としてのプラスの要素が含まれており、服務規律のしかたにも、労働契約で定めるべき規律、の範囲を越えたわが国特有のしかたが見られる。職種や職務の内容は、配転という日本的慣行を通じてきわめて流動的に決定されており、契約内容として具体化(visualize)することの最も難しい領域となっている。西欧諸国では、一般に本人の同意を経ない職務の変更や配転はまず契約違反とみられるのが普通であるのに対し、配転が「当り前」のわが国では使用者による一方的決定を労働契約違反として争うことは、社会的にも、また法的にもかなり難しい。わが国の場合、「職務」というものの契約的性格が、最初から特定(限定)された者以外は不明確だからである。

それでは、「日本的雇用慣行」は、労働契約あるいは契約的概念とは無縁の、契約に相対立する経営的「事実」に過ぎないか、といえば決してそうではない。日本的雇用慣行の中核といわれる終身雇用制や年功処遇制をはじめ、配置、教育、規律、福祉等の面で特色を示す慣行が、わが国の私企業において定着、強化されたのは、むしろ第二次大戦後のことであり、大戦によって崩壊した企業体制を復興するための意識的な管理政策として登場したものである。従って、それは、当然に、戦後の「経営民主化」や組合運動との対決を経過することによって古い体質的な遺制といったものをかなり払拭し、それなりに合理化されてきている。また、それは「慣行」といっても、経営者の「専権」そのものではなく、その多くは、部分的に就業規則や社則その他の経営規範の中に制度化されるに至っている。そうなると、就業規則と労働契約との関係という労働法上の難問に再び逢着することになるが、わが国の裁判所の考え方をみると、日本的雇用慣行を形成している慣行的事実が就業規則を通して労働契約の内容となっているとみる考え方を徐々に強めてきており、この考え方に立つ限りでは、日本的雇用慣行は就業規則の抽象化された規範を通じて、労働契約の内容となる、という法的テーゼが成立することになろう。(2)

しかし、このような把え方はすぐれて法形式的論議であって、十分な説得性をもっていない。労働者サイドからみれば、日本的雇用慣行といわれるものの中には労働契約の中味になっていない――つまり慣行という名の強行的経営規範が少なからずある――と受け止められていることも確かである。そして、このような体制的な慣行の支配に身を委ねることに対しては、「労働の人間化」を否定するものとして批判が生じているところである。(3)

もっとも、日本的雇用慣行のすべてが労働者側にとってその意に反する強制的規範と意識されているわけではない。特に、高度経済成長時代の下での高い名目賃金と雇用率の確保については日本的雇用慣行が一定の役割を果したと評価し、今後もそれが維持さるべきだと考えている労働者が多いことは多くの実態調査の明らかにするところである。

日本的雇用関係を個別的「契約関係」に引き直して権利と義務の関係として把えることには、主として経営サイドからの、次のような批判があるであろう。すなわち、労働関係を労使の「権利と義務」の関係に還元してしまえば、わが国の労働関係の美点である企業と社員間の信頼性とか協調性といった側面が抜け落ちてしまう。日本に高度経済成長を齎した高い生産性は権利義務のヨコの契約関係よりも、タテの柔軟な企業―社員の共同体的関係に支えられているのであり、これを硬直的な契約関係に引き戻すことは行き詰まった西欧型経営管理に逆戻りするアナクロニズムである。今日の日本的雇用慣行の下での労働契約の内容は、終身雇用制という雇用の保障と職能給を加味した生活保障給としての年功賃金を基本として原則的に上向指向に変化する柔軟な労務管理であり、その他の慣行も長期的視野にたって企業内労働市場を充足させることにより、従業員の福祉に寄与している。労働契約の内容を不確定的にしているとの批判のある職務配置や配転も、手厚い企業内教育訓練と相まって従業員の職務能力の範囲を拡大し、相互競争を通じて人材の開発、確保に役立っており、企業として当面せざるをえない合理化の場合の雇用調整をスムーズにしている。これまで日本の企業が不況の際の剰員についてできるだけ解雇を避けることができたのは、この柔軟な慣行によるところが大きい。

これらの批判は、それ自体としてはまことにもっともであり、日本的雇用慣行の全体としてのメリットはそれとして認めなくてはならない。にもかかわらず、労働関係の基本理念としての労働契約の「個別性」のもつ重要性は否定されるべきではない。それは、この理念が、日本的雇用慣行の、というよりは、その「負」の部分の独走に対する唯一の歯止めになると思われるからである。その理由は次のように要約することができよう。

(1)　日本的雇用慣行の適用を受ける労働者は、企業単位でみれば、その一部である常用労働者に限られている。この意味においてそれは従業員に普遍的な慣行とはいえない。かつては、企業の従業員のほとんどは常用労働者で占められていたが、今や常用者自身の転職率が急増し、パートタイマー、派遣労働者等の非常用労働者の増加によって、常用者の比率は急速に低下し、企業によっては三分の一を割る状況である。日本的雇用慣行が常用と非常用労働者とを階層的に峻別する政策に拠っているとすれば、それは後者の犠牲のうえに前者を温存していることに外ならない。これは従業員平等取扱いの理念に反することになる。

(2)　日本的雇用慣行の下での労働条件や待遇条件の定め方は、一定の長期間を単位として流動的であるため企業の裁量部分が大きいだけでなく、その基準が客観的でなく、主観に流れ易い。にもかかわらず、争いになれば法的には、そのような決定のしかたも、労働者の事前の「包括的合意」を得ていると解釈されることになる。

(3)　わが国の現在の民事訴訟制度の下では、労使関係の紛争は、すべて個別労働契約に違反するかどうかの形で争われるしくみになっている。日本的雇用慣行をめぐる争いもこの形式をとらざるを得ない。しかし、労働者側にとってはこれらの慣行に基づく措置が労働契約に違反することを立証するのは容易ではない。

日本的雇用慣行を労働契約に引き直して検討すべき法技術上の必要性も右に述べた理由による。

最後に国際的視座からの課題に触れておきたい。

「日本的雇用慣行」あるいは「日本的経営」は、今日、国際社会からさまざまの評価の下に行方を注目されている。その経済的効率性に着目してその制度の一部を「移植」するメリットを説く見解もあるが、そこでも一定の限界や条件が提示されている。反対にこれを「異文化」の制度として排斥する見解が内外に強いが、このような考え方は、とどのつまり、日本企業との接触そのものの忌避につながりかねない。いずれにしても、日本的雇用慣行を労使関係改善の一つのモデルとして国際社会に理解させるためには、[4]その集団主義的エトスが企業の成員としての労働者の合意性＝契約性＝権利性を否定することなく、両者が両立しうるものであることを論理および実証の両面において納得的に説明する必要がある。労働法学の分野における労働契約論も、「合意擬制論」というような超時代的観念論を離れて、実証的機能の検証の観点から総合科学としての途に進むべきだと考える。

(1)　労働関係以外の一般的取引契約においても契約書を作成しない場合が少なくない。その理由としては、当事者間の継続的関係等から書式による包括的、または明確な取決めをするのが却ってデメリットになること、そうしないことがむしろ事情に即した弾力性をもたせるメリットをもつこと、交渉力に差がある当事者間では、弱者は自己の弱い立場を契約書に反映させることを欲せず、強者は契約書による束縛を好まないこと、などが挙げられる（太田知行「交換過程における契約の役割―日米の比較を中心にして」藤倉・長尾編『国際摩擦―その法文化的背景』（一九八九年）、六本佳平「契約の日米比較―日本の法文化(3)」法学教室一一一号（一九八九年）参照）。これらの事情は、雇用契約において契約書が用いられない理由としてある程度、あてはまるが、後者の場合には、とりわけ契約内容が画一化していることによる個別契約書の形式性―有名無実化が大きいと思われる。

(2)　このことが端的に示されていたのは、さきに挙げた「時間外労働の義務」に関する最高裁の判決（平三・一一・二八）である。およそ、経営の必要性による時間外労働は労働者本人の同意を得て行なう、というのが、労働のあり方からいって最も自然な形であることはいうまでもない。しかし、時間外労働が恒常化した日本的雇用慣行の下では、それが就業規則上の業務命令という規範になっている。同事件ではこれを「合理性のある」法的規範とみてしまうことができるかどうかが争われたのである（中嶋士元也・同判決評釈ジュリスト九九五号九八頁参照）。

(3)　駒井洋『日本的経営と異文化の労働者』（昭和六二年）は、日本的経営が労働の人間化を無視しながら、高い生産性を維持させる役割を果たしていたことをアメリカ、および東南アジアのデータを通じて明らかにしている。

（4）　わが国企業における職務分類や職務評価がフレキシブルで抽象的なため個別契約の内容に移し変え難いということは、いわゆる差別取扱訴訟における原告側の主張、立証を困難なものにしている。この問題は、これまでのところ、主として昇進、昇給差別をめぐる不当労働行為事件や昇格性別差別民事事件に反映しているだけである。しかし、今日、人種、性別、カラー、年齢、組合運動等を理由とする募集から解雇までの広い範囲の雇用差別が厳しく問われているアメリカにおいてとりわけ、日本的雇用慣行をそのまま踏襲しようとした日系企業が当面した訴訟事件（矢部武『日本企業は差別する！』ダイヤモンド社、一九九一年参照）を見ると、やがてわが国においても立法や訴訟のありかたが問われることになりそうに思われる。

〔社会労働研究三六巻四号、三七巻二号、三八巻三・四号（一九九〇～一九九二年）〕

第二部　労働契約と就業規則

〈解　題〉

土田道夫

(1) 秋田説の展開

労働契約と就業規則の法的関係というテーマは、「労働契約の理論化に向けて」の課題のいわばコロラリーとして、秋田教授が力を注いで検討したテーマである。ここでは、「就業規則の法的効力」(『新版　就業規則と労働協約』第一章Ⅵ　一九八一年)(本書第二部3)および「就業規則の法的性格と変更の効力」(一九八四年)(本書第二部1)を中心にコメントしよう。

第一部〈解題〉で述べたとおり、秋田教授の出発点は、就業規則と労働契約の関係に関する純粋契約説および法規範説に対する批判にある。すなわち教授は、就業規則を純然たる事実規範と捉える「最も厳密な意味での契約説」(純粋契約説)に対し、社会におけるすべての附合契約の有効性を否定するのに等しく、結果の妥当性を欠くばかりか、労基法が就業規則を法体系の中に摂取していることの否定をもたらすとして批判する。一方、教授は、法規範説に対しても、労働契約を労働関係の「礎石」(corner stone)として重視する立場から、就業規則が労働契約に取って代わる法規範として機能すると解することは適切でないし、そのように解するには、労基法の定めは簡単でありすぎるとして強く批判する。特に、就業規則の法規範的効力の根拠を労基法九三条に求める学説(九三条授権説)に対する批判――同条は、就業規則の最低基準効を規定するにとどまり、就業規則に一般的な法規範としての効力を付与したものではないとの批判――(「就業規則の法的性格と変更の効力」本書〇〇〇頁)は、九三条授権説に対するその後の学説の批判によって継承されている。(1)

その上で、秋田教授は、自らは契約説に立つことを宣言する(「就業規則の法的効力」本書一八五頁、一九三頁)。しかし、秋田教授の契約説は、純粋契約説をはじめとする契約説とは全く異なるものである。すなわち教授は、就業規則が労働条件の決定基準として社会的機能を有していることと、労基法がそのような機能に着目して就業規則を法制度として取り入れていることに着目し、就業規則に一定の「法的機能」を付与する。その「法的機能」とは、「適法に作成・変更された就業規則の規定を、労働契約の内容と推定させる効力」である（「就業規則の法的性格と変更の効力」本書二六三頁）。すなわち、就業規則は、純粋契約説が説くような単なる事実規範ではなく、それが適法手続を経て作成・変更されている限り、労働条件の決定・変更の両面において、労働契約内容とみなされるという推定機能を付与されるのである。こうして、就業規則は、労働契約の準則として機能するが、そうした機能を有する根拠を、事実たる慣習（民法九二条）[2]や、労働者の同意（明示・黙示の同意）[3]にではなく、就業規則に関する労基法の立法政策に求める点に秋田説の特色がある。その立法政策とは、「企業における労働者の労働契約の実質的基準となっている就業規則に、国の後見的立場から、最低条件を充たす就業規則の制定と届出を義務づけ、これを労使の当事者および公的監理の下に置く」という政策である（「就業規則の法的性格と変更の効力」本書二六一頁）。就業規則理論における実定法（労基法）の位置づけという観点から見ると、労基法から直ちに就業規則の法規範たる性格を導き出す立場（純粋法規範説）でもなく、労基法を全く無視して就業規則の法的性格を論ずる立場（純粋契約説）でもなく、労基法の「立法趣旨から合理的に認められる範囲において」就業規則に法的効力が与えられたと解する立場であり、労基法のよって立つ立法政策に着眼した卓見と評することができる。

(2) 秋田説の今日的位置づけ

秋田教授のこの見解は、労働契約法が制定された今日、再評価されるべき見解であると考える。すなわち、労働契約法七条は、労働契約締結時における就業規則の周知と内容の合理性を要件に、「労働契約の内容は、その就業規則で定める労働条件による」と規定し、一〇条は、就業規則による労働条件の変更について、やはり就業規則の周知と内容の合理性を要件に、「労働契約の内容である労働条件は、当該変更後の就業規則に定めるところによるものとする」と規定するが、これはまさに、就業規則に対して、そこに定める条項が、一定の要件の下に労働契約内容とみなされるという一種の推定機能を付与したものである。[4] この意味で、秋田説は、労働契約法の立法政策を先取りした見解と見ることができる。また秋田教授は、就業規則の法的推定機能を労基法の立法政策から導いたが、労働契約法が上記のような就業規則の推定機能（契約内容補充効）を規定したことは、秋田教授が労基法と就業規則の関係について示した解釈論を、労働契約法が立法として実現したと考えることもできる。

もっとも、秋田教授の立場を労働契約法および同法が前提とした判例法（日立製作所事件のほか、特に秋北バス事件[5]、第四銀行事件[6]）と同一視することは誤りである。すなわち、労働契約法七条・一〇条は、就業規則が周知と内容の合理性を要件に、直ちに労働契約内容となることを認める規定であるが（例外は、就業規則と異なる個別的特約がある場合のみ。七条但書、一〇条但書）、秋田説はそれとは異なり、就業規則の法的推定機能はあくまで、「その各条項を、一応、労働契約の内容と推定させる『法的機能』」（就業規則の法的性格と変更の効力〔本書二六二頁〕―傍点筆者）にとどまり、その推定操作を、労使当事者間の交渉を基本とする意思解釈によって行うべきというものである。そこでたとえば、就業規則による労働条件の変更の場合は、「当該就業規則が問題の条項について適用対象たる労働者の労働契約に化体しているかどうかの判断ないし意思解釈を出発点として、その変更の合意の形成について労使当事者がどの程度に接渉したかを含めて、合理的意思解釈を通じてその適法性を判断するという契約法上の法的操作」が行われることになる（「就業規則の法的効力」本書三二〇頁[7]）。

その代わり、秋田教授は、労働契約法七条・一〇条（および同法が前提とした判例法）が必須の要件とする「内容の合理性」という実体的要件をほとんど考慮していない。すなわち、秋田教授が就業規則の法的推定機能の要件として掲げるのは、それが労基法上、「適法に作成・変更された」という手続的要件のみであり、「内容の合理性」については顧慮しておらず、むしろ批判的である。[8] 換言すれば、労働契約法が就業規則の「内容の合理性」

を要件としつつ、契約内容へのストレートな化体を認める立法政策を採用したのに対して、秋田説は、そうしたストレートな化体を否定する代わり、「内容の合理性」要件を就業規則の労働契約推定効の要件として重視しない立場に立っている。ここには、労働契約と就業規則の関係について、労使間の意思や合意を基本に考え、過剰な価値判断を戒める秋田説のエッセンス（第一部〈解題〉⑷）を認めることができる。

ところで、このように、就業規則に労働契約内容を推定させる機能（効果）を認める考え方は、労働契約法の制定以前に公表された「今後の労働契約法制の在り方に関する研究会報告書」（二〇〇五年九月）が採用していた立法論でもある。すなわち、同報告書は、「就業規則の内容が合理性を欠く場合を除き、……労働条件は就業規則の定めるところによるとの合意があったものと推定する」趣旨の規定を設けた上、この推定を反証をもって覆すことができると定める立法を提言していた。秋田教授の立場は、この推定効構成に類似しており、立法論としても注目すべきものである。ただ惜しむらくは、秋田教授が、「内容の合理性」要件に代わって自説の要諦に位置づける「就業規則の労働契約推定効」の要件を十分提示していないことである。労働条件の変更に係る上記叙述からは、秋田教授が労使間の交渉を中心とする手続的要件を重視していることが窺われるが、その具体的内容は明確でない。しかし、「法の手続化」が叫ばれる今日、この立場は注目すべきものであり、その具体化は、秋田教授を含む今後の学説が取り組むべき課題であると思われる。

秋田教授は、本著作集未収録の別の論文（「労働契約論――渡辺章報告について」〔一九九一年〕）において、労働契約法七条・一〇条が前提とした判例法について、就業規則が「労働者の『個別労働契約』の内容になるとみなす」立場であり、その意味で法規範説であると捉えた上でこれを批判し、契約説と法規範説の違いは結局、上記のように解するのか、それとも、「就業規則からの『契約内容の推定』という機能を認めるかどうか」という点にあるのだと説いている（四四頁）。労働契約と就業規則の法的関係に関する秋田説の神髄を示す一節といえよう。

なお、「就業規則の一方的変更とその法的効果――秋北バス事件大法廷判決後の判例理論の展開」（一九七二年）（本書第二部2）は、就業規則論というよりは、秋北バス事件最判と、その後の下級審裁判例を対比しつつ、同事件判旨の曖昧さを批判的に検討し、判例法のあるべき方向性を提言したユニークな作品である。

(3) 「合理性要件」に関する検討

前記のとおり、秋田教授は、判例法が就業規則の法的拘束力の要件とする「内容の合理性」については、積極的評価を与えていないが、判例法を前提とする検討を要請される「判例研究」においては、「合理性」要件に関する検討を行っている。ここでは、最重要判例である前掲第四銀行事件に関する「判例研究」（一九九七年）（本書第二部〔判例研究〕1）を取り上げる。

第四銀行事件は、定年延長に伴う賃金体系の不利益変更が争われたケースであるが、最高裁は、就業規則変更が従業員の九〇%を組織する労働組合との交渉・合意（協約締結）を経て行われたことから、「労使間の利益調整がされた結果としての合理的なものと一応推測できる」と述べ、管理職として組合への加入資格を否認されていた上告人労働者との関係でも、合理性を肯定できる根拠の一つとなると判断した。これに対して、秋田教授は、次のような重要な批判を行っている。すなわち、「『労使間』の『利益調整』と言う場合、利益調整の対象者の中には、X（上告人労働者―解題者注）ら非組合員たる管理職も含まれるのであるから、判旨としては、組合と使用者間に、本件制度変更の結果、当然に不利益を被るXらについての『利益調整』が十分になされたかどうかの判断を示すべきであ」り、「判旨が挙げる『Xら役職者のみに著しい不利益を及ぼす』変更ではなかったという理由だけでは、労使間の利益調整がなされたと推測するのは難しい」と。

この論旨は、本判決に対する内在的批判としては、必ずしも正鵠を射たものとはいい難い。本判決が述べる「労使間の利益調整」とは、従業員の九〇%を組織する労働組合との交渉・合意を経たことから認められる労使間の全体としての利益調整を意味するのであって、非組合員である上告人労働者らに関する利益調整を念頭に置く判断ではないからである。そうであるからこそ、多数組合の合意による合理性の推測は「一応の推測」にとどまり、就業規則変更の合理性に関する一判断要素に位置づけられ、変更の合理性に関する立証責任の転換をもたらすような「法律上の推定」とは明確に区分されているのである。

しかし一方、立法論として見れば、上述した「今後の労働契約法制の在り方に関する研究会報告書」は、全労働者の意見が適正に集約されることを要件に、過半数組合が合意した場合または労使委員会が五分の四以上の多数による決議をした場合、就業規則変更の合理性を推定する規定を設けることを提案していた（労働契約法には結実しなかった）。第四銀行事件判旨との違いは、全労働者の意見を適正に集約することを要件とする代わりに、変更の合理性に関する「法律上の推定」を認める点にあり、ここでは、まさに非組合員労働者を含む全労働者の意見・利益の適正な調整が前提とされている。秋田教授の上記の指摘は、就業規則変更の立法論における有力な選択肢を提案していたものとして注目される。

(1)　菅野和夫『労働法〔第七版補正二版〕』（弘文堂・二〇〇七年）一〇四頁、土田道夫『労働契約法』（有斐閣・二〇〇八年）一三五頁。
(2)　石井照久『全訂労働法』（勁草書房・一九九〇年）一二六頁。
(3)　土田・前掲注(1)書一三六頁など。
(4)　この点については、土田・前掲注(1)書一三六頁以下、五〇九頁以下参照。
(5)　最大判昭和四三・一二・二五民集二二巻一三号三四五九頁。
(6)　最判平成九・二・二八民集五一巻二号七〇五頁。
(7)　秋田教授は、前掲注(5)・秋北バス事件に関する判例解説「就業規則の改正と労働条件—秋北バス事件—」『労働法の判例』（有斐閣・一九七二年）一二五頁においても同旨を述べている。
(8)　秋田教授は、前掲注(5)・秋北バス事件最判においてはじめて登場した「合理性」要件について、色川裁判官が少数意見として提示した「『合理的』か否かについて、これを決定する基準がいったいあるのであろうか」という見解に賛意を表している（「就業規則の効力」本書三一九頁）。ただし、「就業規則の法的性格と変更の効力」では、合理性の基準についても判例法理として尊重すべき旨を説き（本書二六八頁）、「就業規則の一方的変更とその法的効果」では、色川少数意見と対比しつつ一定の評価を与えている（本書二八一頁）。

1　就業規則の法的性格と変更の効力

一　就業規則の意味

「就業規則」を一般的に定義づけると、「使用者が事業場における従業員の管理のため、就業規律や労働条件等について画一的に定めた基準」ということができる。多くの職種にわたる多数の労働者を雇用し、その就業条件を統一的に定め、これに従って能率的な管理をしようとする企業体にとって、かかる制度は、ほとんど不可欠のものであり、今日、高度の工業国においてはどこにも見られる制度である（これらの国でも、必ずしも就業規則を法制度の中にとり入れているわけではない。わが国の「就業規則」にあたるものはworks rule、「職場のルール」という）。

ところで、就業規律（または服務規律）の基準と労働条件の基準とは、ともに画一的な条件の明示という点で共通である。とはいえ、使用者側にとっては、それぞれの明示の意味に若干の違いがある。一般的にいえば、使用者が就業規則を作成するに際して常に両者をその中に盛りこむとは限らない。労務管理上、より必要性の高い服務規律のみを定めるという場合もありうる（歴史的には後者が主体として発達した）。ただ、わが国の場合は、労働基準法が適用される事業場のうち「常時十人以上の労働者を使用する」使用者は、就業規則作成の義務を負わされ（八九条一項）、しかも、その就業規則には、少なくともその制定に際して、基本的労働条件（同条一項一―三号）に関する事項はもとより、服務規律や懲戒事由を含む「当該事業場の労働者のすべてに適用される定め」（同一〇号）を就業規則の中に盛り込むことを義務づけられているところから、現在のわが国で「就業規則」といえば、労基法によって使用者が事業所毎に作成を義務づけられ（従業員数が常時、十人に充たない小企業では、法律上、就業規則の作成義務はないが、従業員の管理上、任意に作成される場合もある。その性格は、一般の就業規則に準じた取扱となる）、原則としてすべての従業員に適用のある総合的規定集としての就業規則（ほぼ、定型的に、「総則」、「人事」、「勤務」、「給与」、「福利・厚生」、「安全・衛生」、「災害補償」、「服務規律」、「表彰・懲戒」および「附則」の各項から成る。そのほかに、臨時雇やパートタイマー等、特殊勤務者用に定めた就業規則がある）を指すことになる。

二　実定法体系における就業規則の不明確な地位

就業規則は、市民社会および資本主義経済体制の所産の一つである。それは、もう一つの所産である雇用契約と相前後して登場してきたが、多くの国にあっては、雇用契約の方は、契約概念の労働関係への適用という形で早くから法制度に組みこまれたのに対して、就業規則は、企業内部の従業員管理制度として事実上の規範にとどめられ、特に法的制度あるいは法規範として認められることは少なかった。就業規則が実定法規の中に登場するのは、「就業規則による従業員の専制支配」に対する労働保護法上の規制の要請が出て以後のことである。

わが国における就業規則と実定法の関係を見ると、明治二九年公布、同三一年から施行された民法典には雇用（契約）に関する定めは置かれたが、就業規則に関する定めはなかった（現在においても同じである）。しかし、同三一年に内務省の提示にかかる「工場法案」には「工業主ハ職工トノ関係ヲ定ムル為職工規則ヲ設ケ当該官庁ノ認可ヲ受クヘ」きこと、この職工規則は工業主および職工を「覊束」すること、この規則制定を罰則により強制すること等が定められており、就業規則規制に関する立法構想の登場が先進欧米諸国に比べるとかなり早かったことが注目をひく。この構想は、明治四四年に成立をみた工場法には結局、とり入れられなかったが、大正五年の鉱業法に基づき制定された鉱夫労役扶助規則において具体化された。同規則は、わが国ではじめて雇主に就業規則（雇傭労役規則）の作成を義務づけたものである。ついで、大正一五年制定の工場法施行令が、五〇人以上の従業員をもつ工業主に、所定の事項を記載した就業規則を作成・届出をなす義務を負わせた。現行労基法の採る就業規則法定主義の政策はこれら戦前の立法の系譜につながっているといえる。

第二次大戦前の断片的な就業規則に関する法規からは、就業規則の一般私法的性格は明らかではなかったが、学説ではすでにとりあげられ、論議があった。そこでは、民法に定める「事実タル慣習」（九二条）や明治三一年制定の「法例」中の「慣習法」（二条）の規定の存在を論拠として就業規則を一の「慣習」としてとらえようとするアプローチが有力であった。

第二次大戦後、民法の特別法として制定された労基法は、就業規則に関し一章を設け、「作成及び届出の義務」（八九条）、「作成の手続」（九〇条）、「制裁規定の制限」（九一条）、「法令及び労働協約との関係」（九二条）および「効力」（九三条）の五か条を置いた。最後の効力に関する規定以外は、違反に対し罰則をもって使用者に遵守を強制する（刑事）強行法規とされた。労基法は、そのほか、冒頭（二条）に「労働条件は、労働者と使用者が、対等の立場において決定すべきもの」とする対等決定の原則を掲げ（同条一項）、これを受けて第二項で、労働者、および使用者の双方が、労働協約、労働契約とともに就業規則をも遵守し、誠実にその義務を履行すべきことを定めている。さらに、同法一五条は、使用者に労働契約締結に際しての「労働条件明示の義務」を負わせているが、解釈例規（昭二九・六・二九基発三五五号）は、右の「明示」の方法として就業規則の提示で足りるとして、これにモデル契約としての機能を与えた。そのほか、就業規則の「定め」があることが法的要件とされる場合もある（三二条二項・三九条四項）。

右のところからみると、労基法は、就業規則に対して単に公法的規制にとどまらず、労働契約との関連規定をはじめ当事者間の私法的関係についての就業規則の位置づけをしているという意味において私法的効果を付与していることは否定できないところである。しかし、同法は、就業規則を法制度の中に相当大幅にとり入れ、これに一定の私法的効果を与えているとはいえ、就業規則を個々の労働者と使用者間の労働契約に代るものとしたり、労働契約の存在を否定しているわけではない。労働契約は、それ自体として労基法上、基本的な法関係の地位を与えられており、ただ就業規則との関係で、後者に定める基準以下の労働契約の効力が否定されるだけ（労基法一三条や九三条に定める直律的・補充的効果の問題である。無効となった労働契約の部分は「消滅」して、そこだけは法規や就業規則の規定が適用されると解してもよいし、後者の規定に沿った新たな労働契約が締結されたと解しても（「編入説」の考えかた）不当ではない）である。両者の共存関係には変りがないので、就業規則の法的関係を特に労働契約との関係に照明を当てて考える場合に、法理論上、意外に難しい問題が含まれていることに気づくのである。以下の論争も、主として、わが国の実定法の下での就業規則の位置づけが十分に明らかにされていないところから生じていると思われるが、それは、他面、労働協約とか、組合規約といった社会における組織集団の内部的規範と法規範との関係に共通の問題でもある。

三　就業規則の法的性格――論争の意味と再検討――

「就業規則の法的性格（または法的性質）は何か」という問は（諸外国では、わが国におけるほど、学説あるいは判例のうえで大きなテーマになっていない。これは、就業規則を立法の中にとり入れていない国の場合には、文字どおり、事実上の規範である就業規則が労働契約の内容となっているかどうかの事実上の推定（法的推定ではない）問題にすぎないからである）実は、やや曖昧なテーマであるが、結局、その法規範性を問うことである。より具体的にいえば、就業規則はその適用当事者に対して何を根拠にして、どのような法的効力を及ぼすかという問題の提起である。

それは、現在の就業規則が現に雇用され、それに支配されている被用者に対してのみならず、今後、新たに採用される者に対する拘束力の問題でもあり、さらには現在の就業規則が変更されようとするとき、その変更に合意しない労働者に対する法的拘束力の問題をも含んでいる。前者の問題は、就業規則の法規範性という、国家法の体系の中での就業規則の位置づけ、法源性、労働契約あるいは労働協約等の法制度との関係といった、どちらかといえば、法理念的考察の問題であるのに対して、後者の問題は、きわめて具体的な実務上の課題の一つである。しかし、後者の問題も、就業規則を法的にどうとらえるかによって結論が違ってくるので、いわば前者における「理論」のテストケース的意味合いをもっているだけでなく、前者の問題をめぐる学説上の議論の中にすでに後者の問題が含まれていたことからいっても、両者は相関的な関係にある。しかし、問題を分り易くするために、ここでは順を追ってとりあげ、後者については節を改めて**四**に述べることにする。

(1)　就業規則の「法的性格」に関する考え方

労基法制定以後の、つまり現在の、わが国の就業規則の法的性格については、学説、判例上多くの見解の対立があるが、今日までにほぼ争点が出そろい（現時点で最も新しい文献による論争点の整理としては、日本労働法学会編・現代労働法講座一〇巻『労働契約・就業規則』（総合労働研究所、昭五八年）所収の下井隆史・越智俊夫・川崎武夫各論文、および、片岡曻ほか・共同研究労働法3『新労働基準法論』（法律文化社、昭五八年）所収の西谷敏論文に詳しい）、実務上も最高裁判決の登場（最〔大〕判昭四三・一二・二五民集二二巻一三号三四五九頁）によって、一応、判例理論が整理されるに至っている。

学説の見解についてみると、ほぼつぎの四つの考え方に大別することができる。

その一は、就業規則はそれ自体、法規範でもなければ、法的効果をもつものでもない。就業規則の法的効果とみえるのは、就業規則の条項が労働契約の内容となること、あるいは内容になったとみなされることによる法的効力なのであって、要するに労働契約の効果にほかならないとみるものである。この考え方は、一般に、法規範説との対比において「契約説」と呼ばれている。

その二は、就業規則は、それ自体として一つの法規範であり、労働契約とは別個に、すなわち、労働契約を媒介としなくても、適用労働者に対して直接、法的拘束力をもつとみるものである。一般に契約説との対比で「法規範説（または「法規説」）」と呼ばれる。そして後述の「労基法九三条説」および「根拠二分説」も部分的に就業規則自体に法的拘束力を認める点でこの中に含まれる。

その三は、労働組合または従業員集団の（包括的）合意があれば就業規則自体に法的効力が生ずるとみるものである。労働契約や個々の労働者の合意を要しないとする点で「契約説」は却けられ、集団的合意の形成という条件付きではあるが就業規則の法的拘束力を認める点で「法規範説」の範疇に属するといえる。

その四は、就業規則は、それ自体、法規範ではなく、立法によって付与されているかに見える法的効果も、法規範たる効力ではなく、法に類似した「擬似法規的」なものとみる考え方である。比較的最近、蓼沼教授の提唱された説である。

右の四つの考え方の中で、最も基本的な対立として学説上の論争を引き起してきたのは、「契約説」と「法規範説」との間におけるそれである。この論争は、集団的な労働関係にかかわる集団制度的法関係と個別契約法関係のとらえかたの問題にかかわるもので、法学的思考方法をめぐるシンポジュームに最適のテーマと思われるから、すでに多くの論文が書かれ、論じつくされた観はあるが、あらためて取り上げ、筆者なりの考え方を述べてみよう。

(2)　契約説の考え方

「契約説」は、就業規則の法的根拠を「経営権」といった使用者の専権（prelogative）に求めようとする素朴な法規説を却け、たとえ使用者の専権によって作成されたものであるとしても、それが労働者を拘束する所以は、基本的には、労働者自身の合意に基づいているという発想に立っている。労働関係は、すべて労働の提供者である労働者個人の合意＝契約を媒介として成立している以上、労働条件や雇用条件が法的拘束力あるものとして遵守され、裁判上履行され、あるいはその内容の変更が許されるのは、国家により一般的に法規範として承認された契約の法的効力によるのであり、就業規則のように、合意性に基づかない事実上の規範は、それ自体が法規範となりえないことはもちろん、契約に代る法規範たりうることもできない。労働者が就業に際して就業規則を見せられ、あるいは労働者においてそれに拘束されることを承認した場合にも、それは、法的には就業規則を構成しているそれぞれの規定が個々の労働契約の内容となっていること、あるいはそうみなされることによって当事者を拘束すると考えるべきである、また、そう考えることによってはじめて使用者の専権的運用を抑止する実務上の効果も期待できるというにある。

この考えかたは、私法分野における法的拘束力の一元論の上に立ち、伝統的市民法理論の下では異質的存在である就業規則を私法の体系の中に位置づけようとする場合には最も抵抗感の少ない理論構成であり、恐らく、諸外国では支配的考えかただと思われる。

問題は、わが国のように、就業規則が実質的にそれ自体としての機能を発揮しているだけでなく、労基法という実定法規を通して今日の企業におけるほとんど不可欠の制度として位置づけられ、明確に一定の私法的効力を付与されている法制度の下で、これを単なる事実あるいは契約のひな型にすぎないものとしてその法規範性を全く否定することができるかどうか、かりにできるとしても就業規則の法的解明として果たして十分かどうかということである。また、契約説が主張するところの、就業規則の定めを労働契約の内容とみなさせるに足る就業規則自体の法的性格あるいは根拠の説明が必要であるように思われる。この点は、相対立する法規範説の考え方を検討したうえで、あらためて考察してみよう。

(3) 法規範説の考え方

「法規範説」が「契約説」と基本的に見解を異にするのは、それを「経営権」によって就業規則に内在するとみるか、あるいは法律によって認められたものとするかの違いはあるにせよ、就業規則それ自体を法規範として、適用対象者たる労働者に対する法的拘束力をもつとみる点にある（下井・前掲書二七九頁は両説の争点を明快にこの点にしぼっている。同感である）。法規範説の論者が共通して使用する「法規範的効力」という用語は、論者によって必ずしも一様ではないが、それが、単に就業規則を適法な存在として認めるにとどめるといった消極的なものではなく、法規と同一、あるいはこれに準じた効力という意味で使われていることは明らかである（もっとも法規範説の立場に立つ西村助教授は、「法規範的効力」の意味を「法規範類似の効力」と説明される（前掲書四五五頁）。「類似」の効力とは、蓼沼教授の提唱される「擬似法規的」効力とも若干違うようであるが、それが法規と同一の効力を意味しないものとすれば、筆者の分類による「法規範説」の立場には含まれないことになる）。

ところで、現実の就業規則は企業（事業所）ごとに使用者により作成されるものであるから、その具体的内容は各様であり、また、一般に、必要的記載事項である労働条件の基準のほか、企業の求める服務規律の遵守義務条項、または服務規律違反に対する懲戒の種別、手続等ほんらい「権威者」と「被支配者」との関係をストレートに表わす条項を含むのが例である。そこで、法規範説の考え方によれば、このような条項、とりわけ、近代的労働関係の下では、適用当事者の合意、少なくとも契約によることが望ましい事項について使用者の（一方的に）設定した就業規則の条項が、そのまま法としての機能をもって従業員を義務づけることになるわけで、そうなると、両当事者の合意の所産であるが故に裁判所による履行の助力が与えられる「契約」との対比上、何故、事実規範としての就業規則にそのような強い法的効力が認められるのかという疑問が生ずるのは当然であろう。就業規則イコール法規範という発想の最も大きなウィークポイントがここにある。

そこで、法規範説はその法的根拠として、わが国において慣習法なるものの存在を公認する法例二条または民法九二条をあげ、あるいは、労基法の保護法規による「授権」をあげる。慣習説は、就業規則が、企業社会において支配的な規範力をもつだけでなく、その事実が広く社会の普遍的現象として公知されている以上、それを一の社会的自主法規と認め、あるいは、社会的に承認さるべき慣習の一つとして法規範としての効力を認めるべきものとする。しかし、自主法規説に対しては、企業という特殊社会において使用者の手で作られた事実としての就業規則を、単にそれが当事者たる労働者に支配力をもっているということだけでこれを自主法とみなし、実定法と同じ効力を与えることの不合理さが指摘されねばならない。慣習説も、結局、このような自主法規的規範が集積されることによって社会的に法として容認されるに至るとみるものであろうが、一方の当事者による事実上の強制に過ぎない慣行が集積し、日時を経たというだけの理由で法規範にまで高められるとするのはいかにも納得がいかない。法例二条や民法九二条の規定は、ある慣習が特に法の規定や認められた法の原則に抵触しない限り法的効力を認められる場合のありうることを前提とし、その場合の一般的、抽象的要件を示すにとどまる（従来、法例二条と民法九二条が社会的規範や慣習に対するそれぞれの法的対応には何か大きな差異があるように説かれてきたが、少なくとも就業規則に関する限りでは、すでに労基法が制定されているのであるから、同法を別にして社会自主法あるいは慣習法としての理論構成をする必要はないといわねばならない。西村・前掲書四五三頁。「事実たる慣習」を論拠とする契約説（石井照久「就業規則論」私法八号）についても同じことがいえる。適法に成立した就業規則の規定が労働契約の内容として推定される法的機能は、「慣習」ではなく、労基法の中に法制度として採り入れられたことによると解すべきである）ものであって、そこから直ちに、企業ごとにその内容を異にする就業規則なるものに一般的に慣習法として法規範性が帯有するに至るのだという結論を引き出すことは、制定法主義が支配的なわが国においては短絡的に過ぎる論理といわざるを得ない。

社会自主法規説や慣習法説が、法例二条や民法九二条を援用するとしても、もともと合意の裏づけのない就業規則に法規範としての効力を認めることは、労使対等の原則（労基二条）からみてとうてい難しいところから、法規範説は、より積極的な根拠を労基法に求めている。

「労基法九三条説」は、同条が就業規則に対して「創設的に法的効力を付与した」もの、あるいは、より限定的に、「労働者保護法の趣旨に合致する限りにおいて」国家による授権を認めたもの、と説く。特に、後説は、就業規則に付与された法的効力が「片面的強行性」をもって労働者の保護の方向にのみ働くと解するから、使用者による就業規則の一方的不利益変更を阻止するための有効な理論として学説の大きな支持を得てきた。

しかし、労基法九三条は、就業規則で定める労働条件の基準に達しない労働契約を無効とし、就業規則によるその「補充」を定めているだけであるから、この規定のみをもって国が就業規則に対し一般的に法規範つまり、法規と同一の効力を付与したものと解するには無理がある。同条は、就業規則の定めのうち、労働条件の基準に関する部分について言及しているに過ぎないからである。従って、法規範説というのであれば、就業規則を構成する他の部分についても、どういう根拠で法規範的効果が生じるのかを説明する必要がある。同説が、就業規則のうち、労働条件の基準に関する部分だけに法規範的効力が認められるに過ぎない、と説く場合には、それは、就業規則の法規範説といいえないであろう。

就業規則のうち、狭義の労働条件事項と就業に当っての行為の準則に関する事項を分け、前者の法的拘束力の根拠を労使の合意に、後者のそれを使用者の指揮命令権に置く根拠二分説（有泉亨・労働基準法九一頁以下）では、労基法九三条説とは丁度逆に、労働条件事項については、同条による効果以外に法規範的効果はなく、結局、契約を媒介とした法的効力が認められるに過ぎない。ただし、二分説は、就業規則のその他の条項については法規範的効果を認めるので、部分的に就業規則の法規範性を認めることになる。

以上のところから、就業規則に「法規範的効果」が認められるということの意味を、労働契約との関係においてどう把えるかがさらに問われねばならない。

労基法九三条による保護法的授権説および二分説を含めて法規範説は、就業規則自体に法規範性が与えられたとみるのであるが、その場合に、就業規則の各条項は、個々の労働者が使用者との間に締結している労働契約とどのような関係になるのであろうか。ある企業で就業規則が適法に制定され、従業員に周知されても、それによって（より不利益な労働条件を定めた労働契約が労基法九三条の直律的効力を受けて無効となることを別として）当該労働者の労働契約が消滅するわけではない。労働契約は口答でも成立するから、文書による労働契約が締結されていないことは、契約が存在しないことを意味しない。労働契約が法規範であることは明らかであるから、就業規則もまた法規範と解する法規範説の立場では、二つの法規範が並列的に存在することになる。同一内容事項については就業規則が労働契約を排除することをうかがわせる立法の規定は全く存在しないからである。内容が同一であれば問題はないように見えるが、就業規則の条項違反が生じた場合に、当事者は、労働契約に基づく債務の履行として求めるのか、それとも就業規則という法規範に基づく請求権の行使としてそうするのか、訴訟法上問題となる。実務では、通常、労働契約上の争いとして扱われているが、訴訟技術上は、就業規則の条項を労働契約上の約定とみなすという操作が行われているとみることができる。法規範説のあるものは、就業規則の条項が労働契約的に「化体」（入りこむ）すると説く（西谷・前掲書四六三頁、片岡曻「労働者保護法の理念と構造」松岡還暦記念『労働基準法の法理』二六頁）が、そうなると、就業規則自体に法規範性を認めない「契約説」とほとんど変るところはない。労働契約の内容となるものが、それ自体、法規範としての就業規則条項か、それとも単なる事実としてのそれか、という違いだけである。化体説をとらない法規範説では、右の点をどう考えるのか明らかでない。

もともと、学説としての法規範説は、契約説に対する批判として登場したものである。すなわち、法規範説は、就業規則それ自体に法規範としての効力を認めず、就業規則の条項が労働契約の内容となることによって契約としての法的効力を生むに過ぎないとする契約説に対して、就業規則のもつ社会的自主法規性、あるいは集団的・画一的労務管理の必然性を無視し、擬制化された合意に固執するものと批判した。とりわけ、すべてを個別契約の論理で貫こうとする契約説では、労基法九三条のような立法の存在を説明できない（労基法九三条を「立法趣旨が明確でない」（吾妻光俊「労働協約と就業規則」法曹時報二巻一号四一頁）とか、「きわめて不手際」（石井・前掲論文三三頁）と評するだけの初期の契約説は今日ではほとんど説得性がない）ということが契約説の基本的ウィークポイントとされる。

この点は、少なくとも、契約説の側から積極的に答えねばならない点である。すでに、契約説の立場からの積極的な再反論が提起されている（下井・前掲書二八七頁）が、基本的には契約説を妥当と考える筆者の考えかたを示しておきたい。

私は、労基法九三条をめぐる就業規則の法的性格をめぐる論議において、そこに「法規範性」とか「法的効力」あるいは「法的拘束力」といった基本概念の使いかたが曖昧なところからくる論争の混乱があるように思われてならない。

(4)　法規範的効力の意味

法規範（legal norm）とは、ほんらい法的効力または法的拘束力という言葉と同義であるが、特に「法規範的」効力という用い方をする場合には、法規に準じた法的効力という意味で用いられる。したがって、実定法規あるいは実定法規によって法としての効力を付与され、それ自体が法源とみなされるものについては、特に法規範的効力という言葉を使う必要はない。契約については、それ自体を法源として扱わない国もあるが、わが国では、自然債務のようなものを除き、一般に法源としての地位を与えられているとみてよいであろう。労働契約も契約の一つとして当事者に法的拘束力をもつことについては特に異論はない。そうすると、「法規範的効力」という用語を用いることが必要なのは、就業規則とか労働協約、あるいは労働組合の規約といった多数の当事者を対象とする集団的取りきめの内部的効力が問題となる場合である（法規範という概念ないし用語は、従来は主として他の社会規範（論理、道徳、宗教など）との関係で法理学または法社会学において使用されていた。それが実定法に関連して注目を引くようになったのは労働協約の登場によるものと思われる。通常の法律辞典に「法規範」とか「法規範的効力」といった用語の解説が載っていないことが多いのは、それが労働法上の特殊的な用法であるためであろう）。

それでは、特に就業規制や労働協約制度上、法規範的効力とは、いかなる目的または意味において、またいかなる程度において認められたものと解すべきであろうか。それは、労基法や労組法の立法政策に則して具体的に考察するほかはない。すなわち、これらの法規の定める、あるいはその法規の立法趣旨から合理的に認められる範囲において法的効力が与えられたと解すべきであろう。

「法規範的効力」という用語が、最も典型的に使用されるのは、労働協約の場合であるが、それは労組法一六条（および一七条・一八条の「一般的拘束力」）に規定する協約基準の労働契約に対する効力という意味においてである。これに対し、労働協約の「債務的効力」の方は、通説では、協約の「規範的効力」とは違って、労働協約を全体として一の「債権契約」とみて、その契約としての効力が協約当事者を法的に拘束する、と説明するのが普通である。そうすると、学説が通常、「労働協約に法規範的効力がある」と説明する場合には、それは労働協約それ自体が「法規範」であるかどうかの問題を捨象して、協約の規範的部分がもつ効力に限定してそういっていることが分る。労働協約にこのような特別の法的効力が与えられているのは、法が一方の当事者である労働組合の団結権を認め、団体交渉権を与えてその結果として締結されたのが労働協約であること、そして、その労働協約は、組合員の労働条件の基準の保障を最も重要な機能としているという事実による。

ここで「労働協約の規範的効力」ということを引合いに出したのは、労働協約の場合でさえ、限定的に用いられている「法規範的効力」の用法が、就業規則の法規範説の場合には、なぜか、就業規則自体に全面的な法規範的効力が与えられているかの如くに扱われていることに注意を喚起したいからである。労基法九三条が就業規則に「法規範的効力」を与えたものだとしても、同条は労働協約に関する労組法一六条と同じロジックに立っているのであるから、「法規範的効力」の用法は、少なくとも労働協約のそれと対応させて限定的に用いるべきであろう。

法規範的効力は立法によってなされるものであるから、立法が、ある社会的規範についてこれに立法と同一の効力を与えると定めれば、それは、その時から、実質的に法規とみなされることになる。しかし、就業規則に関する限り、労基法にそのような解釈を許す規定は見当らない。したがって、就業規則に「法規範的効力」が認められるという場合に、これを法規と同一の効力と解するのはどう見ても無理があるといわねばならない。

しかしながら、立法が使用者に、作成・変更手続まで定めて、罰則付きで作成を義務づけ、監督官庁の監督の下に置き、一方で労働者にも遵守義務を負わせている（労基二条二項）場合に、このような制度に何らの法規範的効力も与えられていないと決めてかかることはできないであろう。少なくとも労基法九三条は、契約法の原則を破る強行法規であるから、就業規則を法の体系に組み入れて一定の法的効果を与えようとするわが国の法制度の下では、就業規則をもって全くの事実規範にすぎないとする「契約説」が（もしあるとすれば）成立たないことは明らかである。

(5)　限定的法規範説

就業規則には法規と同一の法規範的効力が与えられているとする法規範説と、逆に何らの法規範的効力も与えられていないとする契約説のロジックがいずれもが誤っているという前提に立って、なお、「法規範的効力」という用語を用いるとすれば、それは労基法が、就業規則に対して一定の範囲において付与していると考えるほかないであろう。それには、同法がどういう立法政策的意図の下にいかなる範囲の法規範的効力を与えているかの検討が必要である。

労基法の就業規則に対する政策は、（他の規定と相まって）企業における労働者の労働契約の実質的基準となっている就業規則に国の後見的立場から最低条件を充たす就業規則の制定と届出を義務づけ、これを労使の当事者および公的監理の下に置くところにあると考えられる。労働関係における重要な要請としての当事者の合意性の点については、労基法（九〇条）は従業員の多数意思による手続参加程度の介入にとどめているが、これは労働協約という、より高度の協定への発展の可能性を前提にしたうえで、就業規則の集団的、画一的労務管理の要請（広義の契約の自由の原則）を優先させたものと解される。右の政策は、労働協約法制と両建ての「過渡期的」立法政策であり、労働契約が実質上、抽象的存在に転化し、就業規則の定めにより左右されている実態の下では、就業規則に全く法的コントロールを加えることなく、ストレートに労働契約の解釈に任せる古典的立法政策に比して優れた点をもつことは否定できないところであろう。

労基法が、全体として就業規則に与えている右のような重要性にかんがみると、就業規則は、その各条項を一応、労働契約の内容と推定させる「法的機能」を与えられているとみることができる。「法的機能」というような用法が、いまだなじみ難いとすれば、法的効力（川崎・前掲書三四五頁は、社会自主法規説の立場から、これを「保護法理によって労働契約内容が就規所定の線まで引上げられるという」「法的効果」と説明し、就業規則の法規範性を否定する。法規範説の主張者の多くも、「法規範的効力」をこの意味の法的効力ないし効果に限定して考えていると思われるふしがある。そうだとすれば論争の意味はきわめて薄れてくることになる）あるいは、「法規範的効力」といってもさしつかえない。ただし、私見は法規範的効力の意味を就業規則に全面的に付与される法規と同一の効力とみる「法規範説」の用法と異なるし、労基法三九条の直律的・補充的効力に狭く限定しない点が異なる。

就業規則の各条項が労働契約の内容とみなされる法的推定機能を労基法に求める私見は、同時に、契約説に対する批判を含む。契約説は、一般に就業規則が労働契約の内容となることで契約の効力として作用するとか、それを通じて就業規則の法的効力が是認されると説くが、そもそも、就業規則の条項が労働契約の内容とみなされる法的根拠の説明が明確でない。就業規則それ自体が一の附合契約であるとか、「就業規則による」という慣習によって労働契約を締結したとみなす、といった説明が、労基法の労使対等の原則（二条）や契約＝合意の原則上、根拠に乏しいことはさきに述べたとおりである。集団的・画一的労務管理の要請としての就業規則が作成されて、労働者が事実上、その適用下に置かれるとしても、その就業規則が労働契約の内容とみなされるのは、あくまで労基法の適用の下での、法的操作によるものである。契約説のロジックは、労基法の基本原則を前提としてはじめて発動すると解される。

結局、労基法の就業規則に関する諸規定を総合して考察すれば、就業規則の法規範的効力は、就業規則それ自体を全面的に「法規」として機能させる効力ではなく、同法九三条の定める労働契約に対する直律的・補充的効力の外に、適法に作成・変更された就業規則の規定を、労働契約の内容と推定させる効力を併せもつものとみるべきである。

なお、集合的合意説は、就業規則の成立要件としての「合意性」の担保に重点を置くので、その要件を充足させる就業規則と労働契約との関係は必ずしも明確ではないが、その場合には法規範説のいう規範的効力を認めるものと思われる。同説の説く「合意性」は具えていないが、労基法九〇条の定めには合致する就業規則の場合には、これを絶対的無効とみない限り、契約説の考え方に立つほかないと思われる。

擬似法規説では、法規範説の主張する意味での法規範的効力を認めないことになるので、結局、労働契約との関係では契約説と同じ考え方になると思われる。

四　一方的に変更された就業規則の効力

就業規則のとらえ方、つまりその法的効力についての考えかたの違いは、ある労働者が現にその適用を受けている就業規則の条項を、使用者が一方的に変更し、実施しようとする場合に、はじめて現実的、かつ、切実な問題となる。労働者が企業に採用されるに当たって、提示された就業規則の内容にあれこれ注文をつけることは、事実上、不可能に近いし、また、就業後も異議なく適用を受けてきた就業規則の合意性を後に至って労働者個人として問題にすることも難しいであろう。その意味では、就業規則の「法的性格」ということは、労働者側にとって現実の問題とならないし、「契約説」か「法規範説」かといった論争も、所詮、学者の関心の域を出ないのである。

しかし、現に適用を受けている就業規則が、使用者によって（適法手続の下に）一方的に変更される場合、特にそれによって雇用条件の上で不利益が生ずるということになれば、労働者側もそのような変更が法的に何を意味し、労働者の合意なしに効力を生ずるかどうかに深い関心をもたざるを得ないであろう。就業規則なるものの法的性格は、不利益変更問題を通じて初めて現実問題として意識されるのである。右に「雇用条件」（賃金・退職金規定、勤務時間・勤務形態・諸休暇・休業補償、人事異動（配転・出向）、休職、解雇、定年制などが主として問題となる。川崎・前掲書三四六頁以下参照）とは、労働時間や賃金など（狭義の）労働条件と服務規律の基準条項の両者を含む概念である。また「不利益が生ずる」とは、個々の労働者が、改訂された就業規則の適用を受けることにより、従前の就業規則所定の基準以下の待遇を受けることを意味する（俗に「切下げ」と呼ばれる）。就業規則の変更によって「不利益」が生じたかどうかは、賃金額の引下げなど一見、明白な場合を別にすれば、必ずしも明確でない場合があり、また、変更された基準が適用を受ける従業員のうち、一部の労働者にとっては不利益であるが、他の者には必ずしもそうでない場合もあって、複雑な問題を生ずる（季刊労働法一三三号「労働条件変更の法理」参照）。それは労働協約にも共通する一般的問題なので、ここでは、一応「不利益変更」が生じたとして論を進めよう。また「一方的」という意味も、労基法九〇条所定の手続を履んだものまで含めるかどうか問題となるが、ここでは「個人の労働者が同意しない」というように最広義に用いる。

三で述べた就業規則の法的性格をめぐる各説の考え方の差異は、必ずしも変更の効力についての帰結につながらないが、類型的にみて、ほぼ、つぎのような帰結になると思われる。

(1)　まず、「契約説」の立場では、就業規則それ自体に法的効力はないから、それがどのように変更されても、新就業規則の効力が直ちに法的に労働契約を拘束することはない。新就業規則が新たに労働契約の内容となるかどうかだけが法的に問題となる。

新就業規則のうち、労働者が同意しない（反対の意思を表示している）条項があれば、変更前の就業規則の定めがすでに労働契約の内容となっているところから、その部分は労働契約として機能せず、労働者は新契約に同意するまで旧就業規則の定めに基づく待遇を求める労働契約上の権利を有する。ところで、労働契約は個別的関係であるから、新就業規則の改訂条項に同意するかどうかの意思表示も各労働者が個々に行うことになるが、就業規則の変更に際して積極的に反対意思を表示しなかった労働者についてはどのように意思解釈をするかが契約説の立場では問題となる。使用者側が、一定の期間を定めて諾否の意思を表示するよう催告すればそれによるが、このような手続がない場合にも、状況により「黙示の推定」によって、承諾したものと解釈されることがある。反対意思を表示している労働者に対しては改訂条項は及ばないが、契約説の立場では使用者は変更された就業規則による労働契約の改訂に応ずるか、それとも契約解除（解雇）かの二者択一を迫ることになるであろう。ただしその解雇の適法性は、別の問題である。

(2)　「法規範説」の立場では（最近の見解として、西谷・前掲書四九九頁以下は、不利益変更の問題を、就業規則の変更自体の問題、変更の「合理性」の基準の問題、変更された就業規則への同意の問題に分けて細かな検討を加えている）、不利益に変更された就業規則それ自体の効力がまず、問題となるが、この説では就業規則それ自体が法規範的効力をもつから、変更に反対の意思表示をしている個々の労働者をも含めて拘束力が及ぶことになる。ただし、「授権説」の立場に立ちつつも、その法規範的効力を労基法の「保護法原理の実現の方向」においてのみ認める「九三条説」の立場では、同条をやや拡張的に、「(旧)就業規則で定める基準に達しない労働条件を定めた

（改訂就業規則の下での）労働契約は無効となり、この部分は（旧）就業規則の定める基準による」と解釈することにより、変更された就業規則は、特に、労働条件の基準の部分では、その変更に反対していた者に対してはもちろん、特に反対意思を表示していない者および変更に同意している者についても法規範的効力が及ばないことになる。

(3)　「二分説」では、就業規則は狭義の労働条件以外の部分についてのみ法規範としての効力を及ぼすから、狭義の労働条件基準の変更については、労基法九三条の効果によらず、労働者の同意の有無によって決せられる。それ以外の部分については、適法手続をとる限り、変更の効力が生ずることになろう。

(4)　集団的合意説では、就業規則の変更に、どのような集団（労働組合または従業員の過半数のグループ）について、どのような「合意」のしかたをもって「変更」の適法性が認められることになるのかが問題となる（西谷・前掲書五〇一頁参照）が、有効な集団的合意による変更は効力を生じ、これに反対した労働者も拘束されることになろう。

(5)　最高裁判決の立場

五五歳定年制を新たに導入した改正就業規則により退職を余儀なくされた労働者が右定年制規定の効力が及ばないことを主張して従業員たる地位の確認を請求した秋北バス事件において（従来の判例の混迷を反映した）対立した一・二審の判断をうけた前掲最高裁大法廷判決（昭四三・一二・二五）は、最高裁として初めて就業規則の法的性質および変更の効果について判断を示した。

判決は多数意見と少数意見とに分れたが、多数意見は、就業規則の法的性質について、「労働条件を定型的に定めた就業規則は、一種の社会的規範としての性質を有するだけでなく、労働条件は就業規則によるという事実たる慣習が成立しているものとしてその法的規範性が認められる」とし、その結果、「労働者は、就業規則の存在および内容を現実に知っていると否とにかかわらず、また、これに対して個別的に同意を与えたかどうかを問わず、当然に適用を受ける」との解釈を示した（少数意見は、学説の「契約説」またはこれに近い立場に立って「法的規範性」を認める多数意見の考えかたを批判している。多数意見が採用した立場の分析について秋田「就業規則の改正と労働条件」ジュリスト別冊労働法の判例〔第二版〕〔昭五三〕、同『新版就業規則と労働協約』（日本労働協会）六五頁以下、菅野和夫「就業規則の不利益変更」ジュリスト増刊労働法の争点〔昭五四〕）。

最高裁の右多数意見の考え方によれば、就業規則が変更された時にはそれが当然に従業員を拘束することになるはずであるが、判決はもう一つの新しい原理を導入して、それが「（労働者から）既得の権利を奪い、労働者に不利益な労働条件を一方的に課することは原則として許されない」とし、ただ「労働条件の集合的処理、特にその統一的かつ画一的な決定を建前とする就業規則の性質からいって」（変更された）当該規則条項が『合理的』なものであるかぎり、個々の労働者において、これに同意しないことを理由として、その適用を拒否することは許されない」と述べている。

すでに学説の検討に際してとりあげた論点に照らすと、右最高裁判旨は、つぎのように整理することができる。

(イ)　就業規則には「法的規範性」が認められる。その意味は、労働者が個々に同意するかどうかにかかわらず、当然に適用を受けるということである。

(ロ)　法的規範性の根拠は、「労働条件は就業規則によるという事実たる慣習が（社会的・一般的に）成立している」ことに求められる。実定法上の根拠は明示されていないが、民法九二条の「法令ノ……規定ニ異ナリタル慣習アル場合ニ於テ……当事者カ之ニ依ル意思ヲ有セルモノト認ムヘキトキハ其慣習ニ従フ」に拠るものと思われる。

(ハ)　就業規則は、労働条件の集合的・画一的決定の必要から、これを定型的に定めたという性格をもつ。

(ニ)　就業規則の変更の場合には、使用者は一方的に労働者の既得権を奪ったり不利益な労働条件を課すことは合理的と認められない限り許されない。つまり、「不利益変更」の場合にも、その就業規則に「法的規範性」が認められる場合と、否定される場合とがある。

さて、右の(イ)の「法的規範性」という言葉は、法規範説のいう「法規範的効力」とは若干違い、当事者に対する法的拘束力というほどの意味に解される。そこでは、就業規則自体に一切、法的拘束力を認めない意味での契約説の考え方は否定されたが、といって、法規と同一の効力をもつとする法規範説が支持されたわけでもない(下井・前掲書二九三頁は判旨は、両説の対立点について「解答を保留した」とされる)。

就業規則の法的根拠についての判旨の考え方は、学説の「事実たる慣習説(契約説)」から法的規範性を引出すという論理構成をとっている。学説上の法規範説と異なり労基法の規定は全く援用されていない。

(ハ)にいう労働条件の集合的処理という要素は、判旨の就業規則の拘束性や「合理性」の判断にかなり大きな作用を及ぼしているように見えるが、法的規範性との関連は不明である。下井教授は約款論の類推とされるが、そうだとすれば、判旨は広義の「契約説」の立場とも考えられる。

(ニ)にいう一方的不利益変更が「許されない」場合の法的根拠は不明である。「許されない」変更が就業規則を無効とするのか、それとも労働契約のみが不変として残るのかについても、判旨から結論を得ることはできない。「既得権の侵害」と(変更理由の)「合理性」とは、ほとんど両立しえない関係になるが、判旨は、「均衡論」を採って、契約説をつきつめた「少数意見」による労使関係上の混乱を回避したものと思われる(下井・前掲書二八三頁)。この最高裁判旨は、先例としてかなり柔軟性の幅をもつが、また相当困難な認定作業を今後の下級審に課したといえる。それはともかく、最高裁が、就業規則という労使関係上の制度を一の集合的契約に類するものとして、これを事実規範から法の領域に移し、「法規範性」すなわちその適用を受ける従業員に対する法的拘束性をもつことを宣言した以上、また、その「一方的」変更についても「合理性」の基準を通してその拘束性を判断すべきことを判示した以上、それは、就業規則の「判例法」として尊重されなければならない。

そこで、どのような就業規則の条項の変更がいかなる労使関係の状況の下で「合理性」を認められるかが問題となる（就業規則の不利益変更の効果について、最終的には「合理性」という利益考量論による裁判所の判断に任せざるを得ないことについては、契約説も法規範説も一致するように思われる。下井・前掲書一九五頁、西谷・前掲書四二七頁参照。就業規則に労働契約の内容を推定させる意味での法規範的効力を認める私見の立場でも、それが少なくとも現在の立法政策に立脚していると思われる以上、賛成せざるを得ない）。

右最高裁判決の事案である五五歳停年制導入のケースでは、多数意見は、停年制は「人事の刷新・経営の改善等、企業の組織および運営の適正化のために行なわれるものであって、一般的にいって不合理な制度」とはいえないとした。そして停年制を新たに導入したことも（この会社では）停年制が導入される以前において終身雇用が保障されていたわけではないから、その導入によって既得権侵害が生じたとはいえないこと、五五歳という停年は、わが国産業界の実情（事件は昭和三二年）に照らし、かつ、同社の一般職種の停年五〇歳との比較権衡から低すぎるといえないこと、さらに、本件の停年制が「停年退職制」を定めたものでなく、労基法二〇条の適用を受ける「停年解雇制」であること等の理由を挙げて、「以上の事実を総合考較すれば、本件就業規則条項（改訂条項）は、決して不合理なものということはできず、信義則違反ないし権利濫用と認めることもできない」といっている。

その後の下級審では、本件と同じ定年制新設のケースについて肯定した事例（上智学院事件・東京高判昭四六・一一・三〇判タ二七七号一八三頁、一草会事件・名古屋地判昭四八・一〇・三一労経速八四一号三頁）、と否定の事例（合同タクシー事件・福岡地小倉支判昭四五・一二・八判タ二五七号一九八頁、西九州自動車事件・佐賀地判昭四七・一一・一〇労働判例一六五号五六頁）がある。定年制以外では、勤務体制の変更に合理性ありと認めたもの（都タクシー事件・新潟地判昭四七・四・七労経速七七九号七頁、石川島播磨事件・東京地判昭五二・八・一〇労民集二八巻四号三六六頁、一草会事件・名古屋高判昭五二・一・三労経速九四二号三頁、シェル石油・シェル化学事件・東京地判昭五四・一〇・一二労働判例三二九号二二頁など）、退職金基準の切下げにつき合理性なしとしたもの（栗山精麦事件・

岡山地玉島支判昭四四・九・二六判時五九二号九三頁、大阪日々新聞事件・大阪高判昭四五・五・二八高民集二三巻三号三五〇頁、ダイコー事件・東京地判昭五〇・三・一一労働判例二二〇号二八頁)、遅刻・早退・欠勤に対する賃金カット条項の導入(日本貨物検数協会事件・東京地判昭四六・九・一三労民集二二巻五号八八六頁)および賃金規定の変更(山手モータース事件・神戸地判昭四七・一二・五労働判例一六七号二六頁、都タクシー事件・京都地判昭四九・六・二〇、日本近距離航空事件・札幌地判昭五三・一一・一六判タ三八〇号一四四頁、エアポート事件・大阪地判昭五六・四・二一)につき労働者との合意のないことを理由として否定した事例がある。概して直接の労働条件の不利益変更については合理性を認められなかったケースが多い。生理休暇日の有給の範囲を狭めた変更が認められるかどうかが争われたタケダシステム事件では、一審が肯定(東京地判昭五一・一一・一二労民集二七巻六号六三五頁)、二審が否定(東京高判昭五四・一二・二〇労働判例三三二号一六頁)と全く結論を異にしたが、最高裁(二小判昭五八・一一・二五労働判例四一八号二一頁)は、二審が「長期的に実質賃金の低下を生ずるような賃金計算方法の変更は許されない」との見解の下に、本件就業規則の変更が合理的なものであるか否かを検討しなかったのは就業規則に関する法令の解釈適用を誤ったものとして破棄、原審差戻しの判決をした。

〔**参考文献**〕　本稿引用の文献の外、安枝英訷「就業規則の不利益変更と労働契約」労働判例三七三号四頁、小西國友「就業規則論の再検討」公企労研究第五六—五九号。

〔『シンポジウム労働者保護法』一九八四年〕

2 就業規則の一方的変更とその法的効果

——秋北バス事件とその後の判例理論の展開——

一　はじめに

本稿は、本誌（「社会労働研究」）が社会学部二〇周年記念の特集号として主として社会科学の方法上の問題をそのテーマとすることになったので、なるべくその趣旨に沿うようなとりあげかたをした。判例の評釈に近いが、評釈に重点があるのではない。法学者の間では、判決の論旨（判旨）を解釈学的に論ずるのを「判例評釈」といっているが、そこでは、裁判官がある事件について下した判決を実定法規の解釈のしかたの当否として論ずるのが普通である。しかし、伝統的なこのやりかたに対しては、法学を社会科学と考えるかぎり、方法論として問題ではないかとの批判がある。しかし、そうかといって、事件の「事実」と判決の結論だけを問題とし、事件の起った社会的背景や当事者または裁判官の心理状態などを社会学的に論ずるのであれば、それはもはや、法学研究とはいえない。判例評訳はどこまでも法理論から離れることはできない。そこで、法の論理と事実との間にも一つの架橋を作ることが課題だと思われる。しかし、本稿はここでこのような大きな課題にとり組むつもりではない。ただ、就業規則という社会的規範が、どの時点で、またどういう理由で法規範（legal norm）に転化するかという命題のとり扱い方について、上級裁判所と下級裁判所の対応のしかたを検討するという一つのメトドロギーを試みてみたに過ぎない。

就業規則というものは不思議な制度である。それは、企業といえるほどのところではどこにでも実質上存在し、従業員の雇傭条件をすべて画一的に規定して、採用され入社した従業員に有無をいわさず適用されるしくみになっている。経済学的にみれば、それは企業秩序（Ordnung）そのものであり、社会学的には一の「社会規範」である。それでは、法学的には「法規範」なのであろうか。問題はそこから始まる。最初に私の見解を申しあげておこう。これに対する最高裁判所の解答はまだ問題を未解決のままに残していると。

二　秋北バス事件最高裁判決とその問題点

(1)　事件の概要

秋北バス株式会社は昭和三二年四月一日「従業員は満五〇才をもって停年とする。停年に達したる者は辞令をもって解職とする。但し停年に達した者でも業務上必要有る場合、会社は本人の人格、健康及び能力等を勘案し銓衡の上臨時又は嘱託として新たに採用することがある」旨の（旧）就業規則の規定を、「従業員は満五〇才を以て停年とする。主任以上の職にある者は満五五才を以て停年とする。停年に達したる者は退職とする。但し（以下旧規定に同じ）……」と改め、同年四月二五日、上告人外一名に対し、すでに満五五才の停年に達していることを理由として、同年五月二五日付で退職を命ずる旨の解雇通知をした。上告人ら主任以上の職にある者については従来停年制の定めがなかったのに、今回の改訂で新たに停年制が設けられることになるので、上告人は自分らには改訂就業規則の適用がないものとして、解雇の有効性を争って本訴を起した。

判決は地裁から最高裁に至る間、その結論においても理論構成においても種々に変化した。[1] そこでは、就業規則の法的性格、その変更の法的効果、停年制の法的意義など、従来、学説、判例上かなり見解の対立のある問題[2]

が論じられた。まず、最高裁大法廷の多数意見および少数意見の要旨を紹介しよう。

(2) 最高裁大法廷判決(3)

(1) 多数意見……上告棄却

一、多数の労働者を使用する近代企業においては、労働条件は、経営上の要請に基づき、統一的かつ画一的に決定され、労働者は、経営主体が定める契約内容の定型に従って、附従的に契約を締結せざるを得ない立場に立たされるのが実情であり、この労働条件を定型的に定めた就業規則は、一種の社会的規範としての性質を有するだけでなく、それが合理的な労働条件を定めているものであるかぎり、経営主体と労働者との間の労働条件は、その就業規則によるという事実たる慣習が成立しているものとして、その法的規範性が認められるに至っているものということができる。就業規則に関する労基法の定めは、いずれも、社会的規範たるにとどまらず、法的規範として拘束力を有するに至っている就業規則の実態に鑑み、その内容を合理的なものとするために必要な監督的規制にほかならず、このように、就業規則の合理性を保障するための措置を講じておればこそ、同法はすすんで、就業規則のいわゆる直律的効力まで肯認しているのである。かくして、就業規則は、当該事業場内での社会的規範たるにとどまらず、法的規範としての性質を認められるに至っているものと解すべきであるから、当該事業場の労働者は、就業規則の存在および内容を現実に知っていると否とにかかわらず、また、これに対して個別的に同意を与えたかどうかを問わず、当然に、その適用を受けるものというべきである(以上の部分を以下に多数意見判旨第一パラグラフと略称する)。

二、新たな就業規則の作成または変更によって、既得の権利を奪い、労働者に不利益な労働条件を一方的に課することは、原則として、許されないと解すべきであるが、労働条件の集合的処理、特にその統一的かつ画一的な決定を建前とする就業規則の性質からいって、当該規則条項が合理的なものであるかぎり、個々の労働者において、これに同意しないことを理由としてその適用を拒否することは許されないと解すべきであり、これに対する不服は、団体交渉等の正当な手続による改善にまつほかない。そして、新たな停年制の採用のごときについても、それが労働者にとって不利益な変更といえるかどうかは暫くおき、その理を異にするものではない（判旨第二パラグラフとする）。

三、労働契約に定年の定がないということは、ただ雇傭期間の定がないというだけのことで、労働者に対して終身雇傭を保障したり、将来にわたって停年制を採用しないことを意味するものではなく、俗に生涯雇傭といわれていることも、法律的には、労働協約や就業規則に別段の規定がないかぎり、雇傭継続の可能性があるということ以上には出ないものであって、労働者にその旨の既得権を認めるものということはできない。また、およそ停年制は、一般に、老年労働者にあっては当該業種又は職種に要求される労働の適格性が逓減するにかかわらず、給与が却って逓増するところから、人事の刷新、経営の改善等、企業の組織および運営の適正化のために行なわれるものであって、一般的にいって、不合理な制度ということはできない（判旨第三パラグラフ）。

四、本件において新たに設けられた五五歳という停年は低きに失するものとはいえず、しかも、停年に達したことを理由として解雇する「停年解雇」制を定めたもので労基法二〇条所定の解雇の制限に服すべきものであること、再雇傭の特則が設けられ、現に上告人も引き続き嘱託として採用する旨の意思表示がなされていること、等の事実を総合すれば、本件就業規則条項は決して不合理なものということはできず、信義則違反ないし権利濫用と認めることもできない（判旨第四パラグラフ）。

(2)　少数意見（反対意見）……破棄・差戻を主張

〔横田・大隅裁判官〕

一、契約の内容は、当時者の合意によって決定されるべきものであり、決定された契約の内容は、相手方の同意なくして一方的にこれを変更することができないのが契約法上の大原則であり、このことは労働契約についても妥当する。かかる契約の本質論に照らせば、使用者が就業規則により一方的に決定し、または変更する労働条件が、当然に、すなわち労働者の意思いかんを問わず、労働契約の内容となって労働者を拘束するというような見解は肯認することはできない。

二、就業規則は、これに基づいて個々の労働者との間に労働契約が締結されることを予定して使用者が作成する規範であって、そのままでは一種の社会的規範の域を出ないものであるが、これに基づいて労働契約が締結されてきたというわが国の古くからの労働慣行も単なる事実たる慣習に過ぎないものであり、法たる効力を有するに至ったものとは認められず、社会規範たる就業規則は労働者の合意によってはじめて法規範的効力を有するに至るものと解する。

三、もっとも、前述の労働慣行に照らせば、労働者が就業規則のあることを知りながら労働契約を締結したときは、就業規則についても合意したものと解してさまたげなく、また就業規則が変更された場合にも、これに対し異議がないと認められる場合には、その変更に合意したものと解するのが相当である。しかし、異議があると認められる場合には、使用者は異議のある労働者に対しては、その変更をもって対抗しえないものといわなければならない。このように解するときは、異議の有無により労働者の間に労働条件の統一、画一が保たれないという不都合を来すこととなるが、その不都合は、法規範的効力のない就業規則の改正によって安易に事を処理しようとした使用者においてその責を負うべきものである。

〔色川裁判官〕

一、多数意見は、労働条件は就業規則の定めるところによるという事実たる慣習に法的規範性を認めるごとくであるが、事実たる慣習は、契約を補充する作用を有するにすぎず、当事者がこれによる意思を有していたと認められたときに、はじめて、その慣習が法源となるにとどまる。事実たる慣習が、法的規範となるためには、労使の一般的な法的確信によって支持せられ、両者の規範意識に支えられていることのために、契約当事者に対して強行せられるものでなければならない。したがって労働条件が使用者の一方的に定める就業規則による、という事実たる慣習は、法的確信の裏付けを欠くが故に、とうてい法的規範たり得るものではない。

二、多数意見が解するように、就業規則自体が法的規範で、しかも法的規範が当事者の意思いかんにかかわらず契約を支配するものとすれば、それが適法に変更せられた場合には、就業規則の定めるところが合理的であろうとなかろうと、契約内容は自ら変更を余儀なくされるべき筈である。しかるに多数意見が、就業規則の一方的変更によって労働条件を不利益に変更することは原則としてできない、としているのはいかなる根拠に基づくものであるか。

三、多数意見は、就業規則に対する労基法上の規制があることを法的規範性をもちうる理由にあげるが、その規制の内容は就業規則の内容を「合理的」ならしめる上に、ほとんど何ほどの力もない。有名無実に近い「監督的規制」をもって、就業規則の法的規範性を裏付けるのは無理である。労基法九三条は就業規則に法的規範性を認めたかの如く見えるが、それは、就業規則所定の線にさえ達しない低い労働条件から労働者を保護するため特に設けたもので、この一ヶ条をもって、国家が使用者に法的規範たる就業規則を作成、変更することを授権したと解することはできない。

四、労働契約締結の際に存在した就業規則所定の労働条件部分は、契約の内容に化体したものであるから、一旦成立、確定した契約内容を、当事者の一方がほしいままに変更しうべき道理はない。就業規則所定の労働条件部分を一方的に変更し、これを公にする行為は、既成の契約内容を変更したいという申入れ以外の何ものでもない。労働者がこれに同意を与えない以上、当該変更部分は法律的拘束力を有しない。

(3)　多数意見判旨のもつ法的意味

一読して明らかなように、大法廷多数意見が就業規則に関して述べた判旨はあまり明確でなく、全体としてこれを就業規則の一方的変更に伴なう具体的事例にそのまま適用するのはかなり難しいことのように思われる。

多数意見は、恐らく次のような考え方に立つものであろう。すなわち、判旨は、第一に、就業規則の法的拘束力について、従来からかなり有力な判例理論の一つとして主張されてきたいわゆる「経営権」[4]説を捨てたこと、第二に、就業規則の法的性格に関するいわゆる「法規（範）説」と「契約説」の対立については、基本的には、前者の立場に立つて、その独特の「法規範説」にもとづき、就業規則に法的拘束力を認めた（判旨第一パラグラフ）こと、第三に、就業規則の一方的変更による労働者の既得権の侵害を「合理性」という一般的基準に照らして濫用を防止しよう（判旨第二パラグラフ）、とする考え方である。この三つの考えかたは、もともと相矛盾する要素をもっているのであるが、多数意見は、いかにも日本の裁判所らしい利益調整的見解に立って結論を導き出しているように思える。

以下に主要な点を検討してみよう。

(1)　就業規則の法的規範性の根拠

多数意見判旨第一パラグラフの冒頭にある「多数の労働者を使用する近代企業においては」から「事実たる慣習が成立している」までの文章は、一応、スラスラと読める。それは、近代企業における就業規則と労働契約（というより現実の労働者の就労条件）との関係を、いわば、社会学的に説明したものと受けとれるからである。しかし、問題はその先にある。判旨は、「事実たる慣習が成立しているものとして、その法的規範性が認められるに至っている」といっている。そこで、これを続けて読むと、判旨は、前段においては単に社会学的事実を説明しただけでなく、むしろ、後段の「就業規則には法的規範性が認められる」という結論の一般的な理由として前段を述べた、ということが明らかになる。判例文中の「事実たる慣習」とか、「法的規範性」という言葉は、法律用語で、しかも、わが国独特の用法で（これを外国語に翻訳することはかなり難しい）あるため、法律の専門家以外には分り難いと思われるが、「事実たる慣習」を単に「慣習」、「法的規範性」を法的効力といい替えてもたいして違いがあるわけではない。要するに判旨は、労働条件が就業規則で画一的に定められているという慣行から、その（色川少数意見はそのが就業規則を指すのか、それとも、慣習を指すのか分らないといっている。多分前者なのであろう）法的規範性、すなわち、法的な拘束力が生ずる、といっているのである。この点は、事実たる慣習と法的規範を全く無媒介に結びつける論理の飛躍を犯しているとして、学説[5]のみならず、少数意見側からも最も大きな批判を受けるところである。

学説上、「法規説」とか「法規範説」とよばれる立場には、種々の考えかたのものが含まれる。このうち、「保護法・授権説」と呼ばれる考えかたは、労基法九三条を根拠として明示し[6]、いわゆる「社会自主法説」あるいは「慣習法説」[7]は、法例二条によって説明するのが普通である。判旨は、単にカッコ付きで「民法九二条参照」と書いているだけであるが、読む方はどう参照してよいのか分らない[8]。もっとも、判旨は、就業規則に関する労基法の規制と監督に関する規定（八九条ないし九二条）や直律的効力に関する九三条の規定を、「法的規範として拘束力を有するに至っている」就業規則の根拠の補強証拠としているかの如くであるが、授権説が説いているように同法九三条がその根拠だとは判決のどこにも書かれていない。これは、もし、判旨がその見解をとれば、その最終結論とするところと矛盾することになるからであろうが、この点は後に下級審がその解釈に苦しむところとなる。

(2)　就業規則の統一性・画一性

多数意見は就業規則の統一性ないし画一性ということを強調する。そして、このこと自体は組織化（organizieren）された近代企業が労務管理上、必然的に要請するところであって、労働者の労働条件は合意を媒介とする労働契約で定むべしといってみたところで、実際には、その決定について、労働者が個々に交渉（bargain）する余地はほとんどないのであるから、就業規則で最初から統一的・画一的に決定されたものを「異議なく」承知する事実を認めざるを得ない。しかし、問題は、多数意見判旨が、「労働条件の統一的かつ画一的な決定を建前とする就業規則の性質」から個々の労働者に対する法的な拘束力を引き出そうとしているところにある（このことは、判旨第一パラグラフではっきりしないが、第二パラグラフではかなり明白である）。確かに就業規則所定の労働条件を承知して（あるいは特に異議を述べることなく）入社した労働者は、就業則範に「個人的に同意」していないことを理由としてその適用を拒否することは許されない」であろう。その意味で就業規則に法的拘束力があるということも、一応、いえるかもしれない。しかし、このことから直ちに、その就業規則が使用者によって一方的に変更された場合にも、同じく法的拘束力があるという結論を引き出すのは不当である。というのは、前の場合に就業規則所定の条件が拘束力をもつのは、私見によれば、その統一的・画一的要請によるのではなくて、その条件で働くことを労働者が労働契約を通じて合意しているからである。既定の労働が就業規則の改訂によって変更される場合には、労働契約上、もう一度、それに対する諾否の意思決定の段階が存在するのであって、統一性、画一性の要請がそこまで無条件にまかり通るわけではない。就業規則の画一的適用と、変更された就業規則のそれとは、あくまで区別をつけて考えなければならない問題である（本件第二審の仙台高裁秋田支判に至っては一般的、画一的に決定された労働条件は、同じく、一般的、画一的に変更されるほかない、といっている）。多数意見は就業規則の通常の適用と、これを一方的に変更した場合とが、一応、次元の異なる問題であることを認めながら（このことは判旨が特に第二パラグラフを設けていることからうかがえる）、結局、統一性、画一性という企業の事実上の要請を重視するの余り、これを法的な根拠にまで高めてしまった。一方的変更に積極的に反対する労働者と、これに積極的に賛成ないし、少くとも異議を述べない形で消極的に賛成する労働者との間に、労働条件の集合的処理上煩わしさが生ずることは確かであるが、よく考えてみると、そもそも就業条件にかなり差のある雑多の労働者を雇傭している事業所ですべての従業員の労働条件が統一的・画一的であるはずはなく、また、基準こそ一律に見えても、その適用においては、労働者間にかなり差異のあるのが普通であり、さればこそ、会社には「労働係」という職務が存在するのである。統一性・画一性という要請に法的規範性を与えなければ企業が存立しえないほど重要な要素とはとうてい思えない。それはせいぜい経営内秩序の要請でしかないのである。

判旨の強調する統一性・画一性の要請は、すでに多数意見自体が捨て去った、かつての「経営権」説の名残りともみられるが、それが法規範性の必然的な根拠となりえないことは、右に述べた通りである。しかし、判旨のこの統一性・画一性という概念も、やはり、この後の下級審に大きな影響を及ぼすことは後に見るとおりである。

(3)　合理的理由

多数意見は判旨の中で「合理的」という言葉を少くとも三回使用している。すなわち、第一パラグラフでは、就業規則が「合理的な」労働条件を定めるかぎり法的規範性が認められる、とし、また、労基法がその内容を「合理的なもの」とするため必要な監督的規制を加えている、という。第二パラグラフでは、就業規則の一方的変更も当該条項が「合理的なもの」であるかぎり、個々の労働者に拘束力をもつ、という。このように、「合理的」であるということは判旨の重要な判断基準であり、本件判決の結論である五五歳の定年制の有効性いかんも、結局、それが合理的であるかどうかの判断にかかることになり、判旨は、それが「決して不合理なものということはでき」ないとしたのである（第三および第四パラグラフ）。

「経営権説」に立つ最高裁第二小法廷判決（昭二七・七・四）をはじめ、これまでの判決の多くは、就業規則条項の「合理性」による制約という考えかたを全く持ち合わせていなかった。本事件の数次の判決段階でも、この基準を示しているのは、仮処分差戻第一審の秋田地裁大館支部判決だけである。同判決は、「経営権説」と「自主法規範説」をとりまぜ、従来、定年制のなかったところへ新たにこれを設けるのは、使用者が一方的になしうるところとしつつ、それは、労働保護法の精神によって一定の「合理的」制限に服すべきもの、と判示した。しかし、結論としては、定年制には一般的な慣行や社会通念に照らし「合理的な」根拠が存在すると判断した。多数意見の「合理性」の判断には多分に右判旨の影響が見られるようである。

それはともかく、多数意見が、その余地を全く認めるところのない「経営権説」を捨てて、「合理性」に基づくチェックの考えかたを打出したことは、一応、評価してよいであろう。それでは、理論上はどうか。色川少数意見は、多数意見が就業規則自体をもって法的規範であるというのならば、法的規範は当事者の意思いかんにかかわらず契約を支配するものであるから、それが適法に変更せられた場合には、たとえ就業規則の定めるところが「合理的」であろうとなかろうと、契約内容は自ら変更を余儀なくされるべきはずである、といって、法規範性と合理性によるチェックは両立すべからざるものと多数意見を批判している。確かに、法的拘束力をもつはずのものが、裁判所によってチェックされるのはおかしいという論議は成立つが、これは「法的規範性」という場合の「法」をどうみるかにかかる問題であり、その場合の「法」を実定法、あるいは、それ自体、無謬の絶対的な法の理念として把えるかぎりで色川批判は当を得ている。しかし、法に基づく行為も公序良俗（民九〇条）のふるいにかかり、あるいは信義則（民一条二項）による規制に服するという意味で「法」を把えるかぎりは、法的規範性と合理性による制限は両立しえないとは必ずしもいえないのである。

なお、色川少数意見は「多数意見は、基準法が、就業規制に対する規則と監督に関する定めをしていることを挙げて、これをもって、就業規則が法的規範として拘束力を有している証左だとする」とし、「これらの規制のみをもってしては、就業規則の広汎な内容を『合理的』ならしめる上に、ほとんど何ほどの力もない」と評している。多数意見が果して、労基法の定めをその法的規範性の根拠にしたのか、それとも補強証拠にしたのか、そのところは多数意見の文章が、あいまい模糊とした表現であるだけに何ともいいようがない。同法九〇条が使用者に就業規則作成・変更に際して労働者側の「意見を聴く」義務を負わせていることをもって、「その内容を合理的なものとする」ための監督的規制だとみなしうるかどうか、は「合理性」という言葉をどうとらえるかにかかる問題である。

それでは、「合理性」の具体的判断基準として、多数意見は果して、どのように考えているのであろうか。

停年制が「不合理」な制度であるかどうかについて、まず多数意見は

「およそ停年制は、一般に、老年労働者にあっては当該業種又は職種に要求される労働の適格性が逓減するにかかわらず、給与が却って逓増するところから人事の刷新・経営の改善等、企業の組織および運営の適正化のために行なわれるものであって、一般的にいって、不合理な制度ということはできない」(第三パラグラフ)

という。そして本件の五五歳という停年も

「わが国産業界の実情に照らし、かつ、被上告会社の一般職種の労働者の停年が五〇歳と定められているのとの比較権衡からいっても、低きに失するものとはいえない。しかも、本件就業規則条項は、同規則五五条の規定に徴すれば、停年に達したことによって自動的に退職するいわゆる『停年退職』制を定めたものではなく、停年に達したことを理由として解雇するいわゆる『停年解雇』制を定めたものと解すべきであり、同条項に基づく解雇は、労基法二〇条所定の解雇の制限に服すべきものである。さらに、本件就業規則条項には、必ずしも十分とはいえないにしても、再雇用の特則が設けられ、同条項を一律に適用することによって生ずる苛酷な結果を緩和する途が開かれ、現に上告人に対しても、解雇後引続き嘱託として採用する旨の再雇用の意思表示がなされている……」(第四パラグラフ)

等の事実を総合比較すれば決して「不合理」なものということはできない、と結論した。

以上の多数意見に対して色川少数意見はこれを真向から批判し

「『合理的』か否かについて、これを決定する基準が一体あるのであろうか、疑問の余地なしとしない。労使の関係を見ると特に配分の面において、相互に利害相反の鋭い対立があり、配分の問題で意見の相違があった場合、いかなる理由でいずれの主張を『合理的』であるとするか問題である。……いわゆる経営の合理化は、使用者の立つ限り、疑もなく『合理性をもつが、労働者にとってみれば、不合理極まる一層の搾取なのである。本件の五五歳停年制については、若年労働者と高年労働者との間に見方の相違があることは事実であるが、使

用者が推進し、一部の労働者がこれを歓迎するからといって、それだけで『合理性』ありとするわけにはいくまい。五五歳の停年が一般に妥当と認められていたのは、次第に過去のことになりつつあるのではないか、肉体労働者についてさえ停年年齢は徐々に延長される気運にあり、管理職にいたっては五七歳ないし六〇歳をむしろ普通とすべく、中小特に零細企業においては、停年制の設定は、経営を却って困難ならしめるが如き事情が醸成されつつあるので、五五歳停年制を合理的だとする多数意見には疑なきを得ない」といわれている。

少数意見が、労使の基本的対立から、そもそも合理的かどうかの基準はありえないこと、[9]五五歳停年が現在の状況で低きに失することを論じているのに対し、多数意見は諸事実の「総合考較」からこれを合理性があると論じているので、両者はそもそも噛み合わない議論なのであるが、多数意見の「総合的」考察なるものは、わが国産業界の実情、会社の一般労働者の停年との比較、停年解雇に予告制度の適用があること、両雇用の約定があること、中堅幹部クラスの諒承などから成っており、そのうちのどれが決め手なのか分らないのであるから、今後、下級審が多数意見の判旨をふまえて、具体的に停年制度の合理性を判断する場合には、かなり困惑することであろう。げんに、後述の合同タクシー事件では、両事案の停年年齢に五歳の開きがあるとはいえ、合理性が認められない方に軍配を挙げている。

(4)　既得の権利侵害または不利益変更

多数意見は「新たな就業規則の作成または変更によって労働者の既得の権利を奪い、不利益な労働条件を課することは原則として許されない」というが、(例外として)当該条項が「合理的」であるかぎり許されるという。就業規則の一方的変更がとりわけ問題になるのは、それが労働者にとって従来より待遇の低下となるからであって、労働条件の低下を伴なう就業規則改訂の有効性いかんという形で論じられてきた大きなテーマである。そこには、労働条件の低下を伴なう就業規則の改正が何故に許されないのか、という理論上の問題と、具体的事案における変更後の待遇が既得権の侵害ないし不利益を課すことになるかどうか、の認定の問題が含まれている。

まず、多数意見は、右のようにいって、既得権の侵害や不利益変更が許されないことを肯定した。しかし、「許されない」とはどういうことか。そういう就業規則の改正自体が法的に違法ないし無効になる、というのか、それとも、就業規則の改正としては有効であるが、個々の（反対意思を表明している）労働者には適用がない、というのか、明らかでない。色川少数意見は、就業規則が法規範だというのなら変更が許されないというのは矛盾ではないか、と論難しているが、この点は、すでに「合理性」のところで論じた問題と同一に帰するのでくり返さない。ただ、改正就業規則自体が違法ないし無効というのであれば、その実定法上の根拠を示す必要があろう。「法規範説」の中には、就業規則法規範であるゆえに（あるいは法規範が認められるゆえに）その不利益変更は認められない、という逆からの説明をするものがあるが、これは全く納得できない論法である。多数意見自身は、全体の判旨からみて改正就業規則自体を無効とみるのではなく、個々の労働者に拘束力がない、とする論旨のように思われるが、もし、それが反対意思を表明している労働者についてだけ拘束力がないというのであれば、「契約説」の考えかたに立つ以外に説明のしようがないのではあるまいか。

いずれにしても、多数意見は、既得権の侵害や不利益変更となる就業規則の変更を許されないとする原則を立てているのであるが、これは、(3)で述べた「合理性」の要請によって消去されることになる。その理由は、(1)で述べた統一的かつ画一的な決定を建前とする就業規則の性質からそうなると、多数意見はいうのである。

本件についての認定では、多数意見は、停年制は雇用を保障するものではないから、上告人に「既得権侵害の問題を生ずる余地はない」と断定した。ただし、判旨は終身雇用への期待が既得権ではないとみても、それが「不利益変更」になることは肯定しているのであろう（色川少数意見参照）。

以上、多数意見が就業規則の一方的変更の法的判断について、「統一性・画一性」を根拠とする就業規則の法規範性、就業規則変更に伴なう既得権ないし利益の侵害、および変更を肯定するに足る「合理性」の存在、という三つの基準《テスト》を掲げたことは、今後、同一テーマをとり扱う下級審がこれに直接触れるかどうかはともかくとして、避けて通ることのできない課題を課したことを意味するものであるが、すでに見たように、そこに多くの論旨の不明確さが残されているだけに、下級審の対応のしかたが注目されるところである。

(1)　本件は合計六回裁判所の判断を仰いでいる。このこと自体が法律学者以外の者にとっては不可思議なことであろう。最初の仮処分訴訟第一審審判決（秋田地裁大館支判昭三二・六・二七）では、旧規定下で定年制の定めがないことが契約内容となっているから、本人の同意なき就業規則の変更は契約原理に照らし拘束力をもたない、として会社敗訴となった。同控訴審の仙台高裁秋田支判（昭三二・一二・二三）は口頭弁論調書に瑕疵があるという理由で原判決を取消した。差戻審（秋田地裁大館支判昭三五・一・二五）では、停年制は社会通念上是認されうる限り、使用者の経営権の作用として同意を要せず、効力を生ずるという理由で逆転した。本訴の第一審（秋田地判昭三七・四・一六）は、就業規則の変更によって既存の労働契約の内容を不利益に変更する場合は労働者の同意を要する、として再び会社側を敗訴としたが、二審の仙台高裁秋田支判（昭三九・一〇・二六）は、就業規則は使用者が経営権にもとづき自由に制定、変更することのできる経営内法規であり、その一方的変更が労働者に不利益なものとなっても団体交渉によって解決が図られない以上、労働契約の内容も当然に変更を受けるとして会社側を逆転勝訴させた。

(2)　学説を整理した文献として川崎武夫「就業規則の法的性質」新労働法講座八巻二四七頁以下。清水一行「就業規則の変更」季労六八号、宮島尚史・判タ二三四―六号。

(3)　昭四三・一二・二五最民集二二巻一三号三四五九頁。

(4)　その典型として三井造船玉野分会事件最高三小廷判昭二七・七・四最民集六巻七号六三五頁。本件本訴第二審仙台高裁判決（昭三九・一〇・二六労民集一五巻五号一一三七頁）にも現われている。

(5)　判例評釈として本多淳亮「最高裁と就業規則論」法セミ一五六号、花見忠・ジュリスト昭四三重要判例解説、宮島尚史・季労七一号、川口実「就業規則の一方的変更」法研四三号、中山和久『就業規則の作成と運用』総合労働研究所一八九頁以下。

(6)　沼田稲次郎『就業規則論』ほか、片岡曻「就業規則の法的性格と規律の限界」季労二二号、西村信雄ほか『労働基準法論』四〇七頁、この説に対する批判として有泉『労働基準法』一九〇頁以下、宮島尚史・判タ二三四号六頁、川口・前掲論文参照。

(7)　末弘博士「就業規則の法律的性格」（労働法研究三九四頁以下）によって戦前から主張され多くの支持を得ている。川崎・前掲論文二六〇頁の解説参照。大法廷多数意見の法規説はこの説に拠っているようなふしもある。

（8）　民法九二条を援用する学説はむしろ「契約説」である。すなわち、石井教授によれば、社会規範（事実たる慣習）としての就業規則は、民法九二条の定めるところにより、労働者がかかる慣習によらない旨をとくに表示しないかぎり契約内容として拘束力をもつと説かれている（労働協約と就業規則八七頁）。「多数意見」は民法九二条によって「慣習法」という法的規範性を引出すものであろうか。なお、この点の推論として川口・前掲論文一三頁参照。

（9）　労使間の階級対立、搾取―被害者の関係からみて「合理性」の概念は成立する余地がない、という色川裁判官の言われるところは分らないわけではないが、こういってしまったのでは、およそ階級間の対立である労働訴訟においては使用者の権利濫用を裁判官が「合理性」reasonable testによって判断することはすべてナンセンスということにならないであろうか。同裁判官が説かれるように、確かに五五歳定年が果して合理的かどうかなどを論ずることは問題であるし、誰も正しい解答などもち合わせていないであろう。しかしだからといって合理性というテストを裁判所から放逐することはできない。裁判規範としての「合理性」は、各当事者にとっての「合理性」とは判断の次元が異なっており、衡平あるいは正義という観点からの発想であるべきだと考える。

三　最高裁判決後の下級審の対応

秋北バス事件の最高裁判決が出てから現在までに、就業規則の一方的変更が問題となった事件として次の五つを挙げることができる。事案は退職金の減額、停年制、賃金カットというように若干違っており、また、それぞれ複雑な特殊事情を含んでいるが、焦点を就業規則の変更についての裁判所の考えかたという点において共通問題として扱うことにしよう。

(1)　栗山精麦事件（1）

〔事　実〕

原告らは被告会社を退社したものであるが、被告が退職金規定の変更を理由に退職金を支給しないので本訴に及んだ。被告会社には発足当時退職金の定めはなく、昭和三四年に「㈠三年以下の勤続年数については支給しない。㈡勤続四年目からは毎年度、その総給与から賞与等を差引いた額の平均月額を加算したものとする」基準を口頭で従業員に公表した。昭和三九年一二月三一日に被告は翌年一月一日から適用さるべき退職金基準として「五五歳以上の者には勤続年数から三年を差引いた年数に一ヶ月の賃金を乗じた金額、五五歳以下で本人の都合による退職については決定次第公表する」旨を定め、これが昭和四一年八月一三日に書面化され、全従業員も承諾した（ただし就業規則には記入されていない）。原告の中には昭和四〇年以前と以降に退職した者があるが、被告は前者については、旧規定は円満退職者以外には支払わない定めであったと主張し、後者については、五五歳以下で本人都合の退職者には新に基準が定められるまでは支給しない、と主張した。

〔判　旨〕

判決は、本件退職金規定は就業規則としての性格をもつこと、退職金はその定め方からみて労基法上の賃金に該ることを認定したうえ、被告の前者の主張については、円満退職者以外には退職金を支払わない旨の定めは、退職金をもって労働契約の債務不履行についての損害賠償にあてることに帰着し、労基法一六条、二四条に違反して無効であると判示し、後者の主張については昭和四〇年以降に退職した者も、昭和三九年以前の退職金規定によって退職金を受ける権利を取得しており、昭和四〇年における規定の変更は何ら合理的な理由が認められず、また原告らがこれを承諾した立証がない、として却けた。(2)

〔判旨の論理〕

判旨は、旧退職金規定（就業規則）にはなかった「五五歳以下で自己退職者には退職金を支給しない」旨の条項を含む新規定（右条項の合法性を別にしても）への一方的変更には「合理的理由」が認められず、また、本人の承諾もない以上、原告らには退職金につき旧規定の適用がある、という。「合理的理由」という基準は、大法廷多数意見によったものであるが、判旨のいう「合理性」の意味は、とくに説明がなされていないので、内容も基準としての意味も分らない。判旨は、合理的理由のないことに加えて、本人の承諾ないことを理由としているところからみると「契約説」的考えかたがうかがわれるが、大法廷多数意見の法規範説に従っているのか、そこのところも全く不明である。とにかく、判旨は「合理的理由がない」の一言だけで大法廷多数意見の見解を踏襲しつつ、結論はこれと正反対としたのである。みようによっては、本判決は、難しい論理は「多数意見」にあずけて、形の上ではこれに従い、合理性という便利な言葉を使うことによって、実質上は「多数意見」を無視したものと評しうるかもしれない。

(2)　大阪日日新聞社事件(3)

〔事　実〕

上告会社の退職金は現職最終月の基準賃金総額に勤続年数に応じた所定の倍率を乗じて算定することになっていたが、昭和三九年七月に基本給のみに倍率を乗じてこれを算定することに改められた。被上告人はこの一方的変更は効力がないとして旧規定による支給を訴求した。第一審の大阪簡裁（昭四一・九・二六）、第二審の大阪地裁（昭四二・三・二七）とも被上告人の請求を認め、本高裁判決もこれを支持した。秋北バスの最高裁判決前に出た本件の大阪地裁判旨は(4)、旧退職金規定の内容が労働契約の内容となっており、それによる基準が変更された就業規則の規定のそれを上廻っている場合には、使用者の一方的行為によって作成変更される就業規則はこれに変更を加える効力を有しない、というものであった。

〔判　旨〕

労基法九三条は、就業規則に定める基準に達しない労働条件を定める労働契約を、その部分について無効とし、無効となった部分は就業規則に定める基準によるものと定め、この限りにおいて就業規則に個々の労働契約を修正する効力を認めているに過ぎないのであって、同条が就業規則の定める基準を上まわる既存の労働条件についても、これを変更する効力を認めたものと解することはできない。そして、新たな就業規則の作成又は変更によって既存の権利を奪い、労働者に不利益な労働条件を一方的に課することは原則として許されず、ただ、当該規則条項が合理的なものである場合に限って、個々の労働者の同意がなくてもこれを一律に適用することができると解すべきである。(最高裁昭四三・一二・二五判決)。

退職金の法的性格を賃金と解する限り、使用者が退職金に関する就業規則を変更し、従来の基準より低い基準を定めることを是認し、その効力が全労働者に及ぶとすれば、既往の労働の対償たる賃金について使用者の一方的な減額を肯定するに等しい結果を招くのであって、このような就業規則の変更は、たとえ使用者に経営不振等の事情があるにしても労基法(二四条一項本文、二三条)の趣旨に照らし、合理的なものとみることはできない。

〔判旨の論理〕

原審たる地裁の判決は、既述のように、契約説の考えかたに立つものであった。そこで、被上告人側は、大法廷の多数意見が採っている(かに見える)「法規範説」によって、変更された就業規則は個々の労働契約を修正する効力があるはずだとし、原審はこの点、労基法九三条の解釈を誤っている、と主張した。従って、本審は、大法廷判決を踏まえたうえで、これに答えなければならないことになるが、判旨は、「法規範性」の問題については全く触れることなく、労基法九三条の解釈について、それが最低基準規範としてしか機能しない、と判示するにとどまった。大法廷多数意見の判旨から推論すれば(同意見は明言していない)、同条は、既存の労働条件が変更された就業規則所定の基準を上廻る場合にも、これを変更する効力を認める根拠になりそうに見えるが、この点判旨は当らず触らずの態度をとった。判旨は続いて、大法廷多数意見の、就業規則変更による「不利益変更」の原則的禁止、および、「合理性」による例外(既述の多数意見第二パラグラフ)の部分を引用したうえ、本件退職金の基準変更は、既得の権利の侵害で不利益変更であり、かつ、変更に合理的理由が認められない、と判示したのである。従って、本ケースは「多数意見」の第二パラグラフの基準の適用例といってよいであろう(ただし結論は最高裁と逆で請求を認めた）。本件判旨が、「多数意見」以上のことを述べているのは、「使用者の経営不振等の事情」は労基法の趣旨からみて、変更の合理的理由と認めることができない、としているところである。また、組合が変更に何らかの形で反対の意思を表示している場合には、労働者個人としても変更に同意したものとは認められないと認定（原審の支持であるが）している点も、契約意思の解釈方法として注目すべきことである（組合が反対しているだけでは、必ずしも本人が反対の意思だということにはならないとする判決がある）。

(3)　合同タクシー事件(5)

〔事　実〕

原告は被告会社のタクシー運転手として昭和三五年以来被告に雇用されていたが、就業規則によれば定年は五五歳であった。被告は昭和四一年一一月三日就業規則を改訂し、定年を五〇歳と変更、これにより同四三年十月五日に原告に予告したうえ、同二月七日をもって退職の取扱をした。原告は雇用関係が存在することの確認を求めた。判決は右請求を認容。

〔判　旨〕

労働者と使用者との間の労働条件は、基本的には個々の労働者と使用者との合意による個別的な労働契約により決せられるものであり、その契約内容は、原則として当時者間において相手方の同意なく一方的に変更することは許されない。就業規則は、使用者が一方的に作成または変更するものであって、労働者との合意に基づくことを要しないから、労働者の意思如何にかかわらず、労働者を拘束するものでない。労働基準法第九三条は、就業規則の内容を下廻る労働条件を定める労働契約の効力を否定するが、このことから、当然に就業規則が労働者を拘束する法的規範性を認められるに至っていると解することはできない。

ところで、就業規則は多数の労働者を使用する企業において、使用者が多数の個別的労働契約関係を処理する便宜上、労働契約の内容となる労働条件について統一的かつ定型的な基準を定めたものであって、これに基づいて労働契約が締結されることが予定されているから、労使間で労働契約を締結するに際しては、就業規則所定の労働条件をもって契約の内容とされるのが通常であり、このことから労使間において労働条件は就業規則によるとの事実たる慣習が存在するものと解して妨げない。しかしながら、右のごとき事実たる慣習は、法的規範として承認されるに至っていると解することはできず、労働者の合意によってはじめて法的規範性を有するに至るものである。就業規則を一方的に作成または変更することは自由であって、労働者が、新たな就業規則の作成または変更に異議がないときは、これを労働契約の内容とすることに合意したものと解されるが、労働者がこれによらない旨の意思表示をしたと認められる場合は、新たな就業規則は労働契約の内容とはなっていず、労働者を拘束することはできない。……原告は昭和四二年一月下旬頃、他の労働組合とともに、監督署に対し、本件就業規則の作成手続の不当性を訴えるとともに、その各項について反対の意向を示し善処方を申入れているから、原告は、本件就業規則をもって労働契約の内容とすることに対し反対の意思表示をしたものというべく、したがって本件就業規則は原告に対して適用されない。

なお、仮に、就業規則が労働者の意思いかんを問わず、法的規範性が認められるに至っているとする見解に立つとしても、既存の労働条件と抵触する新たな就業規則の作成または変更は、これによって労働者の既得の権利を奪い労働者に不利益な労働条件を課する場合は原則として許されず、もっぱら右作成または変更にかかる就業規則の労働条件に関する条項が合理性を有する限りにおいて例外的に労働者を拘束する効力を有する（最高裁判決昭四三・一二・二五）。これを本件についてみた場合、停年を年齢五五歳から五〇歳に変更することは労働者の既得の権利を奪い不利益な労働条件であることは明らかで、被告の経営上の必要性を考慮してもなお、合理的な理由があるとは認められない。

〔判旨の論理〕

秋北バス事件と同じく定年年齢の引下げが問題となったものであるが、大法廷多数意見とはかなり異なった見解に立つ判決である。

判旨が、就業規則は労働契約の内容となる労働条件の「統一的かつ定型的な」基準を定めたもので、労働契約の締結に際して、そこで画一的に定められた労働条件が労働の契統の内容となるのが通常だ、として、このことから、「労使間において労働条件は就業規則によるとの事実たる慣習が存在する」とみている点は、「多数意見」そのままである。ところが判旨は、続いて「多数意見」が右のところから一足飛びにその法規範性を引き出しているのに対して、これを批判し、「右のごとき事実たる慣習は、法的規範として承認されるに至っていると解することはでき」ない、という。判旨は、また「労基法九三条から当然に就業規則が労働者を拘束する法的規範性を認められるに至っていると解することはできない」として、いわゆる「法規範・授権説」の立場をとることも否定し（多数意見の批判にもなっている）、結局、「労働者の合意によってはじめて法的規範性を有するに至る」という。判旨はこのように「法的規範性」という言葉を使っているのであるから、厳密には、いわゆる「契約説」ではないし、また、「少数意見」に賛するものともいえないが、労働者が就業規則の変更に対して、これによらない旨の意思表示をした場合には、新たな就業規則は労働契約の内容にならず、労働者を拘束しない、とみるのであるから、就業規則に「法的規範性」があるかどうかということは、実は判旨にとってはどうでもよい論議なのである。むしろ、実質的には「契約説」の立場に立っているといえるであろう。

もっとも、本件において、被告側が大法廷の多数意見を援用して、就業規則が法規範としての効力をもつと主張しているところから、判旨もこれに答えて「仮に法的規範性」を認める見解に立つとしても、停年五五歳から五〇歳に変更することは「労働者の既得の権利を奪い、不利益な労働条件であることは」明らかだとして、多数意見の原則に拠りこれを却けている。また、変更の合理性の有無についても、運転手が五〇歳をこえたからといって適性が減退したり、事故率が高まるといえないこと、わが国の定年は一般に五五歳とされていること、地区の同業タクシー業の大勢も五〇歳定年制をとっていないこと、からみて、被告の経営上の必要性を考慮しても合理的な理由があるとは認められない、と判断している。この後者の認定は、秋北バス事件の「多数意見」の結論に対比して注目をひくところである。このように、判旨は、一応、「多数意見」の顔を立ててはいるが、現在までの判決の中では、「多数意見」に対して最も厳しい姿勢をとったものとみることができよう。

(4)　中村産業学園事件(6)

〔事　実〕

被申請学園では就業規則に教授の定年を満六〇歳とし、その後は学園長の許可により継続勤務できる旨を定めていた。申請人らは当時すでに七〇歳をこえていたところから、これとかかわりなく昭和四三年八月学園との間に今後五年間大学教授としての身分を保障する旨の特約を結び、被申請人経営の九州産業大学の教授として勤務していた。ところが、学園は昭和四五年一一月、労基法所定の手続を経て規則を改正、定年を六六歳とし、定年後の継続任用を七〇歳までと定め、すでにこれを超えている申請人らを昭和四六年三月末日をもって定年退職として扱った。申請人らはこれを不服とし、労働契約上の権利を有する地位を定める仮処分を申請した。

〔判　旨〕

判旨は、申請人らが旧就業規則の定めと異なる定年制の特約を結んでいることを認め、労基法九三条は、一般規定より有利な特約がなされている場合は、原則として、一般規定の変更は、特約の効力について影響を及ぼさないと解して申請を認容した。

新たな就業規則の作成または変更によって、労働者の既得の権利を奪い、労働者に不利な労働条件を一方的に課することとなる場合であっても、当該規則条項が合理的なものである限り、個々の労働者において、その適用を拒むことは許されないとの見解もあるであろう（最高裁昭四三・一二・二五判決参照）。そして、この見解は、労働者の労働条件の集合的処理、特に統一的且つ画一的決定の必要上、使用者と労働者との間の労働条件は使用者の定める就業規則によるという事実たる慣習が成立していることを前提に就業規則の法的規範性を認めようとするものと解される。

しかし、労働条件の集合的処理の要請も、使用者と労働者間での就業規則の定めと異なる個別的な労働条件についての契約（特約）の締結を否定するものではないから、労働条件について当事者間に就業規則の定めと異なる労働者に有利な特約が存し、しかも、その特約によって、少なくとも当該の労働条件については就業規則によらないことの意思が窺知される場合には、当然、前記の見解は、その前提を欠くものとして妥当しない。

〔判旨の論理〕

就業規則を制定した時点ですでに当人が定年に達している、という点で、事案は、秋北バス事件に似ている。違うのは、本件では就業規則の定めにもかかわらず、当人が特約によってより有利な条件を得ていた点である。判旨はそれが当人の労働契約の内容となっていることを認めたうえで、就業規則の一方的変更による引下げができるかどうかを問題とした。

判旨は、まず、労基法九三条が就業規則所定の基準を超える特約を無効ならしめるとは解しえないという。これは、前掲(2)事件の大阪高裁判決と同旨の見解である。ただし、それから先の論旨は同高裁判旨と違う。高裁判旨は、労基法九三条の右の解釈が、法規範説をとる大法廷多数意見と矛盾する点に気づかず、右の解釈を述べた後で、「そして」といって、以下に直ちに「多数意見」の第二パラグラフの原則をもってきている。本件判旨は、さすがにこの点を意識して、「多数意見」の見解は、労働条件の集合的処理、特に統一的且つ画一的決定の必要上……就業規則の法的規範性を認めようとするものであるが、就業規則の変更によって、労働者の既得の権利を奪い、労働者に不利な労働条件を一方的に課することになる場合であっても、当該条項が合理的なものであるかぎり拘束力があるとの判旨は（本件判旨が多数意見を不利益変更の原則より「合理性」の要請を優先させるものとして把えていることに注意)、特約が存し、その特約によって、就業規則によらないことの意思が推測される場合には、「その前提を欠くものとして」妥当しない、と判示している。すなわち、判旨は、就業規則の法規範性や「合理性」の要請も、就業規則所定の基準を上廻る特約を変更しうる根拠にならないことを、労基法九三条を根拠に説いたものである。この福岡地裁小倉支部は、さきに挙げた(3)事件で契約説的考えかたをもって大法廷多数意見を批判したが、この事件でも(裁判官は同一ではない)、多数意見の原則に重大な疑問のあることを提示した。判旨は右に述べたように、問題を専ら労基法九三条の解釈論としてさばいているが、法規範説の根跡は全くなく、実質的にはむしろ「契約説」の立場とみるべきであろう。判旨がもし、「法規範説」によって「合理性」の基準を適用したとしたならば、すでに七三歳に達している申請人らにあまり歩がなかったと思われるからである。

(5)　日本検数協会事件(7)

〔事　実〕

被告日本検数協会では従来、賃金計算上、すべての従業員に対して遅刻、早退欠(勤組合休を含む)等について賃金カットを行なわない取扱いをしてきたが、昭和四二年五月賃金制度を時間給制に変更し、遅刻、早退等について賃金減額を行う旨、就業規則および給与規定を改訂することを提案し、組合の反対にかかわらず、同年六月一日から実施し、原告らの賃金カットを行なったので、原告らは右改訂就業規則の無効を主張し、控除分の支払を訴求した。(8)判決は、原告の中、右就業規則の改訂以前から被告に雇傭されている第一群の原告一〇四名に対して請求を認め、改訂後に雇傭された第二群の原告二二名については棄却した。

〔判　旨〕

判旨は、被告と第一群の原告との間には就業規則改正前において、遅刻、早退、欠勤の場合に賃金を控除しないという合意が成立し、これが雇用契約の内容となったものと認定した後、一方的な就業規則の変更によって既存の雇用契約の内容を変更できるかどうかについて次のように判示している。

労基法九三条は、就業規則に法規範的効力を認め、就業規則の変更が従来の労働条件の基準を引き上げるものであれば、労働者の同意なしに労働契約の内容を変更する効力を認めている。……労働契約は、使用者に労務の自由な使用を委ねるものであるから、必然的に使用者の労働者に対する指揮命令の機能を伴う。近代企業においては、この指揮命令権は画一的・定型的なものとならざるを得ない。それは多くの就業規則に労働者の就業に当たっての行為準則として規定される。このような労働条件に関する事項は、本来使用者の指揮命令権の範囲内のものであるから、その変更が合理的なものである限り、使用者は、一方的に就業規則を変更して、その内容を改廃することができ、その実質的効力は全労働者に及ぶ。これに反して、賃金支払いに関する事項は当事者の合意を直接の根拠とするもので、このように労働契約の要素をなす基本的労働条件については、それが一たん合意されて労働契約の内容となった以上、使用者が一方的に作成した就業規則によって、その内容を労働者の不利益に変更することはできない。その変更には、就業規則とは別個に、個々の労働者の同意を得なければならない。

〔判旨の論理〕

これは最近、異色の判決(9)である。この見解は、就業規則二分説(10)ともいうべき考えかたで、就業規則の内容を労働者の就業に当たっての「行為準則」および、賃金等の基本的労働条件に関する部分の二つに分類し、前者には、その合意の有無にかかわらず就業規則の効力がそのまま及ぶが、後者は、一たん合意されて契約内容となった以上、その合意がなければ就業規則変更の効力は及ばない、と解するものである。

この見解をとる先例(11)はかなり古くからあるが、その後、「経営権説」が優勢になって以来、判例上は影をひそめていた。本件判旨はこの立場を再現したものであるが、前者については「法規範説」により、後者については「契約説」の考えかたで説明を加え、大法廷多数意見の見解は、前者については妥当するが、それは定年制という、ほんらい「基本的労働条件」とみるべからざる事案に関する判断に外ならず、賃金を問題とする本件には適用の余地なきものとした。従って、判旨のいう「基本的労働条件」以外の部分についての論及は傍論として述べたのかもしれないが、最高裁多数意見が就業規則を二つの部分に分けることなく、一律に原則の適用ありとみる以上、判旨としても就業規則の性格論に及ばざるを得なかったのであろう。就業規則を法規範として把えた部分について、本件判旨が「多数意見」以上に附言していることは、一つは、就業規則の法規範的効力として労基法九三条を明示していること（この点で判旨はいわゆる「授権説」に近い）であり、もう一つは、使用者の「指揮命令権」という概念を使用していることである。後者は、「多数意見」のいう「統一性・画一性」の原則をよりハッキリと使用者の裁量権として表明したものといえるであろう。

本件判旨は、右に見たように、これまでに挙げた五つのケースの中では、就業規則の法的性格に関する大法廷多数意見の「法規範説」を最も忠実に踏襲したものであるが、他方では、この論旨は「基本的労働条件」には全く及ばないとみることによって、結果的には、「多数意見」の適用の余地を著しく限定したものである。本件判旨の論旨からすれば、「多数意見」は前掲(3)(4)の定年制のケースでは適用の余地があるが、(1)(2)の退職金のケースには適用がない、という結論になるであろう。

（1）岡山地裁玉島支判昭四四・九・二六判タ二四三号、判時五九二号。
（2）この訴訟で被告側が大法廷の判決にもかかわらず、本件就業規則を変更するについての「合理的」理由を主張しなかったのは訴訟法上致命的であった。
（3）大阪高判昭四五・五・二八判タ二五二号。
（4）労民集一八巻二号二二八頁。
（5）福岡地裁小倉支判昭四五・一二・八判タ二五七号。
（6）福岡地裁小倉支決昭四六・八・三判タ二七〇号。
（7）東京地判昭四六・九・一三判タ二七〇号。
（8）本訴が提起された時点（昭四三・二・九）では、まだ秋北バス事件の最高裁判決は出ていなかった。訴訟の途中で右判決が出たので、労使の争点は「合理性」の有無の問題に重心を移したという。旬報別冊七九八・九号の解説（内藤・岡村）による。

(9)　本件の評釈について拙稿ジュリスト五〇四号参照。
(10)　学説としての就業規則（準拠）二分説については、有泉教授がその論拠を詳しく示された（労働基準法一九一頁以下）。本判決はほとんど教授の説をそのまま踏襲したものである。
(11)　理研発条鋼業事件・東京地判昭二五・七・三一労民集一巻追録一三一四頁。

四　結　語

秋北バス最高裁大法廷の多数意見に対しては、学者から「支離滅裂」「きわめてずさんでお粗末な理論」(1)「従来の学説をミックスした雑炊のようなもの」(2)など酷評を受けているが、何よりも問題なのは、すでに述べたところから明らかなように、それが判例理論としての明確さを欠くことである。もちろん、就業規則の法的性格はこれをめぐって労働法上最も見解の分れるところであり、これににわかに明快な論旨を示せといっても無理な注文であろうし、従前の最高裁の所説である「経営権説」を説くのであれば明快であっても今日ほとんど説得性をもつまい。少数意見のように「契約説」をとってしまえば、論理的には比較的明快であるが、多数意見としては、労使関係において、一度、労働条件が決まった以上は、その変更に労働者が反対しているかぎり、使用者はこれを永久に変えることができない（ように見える）「契約説」の論理的帰結にしゅんじゅんを感ずるのであろう。実定法の規定も、また、その立法趣旨もあまり明確でないところから、「多数意見」が当りさわりのない「雑炊的」見解を提示したのは、ある程度、やむを得ないことかもしれない。

しかし、最高裁の判旨が、ある意味で下級審の判断に対して拘束力をもつことを考えるとき、その論旨は何よりも明確で、論拠のハッキリしたものでなければならないと思う。ところが、大法廷多数意見の判旨は、どこか結論が先に出ているような感じで、その理由づけはいかにも弁解がましく、かんじんの法規範的効力の根拠については、誰がみても論理の飛躍としかいいようのない単純、かつ、不明確な論旨であり、それ自体は正当なことをいっている判旨第二パラグラフも、第一パラグラフとの関係が明白でない。しかも、判決文全体が日本文にありがちなズラズラ調で書かれているため一体、その重点がどこにあるのかさえ分らない。これでは、本稿三でとりあげた諸判決が多数意見の意味をはかりかねてこれをさまざまに解釈したのも無理のない話である。下級審がこれにどういうアティテュードを示したかは以上に論じたとおりである。興味のあることは、五つの事件全部を通じて、大法廷の結論とは違い、就業規則の変更の適用を争う原告側を勝訴させている点である。判決の中には、大法廷多数意見と違った立場をとったものもあるが、大体それを踏襲したと思われるものでも、これをかなり割引きしている。本稿は、これらの諸判決そのものの評釈を目的としたものではないから、一つ一つをとりあげて賛否の結論を述べることはしなかった。諸判決の大法廷多数意見に対する対応のしかたの中に、それに対する無言の批判がこめられていることを指摘して筆をおく。

(1) 本多・前掲論文三九頁。
(2) 川口・前掲論文一三頁。

〔社会労働研究一八巻二号、一九七二年〕

四 結 語

3　就業規則の法的効力

就業規則の法的効力とは、就業規則が法的に（強制的に）効力をもちうるかどうかということであるが、その「法的効力」という意味は種々に使用されるので、はじめにその区別をしておこう。

その一は、就業規則が従業員に有効に適用されるための法的要件を備えているかどうかということであり、もし不備であれば、就業規則としての法的効力をもちえないという意味で使用される。

その二は、右の意味では問題のない就業規則が、適用従業員との関係で「法的に」（強制的に）効力をもつかどうかという意味において使用される。この点では、就業規則と労働契約との関係が問題となる。

その三は、その二での問題の一側面であるが、実際上、最も大きな問題となる就業規則の変更の場合の法的効力ということである。

その四は、就業規則の適用中に成立したり、消滅したりする労働協約に対して就業規則がもつ法的効力ということである。この意味の就業規則の法的効力については、便宜上、労働協約の説明が終った最後の章で扱うことにしよう。

一　就業規則の法的要件と効力

(イ)　常時一〇人以上の労働者をもつ企業の就業規則は、法所定の必要記載事項を具備していなければならない

(労基法八九条) が、この要件に反して記載事項を欠く就業規則の法的効力が問題となる。必要記載事項を欠く就業規則は監督署によって受理されないから問題が生じることはなさそうにみえるが、絶対的必要記載事項はともかく、相対的記載事項は企業における「その定め」の存否を監督署としても十分把握できないので、届出の就業規則と実質上の就業規則とが必ずしも一致しない場合があり (就業規則の改訂を怠って長い間放置しておくと実態との間に大きなギャップが生ずることに注意)、そこから問題を生ずる。届出 (あるいは変更の届出) がなされていない就業規則は何らの法的効力も生じないとする考え方もあるが、このような届出なき実質的意味の就業規則にも、労働契約の解釈上、正式の就業規則に準ずる法的効力を認める考え方もある。

右に述べたことは、労基法の定める意見聴取の手続 (九〇条) を欠く就業規則、法 (一〇六条) に定める周知の義務を怠り、労働者に知らされていない就業規則についても同じ意味で問題となる。判例の多くは、後説に立ち、かかる就業規則を必ずしも直ちに無効とみなしていない。これはそのような就業規則でも事実上、労使関係を規制し、あるいは影響を及ぼしていること、就業規則を無効、つまり無いものとして扱っても、それに代わり争いの判断の基準となるべき労使間の規範を裁判所として容易に見出しえないことが多いところから、そのように処理しているものと思われる。例えば、就業規則の作成または変更に際し、使用者が、労働者の意見を聴かず、したがって届出をしなかった (意見聴取の手続をとらなければ、使用者は組合または従業員代表からの意見書を得られないから監督署への届出は受理されない) 場合の、その就業規則の私法的効果について、ある判例は、労基法九〇条を取締規定ないし訓示規定と解し、その効力に妨げはないとする (「大阪日日新聞事件」大阪地判昭和四二・三・二七、「コクヨ事件」大阪高判昭和四一・一・二〇)。

また、使用者が法に定める周知義務を怠った場合の、その就業規則の私法的効力について、最高裁判決 (最大判昭和二七・一〇・二二) は、労基法一〇六条の規定は、行政取締法規ないし訓示規定と解し、周知義務を怠っても、就業規則の効力には影響しないとの判断を示している。もっとも、その後の下級審には反対に、周知義務を就業規則の有効要件と解したものもある（「日本事務器事件」福岡地判昭和三五・五・三〇）。

(ロ)　労基法が、就業規則の減給の制裁の定めの限度について規定している（九一条）ことについては、前に述べた。これに抵触する就業規則の定めが無効であることは明らかであるが、無効となった部分が、「同条の定めるところによる」のかどうか、同法一三条のような規定がないので明らかでない。立法の不備であるが、右のように積極的に解するのが合理的であろう。

法九二条は、就業規則が法令または労働協約に反してはならないことを定めている。この規定に反する就業規則が違法であることは明らかであるが、法的に無効となるかどうかは、同条二項が、これに抵触する就業規則について監督署長の変更命令を定めているだけなのでこれも明らかでない。「法令」に違反する場合は、少なくとも強行法規違反であれば無効と解すべきであるが、労働協約の場合には、「反する」ことの意味がさまざまなので、労働協約自体の効力の問題と関連させてその法的効力を考えるべきである。これは「労働協約」の章で説明することにする。

二　就業規則の労働契約に対する効力

ここでの問題は、就業規則の「法的」効力が対人的（従業員）に問題となるのは、一体、どのような場合に、どのような意味においてであるか、ということである。

ある企業において**一**に述べた意味ではすべて適法に成立した就業規則が、その従業員に適用され、従業員も特に異議を述べない時は、就業規則について法律上の問題は起こらないから、その「法的効力」は別に問題とならない。従業員の一人一人がどう思ってその適用を受けているかは分からないが、かれらが黙って従っているかぎりは、就業規則は事実上の効力を及ぼしているのであり、かれらが異議なく従っているという状態の積み重ねが一つの既成事実として法的判断に影響を及ぼす（この点については後に述べる）ことを別にすれば、国家が介入する理由は何もないのである（この点が、例えば労基法に違反する労働条件による待遇は事実上も違法状態として国家が許容せず干渉するのと違うところである）。

しかし、従業員が就業規則の適用に異議があるとして法的行動（普通は訴訟の形をとる）に訴える場合には、その事実上の適用がその者の意思に反して法的に（つまり強制的に）有効と認められるかどうかが問われ、その意味で就業規則の「法的」効力（拘束力）が問題となる。

この場合、その従業員の主張を法の言葉でいうと、会社が就業規則の適用という形で彼に対してとっている措置（一定の基準による待遇および服務規律の適用）は彼自身の労働契約に反するがゆえに効力を生ぜず、したがって契約どおりの処遇を求め、契約違反による損害の補償を請求するということになる。使用者側は、これに対して、「貴君がもし就業規則に定める会社側の処遇に反対であるならば、入社時またはそれ以後、その意思を表示しえたではないか。それをしなかったのは、貴君が賛成（合意）して従っていたことの証拠である」と反論するであろう。しかし、彼はさらに反論する。会社の就業規則に黙って従っていたことと自分がそれに合意することとは別の問題である。前者は単なる事実の問題であり、後者は労働契約上の問題である。自分は会社との間にその旨の労働契約を締結したことはなく、締結されたと仮定しても反対の意思を留保する権利があるはずだ、と。

彼が主張する右の考え方は、実は、後に述べる就業規則の法的性格に関する「契約説」の考え方であって、それを最も端的に表わしたものである。それはそれとして、右に例示したような意味での就業規則と労働契約との法的関係については、労基法はどういう立場をとっているのであろうか。答は「不明」である。労基法は、就業規則と労働契約との関係については、（就業規則の）「効力」という表題の下に次の一カ条を置いているだけである。

第九十三条（効力）就業規則で定める基準に達しない労働条件を定める労働契約は、その部分について無効とする。

二　就業規則の労働契約に対する効力

この場合において無効となつた部分は、就業規則で定める基準による。

これは、ある事業場に就業規則が適法手続の下に制定されると、そこで定めた事項と同じ事項を内容とする労働契約の基準が前者のそれを下回っている場合には、就業規則が優先し、その下回っている部分は「無効」とされ、そして、その無効となって空白になった部分は就業規則所定の基準によって補完されること――つまり、就業規則が労働契約に対してそのような機能を発する法的効力をもつことを法が確認した規定である。

就業規則以下の労働条件を定める労働契約を無効とし（これを直律的効力と呼ぶ）、その部分を就業規則が補充する（これを補充的効力と呼ぶ）効力は、立法が付与するのであるが、そのことはとりも直さず、就業規則が法によりそのような法的効力をもつことを意味する。このような就業規則自体の法的効力あるいは法的拘束力を法規範的効力と呼ぶことがある。「契約説」に対応する「法規範説」の考え方は、基本的には、就業規則が立法によって法的効力を付与されて、自ら法規範となっていることを肯定するものである。

しかし、注意しなくてはならないことは、労基法九三条は、就業規則が制定されるとそれが全面的に労働契約に代わる法的効力を付与するというのではなく、それを下回る労働契約に対してのみ機能するとしていることである（この点、後述の労働協約の規範的効力に関する労組法一六条と異なる）。これは、使用者に作成・届出を義務づけた就業規則を最低労働条件基準として機能させようとする保護法的立法政策によっている。そこには、就業規則より有利な個々の労働契約の基準を引き下げて就業規則のそれに統一しようとする意図はないとみるのが自然であろう。

結局、ここでいえることは、労基法は、就業規則に対し、右に述べた意味での労働契約に対する効力を与えているということである。しかし、それは、就業規則と労働契約の法的関係のすべてを対象とするものでもなければ、両者の関係を法理論的に説明するものでもない。そこで両者の関係を法理論的に矛盾なく説明しようとしてさまざまの学説上の考え方が登場する。そして、どの考え方を採るかによって労使間に生起する具体的紛争の結論が違ってくるので、その対立は重要である。この論争は、労働法学上の最も大きなものの一つとなっている。紙数の制約もあるので、以下には、主要な考え方を類型的に説明したうえ私見を述べることにする。

三　就業規則の法的性質をめぐる論議

就業規則の法的性質あるいは就業規則の法的効力の根拠についての学説[1]は、大別して、「契約説」と「法規（範）説」に分かれるが、その中間に折衷説ともいうべき「根拠（または効果）二分説」がある。いずれも他説の批判の形で説かれている。

①　契約説

就業規則で定められた内容が、労使の当事者間の法的な権利義務の関係を生じさせるのは、就業規則それ自体の法規範としての効力によるのではなく、就業規則の定めるところを契約内容とする労働契約が両者間に存在することから、その契約の規範的効果としてそうなるのだと考える説を一般的に「契約説」と呼ぶ。「契約」が当事者の裁判所への請求により強制履行力をもっているという意味で法規範であることは明らかである。「契約説」も、就業規則の内容が、法的履行ができないとか、法的履行になじまないというのではなく、ただ、就業規則それ自体には適用当事者の意思いかんにかかわらず強制的効力を発揮する法規範としての効力は認められないと説くのである。契約説の考え方は、つきつめると、就業規則と労働契約は法的には無関係で、使用者がどのように就業規則に定めようと、それは事実的なものに過ぎず、労働者が労働契約の締結を通じて合意しない以上、法的には全く強制力をもたないという結論になる。その結果は、労働者が就業規則を知らされていない場合、労働者がその全部または一部に反対の意思を表明している場合はもとより、使用者がこれまでの就業規則（労働者側もそれには異議なく従っていた——契約内容として合意されていた——として）を労働者側の反対をおしきって一方的に変更した場合も含めて、使用者側の措置には法的効果がなく、その意味で「無効」という結論になる。

右の意味の純粋な契約説の考え方は、理論上はともかく、現実には、適法に成立した就業規則の定める規定が、いちいち労働者の合意をまつことなく実施されているという実態からあまりにもかけ離れるところから、もっと実態に整合させようとする考え方を生んだ。その一つとしてかかる実態を、労働契約の内容については「就業規則による」という「事実たる慣習」に基づくものとみて、それが労働契約の内容になるとみなされる実定法上の根拠を民法（旧）九二条の「法令中ノ公ノ秩序ニ関セサル規定ニ異ナリタル慣習アル場合ニ於テ法律行為ノ当事者カ之ニ依ル意思ヲ有セルモノト認ムヘキトキハ其慣習ニ従フ」との規定に求める考え方がある。これは「事実たる慣習説」と呼ばれている。

民法九二条は、特に「法令中ノ公ノ秩序ニ関セサル規定」すなわち民法中の「任意法規」と呼ばれる規定の内容とは違った事実上の慣習がある場合に、契約の当事者がこの慣習に従う意思を有していると認むべき場合には、その「慣習ニ従フ」、つまりその法的効果を認めるというもので、一定の場合に慣習の法源性を肯定したものである。これを就業規則の場合にあてはめると、民法の六二三条の「雇傭契約は当事者の合意により効力を生ずる」との定めが、就業規則によるという当事者間の意思によって契約に代わる法的効力を認められることになる。したがって、この説は、右慣習の根拠を当事者の意思に求める点では、契約的要素を重視しているとはいえ、就業規則それ自体に法的効果を認める点で法規範説の考え方と大差がないということができる。後に述べる最高裁大法廷の判決（秋北バス事件・昭四三・一二・二五）の考え方は、この民法九二条を根拠として「法規範説」を採用したものとみることができる。

② 法規（範）説

法規範説は、就業規則が適法に成立した以上は、それ自体が一つの法規範として、労働契約（当事者の合意）を媒介にしなくても、当事者を法的に拘束する効力をもつとみる考え方である。つまり、制定法規と同じように法として適用されることになる。

この考え方は、第一に、制定法規でさえ国会の議決、公布という厳密な手続を必要とするのに、使用者が一方的に定めた規則が、社内かぎりとはいえ、国家法と同一の効力をもつと解されるのは何故か、という基本的な疑問にまず答えなければならない。そして、第二に、労働条件のように労働契約の当事者の合意によって決せられるべきだという近代労働関係の基本原則との関係をどう説明するかも重要な課題である。

まず法規範説の根拠を説明する第一の説として「経営権説」がある。これは、使用者はその企業の所有権に基づき経営体の秩序を定め、労務を管理するために経営内法規としての就業規則を作成する権限をもつ。そして国家もまたこのような権限を認めている。それが就業規則であり、法としての効果を認められる根拠もそこにあると説くものである。この説は、事実規範としての就業規則を法的規範に高める法的根拠の説明としては大ざっぱに過ぎ、説得性に乏しいと批判される。

次に、「慣習法説」は、就業規則によって労働契約の内容が定められるという慣習が、「公ノ秩序又ハ善良ノ風俗ニ反セサル慣習ハ法令ノ規定ニ依リテ認メタルモノ及ヒ法令ニ規定ナキ事項ニ関スルモノニ限リ法律ト同一ノ効力ヲ有ス」ることを定めた(旧)法例第二条を根拠として認められると説く。「法例」という法律は古い起源をもつもので、その第二条は、明治政府が制定法主義によって各種の制定法を定めた際、既存の地方的な慣習にも一定の要件の下で法としての効力を与え慣習法として認めることを宣言したものである。就業規則は「法令ニ規定ナキ事項」であるが、それが無条件に慣習法として「法律と同一の効力」を認められるまでに至っているかどうかは疑問である。げんに、労基法は前述のように就業規則に多くの法的規制を加えている。また、使用者が一方的に決定する就業規則が労働条件の合意による決定という近代法の原則に抵触する点で公序良俗に反しないかどうかも問題である。したがって「慣習法説」には、就業規則が「慣習法」と認められるかどうかという前提条件のところで疑問があり、法的根拠の説明として十分でないとの批判を免れない。

就業規則に法規範的効力が認められることとの実定法上の根拠を労基法九三条に求める考え方がある。根拠といっても、同条は、既述のように、就業規則が、その基準に達しない労働条件を定める労働契約に対する効力を定めているだけであるから、この「労基法九三条説」は、就業規則が一般的に法規範的効力をもつ根拠を、同条の立法政策に求めるという理論的操作を用いる。すなわち、同説は労基法九三条が、就業規則をしてこれを下回る労働契約を否定し、最低労働基準の確保をはかろうとする立法趣旨に外ならないとし、したがって就業規則は、法所定の手続を経た適法のものであっても、このような保護法的機能の面でのみ法規範的効力を与えられると解する。逆にいえば、就業規則は、その基準を上回るような労働契約についてはもとより、労働条件の基準に関係のない規定については法規範として作用しないという一面的効果しか有しないことになる。

この説は、事実規範としての就業規則を無条件に法規範と認めてこれに強制的効力を付与する結果になる単純な法規範説の弱点、したがってそれに対する契約説からの批判に答え、しかも契約説の考え方では説明の難しい労基法九三条をうまく説明しうるところから学説の支持が強い。しかし、就業規則を作成・変更する場合に、従来の労働条件を上回る規定しか作りえない結果を招くことに批判がある。従来の労働条件を下回る就業規則は法的に無効とされるからである。単純な法規範説では、使用者が作成した就業規則は適法手続を経ることによってそれ自体として法的効力をもち、労基法九三条は、その就業規則所定の基準を下回る労働契約の締結を阻止するという機能を果たすだけであるから、その作成・変更自体には特に法的障害は生じない。

③　疑似法規的効力説

就業規則の法的性質ないし効果について、右に述べた法規範説、契約説のいずれにも賛せず、労基法九三条は、使用者側の一方的作成にかかる就業規則に「法規範」としての性質・効力を認めたものではなく、法類似の「疑似法規的」効力を認めたに過ぎないと説く学説がある。(2) 同説は、労基法九三条は、雇入れの前後を問わず、労働者側が就業規則の定める労働条件以下の明示・黙示の個別労働契約をいつでも私法上無効と主張しうる権利を与えたものに過ぎず、それ以上に、就業規則それ自体の法的効果に言及したものではないと解するのである。

④ 根拠・効果二分説

就業規則の法的効力に関する根拠二分説は、就業規則の内容を実質的にみて、使用者の指揮命令ないし服務規律に関する部分と、労働条件に関する部分との二つに分け、それぞれの部分ごとに法的効果を考えようとするものである。すなわち、前者については、使用者が作成して労働者に知らせることにより法的効果が生ずる。その実定法上の根拠は、労基法の体系、特に九三条に求められる。後者については、使用者が一方的に定めるだけでは法的効果を生ぜず、労働者との間の合意を要し、合意によってはじめて就業規則としての効力が生ずる。この点は契約説の考え方である。このように内容を二分すると、労働者側がその一部に反対しているかぎり、就業規則としての機能が生じないようにみえるが、労働者の就労に際して、使用者が就業規則を示すことにより労働契約が締結されると、告知と合意の両条件が充たされることになるから、就業規則全体としての適用に格別の困難は生じないとされる。

この考え方は、就業規則の服務規律に関する部分が使用者の一方的変更によっても効果を生ずるという点で九三条説よりずっと法規範説に近いが、服務規律に関する部分でも、定め方によっては、労働者の身分・地位の保障という側面で労働者の待遇＝労働条件に関する基準としての作用を果たしているから、実質的には合意を媒介することになり、全体として契約説的考え方に近くなるであろう。なお、就業規則の「根拠」は、一般的に法規範説によりつつ、「効果」の点で労働条件部分につき労働者との間に合意を要すると説く二分説もある。この場合は、後者について労基法九三条を採用するのであろう。

以上の諸説に外に、労基法九三条を、労働条件の集団的画一的決定の必要から、経営内の労働者集団につき統一的に規制しようとする趣旨であると解し、一定の条件の下に、就業規則の集団的法規範性を認めようとする集団的契約説ともいうべき考え方がある。

⑤　私　見

就業規則には、使用者が文字どおり一方的に作成し、届出もしていない名前だけの就業規則と法所定の手続を経て適法に制定されたものとがある。法的効果の対象となるのはもちろん後者だけである。

適法手続の下に成立した就業規則を全くの事実規範に過ぎず、それ自体何らの法的効果も生じないとみるのが最も厳密な意味の契約説である。この立場ではすべての労使間の法的問題が個々の契約＝合意の有無という観点だけで処理されねばならず、あまりにも現実と合わない。社会のすべての附合契約の有効性を否定するのと同じである。

しかし、労基法は、就業規則を一定の法政策に従って一つの法制度としてとり入れ、それを通じて一定の法的機能を果たさせようとしている。「法規範」という言葉は必ずしも、それ自体が法規と同一の強行法的効力という意味に解する必要はない。法的機能ないし作用は、法的「有効」「無効」とは一致しない。就業規則が国によって公認の制度として法的サンクション（許容）を得ているからといって、それが直ちに法そのものとしての強行性を全面的に肯定されるということにはならないのである。労基法が就業規則に認めている法的機能は、就業規則の性格にかんがみ、一定要件の下に、一定の効果に限られている。それは、上からは労働協約、下からは労基法の最低労働条件基準によって内容を規制され、そのわくの中で、就業規則の定める労働条件を下回る労働契約を排除するという効果に過ぎない。その外には、労働契約そのものを左右する法的効果が認められているわけではない。就業規則という法的制度は公認されているが、それによって労働契約が消滅するわけでもなく吸収されるものでもない。むしろ、労働関係の基本は依然として労働契約なのである。労働関係をめぐる争いが、民事訴訟上では、すべて個々の労働契約の解釈の問題として取り扱われるのはこれを端的に物語っている。

就業規則（および労働協約）の登場によって労働契約がその背後に退き、影が薄くなったのは、その古典的合意性が形式化し、実質的意味を失わされたためであるが、就業規則がそれにとって代わる法規範として認められたのだと断定するには現行の労基法の定めは簡単でありすぎる。したがって労基法九三条を始めとする諸規定から労働契約を消去する意味での法規範的効力が就業規則に与えられたとする法規範説はとうてい支持できない。法例二条のような規定が根拠を説明しえないことは前記のとおりである。

民法九二条は、「事実たる慣習」としての就業規則が、当事者がこれに依る意思であると認むべき場合に、法的効力をもちうることを認めているが、この意思の認定は、最終的には裁判所が判定することになるから、結局、同条は、労働契約の黙示の意思の推定に関する規定にとどまるということになる。

こう考えると、私は、就業規則が当事者に対し法的効力をもつかどうかは、それが労働契約の内容になりうる、あるいはなったとみなしうるかどうかの問題につきると考える。それは結局、個々のケース毎の判断の問題となる。したがって就業規則が一般的に法規範的効力によって労働契約を排除すると考えたり、逆に、明示の合意がすべてで就業規則に関係なく労働契約の内容を決すると考えてしまうことは、どちらも就業規則と労働契約の併存を認める現在の法体制の下では法の論理を無視した抽象論だと評する外はない。

ところで、労基法九三条は、それが引き起こした論争の大きさほどには、それ自体の解釈、適用をめぐる直接の紛争例は多くない。これは、本条の結果、ある事業場で就業規則が制定されると、それ以下の労働条件を定めた労働契約は明示、黙示にかかわらず「無効」として姿を消してしまうし、もともと就業規則は使用者が従業員の雇用条件を画一化して管理しやすくするために制定するものであるから、その適用を受ける従業員について特に基準以下の個別的労働契約を締結する必要性はわが国ではあまりないからである。

しかしながら、就業規則が使用者の手で、適法手続の下に、一方的に変更された場合には、就業規則で定める基準以下の労働契約の効力をいわば「上向」的に規制する趣旨で立法された九三条がどのように機能するのか、あるいは機能しないのかが問題となる。学説の論争もかかる事態を前提にして論じているために複雑になったのである。そこで、以下にあらためてこの問題をとりあげてみよう。

（1）　諸学説の整理、解説は、労働法文献研究会編『文献研究労働法学』中の諏訪康雄「就業規則」に詳しい。

（2）　蓼沼謙一教授によって比較的最近唱えられた考え方である。「就業規則の法的性質と効力」季刊労働法別冊『労働基準法』二七五頁。

四　就業規則の変更と労働契約への効果

すでに述べたように、労基法は、一旦、制定された就業規則が使用者によって変更されうることを当然に予定し、その場合には、たとえ僅かな一部であろうと使用者が変更を欲する以上は、その制定時と全く同一の手続および届出の義務を課している（八九条、九〇条）。この法的手続を経ない、単なる使用者の宣言のみによる変更は、罰則の適用を別にして私法上効力を生ぜず、もとの就業規則が効力を持続すると解しなければならない。八九条、九〇条の規定をこの場合、単なる公法的強行法規に過ぎず、罰則の適用があっても、私法的には使用者の意思表示のみで変更の効力が発生すると解すれば、就業規則制度を制定手続および監督署への届出を通じての公的管理によって規制しようとする立法趣旨は無に帰するからである。

ところで、労基法は、就業規則が適法手続の下に行われた場合に、それが適用対象である労働者を当然に拘束することになるかどうかについて何の定めもしなかった。立法者としては、その制定時と同様に、変更の場合も当然に拘束力をもつと考えていたのかもしれない。しかし、就業規則は労働契約そのものではないし、また、当然に労働契約の内容となるわけでもない。この点、制定時と変更時では大分、事情を異にする。制定時、あるいは企業への採用者がはじめて就業する場合には、労働者が特に反対の意思を表示しないかぎり、就業規則に定める諸条件が各自の労働契約の内容になるとみなされ、その旨の労働契約が明示または黙示的に成立する。この労働契約は労働者と使用者間の最も基本的な法規範として、その変更があるまでは効力を持続する。途中で、就業規則の方が変更されたとしても、この理に変わりはない。ただし、労基法に、「就業規則の変更により労働契約も変更される」旨の規定があれば、これは強行法規であるから契約に優先してその通りの効果を生ずる。

労基法は、就業規則の変更による労働契約の効果について右のような規定を置かなかったばかりでなく、九三条において就業規則の「効力」として上向的(保護法的)な直律性を規定した。就業規則に労働契約を変更させる私法的効力があることはこれによって明らかであるが、一旦、就業規則の制定によって労働契約の内容となった基準は、もし就業規則の内容が変更によってこの基準を下回ることになると、本来九三条が予定していた上向的パターンとは逆の事態が生ずるわけである。条文に則していえば、「就業規則で定める基準に『達しない』労働条件を定める労働契約」ではなく、「就業規則で定める基準を『上回る』労働条件を定める労働契約」の状態となる。これが「その部分については無効」となる、とは、同条の解釈からはどう考えても出てこないであろう。

結局、労基法の条文だけでは、就業規則が適法手続によって変更された場合の労働契約への私法的効果については何の解答も得られないのである。変更が労働者にとって有利な場合、即ち「改正」であれば、理論上はともかく、実際上は何の問題もない。しかし、不利益な変更、即ち「改悪」であれば、個々の労働者が自らの労働契約の不変更、つまり契約の一方の当事者である使用者の契約変更の意思表示に対して応じないと主張するかぎり、就業規則の変更という事実はあっても、その拘束力が問題となる。この場合、一方的に不利益に変更された就業規則が法的に無効で労働者に対する効力を生じないことになるのか、それとも変更された就業規則は有効であるが、それに基づく使用者の労働者に対する待遇が労働契約に違反して契約違反として無効になるのか、これも議論の分かれるところであるが、変更された就業規則が労働契約をも変更する法(規範)的効力があるとみる立場に立つかぎり帰結は同じことになり、これが最も一刀両断的解決ということになる。最高裁判所大法廷は、昭和四三年に、就業規則の改訂によって新設された定年制によって解雇された労働者からの訴えに対し、「就業規則は一の法規範である」という考えかたを多数意見によって採用し、ただし、その変更は「合理的なもの」でなくてはならない、との限定を付したが、結局、請求を退けた。こうして、右に述べたテーマについて一つの判例法が形成されたのである。

この「秋北バス事件」の最高裁判決は、就業規則の変更による他の労働条件の引下げのケースについても大きな影響をもつので、少し詳しく説明しておこう。私の考え方は、この判決の評釈という形で述べることにする。

五　秋北バス事件最高裁判決の意味するもの

秋北バス事件（最大判昭和四三・一二・二五）

〈事件の概要〉

被上告人秋北バス株式会社は、昭和三二年四月一日「従業員は満五十歳をもって停年とする。停年に達したる者は辞令を以って解職とする。」旨の就業規則の規定を「従業員は満五十歳を以って停年とする。主任以上の職にある者は満五十五歳を以って停年とする。停年に達したる者は退職とする。」と改め、同四月二五日上告人ほか一名に対し、すでに満五五歳の定年に達していることを理由として、同年五月二五日付で退職を命ずる旨の解雇通知をした。上告人らは主任以上の職にある者については従来、定年の定めがなかったのに、今回の改正によって新たに定年制が設けられ意に反する退職（解雇）を強いられた、として改正就業規則および解雇の有効性を争った。

〈判　旨　㈠〉（多数意見）

「多数の労働者を使用する近代企業においては、労働条件は、経営上の要請に基づき、統一的かつ画一的に決定され、労働者は、経営主体が定める契約内容の定型に従つて、附従的に契約を締結せざるを得ない立場に立たされるのが実情であり、この労働条件の定型的に定めた就業規則は、一種の社会的規範としての性質を有するだけでなく、それが合理的な労働条件を定めているものであるかぎり、経営主体と労働者との間の労働条件は、その就業規則によるという事実たる慣習が成立しているものとして、その法的規範性が認められるに至っている（民法九二条参照）ものということができる。……［かくして、］就業規則は、当該事業場内での社会的規範たるにとどまらず、法的規範としての性質を認められるに至っているものと解すべきであるから、当該事業場の労働者は、就業規則の存在および内容を現実に知っていると否とにかかわらず、また、これに対して個別的に同意を与えたかどうかを問わず、当然に、その適用を受けるものというべきである。」

〈判　旨　(二)〉（多数意見）

「新たな就業規則の作成又は変更によつて、既得の権利を奪い、労働者に不利益な労働条件を一方的に課することは、原則として、許されないと解すべきであるが、労働条件の集合的処理、特にその統一的かつ画一的な決定を建前とする就業規則の性質からいつて、当該規則条項が合理的なものであるかぎり、個々の労働者において、これに同意しないことを理由として、その適用を拒否することは許されないと解すべきであり、これに対する不服は、団体交渉等の正当な手続による改善にまつほかはない。そして新たな停年制の採用のごときについても、……その理を異にするものではない。」

少数意見（横田・大隅裁判官）

「就業規則は、これに基づいて個々の労働者との間に労働契約が締結されることを予定して使用者が作成する規範であつて、そのままでは一種の社会的規範の域を出ないものであるが、これに基づいて労働契約が締結されてきたというわが国の古くからの労働慣行も単なる事実たる慣習に過ぎないものであり、法たる効力を有するに至つたものとは認められず、社会規範たる就業規則は労働者の合意によつてはじめて法規範的効力を有するに至るものと解する。」

少数意見（色川裁判官）

「多数意見は、労働条件は就業規則の定めるところによるという事実たる慣習に法的規範性を認めるごとくであるが、事実たる慣習は、契約を補充する作用を有するにすぎず、当事者がこれによる意思を有していたと認められたときに、はじめて、その慣習が法源となるにとどまる。事実たる慣習が、法的規範となるためには、労使の一般的な法的確信によつて支持せられ、両者の規範意識に支えられていることのために、契約当事者に対して強行せられるものでなければならない。したがつて労働条件が使用者の一方的に定める就業規則による、という事実たる慣習は、法的確信の裏付けを欠くが故に、とうてい法的規範たりうるものではない。」

〈それまでの判例の変遷〉

使用者による就業規則の一方的変更の労働契約に及ぼす効果について、判例は古くから、労働条件に関するかぎりは、否定的見解に立つものが多かった。例えば、「理研発条鋼業事件」の東京地裁決定（昭和二五・七・三一）は、就業規則を一つの法的規範と解しつつも、それは労基法（九三条）によって、狭義の労働条件についての労働契約を労働者の不利益に変更しないという「限界」を伴うとした。この考え方は、「理化学興業事件」（東京地決昭和二五・一二・二八）、「中川煉瓦抗告事件」（大阪高決昭和二六・三・九）で踏襲され、既存の労働条件を不利益に変更する内容の就業規則は、変更そのものが無効とされた。

これに対し、就業規則の変更自体は有効であるが、その変更にかかわらず、労働契約の内容は不利に変更されないとする判例（「中川煉瓦事件」大津地決昭和二五・一〇・一三）もあった。

これに反し、就業規則の変更による労働条件の引下げを肯定した事例として、「昭和電工事件第一審判決」（東京地判昭和二九・一・二一）は、就業規則を使用者が「労使関係を組織づけ秩序づけるために設定する」法的規範とし、就業規則で定める基準以上の労働契約が存する場合には、これと就業規則とがいずれも有効に併存するが、「労働契約の内容となっていない」労働条件について就業規則が改正されるときは、労働条件は当然に変更される、と解して、賞与規定の改正による賞与率の引下げを認めた。しかし、その控訴審判決（東京高判昭和二九・八・三一）は、労働者は、労働契約を締結するに際して、「予め使用者が一般的に定めて提示する就業規則を一括して受諾し、その就業規則に定めるとおりの、しかして、使用者が企業運営の必要に基き就業規則……を合理的に変更する場合には、これによって変更されるとおりの、労働条件に従って就労すべき旨……を、明示もしくは黙示的に合意するのが一般の事例であ」るから、「就業規則に定める労働条件は労働契約の内容をなし、就業規則にして変更されるときは労働契約の内容も亦従って当然に変更を受ける」という契約説の立場に立って原判決の結論を支持、控訴を棄却している。

〈本判決の問題点〉

(1) 判旨を全体としてみると、その特徴は、第一に、就業規則の法的拘束力について有力な判例理論の一つたる「経営権」説（「三井造船玉野分会事件」最二小決昭和二七・七・四、本件高裁判決にも現われている）を退けたこと、第二に、就業規則の法的性質に関する学説論争に対して、独特の法規範説を立て、それに基づき就業規則に法的拘束力を認めたこと（判旨㈠）、第三に、就業規則の使用者による一方的変更を認める結果生ずる労働者の契約上の既得利益に対する侵害については、これを「合理性」という基準に照らし、濫用の法理によって防止する（判旨㈡）、という考え方をとったことである。

(2) 判旨㈠の、「就業規則によるという事実たる慣習が成立しているものとして、その法的規範性が認められるに至っている」との説示は、事実たる慣習から全く無媒介に法的規範性＝法的拘束力を引き出す論理の飛躍の誤りを犯しているとして学説のみならず、本件少数意見側からもきびしく批判された。もっとも、法規説、契約説等学説の対立は容易に結着のつかない問題であり、なお、「法規範」とか「契約」とかいった基礎的カテゴリーの検討に遡って究明すべき問題であるから、多数意見が法規説に立ったことが問題なのではなく、そこに法規範性が何からくるかの納得的説明が欠けていることが問題なのである。

(3) 判旨㈡が、就業規則の改訂による労働者の既得の権利を奪い不利益な労働条件を一方的に課することは原則として許されない、としながら、改訂が「合理的」なものであれば、個々の労働者の同意がなくても拘束力をもつ、とする点も矛盾を含む。これは、「労働条件の一方的引下げは許されない」という労働保護法上の大原則と、就業規則には統一的・画一的労働条件の処理の必要上法規範性が認められるという経営ないし労務管理上の要請に基づく「制度」的原則とはほんらい相互排他的であるのに、何故「合理的」というだけで法規範的に両立するのかという疑問である。また、その「合理的」とはいかなる場合かを判断することは、実は下級審にとってかなり難しい法的作業を強いるものであることが、その後の判決で明らかになるのであるが、これは、多数意見が、法規説と契約説の対立が示している理論的問題の追究なしに安易に折衷しようとしたところからきているように思われる。

(4)　判旨(二)にいう、就業規則の条項の変更が、「個々の労働者をしてこれに同意しないことを理由とする適用拒否」を許さないほどに合理的な場合の例としては、さしあたり本件の「定年制の新設」がテストケースであった。停年制の定めが「労働条件」で、労働契約の内容となるものだとすれば、問題は新たに停年制をとりいれることによって労働条件の内容に変更を加えることが合理性という基準に照らして許されるかどうかということになる。多数意見はこれについて、定年制は「人事の刷新・経営の改善等、企業の組織および運営の適正化のために行なわれるものであって、一般的にいって、不合理な制度」とはいえないこと、定年制の新たな導入も、それがない場合には終身雇用が保障されているというわけではない（この点、横田・大隅少数意見の批判参照）から、その導入によっても既得権侵害とはならないこと、本件の五五歳という停年は、わが国産業界の実情に照らし、かつ、同社の一般職種の労働者の停年五〇歳との比較権衡からいっても低きに失するといえないこと（この点について色川少数意見の批判参照）、本件の定年制が定年退職制を定めたものではなく、労基法二〇条の適用を受ける「定年解雇」制であること、等々の理由を挙げて、「以上の事実を総合考較すれば、本件就業規則条項〔改訂後の新規定〕は、決して不合理なものということはできず、信義則違反ないし権利濫用と認めることもできない」と断じている。

多数意見が右にいうところを、一つ一つとってみれば、あながち、全面的に誤りだともいえないし、判決はこれらの事実を「総合考較」したうえ不合理でないというのであるから、右の一つ一つの判断を「判旨」とみる必要はなさそうである。といって、判旨が、定年制の新設や五五歳の定年が合理的だという総合的基準を示しているとも思えない。色川少数意見がいうように、そこに果たして『合理的』か否かについて、これを決定する基準が一体あるのであろうか。」という疑問は残るのである。

(5)　「就業規則が変更されても、反対意思を表示した労働者には効果が及ばない」という少数意見をもし本判決が採用したと仮定した場合、それが、現実の労使関係に現状の永久凍結という難題を課すであろうことは想像に難くない。しかし、そうだからといって「現実」に合わせて、単純に、就業規則それ自体に法規範性を認め、さらにその一方的改正にも法的拘束力を拡張して認めるとすれば、労働契約が本来私的自治の原則に立つことを頭から否定することになる。そこで、最高裁は本来契約説の論理である「事実たる慣習説」に拠って就業規則の変更に反対する個々の労働者に対する法規範＝法的拘束力を導き出し、これによって少数意見側の非現実的結論を回避しようとしたと思われる。私はもともと契約説の立場に立ち、就業規則の法的性格もその改正の法的効力も、労基法の一部の規定（九三条）を除き、特別の立法のない現行法の下では、ともに労働契約の（明示または黙示の）合意の法的効果の問題として処理するほかないとする考え方をとるから、「事実たる慣習」に直ちに一般的に法的規範的効果を認めようとする最高裁多数意見判旨には原理的に賛成できない。しかし、就業規則のような集団的制度の下におかれている労働契約にあっては、それが常に、少数意見（色川裁判官）がいう「法的確信」に支えられた「合意」から形成されているとはとうていいえず、また最初から法的確信による支持がないかぎり一切の労働条件の変更を認めないというほどの意思を含んでいるとも断じえない。そこには、やはり、就業規則が「社会的規範」として作用していることから生ずる統制（個別意思の抑制）的効果が労働契約に及んでいることを認めねばならないであろう。少数意見のような形で個々の労働者の合意の独立性をあまり強調すれば、就業規則による処理という今日の企業において普遍的となった制度の効果をすべて否定することになり、それは労基法がこのような制度をそれとして法体系の中にとり入れていることとの否定にもつながるといえないであろうか。したがって、本件最高裁判決の多数意見の論理の脆弱性を衝くことは、直ちに少数意見を支持することを意味しないと私は思う。

私は、結局、当該就業規則が問題の条項について適用対象たる労働者の労働契約に化体しているかどうかの判断ないし意思解釈を出発点として、その変更の合意の形成について労使当事者がどの程度に接渉したかを含めて、合理的意思解釈を通じてその適法性を判断するという契約法上の法的操作を通じてはじめて就業規則と労働契約の法的関係および現実問題の解決がはかるべきであると考える。この観点からいえば、本判決は（もし修正されるとすれば）「事実たる慣習」から直ちに「法規範」を引き出すのではなく、就業規則の社会的規範としての対契約法的効果という意味における法的効力を認めるにとどめるべきである。そのような法的効果を現実に認めるかどうかの法的操作は裁判所の判断に任されることになる。

〈本判決の適用の状況〉

本判決が出てから一〇年を経過した時点で、就業規則の変更による労働条件の「引下げ」をめぐる下級審判決は三〇件以上に達している。内容も、本件と同じ停年制の問題から退職金、賃金体系、勤務体系または服務規律の改正問題に及ぶが、下級審判決は、本件最高裁判旨に従わないもの、その一般論には従うが、結論として不利益変更の合理性を肯定しないものも多い。ただ、その後の一つの動向として次のようなパターンが現われてきたことが注目される。すなわち、「タケダシステム事件」（東京地判昭和五一・一一・一二）において、就業規則の改正による生理休暇規定の不利益変更の事案につき、判旨は、最高裁判旨を「就業規則の作成または変更によって、既得の権利を奪い、労働者に不利益な労働条件を一方的に課することは、原則として、許されないと解すべきであるが、労働条件の集合的処理、特にその統一的かつ画一的な決定を建前とする就業規則の性質からいって、当該規則条項が合理的なものであるかぎり、個々の労働者において、これに同意しないことを理由として、その適用を拒否することは許されない」という形で引用したうえ、まず、規則の変更により旧規定の下で労働者が得ていた利益が奪われ、労働者に不利益な労働条件を課すことになったかどうかを認定し、次に、規則の変更は、「法の要請する女性保護の面と濫用の弊を防ぐことの調和を害しない範囲で可能」という判断の下に生理休暇制度の濫用が就業規則変更の合理的根拠であり、新規定の内容も合理的である、と結論づけている。つまり、最高裁判旨にみられる就業規則の法的性質の論拠ないし法的規範性の説明の部分（上記判旨㈠）を省略し、上記判旨㈡の部分だけを最高裁判旨として援用するやりかたである。このタイプの判決の登場につれ、本件最高裁判決直後にみられた「抵抗型」の下級審判旨は次第に影をひそめつつあるかにみえる。

〔『新版　就業規則と労働協約』一九八一年〕

〔判例研究〕

1　定年延長に伴う賃金の減額を定めた就業規則変更の効力

――第四銀行事件――

〔最高裁平成九年二月二八日第二小法廷判決、民集五一巻二号七〇五頁、労働判例七一〇号一二頁〕

〔参照条文〕労基法九三条、労組法一七条

一　事　実

一　被上告人銀行（Y）は、昭和五七年頃から組合の定年延長の要求を受け、団体交渉の結果、翌五八年三月三〇日、定年を五五歳から六〇歳に引き上げるとともに、五五歳以降の加算本俸の減額等を内容とする労働協約を締結、これに従って就業規則の定年条項、給与・退職金規定を改正して同年四月一日から実施した。

二　上告人（X）は、昭和二八年Yに入行、同五四年八月に部長補佐（非組合員）となり、同五九年一一月五五歳となったが、本件新定年制により勤務を継続し、同六一年一二月（五七歳）に業務役となり、平成元年一一月、六〇歳定年達齢により退職した。旧就業規則では、定年（満五五歳）後も、願い出により三年間を限度とする「定年後在職制度」があり（新就業規則で廃止）、その場合、本俸、定期昇給、役付手当、賞与、退職金等につき特別の処遇がなされていた。新給与規定により、Xの五五歳以後の年間賃金が、五四歳時の約六割に減額された。そこでXは、Yの本件新定年制を定めた就業規則の変更は、一方的に労働条件を不利益に変更するものでXにつき効力を生じないとし、新定年制による賃金と旧定年制の下で得られたはずの賃金との差額、約一六七二万円の支払い、及び右賃金の支払いを受けるべき労働契約上の地位の確認等を請求した。

三 一審は、本件就業規則変更に合理性は認められないが、労組法一七条に基づく労働協約の拡張適用による本件定年延長の効力を認めてXの請求を棄却、二審（原審）は、総合判断として就業規則の変更に合理性を認め、これを有効としてXの請求を棄却した。X上告。

二 判旨

上告棄却

一 新たな就業規則の作成又は変更によって労働者の既得の権利を奪い、労働者に不利益な労働条件を一方的に課することは、原則として許されないが、労働条件の集合的処理、特にその統一的かつ画一的な決定を建前とする就業規則の性質からいって、当該規則条項が合理的なものである限り、個々の労働者において、これに同意しないことを理由としてその適用を拒むことは許されない。

右の合理性の有無は、就業規則の変更によって労働者が被る不利益の程度、使用者側の変更の必要性の内容・程度、変更後の就業規則の内容自体の相当性、代償措置その他関連する他の労働条件の改善状況、労働組合等との交渉の経緯、他の組合又は他の従業員の対応、同種事例に関する社会の一般的状況等を総合考慮して判断すべきである（先例援用）。

二 本件定年制の実施に伴う就業規則の変更は、（Xの）既得の権利を消滅、減少させるものとは認められないが、（Xは五五歳の年間賃金が五四歳時のそれの六三％ないし六七％となり、旧制度の下で五八歳まで勤務して得られると期待することができた賃金等の額を六〇歳定年近くまで勤務しなければ得ることができなくなるから）、実質的にみてXの労働条件を不利益に変更するに等しいから、これを受忍させることを許容できるだけの高度の必要性に基づいた合理的な内容である場合にのみその効力を生ずる。

三 本件就業規則の変更は、以下の諸事情を総合考慮すれば、合理的な内容と認められる。

① 本件定年延長は、Yにとって不可避で高度の必要性に基づくもので、それによる人件費の増大、人事の停滞、経営効率、収益力からみて五五歳以降の賃金水準等を見直し、変更する必要性が高かったこと。

② 変更後のXの五五歳以降の賃金水準が他行や社会一般のそれに比し高かったこと。

③ 定年が六〇歳に延長されることによるXの雇用確保の利益は小さくないこと。

④ 災害補償等の福利厚生制度の適用延長や拡充、特別融資制度設置等のYの措置が、（年間賃金減額に対する直接的代償とはいえないが）本件定年制導入による不利益を緩和するものといえること。

⑤ 本件就業規則の変更が、行員の約九〇％で組織される組合と労働協約を締結した上で行われ、労使間の利益調整がなされた結果としての合理的なものと（一応）推測することができ、またYにおいて就業規則による（労働条件の）一体的な変更を図ることの必要性および相当性を肯定することができること。

（河合裁判官の反対意見あり）

三 評 釈

判旨の構成に概ね賛するが、不利益変更の代償措置の評価に疑問あり。

(1)　本判決の意義

本判決は、就業規則の変更による定年延長に伴う賃金の実質的減額の適法性に関する初の最高裁判断である。争点は、組合との交渉と労働協約の締結に基づき定年を五五歳から六〇歳へ引き上げる見返りとしての、五五歳以降の賃金の減額を定めた本件就業規則変更の効力と、新定年制による賃金と旧制度の下で得られたはずの賃金との差額の支払いを求めるXの請求の可否である。

判断の理論的枠組みは、就業規則変更による労働条件の不利益変更について最高裁が昭和四三年の大法廷判決以来、幾つかの判例を通して示してきた判旨一の基準に従い、当該変更の合理性の有無を判断するというものである。本件は、定年の五歳延長という労働者側にとって一般的に有利となる条件の下で一部の従業員の賃金が減額されるという労働条件の変更の合理性について、右基準の具体的適用を示した点において新先例を加えたといえる。本件一・二審とも、基本的には右の枠組みに従っているが、同一の結論（Xの請求棄却）とはいえ、本件就業規則の変更の合理性については全く相反する判断を示していたところから、上告審において最高裁がどのような判断を下すか注目されていた。本判決は、争点につき、二審（原審）と基本的に同じ判断方法（枠組み）を採用し、その結論を支持（上告を棄却）したものであるが、従来、労働係争上告事件にあっては、紋切り型の、具体的理由を示さない棄却判決が多い中で、「認定事実」も示したうえ、自らかなり詳しい判決理由を述べており、事例判断ながら、新事例に対する法的処理の指針を幾つか明示していること、そして、その合理性判断方法の一部について問題点を衝く少数（反対）意見が付されていることが本判決の特色として指摘できる。

(2)　就業規則の変更の合理性判断の基準

判旨一は、判旨自ら援用する五件の先例（①「秋北バス事件」最大判昭和四三・一二・二五民集二二巻一三号三四五九頁、②「タケダシステム事件」最二小判昭和五八・一一・二五裁判集民事一四〇号五〇五頁、③「大曲市農協事件」

最三小判昭和六三・二・一六民集四二巻二号六〇頁、④「第一小型ハイヤー事件」最二小判平成四・七・一三裁判集民事一六五号一八五頁、⑤「朝日火災海上事件」最三小判平成八・三・二六民集五〇巻四号一〇〇八頁）に従ったものである（③判旨とほぼ同じ）。この、ほぼ定着を見た判旨については、評者は、事実規範たる就業規則にあまりにも大きな法的規範力を認める点において、なお、疑念を払しきれないが、労働条件の不利益変更の合理性判断を通じてその法的効果を判断するという方法は裁判規範として、それなりの説得性を認めざるを得ないので、判旨**一**の枠組みを前提として論を進める。

(3)　本件変更がなければ期待し得る賃金減額の不利益性の評価

判旨**二**は、本件就業規則の変更による不利益性につき、Xの五五歳以後の年間賃金額が五四歳時の六三％ないし六八％に減額されることとなり、従前の定年後在職制度の下で得られると（合理的に）期待することができた金額をさらに二年近く勤務しなければ得られない程度に減額された点において実質的に「労働条件の不利益変更」に当たるとし、そして、それは、本件就業規則の変更が許容される「高度の必要性に基づく」かどうかの合理性の判断を要請される程度に大きな不利益であると認める。一般に定年年齢を一挙に五年引き上げるのに伴い特に高年齢層の賃金を一定程度抑制することは、直ちに合理性がないとすることはできないが、本件の場合、Xは、従来から「定年後在職制度」により実質五八歳位まで在職できたところから、判旨としては、定年延長の実質的な利益と賃金の六割減額の不利益とを衡量して不利益の程度が著しく大きいと評価したものであろう。いずれにせよ、判旨が従来の「定年後在職制」が引続いて適用されていれば得られたはずの利益をXが「期待すること」に合理性を認め、その侵害が（既得権の消滅、減少とはいえなくても）適法な利益を奪うものとして就業規則変更の合理性評価の対象になるとした点において、大きな先例的意義を有するといえる。

(4)　就業規則変更の合理性の認定基準と判断

判旨三は、判旨一の後段に示された判断基準を具体化し、本件変更による不利益を是認するに足る合理性の有無を判断する幾つかのファクターを挙げるが、ほぼ前掲記の五つに要約することができよう。

右のうち、①使用者側の本件就業規則の変更の必要性、②定年延長によるXの利益、③変更後のXの年間賃金水準等の事情や評価については、その検出方法に特に問題はないと思われるので、④と⑤のみをとりあげる。

(1)　代償措置の相当性について

本件就業規則の変更に際してYがとった不利益代償措置は、災害補償規定、家族年金その他の福利厚生制度の新定年年齢までの延長、弔慰金・傷害見舞金の上積み、五五歳以上の世帯主行員に対する「特別融資制度」である。一審は、これによりXが具体的な利益を得ることはほとんどなく、不利益緩和の度合が低いとして就業規則変更の合理性否定判断の理由の一つとしたが、二審は、右措置が「代償措置とはいえないとしても」、「定年延長の一環をなすものであるから、合理性判断の一要素として評価すべきもの」（その意味は明確でない）としていた。判旨は、二審判旨を補う形で「不利益を緩和するもの」と評価している。しかし、定年制の改定に際し旧定年時まで適用されていた福利厚生制度を新定年達齢時まで延長適用することは、正規社員である限り通常、当然にとられる措置であり、とりたてて「代償措置」といえるほどのものではなく、実際上の効果もさして大きくはない。それ以外の代償措置としては「特別融資制度」だけであるが、これもXらの賃金減額の大きさに見合うものとはいい難い。これを最高裁の先例が代償措置の尺度として示してきた諸基準と対比してみよう。退職手当規定改定の代償金として協約で合意された一人平均一二万円ないし三〇万円の支給では、被上告人の被った経済的不利益を補うに足りないとした「朝日火災海上保険事件」（最三小判平成八・三・二六）、退職金支給基準引下げに伴う何らの代償措置がないことから就業規則変更に合理性が認められないとした「御国ハイヤー事件」（最二小判昭和五八・七・一五労判四二五号七五頁）、合併に伴う、給与調整措置等による代償措置により退職金（支給倍率）の引下げの不利益が大きくないとして就業規則変更の合理性を認めた「大曲市農協事件」（最三小判昭和六三・二・一六）に見られるように、判決はいずれも代償的措置の実質的効果を重く見ている。これらに比べると、本判決の代償措置の評価は、Xが被る不利益とのバランスからみて緩やかに過ぎると思われる。

X側は、不利益の代償に関連し本件二審において、Xらの年代の行員には、「代償措置」の一つとして、従前の「定年後在職制」を選択的に残し、同制度の下での賃金を得て五八歳で退職する余地を認める等の「経過措置」を講じるべきであったと主張した。二審はこれに対し、そのような措置をとれば、「行員を異なる労働条件のグループに分けることになり、好ましくない結果をきたすおそれがあり、右措置をとるかどうかはYの経営判断の問題」として却けている。この争点は、上告審でも上告理由として主張されたが、判旨は、「労働条件の集合的処理を建前とする就業規則の性質」と、「Xの不利益が、合理的な期待を損なうにとどまり、既得権の侵害とはいえない」という二つの理由に基いて上告人の主張を却けている。

右多数意見に対し「反対意見」は、本件Yの代償措置がXの不利益に比し「ほとんど見るべきものがない」以上、「経過措置設定の可能性ないし相当性を吟味することが不可欠」であり、そのような措置を設けることが「著しく困難な特別の事情が認められない限り本件就業規則の変更は合理性を失うと判断すべき」ものと批判している。

確かに、就業規則の不利益変更の合理性判断において不利益を是正ないし緩和する「代償措置」の範囲ないし程度をどこまで求めるかは、難しい問題である。これを、反対意見がいうように、経過措置としての選択定年制の採用をもって定年延長に伴う労働条件上の不利益を償うための「不可欠的」代償措置とまでみることには疑問がある。しかし、判旨が上告理由を却ける理由として挙げる就業規則の性質論やXの不利益の期待権的性格といったことは、何れもやや的外れで、形式論に過ぎる感がある。結論はともかく、本件審理において、Xの「著しい」不利益を緩和すべき「措置の一つ」として合理性判断の対象に加えて然るべきであったと考える。

(2) 労働協約を通じての労使間の「利益調整」について

本件判旨三の⑤は、本件就業規則の変更手続きが、これに先立つ組合（行員の九〇％を組織、五〇歳以上の行員の六〇％が組合員）との労働協約の締結の上で行われた事実を指摘し、「その内容が『労使間の利益調整がされた結果として』合理的なものと一応推測することができる」ことを合理性肯定の論拠として挙げている。就業規則の変更と労働協約の適用（特に労組法一七条の拡張適用）との関係は、この種の事件における大きな論点であり、近時、最高裁は、前掲「朝日火災海上保険事件」において、協約の拡張適用の（有利・不利の）両面的拘束力を原則的に認めつつ、当該協約を特定の未組織労働者に適用することが著しく不合理と認められる特段の事情があるときは、その規範的効力を及ぼすことはできないとする立場を明らかにしたところである（荒木尚志「労働判例研究」ジュリ一〇九八号参照）。本訴訟においても争点の一つとなり、一審は、管理職ではあるが法にいう「同種の労働者」に当たると認められるXに対して、本件協約を適用することが著しく不当と認められる「特段の事情」は認められない、としてその拡張適用を認め、これを理由としてXの請求を棄却している。これに対し、二審（原審）は、この論点を正面から取り上げることなく、協約による「組合との合意の存在」を就業規則変更の合意性判断についての総合的判断における「諸事情」の一つとして捉え、「行員の利益を代表する立場にある」組合との合意は尊重さるべきものとした。

本件判旨も、この問題の扱い方としては二審と同じく就業規則変更の合理性判断の事由として扱っているが、「その内容が『労使間の利益調整がなされた結果として』合理的なものと『一応』推測することができる」という微妙な言い方をしている。

判旨のいう「労使間の利益調整がなされた」ことが、いかなる意味において合理性判断の基準となるのか明らかでないが、Xが、（一審の認定どおり）労組法一七条の「同種の労働者」であれば、同法による協約の拡張適用をうけることになるから、本件においても「朝日火災海上保険事件」最高裁判旨にいう「協約を特定の未組織労働者に適用することが著しく不合理と認められる特段の事情がある」かどうかを判断すべきであったし、その「特段の事情」の有無の判断において「労使間の利益調整」が十分になされたかどうかの結論が導き出されるべきであったと考える。

また「労使間」の「利益調整」という場合、利益調整の対象者の中には、Xら非組合員たる役職者も含まれるのであるから、判旨としては、組合と使用者間に、本件制度変更の結果、当然に不利益を被るXらについての「利益調整」が十分になされたかどうかの判断を示すべきであった。判旨が挙げる「Xら役職者のみに著しい不利益を及ぼす」変更ではなかったという理由だけでは、労使間の利益調整がなされたと推測するのは難しいし、この点の「上告理由」に十分答えていないと思われる。

(5) 判旨の適用について

本件判旨が、就業規則の変更の合理性の具体的判断において、Xが被った賃金減額の不利益性とYの変更の必要性とを比較考慮し、諸事情の総合判断から結論を導き出したその方法については相当と考える。その結論に至る「諸事情」の検討に際して挙げられたどのファクターに重点が置かれているのかは明らかでないが、判旨から推認すれば、片や、Y側における本件定年延長の経緯とその経営面への影響、片や、定年延長の利益の大きさと労使間の利益調整の合意に重点を置き、結果としてXら高年齢層の被る不利益の大きさを認めつつも、あえて「受忍すべきもの」と判断したのであろう。結論はともかく、判旨には、すでに指摘したように、Xらが被る不利益を甘受させるに足る代償的措置の評価において、先例からみても緩やかに過ぎ、説得性に欠ける面があること、労使間の「利益調整」の内容が不明確との感を免れない。今後、本件が先例として類似の事例について参照される場合には、本件の多数意見でさえ、結論において「そのような不利益を法的に受忍させることもやむを得ない高度の必要性に基づく合理的な内容であると認めることが」「できないものではない」といささか動揺を示している点を汲みとる配慮が必要だと思う。

〔ジュリスト一一二〇号、一九九七年〕

2　週休二日制実施に伴う平日勤務時間延長と就業規則の不利益変更
――羽後銀行・函館信用金庫事件を中心として――

一　金融機関における完全週休二日制の実施と就業規則の変更問題のいきさつ

(1)　金融機関における特殊な事情

一九九五年現在「週休二日制」というテーマは、もはや少なくともジャーナリズムではとり立ててとりあげられるテーマではなくなってしまっている。しかし一〇年前の一九八五年の、まだ「昭和」と呼ばれていた時期には、わが国における「時短」政策のかなめの一つとして世の注目を引いていた。とりわけ銀行をはじめとする金融機関は、官公庁とともに完全週休二日制の実施にとって最も障壁の高いターゲットとされていた。その実現には銀行法等法律や政令の改正が必要であるばかりでなく、銀行休日日の顧客の不便や、民間企業でも特に長いと言われている勤務時間（必ずしも「労働時間」でない）との関係など金融界特殊の問題があったからである。

このような障害にもかかわらず、政策の主体者（金融機関というよりは、むしろ政府・政財界）をして平成元年二月一日を期し完全週休二日制の全面実施という「政策的」決断に踏み切らせたのは、高度経済体制下に「貿易黒字」を累積させてきた日本経済に対する海外からの「内需拡大」等の要請であった。当時、二〇〇〇時間を超える、主要欧米諸国に比しかなり長い日本の年間総労働時間数を大幅に削減する手段としては時間外労働時間の削減よりは休日増のほうが有効でかつ実現し易かった。羽後銀行事件判決も、銀行界の完全週休二日制への移行が「経営の実情、労働者の意識の向上、それらを反映した労使交渉の積み重ねにより実現したというよりも諸外国からの（賃金コスト引上げの）圧力によるところがはるかに大き」かったと述べている。しかし、労働省の平成二年の調査（賃金労働時間制度等総合調査）では、完全週休二日制を採用している企業の割合は大企業でこそ半数を超えているとはいえ、全体では一一・五%に過ぎず適用労働者では三九・二%程度にとどまっていたのである（平成五年では、それぞれ二〇・三%、五二・九%）。

それはともかく、昭和六四年一〇月二一日全土曜日を金融機関の休日とするよう銀行法施行令が改正され、翌年二月一日から実施されることになった。右施行令は信用金庫法により信用金庫等に準用されたのでほとんどの金融機関が一律に対象となった。

銀行、信用金庫等の金融機関は一種の「公的」機関としてもともと多くの法的規制を受けており、週休二日制の完全実施にも銀行休日を変更するための銀行法等の改正が必要であったが、この法令によって、各金融機関は完全週休二日制の導入に踏みきらざるを得なくなった。とはいえこれを一律に実施するということになると、各金融機関ごとに総労働時間や平日の勤務時間等に格差があるだけにどこもその対応に苦心したようである。特にこの業界では組合組織率が高いため、その導入には組合との交渉や協議が必要であった。

一般に週休二日制の導入の結果、そのままでは当然、短縮となる労働時間を総労働時間や平日の勤務時間との関係においてどうするかはすべての企業に共通の問題であるが、週休二日制の導入自体に金融機関におけるような法的制約がない一般私企業の場合には、あらかじめ導入時期を定め時間をかけて労使間で討議し、合意が得られた段階で新労働時間体制に関する協定を締結したうえ実施するのが通常の形態である。ところが金融機関では右のような事情で労使間の自主的協定ないし合意が必ずしも得られない前に「政策」による決定が先行した。その結果、組合との交渉が進まないままに、経営サイドの週休二日制実施を前提とした「新労働時間体制案」が提案され、組合または一部の組合員の強硬な抵抗に遭遇したところがあった。「法令による」実施を前に経営側は、せっぱつまって旧労働協約の破棄や就業規則の「一方的変更」といった「伝家の宝刀」に訴えざるを得ないところが少なくなかった。多くの場合、組合の「協調」路線に救われ解決に至ったようであるが、企業内に複数組合が併存して、一方の組合があくまで平日勤務時間の延長に反対の方針を取った場合に生じた法的紛争がここでとりあげる両事件である。

(2)　両行における紛争の経過

週休二日制を採用するについては、隔週等の「不完全」週休制の場合であっても、休日となった日の仕事の他の日への割り振り、協定総労働時間との関係における他の就労日の労働時間（勤務時間）の延長、延長した場合の時間外勤務の扱い、総労働時間を縮減した場合の賃金補償等の重要な問題を派生させる。完全週休二日制に近づくほど影響は大きくなり紛争が起きやすい。

①　羽後銀行事件（秋田地判平四・七・二四）の場合

昭和五〇年の時点で「就業規則に関する協約」により平日午前八時五〇分～午後四時五〇分（休憩六〇分）、土曜日月二回の「交替制指定休日制」がとられていた。政令の改正により昭和五八年八月から毎月第二土曜日が、昭和六一年八月から第三土曜日が銀行休日となったが、銀行は前者では休憩時間の短縮、後者では平日の終業時刻を一〇分遅らせる等の勤務時間の変更を内容とする就業規則の改訂を両組合に提案した。多数派のA組合は合意したが、本件の原告である少数派のB組合が反対したため、B組合員についてのみ引続き昭和五〇年の前記協約を適用、第二土曜日は「特別休日」、第三土曜日は「自宅研修」扱いとする変則が続いた。銀行は昭和六三年に至りBに右協約の解約を通告、三ヶ月後の協約失効をまって勤務時間は「就業規則による」としていた。今回の完全週休二日制の実施に際しては、銀行は、全土曜日を休日、週初めの営業日（「特定日」）の所定労働時間を午前八時五〇分～午後五時五〇分、「特定日」以外の平日を午前八時五〇分～午後五時とする就業規則の改訂をAB両組合に提案した。A組合は合意したが、B組合とは何回か団体交渉を重ねたが合意に達しなかった。銀行が労基法所定の手続により就業規則の変更を監督署に届け出のうえ、右勤務時間を、B組合員にも適用することとしたため本訴に至った。

② 函館信用金庫事件（函館地判平六・一二・二二）の場合

週休二日制の実施についての銀行法等の法的取り扱いは銀行と同様であり、前記政令の改正により、部分週休二日制から完全週休二日制へと進んだ。部分週休二日制導入の過程における労使間の経緯の詳細は不明であるが、平日の所定労働時間を延長することなく土曜休日を実施した。昭和六三年の銀行法施行令の改正（信用金庫法により信用金庫に準用）で完全週休二日制の導入に伴ない、平日の勤務時間延長が不可避と予測されるに至って労使関係は一挙に緊張した。

同金庫内にも組合が併存していたが、B組合は完全週休二日制実施となっても平日の勤務時間の延長に反対する方針の下に、六三年一一月一〇日にその旨金庫に申入れしていた。その時点ではB組合が従業員の過半数を組織しており、同組合の同意を得ることは困難な状況であった。金庫側は翌年二月からの完全週休二日制の実施を期して、同年一二月二二日に、両組合に対し全土曜日を休日とし、平日の就業時間を従来の午前八時五〇分～午後五時から午前八時四五分～午後五時二〇分に改める就業規則の改訂案を提示、これを翌年二月一日から実施する予定であることを示したうえで一月二〇日までに文書で回答するよう求めた。金庫は同時に各部店長に右改訂案を配布し、所属の従業員に周知させるよう指示した。そして同月三〇日に労基署に対し就業規則変更の届出をしたが、労基署は、この時点ではB組合側から届出を受理しないよう上申を受けていたこともあって、「就業規則変更に関する金庫の説明及び両者間の協議が一度もない経過を重視する」として届出を受理せず、金庫に対し組合と団体交渉を行なうよう指導した。金庫側からの申入れで翌日、B組合と団体交渉が行なわれたが、双方の意見が対立し、結局、所定労働時間及び休日については今後、団体交渉で協議することを確認したにとどまった。金庫は労基署にあらためて就業規則変更の届出をし（今回は受理された）、翌年二月一日から実施した。

しかし、B組合は、その後も従前の終業時刻である午後五時からの時間外手当を請求、労働時間延長の白紙撤回を求める団交を求めるなど活発な運動を展開した。

以上が、羽後銀行、函館信用金庫の両者に大筋で共通した事件の経過である。要するに、当時の「国是」ともいうべき「時短」政策の里程標と目された金融機関の完全週休二日制の実施が制度上、すべての銀行、金庫等において達成されるべき平成元年二月一日の時点において、個々の企業内部における労使間の、総労働時間の配置に関する最終的調整ができないまま、企業の就業規則の一方的変更という強硬措置が正面から法的争いの場に持ち込まれたのが両事件である。(1) いずれも併存組合の一方が平日勤務時間への繰り込みに全面的に反対し、就業規則の不利益変更としてその効果を否定、改訂前の就業規則に基づいて計算した時間外勤務手当から支払済みの分を差し引いた残額の支払いを訴求したものである。

二　不利益変更の「合理性」に関する両判決の判断

両判決とも、結論は原告の主張する就業規則の不利益変更を認めず、変更に合理性があるとして請求を却けた。その理論構成もほぼ同じであるが、「不利益」の認定判断について若干ニュアンスを異にしていると思われるので、以下、対比的に要約する。

(1)　判断の基本的枠組み

羽後銀行事件判決は、「就業規則は労働者の労働条件を規律するものであるが、これは使用者が、労働関係法規及び労働協約に反し得ないという制約を受けながらも、一方的に作成、変更するものであるから、作成・変更が労働者の既得の権利を奪うなど労働者の労働条件を不利益に変更するものである場合には、原則として、これに同意しない労働者に効力を及ぼすことはできず、作成・変更の内容が合理的なものであってはじめて、これに同意しない労働者にも就業規則を適用することができる」と判示し、函館信用金庫事件判決は、「労働条件の変更は、本来対等な労使の合意に基づいてなされるべきものであるが、労働条件の画一的処理の要請から、労働者に不利益な内容を含む就業規則の一方的な変更も合理的なものである限り許される。」と判示している。

いずれも、この種事件の法的処理の基本的枠組みを最初に示した最高裁大法廷判決（秋北バス事件・昭四三・一二・二五民集二二巻一三号三四五九頁）の判旨を別の言葉で言い換えたものである。大法廷判旨は、以後、幾つかの同種の事件に適用または援用され、今日ほぼ確立した判例法理となっているのは周知のところである。週休二日制の導入に伴う不利益変更が争われ、この判例法理に照らして判断されたケースとしては、さきに三菱重工長崎造船所事件（長崎地判平元・二・一〇）がある。(2)

(2) 不利益変更の有無

原告側の請求は、本件就業規則の変更が無効であることを前提として旧規則による算定に基づく時間外手当の支払いを求めるものである。しかし就業規則の変更が無効であることを右判例法理の準則のワク組みに従って主張するには、変更が労働者に「不利益な」労働条件を課したものであることが前提となる。そこで、原告側は（完全週休二日制の導入自体の利益・不利益の問題は一応、棚上げして）「平日勤務時間の延長」を労働条件の不利益扱いとして主張した。両判決において不利益変更の有無が先ず争点として扱われているのはこのためである。

羽後銀行判決は、年間総労働時間が短縮されても特定日の所定労働時間が延期され、午後四時五〇分の終業で勤務から解放されるという既得の利益が侵害された点で労働条件の「不利益変更」があったと認め、函館信金判決は「平日の所定労働時間の延長には、家庭生活への影響、時間外手当の減少、労働密度の強化をもたらす可能性があり、年間の所定総労働時間の増加がないからといって直ちに不利益性がないとはいえない」と判示して、ともに原告側の主張を認めている。週休二日制の導入と一応、切離して平日の勤務時間の延長だけをとりあげる限り、それが労働者にとって「不利益」であることは否定できないところである。

(3)　不利益性の程度

しかし、両判決とも、たとえ平日時間の延長の点に不利益性があるとしてもその不利益の程度について完全週休二日制の導入及びその他の措置による利益を勘案する。その結果、羽後銀行判決は「土曜日全休による余暇、自由時間の増大、通勤からの解放、休養の確保等の利益、年間所定労働時間の減少による一般的利益が、年間約九五日の特定日の一時間の延長の不利益を十分補い得るから、原告らの蒙る不利益の程度は必ずしも大きいとはいえず、受忍するのが相当」とし、函館信金判決は、「延長時間が短時間で毎日均一に延長されることで過重な負担とはいえない。延長による通勤への影響、時間外手当の減少も不利益性の内容として重要視することはできないし、労働密度の強化もＡＴＭ等によって相当緩和されている、等の事情に加えて週休二日による休養確保、自由時間、余暇の確保など大きな利益を総合考慮すれば、不利益変更とはいえない」としている。結局、両判決とも(2)と(3)の総合判断として就業規則の不利益変更はなかったとみている。それならば、このように分けることなく、直截に総合判断[3]してよかったのではないかともいえる。

(4)　変更の経営上の必要性

羽後銀行判決は、銀行界における完全週休二日制が、「銀行経営の実情、労働者の意識の向上、労使交渉の積み重ねにより実現したというよりも諸外国からの圧力によるところが大き」かったが故に、その導入のため

「個々の銀行が経営の実情に応じ、過渡的に労働時間の短縮幅を抑制、人件費コスト増の圧縮を図ることも許容されてしかるべきである」とし、函館信金判決は金庫が完全週休二日制の実施により土曜日の業務を平日に処理するため、平日の実労働時間の増加が必要と判断することは、「極めて常識的」であり、経営環境の厳しさから、労働時間増によるコストの抑制にとどまらず、時間外手当の削減を意図したとしてもやむを得ないとして、ともに就業規則変更の経営上の必要性を肯定している。

(5) 変更の手続――特に組合との交渉

就業規則の不利益変更の合理性に関する判断の要件ないし基準として、使用者側に就業規則の変更手続に際しての組合（少数派組合を含む）と協議を尽くすことが求められるかどうかについては、先例はあまりはっきりしていない。既述の大法廷判決は特にこの点に触れていないが、その後、「タケダシステム事件」（最二小判昭五八・一一・二五労判四一八号二一頁）は、「組合との交渉経過」を基準として挙げている。しかしこの点に特に言及していない最高裁判決もあるところからすれば、現在のところ、この点を就業規則の不利益変更の合理性の判断基準ないし要件とする判例法理が確立された、とまでいうことはできないであろう。

最高裁をはじめとする先例が確かでないこともあってか、就業規則の変更に際しての使用者側の原告組合との交渉態度については考え方の差異が、両判決にはっきりみてとれる。すなわち、羽後銀行判決は、完全週休二日制実施の一般的経緯についてはかなり詳しく述べているが、平日勤務時間の延長をめぐる就業規則の変更に関する労使間の交渉経過や変更手続の適法性については何らの評価、判断もしていない。これに対し、函館信金判決は、就業規則の合理性判断に際して考慮すべき事情の一つとして「組合との交渉経過」をかなり重く見ているようであり、とりわけ、金庫が監督署へ最初に就業規則の変更届出をした際、組合との協議不十分を理由に届出を留保されたこと、団体交渉における金庫側の態度、特に金庫側の言動が労働委員会において不当労働行為と認定されたこと等を挙げ、本件就業規則の変更に当たり、金庫側に「当初から組合と誠実に交渉する意思がなく、組合との交渉が十分尽くされておらず」、その手続きには「かなりの問題があったといわざるを得ない」と述べている。

(6) 函館信金事件における「不当労働行為」の側面

手続き上の「かなりの問題」の内容について、判決自体は簡単にしか述べていないが、本判決提訴に前後してB組合から申し立てられた不当労働行為事件における労働委員会の救済命令にその間の事情がかなり詳しく述べられている。

B組合は、金庫側から就業規則変更の提案を受けた時点においてはまだ従業員の過半数を占めており（組合員約六二名、A組合は二二名）、平日勤務時間の延長にあくまで反対する方針を採っていた。これに対し金庫側は、同組合の指導方針を批判するなど組合の「切り崩し」をはかり、その結果、本件訴訟提訴（平元・八・二五）の年末までに執行委員長を初め三四名が大量脱退し少数派に転落した。

同組合の、平成二年四月の救済申立てに対し、地労委はこれを認容して同金庫に対し、①完全週休二日制に伴なう労働条件の変更に関する団交に誠意をもって応ずること、②団交拒否や「一方的に労働条件に関する就業規則を変更したりして」組合運営に支配介入してはならないこと、③ポストノーティスを命じた（平二・八・六）[4]。本件は現在、再審査中である。引続き同組合は、組合の（旧就業規則による）時間外手当請求運動に対する金庫側の介入の言動を不当労働行為として救済申立てを行ない、同地労委は金庫側に「文書配布や午後五時からの時間外手当の請求をしないよう求めたり、脱退を勧誘するなどして組合の運営に支配介入してはならない」旨の救済命令を発している（平三・二・一八）[5]。

注目すべきことは、同地労委が前者の命令において、金庫が完全週休二日制の導入に伴なう平日勤務時間の延長を就業規則の一方的変更により実施することを同組合に対する支配介入と認め、「就業規則を一方的に変更したりするなどの支配介入をしてはならない」との救済命令を発していることである。

この不当労働行為事件の一連の経緯を見ると、金庫側が予定された週休二日制の実施を急ぐあまり、期日までに就業規則の変更手続きを済ませようとし、これに抵抗するB組合やその組合員に対し圧力を加えており、団体交渉はおざなりであったことが分る。そうすると、そこから、一方的な就業規則の変更が不当労働行為法上「団交拒否」または「支配介入」として違法とみなされる場合には、その変更された就業規則の効力はどうなるかという、不当労働行為の私法的効力の問題があらためて浮かび上ってくる。「民事事件」としての本判決は、本件就業規則の変更の過程における金庫側の対応に不当労働行為の色合いが強いことを「かなり問題」としつつも、週休二日制の導入の利益に対比して組合員が被る不利益の程度が軽微だという判断から、これらの経過は未だ「全体としての合理性」判断を左右するには至らないとして、結論としては、否定した。就業規則の一方的変更の結果、組合員が被る「不利益性」と、組合員が使用者による不当労働行為の結果被る不利益性とはやや次元を異にする問題であるとはいえ、前者の程度が、小さければ、後者も受忍すべきだということにはならない。両者はどこかで結び付くのである。

三　結　語

(1)　週休二日制の導入をめぐる就業規則の不利益変更の合理性に関する二つの民事訴訟事件のうち、函館信用金庫事件は、不当労働行為事件と密接にからんでいる。このことは、金融機関における週休二日制の導入過程に労使関係上、かなり無理があったことを示唆している。

(2)　当時の金融機関が同一時期に一斉に実施した完全週休二日制の導入に伴なう平日勤務時間の延長を就業規

則の一方的変更の形で処理したことに対する少数反対派の組合員からの違法、無効の訴えに対し、両判決は、同じ理論的枠組みに従って合理性の有無につき検討の結果、合理性があるとの結論に達し、請求を棄却した。今日ではすでに定着したと思われる最高裁の判例法理を前提として、週休二日制が導入された経緯、平日勤務時間を延長せざるを得なかった経営上の必要性、延長された総時間数の長さと影響等の諸事情を総合判断すれば両判決の結論は一般に「常識的」[6]と受けとられるであろう。それは、完全週休二日制という労働者側にとってそれ自体が長年の悲願であり、大きな代償的「利益」だからである。その実施のための、やむを得ない範囲内での時間延長の就業規則の不利益変更の有無が争われた従来の諸ケースに比すれば両者の「相補的関係」[7]からみて、不利益の程度が特に著しいとする原告側の主張には説得性が乏しい。

(3) 使用者側による就業規則の「一方的」変更の合理性を判断する場合に、少数派労働者の合意性を他の要件並みに重視しなければならないとする考え方は、基本となる判例法理が最高裁大法廷判決の多数意見に拠っている以上、また労基法上の手続規定からみても無理であろう。しかし、その場合に他の少数派組合との交渉過程の相当性を考慮にいれるべきである。両判決を比べると、結論は同じでも、合理性判断の視座の中にこれを取り入れている点で函館信金判決の方が説得的といえる。

(4) その函館信用金庫事件では、組合は本訴と労委において就業規則の変更の過程で不当労働行為があったと主張しており、労委ではその成立を肯定し、判決もまた手続過程における金庫側の態度に疑念を表明している。そして労委命令は「就業規則を一方的に不利益変更」したこと自体も不当労働行為と判断している。その側面からみれば、本件に対する見方も違ってくるであろう。[7]結論の当否は別として、本件は就業規則の不利益変更の効力をめぐる論議に新たな一石を投じたといえそうである。

三　結　語

(1) 本稿の脱稿後に、この二事件とほぼ同旨の伊達信用金庫事件について札幌地裁の判決(平七・三・二七)が出た。判決内容、結論ともほとんど同じである。

（2）　三菱重工長崎造船所事件（長崎地判平元・二・一〇労民集四〇巻一号、労判六三一号四九頁）は、完全週休二日制の導入に際し就業規則に新たに「始終業基準」を設け、「勤怠把握基準・方法を厳格にした」ことが不利益変更として争われた。判決は、全体として不利益変更にあたらないとして請求を棄却した。

（3）　前掲長崎地判は、週休二日制実施とそれに伴なう対策としての始終業基準の導入等を「不可分一体」の関係にあるものと捉え就業規則の変更につき全体的に不利益か否かを判断している。もっとも、判旨は「仮に不利益変更であるとしても」大法廷判決の合理性判断の基準に照らし変更の効力が少数派にも及ぶと判示しているが。

（4）　函館信用金庫事件地労委命令（北海道地労委平二・八・六命令別冊中時一〇九四号五九頁）は、金庫側が就業規則の変更についての団体交渉を拒否したり、誠意をもって応じなかったことを労組法七条二号及び三号違反としたのに加えて、「一方的に労働条件に関する就業規則を変更した」ことも支配介入の不当労働行為と判断している。その理由は、同命令の「判断」によれば、「組合の存在を無視し、その弱体化を意図」するものと説明されている。実質的にそのとおりであったと思われるが、最高裁大法廷判例によれば、就業規則の不利益変更が「合理性がある」と判断される場合にはそれは適法とみなされ、反対の組合員をも拘束するのであるから、もし労働委員会が同判例に従うのであれば、金庫側の右変更に「合理性」があるかどうかの検討をし、その認定のうえで不当労働行為にあたると判断すべきだったと思われる。労委が最高裁の判例に従う必要はないと考えるか、それとも就業規則の変更の合理性の判断はもっぱら民事訴訟における裁判所に任せるべき問題だと考えたのであれば別である。考え方の問題を別にしても、同命令にいう「一方的に労働条件に関する就業規則を変更したりして、中立人組合の運営に支配介入してはならない」旨の主文を使用者が履行するにはどういう行為をすればよいのか、つまり、一方的に変更した就業規則を元に戻すのか、中立人組合への不適用を宣言するのかといった問題が残るように思われる。

（5）　「函館信用金庫事件」北海道地労委平三・二・一八命令別冊中時一一〇一号四二頁。不誠実団交と認めた事例として「厚岸信用金庫事件」同地労委平二・二・九別冊中時一〇八六号二五頁、「渡島信用金庫事件」同地労委平元・一〇・三〇がある（労判五五七号九九頁）。

（6）　唐津博「週休二日制の実施と勤務時間の不利益変更―羽後銀行事件」（ジュリスト平成四年度重要判例解説二二九頁）参照。

（7）　菅野・諏訪「判例で学ぶ雇用関係の法理」四四四頁参照。

〔労働判例六六九号、一九九五年〕

第三部　賃金・労働時間・年次有給休暇

〈解　題〉

土田道夫

秋田教授は、賃金・労働時間についても多くの著作を著されている。特に、労働時間法の重要な柱を成す年次有給休暇に関しては、大著『休憩・休日・休暇』（一九七二年）を著されている。本書では、秋田労働法理論の解題という観点から、同書を含む業績を取り上げる。

(1) 賃　金

賃金については、「賃金の法的関係論」（一九七四年）（本書第三部(1)**1**）、「賃金決定における人事考課の法的問題」（一九七七年）（本書第三部(1)**2**）および判例評釈二篇を取り上げる。

(ア) 賃金の法的関係論

前記のとおり（第一部〈解題〉）、労働契約に関する秋田教授の基本的立場は、労働契約が労働契約以外の規範（実定法、労働協約、就業規則）によって規律され、その結果、制度的・集団的性格を付与されることを認めつつ、それら規範と労働契約は別個の存在であり、各規範が拘束力をもつためには、あくまで労働契約に編入されることを要し、その過程で、労働契約の推定操作を要するというものであり、その意味で、労働契約を労働関係の「礎石」（corner stone）として重視するというものである。「賃金の法的関係論」は、「賃金――正確には賃金の支払関係――を法律問題としてとりあげる場合の捉えかた」（本書三六三頁）について総括的に検討した力作であるが、ここでも、上記の視点が貫かれている。

すなわち、秋田教授はいう。賃金の多くが個々の労働契約ではなく、就業規則や労働協約によって決定され、また、強行法的立法による規制が行われる状況の下で、「賃金支払の法的関係が、わが国では、もはや『労働契約』関係を脱却して、何らかの新たな関係に入ったと見るべきかどうか」を検討する、と（五頁）。その解答は「否」である。

まず、秋田教授は、賃金の最低基準や支払方法等が労基法や最低賃金法の強行法規によって規律されていることに鑑み、その法的履行のあり方ないし法律効果の問題を取り上げる。そして、これら強行法規は賃金の最低基準等の実体規定を定めているものの、法的履行については定めがなく、それは結局、労働契約の履行（解釈）の問題として処理されざるをえないと説く。もっとも、たとえば労基法一三条は、同法の強行的・直律的効力を定めているが、同条の「基準の定めるところによる」については、法が最低基準による契約条項を創設する趣旨なのか、法所定の基準による契約が推定されるという趣旨なのかがはっきりしないという。この点は、一三条の趣旨から見て、創設的効力と見てよいと思うが、いずれにせよ、強行法規に違反する賃金支払について、労働者が労働契約上、強行法規に適合する内容の賃金請求権を取得し、使用者がそれに対応する賃金支払義務を負うものとして履行が確保されること（たとえば、賃金支払額が最低賃金法に違反している場合に、労働者が労働契約上、同法所定の賃金請求権を取得し、使用者がその額の支払義務を負うこと）、すなわち、労働契約の問題として解決されることを明らかにした点は、重要な意義を有すると思われる。

このように、賃金の法的関係を労働契約の問題として把握する立場は、就業規則と賃金支払の関係についても貫かれている。秋田就業規則論のエッセンスは、労働契約と就業規則は別個の制度であり、就業規則は、適法に作成・変更される限りは労働契約内容と推定される機能を付与されるが、それはあくまで労働契約の推定操作を経て行われるものであり、就業規則が直ちに法規範として労働契約内容となることを否定するというものである（第二部〈解題〉参照）。この理論は、賃金の法的関係論においても一貫しており、就業規則で定める賃金条項は、直ちに法規範的効力をもつものではなく、「労働契約の内容を解釈するに際して反対の合意のない限り前者〔就業規則の賃金条項――解題者注〕がその〔労働契約の〕内容と推定されるに過ぎない法的関係にある」（本書三七三頁）というのが秋田教授の立場である。こうして、「賃金の法関係の基本的基盤は依然として労働契約にあると見る外ない」（本書三七四頁）ことになる。

このような秋田理論は、今日から見ればごく当然の解釈論に映るかもしれない。しかし、労働契約の理論的研究の蓄積が未だ乏しく、「労働契約（合意）の虚偽性」が叫ばれる反面、就業規則の法的拘束力に関する法規範説が華々しく提唱されていた一九七四年当時、賃金の法的関係論を労働契約に引き戻して構成することの理論的意義は大きかったものと思われる。この意味で、「賃金の法的関係論」は、その後、活況を呈することになった賃金に関する労働法解釈論の先駆的作品に位置づけられることができる。(1)

「賃金の法的関係論」で取り上げられたもう一つの具体的テーマは、ストライキの場合の賃金カットの範囲に関する賃金二分説批判である。このテーマが同論文で扱われた理由は、賃金二分説こそは、労働契約の解釈とは無関係に、賃金の法的取扱いに関する一般的法原則を主張するものであり、賃金の法的関係を労働契約の問題として把握する秋田教授の立場からは看過できない主張と考えられたためであろう。

賃金二分説とは、ストライキを理由とする賃金カットに関して、賃金を、労働者がその労働力の処分を使用者に包括的に委ね、従業員たる地位を取得することに対応して生ずる「保障的賃金」（家族手当・住宅手当等）と、日々労働を提供することに基づいて生ずる「交換的賃金」に二分した上、ストライキによる賃金カットの対象を後者に限定する見解である。(2) これによれば、賃金請求権（支払義務）の有無・範囲に関して、労働契約上の合意とは別に、賃金の客観的二分論という法原則が肯定されることになる。

賃金二分説に対する秋田教授の批判は次の二点である。第一は、賃金二分説の基礎を成す労働契約の二重構造的把握に対する批判であり、労働契約の法的性格から見て妥当性を欠き、賃金形態の多様性から見ても実証を欠くと批判される。第二は、賃金二分説が賃金の「本質」として論ずる「労働力」概念に対する批判であり、（マルクス）経済学における「労働力」概念を直ちに法解釈に持ち込むことへの批判が展開される。この結果、ストライキを理由とする賃金カットの範囲は、あくまで個々の労働契約の解釈によって決すべき問題とされ、保障的部分が賃金カットの対象とならない場合があるとしても、それは当該事案における労働契約の解釈として認めるべきものと指摘される。同時期に示された下井隆史教授の見解とともに[3]、賃金二分説に対する鋭い批判として注目され、その後の判例[4]によって支持された見解である。

ところで、このような賃金二分説批判を賃金の法的関係論という一般理論にフィードバックすれば、賃金カットの範囲を含む賃金請求権（支払義務）の法的処理は、労働契約の解釈によらざるをえないのであって、当事者間の約定を無視ないし排除して、「生活補償的賃金はカットの対象となしえない」というような法原則を主張してはならない」（本書三八四頁）という批判的命題に帰着する。秋田教授にしては珍しいこの断定的批判は、労働契約の解釈に過剰な価値判断（法原則）を持ち込むことは、労働契約が基本とする当事者の合意ないし意思を軽視し、「身分から契約へ」を「契約から身分へ」と逆行させる結果をもたらすことへの危機感の現れと見ることができる（第一部〈解題〉も参照）。

(イ)　人事考課

「賃金決定における人事考課の法的問題」は、人事考課について労働法の観点から詳細な検討を加えた最初の学説として重要な意義を有する。

成果主義人事が定着した今日では、個々の労働者の人事考課をめぐる紛争・裁判例が増加し、学説における議論も活発に行われている[5]。しかし、この論文が執筆された一九七八年当時は、人事考課は、むしろ不当労働行為や女性差別の問題として認識され、学説の関心も、その観点からの人事考課の規制に向けられていた。本論文も、同様の観点から著されたものであるが（本論文が掲載された季刊労働法一〇五号の特集タイトルは、「企業内差別処遇の法律問題」となっている）、秋田教授は、その前提として、人事考課の法的性格の解明に取り組んだ。

すなわち、秋田教授は、人事考課を使用者の裁量的行為として事実行為にとどまると説く初期の見解を斥け、これを労働契約上の問題（法的行為）として捉えるべきことを説く。そして、考課・査定に基づく賃金額の変動を契約内容の変更と解する（したがって、この変動には使用者による申込みと労働者の承諾を要すると考える）見解[6]も斥けた上、一般の人事考課制度においては、「賃金の一部が、考課・査定により算定される」という賃金支払の基準がそれ自体として労働契約内容となっているものと説く。この結果、一般的な労働契約においては、使用者の人事考課権が肯定されることになる。もっとも、この権利は、使用者の白紙委任的な裁量を認める権利ではなく、むしろ、所定の考課・査定基準に示される職能に必要な一定の資格・要件を労働者が満たしている場合は、それに相当する職能賃金が支払われることが前提とされていると考えるべきだと説かれる。

このように、秋田教授は、使用者の人事考課権を労働契約上の権利として肯定する立場を示したが、この点は、二つの意味で後の議論に大きな影響を与えたと解される。第一は、人事考課を単なる事実行為と捉える見解を排斥し、人事考課の不当性を法的に争いうる途を開いたことである。第二は、人事考課をめぐる権利義務を使用者の権利として構成したこと（人事権構成）である。今日の裁判例・学説が、この二点を基礎に展開されているという意味で、秋田説は人事考課の法理に関する先駆的業績に位置づけることができる。

もっとも、秋田説は、人事考課を人事考課権として認めるにとどまり、その限界については立ち入った検討を行っていない。この点、今日では、人事考課が労働者の能力・成果を評価して行われる賃金決定の先行手続であることから「公正な評価」を要件と解し、それに反して行われた人事考課について権利濫用[7]（労契三条五項）と不法行為（民七〇九条）を認める規制法理が展開されているが、秋田説では、そこまでの検討はなされていない（ただし、「公正保障協定」なる労使間合意が行われた場合には類似の規制を認める）。また今日では、人事権構成とは全く逆に、人事考課を使用者の契約上の義務（公正評価義務）として構成し、その裁量を規制する立場が有力に説かれ[8]（債務不履行構成）、盛んに議論されている。こうして、人事考課の法理は今日、新たな展開を示しているが、その礎を築いた論文が本論文であることに疑いはない。

(ウ)　法人格否認の法理・賞与の支給日在籍要件

「判例研究」としては、労働法分野における法人格否認の法理の適用を最初に認めた川岸工業事件[9]に関する「判例研究」（一九七一年）（本書第三部(1)〔判例研究〕1）と、賞与の支給日在籍要件に関する日本ルセル事件[10]に関する「判例研究」（一九七六年）（本書第三部(1)〔判例研究〕3）が重要である。

前者の「判例研究」は、法人格否認の法理が、労働契約締結の相手方ではない親会社に労働契約上の使用者責任を包括的に帰責するという重大な効果を有する以上、裁判所が述べる「子会社の現実的かつ統一的支配」という要件をより明確化・具体化すべきことを説いたものである。同法理を含めて、労働契約上の使用者概念の拡張が重要論点となっている今日、傾聴すべき点が多い。

また、後者の「判例研究」は、賞与の支給日在籍要件について、適法説を確立した見解として重要である。この問題については、賞与支給対象期間の勤務によって具体的な賞与請求権が発生すると解し、支給日在籍要件は賞与請求権の一方的剥奪にあたるとして公序（民九〇条）違反により無効と解する見解がある一方、判例は、賞与が労働の対価であることに加え、将来の勤務への期待・奨励という性格を含めて支払われることから、合理的な支給要件として適法と解している（大和銀行事件[11]）。本「判例研究」は、上記判例以前に公表されたものであるが、秋田教授は、一定期日までの在職を賞与の受給要件とすること自体は、賞与の任意的性格から見て違法ではなく、労働者との適法な手続を経て合意され、または就業規則で規定された場合は拘束力を有し、同要件を満たしてはじめて賞与請求権が発生すると説く。この結果、支給日在籍要件は原則として適法ということになるが、秋田教授は、同要件の具体的内容（「科し方」）によっては賞与請求権の剥奪と解されることがあると述べ、労働者の退職を奇貨として恣意的に設定された支給日在籍要件を無効と判断した判旨を支持している。「論文」に匹敵する意義と価値を有する「判例研究」である。

(2) 労働時間

労働時間については、「三六協定に伴ぅ諸問題」（一九六五年）（本書第三部(2)1）を中心に取り上げる。

(ア) 時間外労働

「三六協定に伴ぅ諸問題」は、労基法三六条が定める労使協定（三六協定）をめぐる法律問題を網羅的に取り上げた論文である。ここでは、解釈論上、最も議論の多い時間外労働義務との関係に関する論述を取り上げる。

秋田教授は、三六協定の効果については、通説と同様、免罰的効果をもつのみであり、労働義務を発生させる効果（私法的効果）を否定する。しかし、秋田説のユニークな点は、就業規則や労働協約に時間外労働規定（「従業員を時間外勤務させることがある」）がある場合、三六協定がその内容を具体化するという意味で、私法上の時間外労働義務と関連することを認める点にある。すなわち、就業規則に時間外労働規定があるだけでは、未だ時間外労働義務は発生しないが、三六協定が締結されれば、その内容が具体化され、労働義務が発生すると説く（本書四五九頁）。この論旨はやや解りにくいが、日本鋼管事件・日立製作所事件に関する「判例研究」(12)（本書第三部(2)〔判例研究〕1）において敷衍されている（本書四九八～五〇〇頁）。すなわち、秋田教授は、時間外労働義務に関する包括的合意説・個別的合意説をともに批判した上、就業規則に従って労働義務が発生するか否かは個々の労働契約の問題だとする。具体的には、就業規則上の時間外労働規定は、三六協定による限定を受け、三六協定の側から見れば、就業規則の規定を具体化する補充的規定として機能する限りで私法的効果をもつという。この結果、就業規則および三六協定によって、時間外労働に服するという一般的な合意が肯定されるが、そこから直ちに労働義務が無限定に発生するわけではなく、具体的労働義務が発生するためには、具体的な時間外労働命令を要するとされる。しかし一方、上記のような一般的労働義務は発生しているので、労働者は自由に時間外労働命令を拒否できるのではなく、正当な理由がある限りで拒否の自由を有すると説く。

〈解　　題〉

この見解は、①三六協定が免罰的効果のみならず、就業規則に対する補充的規定という意味で私法的機能（効果）を有すると説く点と、②就業規則による一般的労働義務を肯定しつつ、具体的労働義務は時間外労働命令によって発生するものと解し、その際、正当理由に基づく諾否の自由を認める点で独自の見解である。ただし、①の論旨はその後、渡辺章講師（当時）によって批判され（時間外労働の免罰的効果を発生すべき三六協定がなぜ労働契約内容の形成に向けられた就業規則の内容を具体化するのかの根拠が不十分という批判）[13]、秋田教授は、『休憩・休日・休暇』において、「以前には、三六協定の締結に伴い、超過労働服務の労働契約の存在が推定されると考えていた」として改説したが[14]、同書においても、より重要な論旨である②に変化はない（一〇四〜一〇五頁）。その②については、就業規則に基づく一般的時間外労働義務を肯定するのであれば、むしろ、個々の時間外労働命令について権利濫用の成立可能性を認める有力説[15]の方が明快とも思われるが、秋田説は、時間外労働（労基三六条）が労働時間の原則（同三二条）の例外であることを重視して、一般的労働義務と具体的労働義務を二分する構成を採用したものと思われ、そうだとすれば、労基法の趣旨をふまえた一つの卓見と評することができる[16]。

(イ)　管理監督者に対する適用除外

労基法四一条二号が定める管理監督者への労基法の適用除外については、弥栄自動車事件[17]に関する「判例研究」（一九九三年）（本書第三部(2)〔判例研究〕2）がある。この問題については、近年、訴訟が激増して重要な論点となっているが、裁判例は、①勤務態様・出退社に関して自由裁量があること、②人事管理や労働条件管理について重要な権限と責任を有し、または経営方針の決定に参画するなど、企業経営の重要事項に関与していること、③役職手当など、その地位にふさわしい処遇を受けていることの三点を要件と解し、管理監督者性を厳しく判断している[18]。もっとも、この三点が独立の要件か判断基準（要素）か、また、いずれに比重を置いて解釈すべきかについては議論があり、本判決は、①②を一括して第一要件と解しつつ、これと並行して③を独立要件として重視している。

これに対して秋田教授は、労基法四一条二号の趣旨は、労働時間・休日に関する保護法規制の適用を除外する点にあるから、「その主眼は、その者の職務の遂行に関連してその就労時間を自ら決定しうる裁量権を有するかどうかという点」（①）に置かれるべきであるとして、③を重視する判旨を批判している。この指摘をふまえて、さらに検討を深めることは、われわれに課された課題であるといえよう。

(3) 年次有給休暇

年次有給休暇（年休）は、秋田教授が特に力を注いだ領域の一つであり、著書『休憩・休日・休暇』をはじめとして、多くの論文・判例評釈がある。諸般の事情から、本書には『休憩・休日・休暇』を収録できず、論文「年次休暇と争議行為」および判例研究を収録したが、学説史としては、年休権の法的性格に関する秋田説の展開は重要な意味をもつので、本項冒頭において取り上げ、ついで、時季変更権の要件および一斉休暇闘争論について解説する。

(ア) 年休権の法的性格

周知のとおり、年休権の法的性格については、形成権説・請求権説の対立を経て、二分説（年休権本体と時季指定権を区別〔二分〕し、前者について、時季指定権・時季変更権とは別の権利義務を認める見解）[19]が提唱され、その相当部分が判例（林野庁白石営林署事件）（本書第三部(2)〔判例研究〕3）によって支持された[20]。秋田教授の上記著書（『休憩・休日・休暇』）は、この判例の直前に公刊されたものであるが、教授は、学説・裁判例に即して上記各説を整理した上、この問題に関する議論の有効性そのものへの疑問を提起する。

すなわち、年休権の法的性格は、労働者が年休の時季指定を行った場合に、年休の成立要件として使用者の承諾を要するか否かという問題を解決するために議論されてきたが、その議論は有用とはいえない。時季指定権を請求権と構成することが、必然的に使用者の承諾を要するとの帰結をもたらすわけではないし、時季指定に対する使用者の給付行為を要しないとの帰結を導くために形成権説を採用することは不当とはいえないが、それは請求権説によっても不可能というわけではない。むしろ、年休権の私法的性格は、これを全体的に見て、「訴訟を通じて強行しうるという意味において〔の〕『請求権』であ」ると解すべきである。ただし、それは、請求権説が説くような使用者の承諾を要するという意味での請求権ではなく、「労基法および契約上定める条件の下で労働者が当然に要求しうる権利が、使用者によって不当に、事実上実現されない場合に、就労義務の免除とその間の賃金を訴求」し、また事後的な処分に対しては処分の無効を訴求しうることを内容とする権利であるとされる（二六〇頁）。さらに、秋田教授は、二分説が時季指定権・時季変更権の関係とは別に、年休権本体の内容として強調した時季指定の聴取ないし勧奨義務（労働者の時季指定を待つことなく年休実現のために負う積極的義務）についても、年休を取得するか否かは労働者の自由であることを理由に批判する。

しかし、この秋田説に対しては、その後の学説史研究によって次のような反論が行われている。すなわち、年休権の法的性格論が時季指定に対する使用者の承諾の要否のみをめぐってなされていた限りでは、「いったい、年次休暇には使用者の承諾は必要でない、という簡単な結論を下すためにこんな回りくどい抽象的論議をする必要があるだろうか」という秋田教授の批判（「年次休暇と争議行為」〔一九七二年〕（本書第三部⑵**2**）四八〇頁）が妥当していたが、年休権本体に実質的意義を認める二分説の登場によって、年休権論はこの批判を免れる成果を得た（得つつある）、という反論である。[21]

私も、この反論に同感である。年休権を労基法三九条一・二項（当時）によって当然に発生する権利と解し、時季指定権（同三項）とは別個の権利として、年休実現に向けた使用者の積極的作為義務（時季指定勧奨義務）を含むと説く二分説の解釈論上の功績は大きく、[22]秋田説は、このような二分説の意義を的確に把握したものとはいい難い。のみならず、秋田教授が不要として論難する時季指定権に関する形成権説・請求権説間の論争も、十分に意味がある論争と解される。すなわち、秋田教授は上記のとおり、自身の請求権説について、使用者の承諾を要するという意味での請求権ではないとしつつ、年休権が実現されない場合に、「就労義務の免除とその間の賃金を訴求」しうる権利であると説く。しかし、こうした訴求手続を求めること自体が「法の趣旨、目的に副う所以でないことは、多言を要しない」（前掲林野庁白石営林署事件）からこそ、時季指定権を形成権（労働者の一方的意思表示により行使される権利）として構成する形成権説が提唱されたのであり、同説と請求権説との理論上・実際上の違いは大きい。秋田教授の批判は、この点を十分に評価したものとは考えられないのである。

それにしても、秋田教授は、なぜここまで年休権の法的性格論議に消極的な評価を与え続けたのであろうか。ドイツ流の権利構成（形成権、請求権）を、日本の労働法上の制度である年次有給休暇の議論に持ち込むことへの方法論的な批判があるとも推測されるが、その点は明言されていない。確かに、形成権・請求権や、二分説の一部が用いる種類債権・選択債権といったドイツ法的かつ私法上の権利概念によって、年休をめぐる法律問題がすべて解決されるわけではないが(23)、同時に、こうした権利構成が年休をめぐる権利関係を整序する上で有益であり、かつ、年休の取得促進という実践的意義を有することも明らかである。この点、教授のご教示をいただく機会を得ることができればと願う。

なお、秋田教授も、林野庁白石営林署事件に関する「判例研究」（本書第三部(2)〔判例研究〕3）においては、二分説を採用した同判決を積極的に評価し、同説「のように解しないと、休暇の取得について、申込みとそれに対する承諾という諾成契約が成立し、そこではじめて労働者が休暇を付与されるというような無用に複雑な構成となり、年次休暇の円滑な行使を妨げることになるのは、経験則上、また実態上、明らかである」と述べている。

(イ)　時季変更権の要件

秋田教授は、使用者の時季変更権（労基三九条三項〔当時〕）についても検討を行っている。『休憩・休日・休暇』では、時季変更権の性格を、休暇の時季指定に対して他の時季を指定しうるという意味での時季変更指定権ではなく、変更申出権ないし時季指定の解除条件と捉えた上で、日本のコマ切れ年休の実態の下では、時季指定と業務運営との調整が特に問題とならざるをえないが、その場合も、「できるだけ請求された休暇を実現させるという方向で取り込むことが必要」と述べる（一七五頁）。その後の判例（弘前電報電話局事件[24]）が時季変更権の要件として確立した「状況に応じた配慮」をもたらす契機となる重要な指摘といえよう。

また、秋田教授は、上記判例（弘前電報電話局事件）が、労基法は使用者に対し、できるだけ労働者が指定した時季に休暇を取れるよう状況に応じた配慮をすることを要請しているとして、「状況に応じた配慮」を時季変更権の要件と解する判断を示して以降は、この「配慮」の意義についても検討を深めている。まず、電電公社関東電気通信局事件[25]に関する「判例研究」（一九九〇年）（本書第三部(2)〔判例研究〕5）においては、上記判例が「通常の配慮」として、時季指定労働者の代替勤務を申し出ていた職員の勤務割を変更して代替勤務配置を行うとの積極的作為を使用者に課したのに対し、同事件判決は、管理者による欠務補充という方法をとることが不可能だったため、代替勤務者を確保しなくても「通常の配慮」に欠けるところはないと判断したことを捉えて、客観的状況によっては、使用者がそうした具体的行為を行わなかった場合も「配慮」の要請に欠けることはないと判示し、その意味で、使用者の配慮の負担ないし責任をかなり軽減する判断を示したものと評価している。

さらに、民間企業における約一か月の長期連続休暇請求に対する時季変更権行使の適法性が争われた時事通信社事件[26]に関する「判例研究」（一九九三年）（本書第三部(2)〔判例研究〕6）では、最高裁が、労働者が長期連続休暇を取得する場合は、使用者の業務計画等との調整を図る必要が生ずるところ、労働者がそうした調整を経ることなく時季指定をした場合は、使用者にある程度の裁量的判断の余地を認めざるをえないと判断した点について、「調整」という基準に着目し、特に長期連続休暇においては、こうした調整のための労使間協議が重要となり、その意味で、年休によって影響を被る事業の正常な運営の確保は、もっぱら使用者側の経営責任の問題とする考え方を否定したものと評価している[27]。いずれの判旨についても、その当否に関する秋田教授の評価は示されていないが、判例の判断傾向を的確に指摘したものといえよう。

高知郵便局事件[28]に関する「判例研究」（本書第三部(2)〔判例研究〕4）は、いわゆる計画年休（労基法三九条における立法化前のもの）における付与予定日の変更の要件について判断した重要な最高裁判例に関する研究である。事案は、前年度・前々年度から繰り越されて計画化された年休の付与予定日の変更に関するが、最高裁は、計画年休制度を定めた労働協約の解釈等を根拠に、計画年休の付与予定日の変更が労基法三九条三項（当時）の時季変更権の要件に服することを論じた上、使用者がいったん確定した付与予定日を変更できるのは、計画決定時に予測できなかった事態発生の可能性が生じた場合に限られ、かつ、時季変更権は予測可能となってから合理的期間内に行使されなければならないと判示している。秋田教授は、本件計画年休に対する労基法三九条三項の適用いかんを年休の性格や「本質」によってではなく、労働協約という労使間合意の解釈によって判断した判旨に賛成するとともに、時季変更権の行使時期に関する判断についても、労働者の時季指定が休暇開始前に時間的余裕を置いて行われるべきものとされていることとの均衡上、当然の判断として賛意を表している。いずれも、判旨を丁寧に読み込んだ上でのコメントであり、秋田教授の判例研究スタイルが読み手によく伝わってくる研究である。

〈解　　題〉

(ウ)　一斉休暇闘争

一斉休暇闘争（労働者が年休を取得して自己の所属する事業場のストライキに参加すること）については、いわゆる年休自由利用の原則を貫徹して、争議目的利用の年休についても、使用者が時季変更権を行使しない限りは年休として成立すると説く見解（年休肯定説）と、正常な業務体制を前提に有給で認められる年休を、業務体制の一次的破壊を目的とし、ノーワーク・ノーペイ原則によって賃金請求権を否定されるストライキに利用することは矛盾するとして年休の効果を否定する見解（年休否定説）が対立してきた。[29] 判例（前掲林野庁白石営林署事件）は、一斉休暇闘争の「実質は、年次休暇に名を籍りた同盟罷業にほかなら〔ず〕、……本来の年次休暇権の行使ではない」と述べ、年休否定説を採用している。

秋田教授は、年休自由利用の原則を前提としつつも、年休制度の趣旨に反する利用（有償労働等）は認められないとした上で、休暇闘争については、年休が個々の労働者の意思に基づく権利行使を離れ、「最初から一定日時における組合による集団的統一行動として、業務阻害を目的として行われる場合には、もはやそれは年次休暇の行使という個人的行為としての評価をなしえず、むしろ争議行為の手段ないし口実に過ぎない」として、「年次休暇がある段階で争議行為に転化する」のだ、と説く（『休憩・休日・休暇』二一八頁）。一斉休暇闘争は年休自由利用の原則の例外に当たるという趣旨なのか、そもそも一斉休暇闘争は年休とは別の事象であり、年休権の成立自体が認められないという趣旨なのかは判然としないが、おそらく後者の趣旨（年休否定説）であろう。

本書第三部**2**「年次休暇と争議行為」の〔追補〕「最高裁『三・二判決』の法理と意義」では、秋田教授の新たな見解の提示はなされていないが、林野庁白石営林署事件最判以降の判例（道立夕張南高校事件、国鉄津田沼電車区事件）を取り上げ、近年の判例は、労働者がその所属する事業場において年休を行使したか否かではなく、労働者が年休を争議行為に使用する目的で取得すること自体が年休制度の本来の趣旨に反するという点を重視して年休権行使の可否を判断していると指摘し、林野庁白石営林署事件最判との整合性について批判的に論じている。この問題に関する貴重な提言であり、教えられるところが多い。

（1）特に、西村健一郎「賃金支払義務」本多淳亮教授還暦記念『労働契約の研究』（有斐閣・一九八六年）一五四頁。
（2）特に、本多淳亮「労働契約と賃金」季労二五号（一九五七年）九二頁。
（3）下井隆史『労働契約法の理論』（有斐閣・一九八五年）一六頁（初出は、「労働契約と賃金をめぐる若干の基礎理論的考察」ジュリスト四四一号（一九七〇年）一三七頁）。なお、秋田教授も参加した「特別座談会　賃金と労働法学―賃金は労働の対価か労働力の対価か」季労九七号（一九七五年）一三五頁以下参照。
（4）三菱重工業事件・最判昭和五六・九・一八民集三五巻六号一〇二八頁。
（5）土田道夫『労働契約法』（有斐閣・二〇〇八年）二五六頁以下参照。
（6）この見解は、秋田教授の本論文の後に公表された林和彦「賃金査定と労働契約の法理」労判三三三号（一九八〇年）一七頁で詳細に展開されている。
（7）土田・前掲注（5）書二五八頁以下。

（8）特に、毛塚勝利「賃金処遇制度の変化と労働法学の課題」日本労働法学会誌八九号（一九九七年）一九頁。土田・前掲注（5）書二五九頁参照。
（9）仙台地決昭和四五・三・二六労民集二一巻二号三六七頁。
（10）東京高判昭和四九・八・二七労判二一八号五八頁。
（11）最判昭和五七・一〇・七労判三九九号一一頁。
（12）日本鋼管事件・横浜地川崎支判昭和四五・一二・二八労民集二一巻六号一七六二頁、日立製作所事件・東京高判昭和四六・一・二二労民集二二巻一号一七頁。
（13）渡辺章「時間外労働協定の法理」労働法文献研究会『文献研究労働法学』（総合労働研究所・一九七八年）三六頁（初出は、渡辺「文献研究・日本の労働法学1　時間外労働協定の法理」季労八一号〔一九七一年〕二〇六頁）。
（14）ちなみに、私は、渡辺章講師（当時）の評価と異なり、秋田説の①の論旨は有意義であると考える。確かに、法律効果の面だけから見れば、免罰的効果を発生すべき三六協定が就業規則内容の具体化（補充）という私法的効果をもつことはありえないが、三六協定に定める時間外労働の事由や限度時間が就業規則の一般的抽象的な時間外労働規定を限定するという意味で、実質的な具体化機能（その意味では、私法的「効果」ではなく、私法的「機能」）を有すると解することに妨げはないと考えるからである。この点、判例（日立製作所事件・最判平成三・一一・二八民集四五巻八号一二七〇頁）も、三六協定によって内容を具体化された就業規則の時間外労働規定に合理性を認め、それに基づく時間外労働義務を肯定しており、上記の意味での実質的具体化機能を認めたものと解して差し支えないと考える。
（15）菅野和夫『労働法〔第九版〕』（弘文堂・二〇一〇年）二九九頁、山川隆一『雇用関係法〔第四版〕』（新世社・二〇〇八年）一七六頁。
（16）このほか、「三六協定に伴う諸問題」では、三六協定と労働協約の関係という問題も検討されている。この問題については、三六協定が労組法一四条の要式を満たせば、直ちに労働協約と認められるとの解釈と、逆に、三六協定が労働協約たりうることを否定する解釈がありうるが、秋田教授は、どちらも極論として斥け、三六協定が労働協約としての効力をもつか否かは、もっぱら当事者の意思に委ねるべきと説く。すなわち、使用者・労働組合間において、三六協定を労働協約として締結する意思が認められる限り、労組法上の効果を付与することは差し支えなく、その意思が明確でない場合は、協定締結の状況、内容、期間等から判断すべきという。この立場は今日、通説的見解として継承されている（山本吉人＝菅野和夫＝渡辺章＝安枝英訷『新労働時間法のすべて』（有斐閣・一九八八年）一八一頁参照。

(17) 京都地判平成四・二・四労判六〇六号二四頁。
(18) 最近の裁判例として、日本マクドナルド事件・東京地判平成二〇・一・二八労判九五三号一〇頁。行政解釈（昭和六三・三・一四基発一五〇号）、学説（菅野・前掲注(15)書二八三頁）もほぼ同旨。
(19) 吾妻光俊編『註解労働基準法』（青林書院・一九六〇年）四八九頁以下（蓼沼謙一）。
(20) 最判昭和四八・三・二民集二七巻二号一九一頁。詳細は、山川・前掲注(15)書一八四頁参照。
(21) 菅野和夫「年次有給休暇の法理論」労働法文献研究会『文献研究労働法学』（総合労働研究所・一九七八年）五一頁（初出は、菅野「文献研究・日本の労働法学一二　年次有給休暇の法理論」季労九三号〔一九七四年〕一八七頁）。
(22) 私も、年休権本体に基づいて、年休取得を妨げてはならないことを内容とする不作為義務（前掲注(20))・林野庁白石営林署事件）とともに、労働者が希望する時期に年休を取得できるよう配慮する義務（作為義務）が発生するものと考える（土田・前掲注(5)書三三六頁）。
(23) 菅野・前掲注(21)論文五三頁。
(24) 最判昭和六二・七・一〇民集四一巻五号一二二九頁。
(25) 最判平成元・七・四民集四三巻七号七六七頁。
(26) 最判平成四・六・二三民集四六巻四号三〇六頁。
(27) 秋田教授は、本著作集未収録の別の論稿（『基本法コンメンタール労働基準法〔第五版〕』〔二〇〇六年〕三九条解説）では、こうした長期連続休暇では、労使双方ともに事前の合理的配慮が必要である旨を判示したものと指摘している。
(28) 最判昭和五八・九・三〇民集三七巻七号九九三頁。
(29) 菅野・前掲注(15)書三三八頁。

(1) 賃金

1 賃金の法的関係論

一 はじめに

賃金の法律問題をテーマとする本特集号（季刊労働法九三号）の冒頭に「総論」を書けというのが編集部の求めである。そこでは、労基法における賃金の意義というような問題が予定されたようであるが、労基法一一条にいう賃金の意義とか範囲の問題は、すでに多くの注解書に詳しく述べられており、現在のところ付け加えることもたいしてなさそうである。そこで本稿では、賃金――正確には賃金の支払関係――を法律問題としてとりあげる場合の把えかたについて、かねて疑問に思っている若干の点をあげ、自分なりの考えかたを述べて「総論」に替えることにする。

賃金の法的関係は、労基法上「賃金」とは何を指すかという賃金の定義や範囲の問題にはじまって、労基法上の賃金保護の各規定の解釈、遅刻・欠勤やストライキによる不就労時間の賃金カット賃金請求権との関係、使用者側の労働機会不提供の場合の賃金請求権、賞与や退職金あるいはフリンジベネフィットと「賃金」の関係など、実定法規の解釈問題を超える諸問題を含み、また、個別的労働関係と集団的労働関係の両側面にわたって相関連し、社会保障法上の給付にも重要な関係をもっている。そこで、賃金の法的関係をこれらすべての領域にわたって体系的に説明すること[1]はなかなか難しいことである。「賃金の法的関係論」と題する本稿でも、とてもこれらすべての領域を通しての法理論を提示することはできない。

　賃金をめぐる法的関係が、きわめて複雑に見える原因としては幾つかを挙げ得る。第一に、その実態面における多様性である。とりわけ、わが国の賃金は、その体系、費目、名称において複雑、多岐である。第二に、今日の賃金のほとんどが、使用者と被用者の個々の契約または交渉を通じてではなく、就業規則とか、労働協約によって規定される collective term だということである。そこで、これらの制度の法的位置づけいかんによって、賃金の法的関係の考え方も当然に変わってくる。第三に、賃金の支払については、今日、各国において強行法的立法が著しく強化され、その規制を受ける範囲がきわめて広いことである。

　こういう複雑な実体と「契約の自由」に対する法的規制の進展という事実の下に、今日なお、賃金支払の法的関係を労働契約関係として把える古典的考えかたが維持できるであろうか。そして、もし、それが不適当だとするなら、何かそれに代る考え方があるだろうか。まことに難しい問題である。

　賃金の法関係の領域で、右の古典的な契約賃金論に対する最も大きな理論的 challenge の一つは、いわゆるストライキの賃金カット論といえるであろう。それは、賃金の「本質論」にもつながっている。私は、賃金支払の法的関係が、わが国では、もはや「労働契約」関係を脱却して、何らかの新たな関係に入ったと見るべきかどうかを、主としてこのテーマをかりて強行法規論と本質論との二つの面で検討してみることにする。

(1)　これは労基法の注釈書の賃金条項の解説や、賃金の実務的個別テーマの中ではなかなか果しにくい課題であり、賃金をあらゆる角度からとり扱うことのできる一冊の書物の中でしかできないことであろう。わが国では、賃金というテーマで書かれた法律専門書としてこれまでのところ本多淳亮『賃金・退職金・年金』を挙げうるのみである。本多教授は賃金の法的性格を労働力または労働関係の対価とみる立場に立ち、実務上生ずる主要な問題のすべてをとりあげられている。

二　賃金請求権・強行法規・労働契約の関係

賃金の法律問題は、労働者側からみれば、賃金請求権の問題である。ところで、賃金請求権という概念は、ほんらい雇用（労働）契約上の、つまり、契約にもとづく権利またはその履行（enforcement）の概念として発達してきた。ところが、雇用契約の理論を形成してきた市民法の外に労働法の体系が登場してくる段階になると、各国において契約の主要なtermである賃金についての特別の立法が現われ保護的規制を加えるようになる。その範囲は、現物給付の禁止（truck legislation）、賃金債権の控除・差押・譲渡等の制限、最低賃金の保障（minimum-wage legislation）、差別賃金の禁止等広範に及ぶが、場合によっては、賃金政策に基づく賃上げの抑制（prices and incomes legislation）のような賃金統制立法も登場する。

こうして、立法の進み具合によっては、賃金について、法の規制が余りにも大きく、実質上、「労働契約」の当事者である労使が約定によって決定する余地がほとんどないという場合もあるであろう。(1) こうなると、労働者の賃金請求権といっても、それは個々の労働契約に基づく権利あるいは履行という性格が薄れてしまい、むしろ法規により支給を義務づけられた条項、つまりlegislative termといったものに転化するかのように見える。

他方、賃金のとりきめが、労働者と雇主間の個別的決定方式から就業規則による制度的決定方式へ、さらに進んで労働組合との労働協約を通じて集団的に形成されるようになり、その協約に立法による法規範的効力が認められるようになると、賃金請求権はこの意味でももはや個々の（観念的な）労働契約を通すことなく、労働協約そのもの、あるいは、それに法的効力を与えている実定法規に基づいて発生するように見える。(2)

しかし、こういう現象にもかかわらず、賃金立法のかなり進展している諸外国においても、賃金の支払関係は、今日なお、労働契約に基づく使用者の義務・労働者の権利として構成されているのである。

もっとも、common law としての雇用契約法（law of the contract of employment）が主として判例法の形態をとってきたイギリスなどでは、近時の賃金立法の急速な発展の結果制定法と雇用契約との関係について、制定法が効果的な規定を欠くこともあってしばしば理論的混迷を生じているといわれる。しかし、裁判官が、制定法規についてては、原則的にコモンローに照らして解釈するという態度をとることによってなお、雇用契約がすべての労働関係の主座を占めているのである。

大陸法の伝統に従うわが国の場合には、コモンローとしての契約法も主として民法等の実定法規から形成されているため、裁判官は、契約について原則的に制定法に照らして解釈する傾向をもっている。また強行法規あるいは特別法としての労働諸法規と契約法としての民法諸規定との関係もそう明白ではない。もちろん、労働法規の中には、後述のように、労働契約との私法的関係を規定したものが含まれていて、イギリスのような混迷を生ずることは一応、避けられているが、ややもすれば、強行法規と契約法と契約解釈の三者の関係についての峻別感が稀薄となり、そこに労働契約が今日もなお、幾らかのメリットとして残している「契約の自由[3]」を圧殺してしまうような公権的解釈を招く危険性をはらんでいる。

こういう意味で、以下に、強行法規としての労働諸法規と賃金との関係を検討し、賃金が legislative term および collective term として、個別な労働契約とどういう関係に立っているか考えてみることにする。

（1）　わが国の公務員の給与は、そこに別の側面からの政策的考慮が働いているとはいえ、その典型的形態である。しかし、だからといって公務員の雇用が労働契約関係でないということにはならない。
（2）　労働協約が強制仲裁条項的な効力を与えられ、広い範囲の一般的拘束力をもつような国ではこれに近い状態となる。
（3）　「契約の自由」に法的なメリットがある、などというと、今日の労働関係の下では、もはや、「契約の自由」というようなものは「支配」の自由の擬制でしかないという批判を受けるであろう。しかし、労働関係が基本的に労働者の自由な意思に出発点をもっているということは、法的にみて「身分」との決定的差異であり、重要なことである。この点について、拙稿「労働法における『身分から契約へ』」石井先生追悼論集所収一五五頁以下参照。

三　強行法規と賃金の法的関係

賃金を対象とするわが国の実定法規は、労基法、最賃法、船員法等の直接保護規定、労組法等による団結保護を通じての間接的規定、民法（三〇六・三〇八・三一一・三二四条）、商法（二九五条）の賃金先取特権の規定、民訴法（六一八条）の賃金債権の差押え禁止の規定、雇傭に関する民法の規定（六二三―六三一条）など多面にわたっている。

右の諸法規をいわゆる「強行法規」か「任意法規」のいずれかにふるい分けることは易しいようで意外に難しいが、両者の区別のメルクマールを、当該法規の定める規範を当事者の約定により排除しうるかどうかという点に置いて考えるかぎり、右の諸法規のほとんどは、「強行法規」の範疇に入るであろう（ただし民法六二四条などは問題）。

右の強行法規は、大別すると、労基法等の賃金の支払を直接保護することを目的とする保護法関係と、法の目的が団結の侵害排除または団結促進にあって、賃金の保護は右目的達成の一手段としての地位しか与えられていない団結法関係とに分れる。そのうち、労基法、最賃法は、その違反に対して刑罰のサンクションが科されることによって法目的の実現が担保されるが、そのこと自体は、賃金請求権の私法的性格に何らの影響を及ぼすものではない。ただ、違反の私法的効果がそこでは、法が特に定めた私法的効力に関する規定（労基法一三条、最賃法五条二項）を通じて生ずるのに対し、その他の法規では、民法九〇条の「無効」の規定を通して発生する点に違いがあるだけである。

いずれにしても、強行法規違反の賃金支払が私法的に無効となることは明らかであるが、無効となって以後の労働契約関係が、当事者の「合意」との関係でどうなるのか、また、それにもとづく賃金請求権の履行がどういう法的構成の下で法的救済（実現）を得るのか、現行法上は（労基法一三条のような規定にもかかわらず）必ずしも明らかであるとはいえない。それから、強行法規によって直接規制の対象とされる「賃金」と使用者が任意に、しかし定時的、慣行的に給付する報酬とは社会学的に必ずしも一致しないが、密接な関係をもつ。その典型が退職金であるが、これらを強行法規の「賃金」との関係で法的にどう把えるかは単に立法の解釈の問題でなく、社会政策的判断を必要とする問題である。

まず、強行法規の典型としての労基法が賃金についてどのような構成をとっているのか、そして他方、「間接的な」強行法規としての労組法が賃金問題と特に契約関係についてどのようなかかわり合いをもつのかを検討しておこう。

(1)　労基法と賃金

労基法の規定の中には、賃金の定義（一一条）および平均賃金算出（一二条）の二つを別としても、「賃金」と何らかの意味においてかかわりをもつ規定がかなりある。それらの諸規定を賃金の支払（そのもの）の確保に関するものと、賃金（または収入）の最低限確保に関するものとに大別すると、次のような分け方ができるであろう。

A　賃金支払の確保に関するもの

イ　賃金の明示義務（一五条）

ロ　賃金の支払方法、期日（二四条）

ハ　前借金相殺の禁止（一七条）

ニ　強制貯金の禁止、社内預金の規制（一八条）

ホ　退職時の賃金支払（二三条）

ヘ　非常時払の特則（二五条）
ト　未成年者の独立賃金請求権（五九条）

B　賃金・収入の最低確保に関するもの

イ　女子差別賃金の禁止（四条）
ロ　解雇予告期間の賃金保障（二〇条）
ハ　休業手当（二六条）
ニ　出来高払の保障（二七条）
ホ　超過労働の賃金（三七条）
ヘ　年次休暇中の賃金（三九条）
ト　休業補償（七六条）
チ　減給の制限（九一条）
リ　最低賃金（二八―三一条）→最賃法

以上が強行法規としての労基法によって規制を受ける賃金問題の領域であるが、労基法の規制の及ばない賃金問題が存在する。例えば、具体的な賃金の額・賃金率・基準（ベース）、賃金体系に基づく各賃金項目への配分額、賃金の査定または算定方法、諸手当の有無・額・算定方法、退職金の有無・算定方法、退職年金の運営方法などである。

右の外に、労基法上、使用者に法的な付与義務が科されて労働提供の義務が免除されているにもかかわらず、その間の賃金請求権については法に何の定めもないという場合が存する。例えば、公民権行使時間中の賃金、休憩時間・週休日の賃金、女子の産前・産後の休業中の賃金、女子の育児時間・生理休暇中の賃金などである。

これらの場合につき、学説・判例・例規はすべてこれを当事者間の契約の定めによるとしているが、そのこと[1]

に別に異論はない。ただ、ここでは、賃金の「額」というような主要な問題が、一定の角度から保護法的強行法規の規制を受けながらもなお、「契約自由の原則」の適用を受ける労働契約という法的構成に依拠せざるを得ないのだという事実を指摘しておこう。

(2)　労組法と賃金

労組法の規定がすべて強行法規であるかどうかは議論の余地のある問題であるが、少なくとも、七条の不当労働行為と一六条の規範的効力の規定がそうであることは異論のないところであろう。賃金の法律問題は、この二つに関連するところが大きい。すなわち、正当な組合活動をしたことのゆえをもってなされる不利益な取扱としての賃金支払は、七条違反となるし、協約の定めに違反する賃金契約は一六条に違反して無効となり、無効となった部分または契約に定めのない部分は協約の定めるところに「よる」とされる。これらの規定はすべて強行法規とみるべきであるから、法の定めに違反する使用者の措置や脱法の意図をもつ免脱契約は違法で効力を生じない。それは明らかであるが、例えば、結果的に不利益な措置となるストライキの賃金カットが七条違反にならないかどうか、スト中の賃金カットがカットについての定めのない協約の規範的効力の適用を受けて無効とならないのかどうか、また賃金カットを定めた協約が不当労働行為の免脱協定にならないかどうかは少なくとも立法上は不明である。そして、こういう問題はすべて「労働契約」の問題だとして、強行法規自体の解釈論からは押し出されてしまっている。

(3)　強行法規と賃金の履行

以上の検討からも分るように、強行法規に違反する賃金の支払が違法で「許されない」ことは明白であっても、その違法な支払がどういう法的サンクションを通じて、個々の賃金契約に影響を及ぼし、最終的に救済としての解決を与えられるのかは必ずしも明らかではない。これは、法理論上は、強行法規の労働契約内容に対する法規範的効力（legal-normative effect）という問題である。

労基法や最賃法では、各規定について、法違反を構成する事実（必ずしも賃金支払そのものではない）に対し刑事罰（労基法一一七条以下、最賃法四四条以下）を科してその違反の匡正、防止に努め、他方、法所定の基準に達しない賃金契約は、私法的に無効とされ、所定の基準による（労基法一三条）ことが定められている。ところで、法が「基準の定めるところによる」といっているのはどういう意味であろうか。無効となることによって空白化した契約内容について、法が法所定の最低基準による契約条項を創設（create）するのか、それとも、法所定の基準による契約が当事者間に存在するとの推定（implication）を受けるのか、必ずしもはっきりしない。(2)

この点は、労働協約の「基準の効力」（労組法一六条）についても全く同じことがいえる。この場合は、労基法の場合と違って、基準になる労働協約の規定が法そのものでなく、労使の自主的規範による term であるから、「法と契約」との関係がもっと問題になる。実際上も協約の適用を受けることによりその額が従来より不利になる場合の協約と契約との関係（いわゆる有利原則の問題）、協約失効後の賃金請求権が何を根拠にするかの問題（余後効）などが起っている。協約の原則と契約の法理とが互に抵触はしないが競合関係に立つ場合には、できるだけ強行法規性をもつ協約を優先させるべきであるといえるが、協約賃金の履行も、訴訟法上は労働契約にもとづく債権として処理されるから、協約の優先適用による労働契約の帰趨を理論上無視することはできないのである。

もう一つの強行法規である不当労働行為制度の場合は、不利益処分についての私法的効果に関する定めがないので、不当労働行為としての賃金不払や減給が違法であることは明白であっても、それを無効とした場合の賃金請求権との関係はそれほど明確ではない。特に解雇や出勤停止のような労務提供の中断を伴う不利益処分は、原状回復としての復職には問題がないとしても、既往の賃金請求権の算定について問題を生じさせる。復職者のバックペイの問題は、強行法規と契約の関係の最も錯綜した領域の一つといえる。

以上、三種の強行法規の場合のいずれについても、法規が労働契約に何らかの形で重要な私法的規制を及ぼしていることは明らかであるが、その法規によって匡正された使用者の契約上の賃金支払義務がどういう手続で法的に履行（enforce）されるかについては、立法自体には特に定めがない。結局、それは、すべて労働契約の違反の問題として民訴法による給付の訴訟にたよる外はないのが現状である。かくして、賃金に関する法の問題は、いかに強行法規による契約の修正や規制が行なわれても、所詮、労働契約の履行の問題として処理されざるを得ず、その意味で労働契約の解釈の問題に帰するといえるのである。

（1）　その結果、例えばエヌ・ビー・シー工業生休・皆勤手当カット事件（東京地裁八王子支判昭四九・五・二七）のような形の問題が生ずる。判旨は、強行法規としての生休期間の就業制限の法的規範性とその間の賃金請求権という労働契約上の自主的規範性とを理論上峻別すべきことを強調したものである。

（2）　何れにしても結論にはさして差異を生じないが、法の創設的機能を重視するか、それとも当事者の約定意思を中心に考えるかという法理学上の問題である。

四　就業規則、団体交渉上の賃金の法的関係

賃金は労働契約の条項（term）であるから、それ自体、合意の産物であるが、今日では、労使間で個々に賃金が約定されることはほとんどなく、労働協約、団体交渉あるいは就業規則のような集団的規範（collective norm）を通じて形成される collective term の形をとる。右のうち、労働協約は強行法規性をもつものとしてすでにとりあげたから、残りの就業規則および団体交渉と賃金契約との関係について検討しておこう。とりわけ、就業規則と労働契約との関係は、現実の労働契約がほとんど観念的存在（契約書を取り交わさないという意味である）に過ぎないのに対し、就業規則が事実規範として後者にとって替わる機能を果たしており、また、両者の関係につい

て強行法規としての労基法が特殊の規定を置いているだけに理論上も複雑である。

比較法的に見ると、就業規則を契約法の体系の中にとりいれず、単に事実上の規範として扱う国の方が多いが、わが国では、労基法の定めからみて、就業規則が一の legal institution の地位を与えられていることは否定すべくもない。しかし、労基法はその立法過程において就業規則がもし変更されたら、それは労働契約にどのような法的効果を及ぼすかという重要問題を看過して何の定めもしなかったため、その後の学説・判例上きめ手のない論争を引起させることになった。そして、最高裁判決をはじめ法規範説とよばれる考え方は、一般に、就業規則が、「契約の推定」という裁判機能を媒介とすることなく、直ちに契約内容に転化するとみる立場をとっているように思える。(1)

もし、就業規則に法規範的効力が与えられるとすれば、就業規則で定める賃金条項は、強行法規に抵触しないかぎり、いわば自働的に労働契約の内容となるわけである。この問題は就業規則論という大きなテーマであり、この小論で対象とする範囲をこえるが、結論的にいえば、私は右の考え方に反対である。私は就業規則には、労基法九三条の定める意味と範囲において法規範的効力があることを否定はしないが、それを超えて就業規則がそのまま直ちに契約の内容となるという意味での法規範的効力を否定したい。就業規則と労働契約とはそれぞれ別個の legal institution であって、ただ、労働契約の内容を解釈するに際して反対の合意のない限り前者がその内容と推定されるに過ぎない法的関係にあるものと解する。

就業規則と労働契約を峻別しないで、前者に後者を包摂してしまうような法規範的効力を認めてしまうと、もはや「契約の自由」が労働者に対してもつ唯一のメリットとしての合意に基づく労働という近代的・非強制的労働の概念そのものが消滅することになるであろう。就業規則にそのような強い効力を与えることは妥当であろうか。疑問なきを得ない。就業規則は、やはり、労基法九三条の定める「底上げ」効力の外は、労働契約の内容を推定する場合の単なる企業規範の一つとしての地位に止まると解するのが妥当ではないかと思う。

団体交渉による労使間の妥結条項は、実質上、労働協約に外ならないが、わが国のように協約の成立に法定要件を科している国では、単なる労使間の交渉の妥結とそれが協約として締結された場合とではその法的効果において差異が生ずるのもやむをえない。そこで、労組法上の労働協約としての効力が認められるに至らない団交上の賃金協定は、法的には単なる事実として個々の労働契約の内容を推定的に規定するだけの集団的規範にとどまるのである。

要するに、それ自体が全面的な強行法規の内容となっていない就業規則や団交による協定のような集団的規範は、労働協約のように立法によって自ら契約内容に incorporate するまでには至らず、一定の法的効力をもつ法的制度 legal institution ではあるが、労働契約そのものに転化するものではないとみなくてはならない。

以上を通じていえる結論は、わが国の現状では、賃金についての強行法規の態様からみても、また協約、就業規則、団体交渉というような賃金の集団的決定あるいは賃金の collective term 化の現象にもかかわらず、賃金の法関係の基本的基盤は依然として労働契約にあると見る外ないということである。(2)

（1）　最高裁大法廷の判決（昭四三・一二・二五）が、賃金条項の改正問題について下級審に与えた混乱を想起せよ。

（2）　Kahn-Freund 教授は現在のイギリス労働法においても雇用契約が corner-stone の地位にあるといわれる（Legal Framework, in Flanders and Clegg ed. The System of Industrial Relations in G. B., 1954 p. 47）がこの評語は現在のわが国でも妥当するといえよう。他方、労働協約の精緻な法理論を展開し、労働関係―編入説をとる西ドイツでも、賃金支払の法的関係はやはり労働契約上の義務として位置づけられている。

五　賃金の本質論と賃金支払の法的関係――賃金二分説の位置づけ――

賃金の法的性格は何かを問う場合、そもそも「賃金」とは何かということが問題にされるのは当然である。しかし、法学ではいきなり賃金の一般論から出発するわけにはいかないから、まず、賃金の法的定義とされるものが検討の対象となる。それは、民法では「労務ニ服スルコト」に対して相手方が与える「報酬」（六二三条）であり、労基法では「労働の対償として使用者が労働者に支払うすべてのもの」（一一条、最賃法二条）とされる。労基法は、同法の適用対象となる賃金をできるだけ広い範囲に拡げようという趣旨から、名称のいかんにかかわらず、「労働」との交換（exchange）ないし、その補償（compensation）として支払われるものという意味で「対償」の語を用いたものであろう。ただし、通説では、恩恵的なもの（gratification）、福利施設的なもの（fringe benefit）、実費弁償的なもの（あるいはその一部）は解釈上除外される。ところで、こうして労基法上の「賃金」から排除された金品が、民法の雇傭契約の「報酬」に当たるかどうかは、契約の、したがって当事者の意思の解釈問題である。そこで労基法を離れた広い意味の労働契約上の「賃金」には、当事者の約定意思以外には、その意味に関する法的な限定は存しないのである。それはともかく、ここでは問題を簡単にするために、雇用契約上の「報酬（remuneration）」と労基法適用下の「賃金（wages）」とが一致するものとして論を進めよう。

わが国における賃金の法的性格をめぐる論議は、「対償」と「報酬」の差異いかんというようなことではなく、「労働の対償」の意味に関連して、賃金が二つの本質的に異なった部分から成るという「賃金二分説」として現われた。これには、賃金の本質を「労働」の対価とみるか、それとも「労働力」の対価とみるかについての古くからの（マルクス）経済学上の賃金論争が少なからず影響しているように思われる[1]。もっとも、法理論上の賃金二分説は必ずしも賃金の経済学的本質論と常に結びついているわけではなく、むしろ、二分説は、ストライキにおける賃金カットの可否または範囲に関していわゆるノーワーク・ノーペイの原則の克服といういわば実践的課題として提起されたものである。

ノーワーク・ノーペイという言葉は、もともと、雇用契約にもとづく使用者の賃金支払義務免除の一般原則として、大体、どこの国でも便宜上援用されるが、今日では、もはや条件付でしか通用しなくなっている。わが国では「労働なければ賃金なし」という原則を特に定めた実定法があるわけではないが、民法に定める雇傭の定義

（六二三条）の反対解釈からすれば、有償双務契約としての雇用契約において一方の債務である労務の提供がなければ、他方の賃金債務も発生しないということが一応いえる。しかし、同条は、当事者の一方が労務に服すること、そして他方がこれに報酬を与えることを「約スル」ことによって雇用契約が成立・発効することを定めた契約成立の定義であって、労務の提供と賃金支払とが、売買における同時履行の抗弁関係のような直接的交換関係でなければならないことを定めたものではない。このことは、次条の「報酬後払の原則」の規定（六二四条）と同条とを併せ読んだとしても同じである。げんに、雇用契約が成立しても（労働関係が生じても）、当事者が労務の提供または受領をなし得ない事情が生ずることが多いが、その場合、常に賃金請求権が否定されるわけではなく、むしろ、一般原則としては、労働者側における履行の「提供」、つまり労働者が就業の意思をもって自らを ready to work の状態に置きさえすれば、使用者側に一応、賃金支払の義務が生ずるとみるのが今日の賃金の法関係の常識である。他方、使用者側も労働契約にもとづいて労働者に対し常に労働機会の提供をしなければならない法的義務を負うわけではなく、賃金の支払をすれば被用者に対する契約上の義務を免れるのである。(2)もちろん上記の場合、具体的賃金債権の発生の有無については、危険負担または分担の帰責の判定が必要となり、労働者側の履行不能、経営者側の受領遅滞または経営障害（休業）の問題を生ずるのであるが、いずれにしても労務の不提供と賃金の関係がノーワーク・ノーペイというような単純な公式で片づくものではない。また実際上も、使用者が日給制の労働者について遅刻や欠勤による不就労にもかかわらず賃金支給をしている（控除しない）no work with pay の例は多い。

このように、一度、継続的な雇用関係が成立すれば、一時的な就労不能については、法理上も実際上もノーワーク・ノーペイの原則は大幅な制限を受けているにもかかわらず、ストライキによる就労障害についてはその厳格な適用が怪しまれないという傾向はひとりわが国だけではないようである。そこでわが国では争議権が「保障」されているだけにおかしいという議論が当然ながら生じた。これに対してスト中の賃金を控除しないことは、強行法規である不当労働行為（経費援助）の免脱契約として違法になるからだ、という筋違いの反論は別としても、スト中の賃金請求権に積極的な法的根拠の裏づけが見出せない以上、やむをえないというネガティブな原則肯定説が対立してきた。そこで出てきたのがノーワーク・ノーペイの原則に立ちながら、賃金カットの範囲を制限しようとする「賃金二分説」であった。この議論はこれまでのところ、ストライキの場合の賃金カットに限定して主張されているのが特徴的であるが、最高裁判例を含む判例・学説の大勢が原則的にこれを支持しているように見える。(3)

（1）　例えば、窪田隼人『賃金請求権』総合判例研究叢書労働法(3)一二七頁を見よ。

（2）　雇用は一定の長期間を予定した継続的関係であるから、何らかの理由で使用者が労働者に対して継続的に仕事を提供してやれない場合が生ずる。それにもかかわらず、使用者が雇用関係を解消しないで相当賃金を支払うことにより雇用を続けるとすれば、その場合にまで労働を提供する法的義務があるとはいえない。もっとも、報酬が出来高制による場合とか、仕事に就けないために労働者が著しくその技能や声価（publicity）の失墜を受けるという場合は別である。これがイギリスのコモンローの考え方である。しかしわが国の就労請求権肯定説は、原則と例外を逆にして考えているようである。

（3）　判例では、明治生命事件・最高二小判昭四〇・二・五民集一九巻一号五二頁（最一小判昭四九・二・七で確定）。旭カーボン事件・新潟地判昭四六・三・三一労民集二二巻二号四〇九頁。学説については本多・前掲書に挙げられた文献参照。この通説的考えかたに対して最初に批判を提起されたのは下井教授である。「労働契約と賃金をめぐる若干の基礎理論的考察」ジュリスト四四一号。昭和四五年に発表されたこの論文は、賃金二分説が最初に出されたと同じ程度にユニークで説得的であるにもかかわらず、その後の賃金論でとりあげられていないのはどうしてであろうか。以下の私見も下井氏と大体、同旨である。なお、萩沢清彦「賃金カットの範囲」労働判例百選一九五頁参照。

(1)　「賃金二分説」の考え方

一口に「賃金二分説」といっても、学説・判例それぞれ説くところに若干のニュアンスの差があるが、基本的には、賃金は、その内容上、日々の労働との「交換的部分」と労働者の生活の「保障的部分」から成り、後者はその本質上、（ストライキを理由とする）カットの対象となすことはできない、とみる説である。なぜ、生活保障給的部分はカットできないかの説明として賃金の「本質論」が登場する。すなわち、賃金は資本主義経済体制の下では商品としての労働力との交換として観念されるが、この労働力とは、具体的な「労働」の給付ではなく、抽象的な「労働力」の給付、つまり労働力の使用を使用者に委ねることを意味する。労基法にいう「労働の対償」とはこの意味である。(1) そこで労働の対償として支払わるべき賃金は、単に具体的なその日その日の労働に対応する部分のみでなく、労働力を使用者に包括的に委ねたことから生ずる「保障的部分」が含まれる。したがって、労働の対償としての賃金にこれを含めることなく、賃金をすべて具体的労働の対価としてだけ把え、ノーワーク・ノーペイの原則によってすべての賃金をカットすることは、賃金の本質についての理解を誤るものであり、法の原則としても否定さるべきである、と。

右の賃金の本質に基づく労働と労働力の峻別論だけでは賃金カットに対抗する請求権の根拠としてややウィークであるために、賃金の労働契約自体を二分し、契約上の根拠から同じ結論を引出そうとするのが労働契約の二重構造論の考え方である。(2)

この考え方によれば、労働契約は、従業員としての一般的な労務の提供に関する部分と日々の具体的労働の提供に関する部分との二つから成るが、前者は後者と違って、労働者が従業員としての地位を保持することによって履行されるのだから、ストによる不就労という事実に影響を受けることなく、生活保障的な賃金として支払われねばならないことになる。そこには、契約の二重構造論と契約に基づく約定賃金論の外に、その契約を解釈する場合の一種の強行法的な法の原則が含まれている。私には右の主張の中に労働契約の考え方そのものにかかわる重要な提案が含まれているように思われるので検討してみたいが、その前に「賃金カット」ということの意味を厳密にしておこう。

（1）　この意味で「労働力説」に立つ見解として、蓼沼謙一「スト不参加者の賃金請求権」季労五二号、片岡曻『団結と労働契

約の研究』二二五頁、窪田隼人「労働者の賃金請求権」契約法大系Ⅳ三四頁、外尾健一「労働争議と賃金債権」季労二三号、三島宗彦「労働者・使用者の権利義務」新労働法講座七巻二三七頁。

（2）本多・前掲書一一七頁以下。もっとも、本多教授は、ある部分では「労働力説」をある部分では「労働関係説」を説かれ、両説の関連が明白でない。ちなみに労働関係説に立つ片岡教授はスト中の賃金カットに「労働力説」のような賃金部分による差異を否定されている（前掲書二三六頁）。

(2)　賃金カットとは何か

賃金カットが「合法」か否か、という問題を考える前に、一体、賃金「カット」とは法的に何を意味するのかを明らかにしておく必要がある。この言葉は、遅刻や欠勤のような日常の労務管理ではあまり使われず、ほとんど争議行為の場合に限って使用されているようである。それは、「カット」という表現の中に、労働者のストライキに対抗して
とる使用者の事後措置という意味がこめられているからであろう。しかし、労働者の争議権は法によって保障されているのであるから、正当なストライキに対しては使用者は意図的な報復措置（counteraction）をとることは許されない。賃金カットは、そのような不当労働行為意思をもってなされてはならないし、またいかなる意味でも「減給の制裁」として科されてはならないのである。

そこで、もし、賃金カットということが、賃金請求権をもつ労働者の既得（あるいは確定）賃金からの控除を意味するかぎり、それは「減給」であり、「減給」であれば、そこに報復的意図が含まれているとみるべきだから、労基法の制限（九一条）にかかるかどうかを論ずるまでもなく、不当労働行為として違法・無効ということになる。

そうだとすれば、賃金カットは、「カット」といっているけれども正確には、カット分がもともと賃金債権または請求権として労働者に発生していないことによる使用者の賃金支払義務の免責（no obligation）として把える外ないように思われる。支払義務が存しなければ、減給の制裁も全額払の原則も、また不当労働行為としての不

利益処分も理論上は関係がないわけである。

従来の判例が「控除が許される」といっている場合には、そこに、すでに発生した賃金債権を、ストライキを理由として「剝奪」することも許されるかのような響きが感じられるが、それは誤りであり、もっぱら、契約上の債権・債務の問題として扱われるべきなのである。この意味で、賃金カットというような誤解を生じやすい言葉は、法的学術用語としては使用しない方がよいように思う。

さて、「賃金カット」を右に述べたように「争議行為」に付随した特別な法的概念とみることなく、単なる労務の不提供にもとづく賃金債務の問題として把えるならば、これを、通常の労働関係の下で生ずる「遅刻、早退、欠勤」といった一時的不就労の場合とストライキの場合とを区別する理由はほとんどないわけである。したがって、右の場合の不就労に対して、使用者側が就業規則等により賃金の不控除を定めている場合には、ストライキによる不就労についても区別することは許されず、労働契約上、賃金請求権は発生するとみるべきである。逆に、遅刻、欠勤等の不就労について、時間給計算または日給計算による控除（不支給）が定められている場合には、ストライキによる不就労についても契約上、同様の扱いをして差支えない。それでは、就業規則等で、遅刻、欠勤等による不就労については不控除とし、ストライキの場合のみを控除する定めをなすことができるであろうか。時間給または日給計算の賃金体系の下で不就労について事由いかんにより賃金の支給または不支給を定めることは契約上許されることであるから、特に法の禁ずる差別待遇にならないかぎり、それも適法であり、使用者が遅刻や欠勤を勤務の中断または障害とみないで不就労にもかかわらず賃金を支給するが、ストライキの場合だけはこれを就労の障害とみて、その理由にもとづき賃金の不支給を定めることも原則的に差支えないと考えられる。逆に、ストライキについては賃金を控除せず、遅刻や欠勤のみ控除するという定めも同じ理由によって有効とみるべきである。

(3)　賃金二分説への疑問

さて、「賃金二分説」の検討に入ろう。まず、私は、以上述べたように、ストライキの賃金カットという特別な概念を認める必要はないと考えるので、スト中の賃金の全面カットの不当性を主張するためだけに「賃金二分説」を説く議論には賛成できない。賃金の概念を二つに峻別して、一方の控除を不当と説くのならば、それはストライキに限らず、遅刻・欠勤等すべての労務不提供についても同じことがいわれねばなるまい。

次に賃金二分説の根拠づけとしての労働契約二重構造論についてである。私にはどうも労働契約が「二重」に存在しているとか、二重の「構造」だということの法的意味がよく分からない。たしかに、「労働契約」は他の債権契約と違って、一般に成文の契約書の交換という形式をとらず、多くの場合、当事者間に観念的、抽象的に存在するに過ぎない。(1) しかも、すべての労働関係は常に当事者間の「労働契約」＝合意に基づいて展開しているとみなされるから、その内容は複雑、多岐にわたる。したがって、その内容をどのように構造論的に把えるかは観察者の自由である。しかし、そのことは、労働契約を内容的に細分してそれぞれの個別契約から成るという説明を正当づけるものではない。むしろ、それぞれの内容をもつ一個の労働契約が当事者に締結されているとみるのが、契約の法的概念にマッチする考え方である。もっとも、具体的に労働関係が展開している中で、当事者が当初、予測または予定していなかった就労関係が生じ、これを別個の労働契約の成立とみたほうが合理的な場合があるであろう。合意性から著しく離れた時間外労働や配転の場合がその典型である。この場合、労働契約を日々のノーマルワークの履行に関するものと、エキストラワークの二つの契約から成るものとし、後者を特別の合意をまってはじめて労働義務が生ずると説く「合意説」には確かに理がある。(2) しかし、その場合にも、労働契約そのものは単一であって、後者の合意がこれに包括的に含まれているとみなされるかどうかによって就労義務の有無を考えれば足りるのであって、敢て二重契約論に拠らなければ説明できないというものでもない。

要するに、労働契約に限らず、契約というものは、種々の条件（terms）を内容とする契約当事者間の関係を包括的に定めた一個の institution であって、数個の契約から成る一個の契約というようなものは特別の場合を除いて存在しない。契約の terms と契約そのもの contract とは概念上混同されてはならないのである。(3) このことを賃金についていいえば、賃金条項といわれるものはすべて労働契約の各 terms であって、本質的に異なる二つの賃金契約部分から構成される複合的契約が存するわけではない。通常の勤務以外の特別の労働に対して特別の賃金が支払われるかどうかが問題となる場合にも、それは契約条件 (conditions of contract) の有無の問題に過ぎないのである。

最高裁判決（前掲昭四〇・二・五）は、賃金を「拘束された勤務時間に応じて支払われるもの」と「勤務時間の長短にかかわらず完成された仕事の量に比例して支払われるもの」との区別、あるいは「労働の対価として支給されるもの」と「職員の生活補助費の性質を有するもの」との区別を立てたうえ、ストライキにおける賃金カットの適否を判断しているし、下級審また、例えば「従業員たる地位の保持に対し保障的に支払われる部分」と「日々の労務提供に対し交換的に支払われる部分」といった区分をたてている。(4) これは多分、学説の影響を受けたのであろう。

私は、日本の賃金体系が外国に比して複雑であって、それを構成している各費目が性格的に見て右のような類型に分類しうることについては何の異論もない。しかし、この類型的把握は賃金の社会学的または経済学的分析というべきであって、そこから直ちに一般論としての法原則を引き出すことは問題だと考える。その理由の一つとして、わが国の企業で支払われている現実の賃金の費目のすべてをこのような類型に峻別することが不可能だという事実を挙げよう。例えば、稀な例だがある会社のように、賃金費目の区分がなく一本化した給与の中から「生活保障給」に相当する部分を抜き出すというようなことが果して正確にできるだろうか。たとえ、賃金費目がこれまでの判例に登場したケースに従って区分できるような場合にも、その費目のとりかた、内容、算定方法は各企業で千差万別であり、これまでの判例が当該ケースについて分類してみせたような「本質的」「理論的」

区分も必ずしもどこでも適用しうるとは限らないのである。このことは、氏原、藤田両教授や渡辺助教授が見事に分析されているので[5]付言の必要はないであろう。私は、賃金カットについての諸判例の結論には大体賛成であるが、それは当該ケースの労働契約の解釈として妥当だということであって、もし、判旨がそれを超えて一般的法原則を示したものだとすれば[6]賛成しかねるのである。

　最後に、賃金の最も本質的な性格に関する労働力対労働の議論について一言しておこう。

　周知のように、賃金論において、労働の対価と労働力の対価とを峻別すべしという議論はマルクス経済学者の強調するところである。賃金は労働力、より端的にいえば、労働力が生み出した価値の一部に対し支払われるものに過ぎない、それを労働の対価と説くことは、なした労働すべてに対して対価が支払われるかのような錯覚を与える欺瞞だ、というのである。しかし、この議論がきわめて古典的であって賃金の一般論として採用するには実証性に欠けることは小池教授をはじめとする近時の研究の指摘するところである[7]。

　かりに賃金労働力対価説が賃金の経済学的本質論としての一般的普遍性をもつとしても、経済学上の賃金なるものは個別企業における具体的賃金形態を捨象した賃金一般の理論であることを知るべきである。経済学上の労働力理論から、法律学者が考えるような個別企業の賃金分類が出てくるはずはないのである。法律学者が、個別企業における約定賃金の法的性格について「賃金は労働ではなく労働力の対価だ」と説明する場合の「労働力」とは、実は経済理論から借用した概念である。それはそれでよい。しかし、それは、賃金の本質を表象するのであるから、日々の具体的労働の提供の分であろうと、従業員としての地位に対応する分であろうと均しく「賃金」として「労働力」の対価だというのが経済学説の帰結なのである。そこで、こういう「労働力」概念の使い方と、法律学上の賃金二分説が説く「労働の対償」としての賃金を「労働力」＝具体的労働、「労働」＝従業員としての地位というように二分する場合に用いる「労働力」の概念とはまるで範疇が違うということになる。げんに本多教授自身、労働者が従業員としての地位を占めることによって得べき賃金を「労働力を使用者に委ねたことに対する対価」と説明されている。つまり、法律学者が賃金二分説で使用する場合の「労働力」対「労働」の概念は経済学上の「労働力」概念とは無縁の、単なる識別基準でしかないのである。(8)

私は、法律学者が労働力対労働というようなそれ自体論議のある経済学上の概念を「労働の対償」の法的解釈の場にもち込むことには批判的である。とりわけ、下井教授のいわれるように、(9)同じ言葉による概念が、問題によって異なる内容をもたされるわが国独自の「労働力」概念は、法律学上の道具概念としてもっと検証に耐えるよう研磨されなければならないと思う。

(4) 結　び

もはや紙幅も尽きたし、個別的問題に深入りしすぎて「総論」担当者としての役割を逸脱しそうなので、賃金カット論に象徴される契約と法原則の関係について結論を急ごう。

要するに、賃金の構成部分としての各費目の性格はその社会学的または経済学的本質が「労働力」の対価であろうと、はたまた「労働」の対価であるとに関係なく、法的にはすべて約定賃金の内容なのであり、その支払方法、つまり支給条件は基本的には契約の定めによるのである。不就労時間についてこれを有償とするか、無償とする(カットする)かも契約の定めによる。定めがない場合には、契約の補充解釈により、民法の補充規定や労基法を参考にして最終的には裁判所の判断に服する外ない。そこでは契約法というもともと契約意思の解釈を任務とした法原則に照らして判断がなさるべきであって、ある企業の賃金制度の中に契約条項としてのカットの定めがある場合に、裁判所がこれを排除して生活補償的賃金はカットの対象となしえないというような法原則を主張してはならないのである。そのような要請が生存権により主張されるとしても、それには新たな立法を必要とすべきである。

賃金二分説の考え方は、法的概念と切離してみれば、わが国の賃金または賃金体系の本質的分析にとって有力な示唆を与えるものである。それは賃金の社会科学的分析の重要な道具概念といえるであろう。また、労働法の「実践的立場」からすれば、ノーワーク・ノーペイというような easy going な原則の適用によって一〇〇パーセントトカットされてきたストライキ中の賃金から労働者の手に「生活の保障（？）給部分」を幾らかでも回復するために「二分説」が果した実務的意義は決して少なくないであろう。にもかかわらず、私はそれを法的概念とみることに反対であり、それを一般的法原則であるかの如く取扱う学説・判例の見解に、概念の独り歩きの感を禁じえないのである。

古典的な「労働契約」という概念は、その発想自体が今日ではいかにも擬制的であり、多様な今日の労働関係を適格に説明しえないことは確かである。また、それは事実上、団体交渉や協約にとって替られ、裁判以外では機能的な働きをしていない。それに代る新しい何かが必要であることは否定すべくもない。しかし、それは今のところまだ発見されていない。賃金支払の法的関係論が結局、今の段階では、労働契約論にならざるを得ないと考えるゆえんである。

（1）拙稿「労働契約論」沼田先生還暦記念下巻『労働法の基本問題』四九二頁以下参照。
（2）これが時間外労働の義務の有無をめぐる論争である。
（3）有泉教授（『労働基準法』二三四頁）はこれを約因 consideration と説明される。教授によれば、賃金は何かに対して in consideration of 支払われるものであるが、その何かは必ずしも常に明確ではない。賃金債権は継続的契約関係の基礎に横たわる基本たる債権と、そこから労働関係の展開に応じて派生する支分債権の二つの部分に分れる（——この意味では二重構造説——筆者）が、その内容は労働契約によってきまるとされ、法原則としての賃金二分説が説かれているわけではない。
（4）旭カーボン事件・新潟地判昭四六・三・三一労民集二二巻二号四〇九頁。
（5）氏原正治郎『日本労働問題研究』一二〇頁以下。藤田若雄「賃金協定の分析」『講座・日本の労働問題〈賃金〉』一一九頁以下。渡辺章「賃金と諸手当」『採用と労務』第一法規出版。
（6）もっとも、前掲最高裁判旨も議論の前提として「労働協約等に別段の定め」がなければ、といっているので、定めがあれば、それによることになるとみているのかもしれない。

（7）　小池和男『賃金―その理論と現状分析』ダイヤモンド社三一頁以下。

（8）　この点は本多教授も卒直に認めて、法理論としての「労働力」は賃金請求権の発生時期ないし根拠の説明概念だとされる（前掲書二八頁）。

（9）　下井・前掲論文一三八頁。

〔季刊労働法九三号、一九七四年〕

2　賃金決定における人事考課の法的問題

一　はじめに

本稿は、労働者の賃金決定に使用者側による人事考課とか査定といった評定を要する仕組になっている賃金体系をもつ企業においてその評定なり、それに基づく賃金の支払が不当だとして法的争いになった場合に、人事考課や査定そのものを争いの対象とすることができるか、できるとすれば、それは果してどのような法的性格をもつものとして把えるべきか、あるいはそれに付随してどういう法律問題が派生するか、を検討するものである。

この問題は、理論的には、賃金の法的性格の一側面として検討を要する課題なのであるが、実務上は、企業の労務管理の中で適宜に処理されるに任され、法律上の問題としてはあまり登場してこなかった。ところが人事考課や査定をめぐる法的紛争がここ数年来にわかに多くなってきた。この背景には、私の推察するところでは三つの原因がある。その一つは、わが国の企業の賃金体系が、一般に年功給的なそれから、次第に能力給ないし仕事給の方向に変りつつある中で、職務給や職能給を導入する企業がふえ、かつ、賃金全体の中で占めるその比率が増大してきたことである。当然に職務の格付けや能力の判定という成績評価の比重が高まり、それだけ紛争の機会が多くなるのは自然の勢である。第二の原因は、右の事実に関連して、ほんらい賃金算定の手段としての人事考課や査定が一部の使用者によって、その技術性と機密性に乗じて不当労働行為や性差別などの差別待遇に利用されるようになったことである。とりわけ、企業内に対立する複数組合がある場合や組合内の「異分子」の排除に多く現われている。第三の原因は、労働者側の法廷闘争の発展である。つまり労働側が、従来、経営の「聖域」として立入りを控えていた使用者の「人事権」にあえて挑戦するようになったことである。近年、労働争訟において配転や出向などの人事異動に関する事件が急増してきている事実は周知のところであろう。賃金の考課や査定は、配転などの人事異動とは多少性格が違うが、労務管理上は同じく人事権の行使の問題である。いまや、組合運動は、配転・出向に続いて、差別撤廃闘争という時代の潮流に乗って、現時点にとどまらず過去に遡って使用者のなした考課・査定を洗い直そうと意気ごんでいるやに思われる。

人事考課というのは、ほんらい、従業員の採用・配置・昇進といった人事管理のためのものであるが、わが国の職務給や職能給では個人の評価という点でほとんど同義に使用され、「考課」と「査定」との区別も明確ではない（したがって本稿では考課・査定という表現をとる）。しかし、本稿では、もとより人事考課の対象となる人事一般を扱うわけではない。また、終極的には賃金に関係するが、職制上の地位の変動を意味する地位または身分の昇格の（人事考課の）問題も除外する。そこには、たんなる賃金等級上の昇格の場合と違って、管理職者としての適格性という賃金制度上の職能とは別の人的評価が加わってくるからである。

右のような前提の下に賃金に関する人事考課・査定の法的性格を究明するについて、従来、二つの基本的に対立する考え方が見られた。要約すると、その一は、賃金における人事考課や査定など使用者側の裁量によって決定する問題を人事権一般の問題とし、これを経営権説（使用者の企業の経営を運営する権限から労務の指揮・命令に関する包括的権利としての人事権を引出す説）、事実行為説（人事は一般的に内部的管理行為であって、法律行為または法的評価になじまない事実行為とするもの）、形成権説（人事は法律行為または法的行為であるとしても、経営の専権として原則的に形成権的効果を生じ、濫用以外には法的問題を生じないとする説）あるいは右諸説の併用によって原則的にその法的性格を否定するものである(1)。

その二は、労働者の労務提供債務を「一定の種類の労働力の一定量（＝時間）の引渡しを目的とする債務」とし、労使間に提供すべき労働の「品質」についての特約がない場合には、労働者は少なくとも標準的な労働を提供することにより、当然にその対価として標準的な賃金の請求権をもつ。したがって使用者は労働者の労務提供後に一方的に労働の品質についての人事考課や査定をする法的権利を有しない。それは使用者の労務管理上の都合による事実行為に過ぎず、対労働者との関係で直接に賃金や身分などに関する法律関係を形成、変更させうるものではない[2]、とする考え方である。

労使間の法的争いにおける双方の主張を代表した形の右両説は、全く対立するが、考課や査定が「事実行為」で法的性格をもたないという点では一致する場合もある。ただし、前者では、法的性格を有しないがゆえにその効果を法的に争い得ないという結論となるのに対し、後説では（高荒氏の所説では）「労働者は、査定に不満があれば、法的にいくらでも争うことができる[3]」のである。

残念ながら、私見は、右のどちらの説にも賛成することができない。詳論は後に譲るが、結論的にいえばその理由は次の如くである。

私は、賃金における人事考課・査定は、その制度を採用した企業にあっては賃金体系の内容となっており、そして、賃金体系は原則的に労働契約の内容を形成しているのであるから、その法的紛争は原則的に「労働契約」上の問題として把えられなければならないと考える。その点、「事実行為か、法律行為か」という発想がそもそもおかしいのである。契約と法律行為との関係について、特に両者を峻別しないわが国では、契約関係を広義の法的行為として把えるべきである。

前説の経営権説は、経営参加が進んで、いわゆる人事権が多くの面で自己規制されている今日の企業の実情からいってすでに時代遅れの観を免れない。

後説の標準労働提供＝賃金請求権説は、争いのある賃金については、ひとまず、平均的労働に対する平均的賃金という誰が考えてももっともな解釈原理として傾聴すべき見解であるが、労働者の職務が多様化、専業化し、労務管理や能率給制度を通じて労働者が提供すべき労務の態様が規定され、かつそれが状況によってしばしば変動する今日の企業の実態からみて、その能力の判定とそれに基づく賃金算定行為が当該労働者の契約内容たり得ない、とするのは、あまりにも現実を無視した観念論であるといわざるを得ない。査定が不当というのであれば、その契約違反性または強行法規抵触性を問題にすれば足り、あえて民法の種類債権の規定を類推適用して抽象的な賃金請求権を想定する必要はないと思われる。

私見のように「契約説」に立った場合に、合意の擬制に過ぎるとの批判はもとより免れないところである。しかし、それは後に述べるように、労使間の合意一般に共通の問題である。

なお、職能給における考課・査定の問題は、さきに述べたように不当労働行為の救済申立てに関連して、それ自体の法的性格の問題と併わせて行為の時間的経過＝継続性が当面、問題となっている。本稿では、第六節に、考課・査定と賃金支給との関係という側面からこの問題に触れることにする。

二　賃金決定制度と労働契約との関係

賃金決定の過程で個々の労働者の賃金の算定について行なわれる考課・査定の法的意義または効果を考察するに当っては、まず賃金（制度）の法的関係とくにその労働契約との関係を明らかにしておく必要があろう。

賃金と労働契約（ここでいう労働契約とは労働者が企業に雇われてから退職するまで労働関係を展開する基礎となる広義の契約関係を意味する）の関係は、一見、単純なことのように見えて、実はそうではない。通常、賃金（ここでは通貨の形で現実に労働者に支払われる金銭をいう）とは、法的には、「労働の対価（対償）として労働者に支払われるもの」と定義され（労基法一一条）、そして賃金は、労働契約の内容としての基本的な「労働条件」の一つとされる（同一五条一項）。労働契約が有償契約である以上、賃金の定めのない労働契約はあり得ず、労働契約は賃金と労働に関する合意の態様を定めたものといっても過言ではない。しかし、以上の説明だけでは、まだ賃金と労働契約との関係を十分に明らかにしたとはいえない。賃金は、売買契約における「代価」や貸借契約における「賃貸料」と違って、その額を決定する仕方が重要なのであり、労働者のいかなる労働に対して賃金がどのように支払われるかがそもそも問題である。賃金に関する当事者間の合意は、労働関係一般を対象とする（広義の）「労働契約」からみれば、当然、その必須部分（英法でいう約因）を構成しているのであるが、いまかりに複合的内容をもつ労働契約から一定要件（就労の状況）の下で一定賃金額が支払われるという、その部分だけを切離してこのような契約関係を「賃金契約」と呼ぶとすれば、その内容は、履行された労働に対して所定の賃金体系に従い、賃金が算定され、そして所定の賃金支払日に支払われるという合意ということができる。

ところで、個々の労働者の賃金契約は、一方で、賃金規程に表現される企業の種々の賃金（または労務管理）政策に基づいて制度化された賃金体系に規定されるとともに、他方、勤務態様および服務規律に制度化された「労働」の態様によって規定される。「労働」は生身（なまみ）の労働者が行なうのであるから予期しない事情により中断されることもあるし、企業の都合で延長されたりする。そこで、実際に支払われる賃金は、通常、所定時間の労働に対して支払われる部分と、企業に従業員として雇用され、勤務をしていること、あるいはその地位に対して支払われる部分とに分けられる。(5)

賃金規程も最初から、「労働」の態様に変動のあることを予定して賃金算定の方法を定めている。それは、通常、次のような内容である。

- 基準賃金
  - 本給
    - 本人給
    - 職務給
    - 職能給
  - 家族手当
  - 通勤手当
  - 地域手当
  - 役付手当
- 基準外賃金
  - 時間外・休日手当
  - 深夜業手当
  - 宿・日直手当

基準外賃金は、超過または特別労働に対するもので、毎月変動するが、これはその長さや度数に応じて所定の割増率により自動的に算定される。基準賃金のうち「手当」に関する部分も支給基準がほぼ一定している。「本給」のうち、「本人給」といわれる部分は、勤務期間に応じて変化していくが、いわゆる年功賃金制の下では、年齢、学歴、勤務年数の増加につれて変化[6]するとはいえ、ほぼ基準が定まっているから、これまた自動的に算定され、支給額もあらかじめ予測することができる。

これに対して、本給のうち職務給や職能給または賞与におけるその部分は、決定の大綱こそ決められているが、個々の労働者に対する算定基準は確立しておらず、使用者の査定という手続を経てはじめて賃金支払のための基準が確定し、支給額は一定期間ごとにつねに変動する。このように、あらかじめ内容が不確定でその都度変化する賃金を、その「労働」との対応において、どのような契約関係として把握すべきか、一つの問題である。

一つの考え方として、賃金が労働の態様の変化に応じて変化すること自体は契約上認めるとしても、それはあらかじめ所定の基準に則して予測しうるものに限られるべきであり、考課・査定によって変化し、その内容が予測しえないような賃金部分は契約内容となり得ないのであるから、その部分はむしろ、契約の変更とみなすべきだという考え方があるかもしれない。しかし、契約の「変更」とは、すでに契約内容として明示され、確定した基準自体が改訂される場合をいうのが普通であって、職務・職能給という能率給賃金制度の下で考課・査定のしかたと基準が一般的に定められ、査定はそれを特定化する一作業に過ぎないような場合に、その評価が結果的に変動するからといってこれを契約の「変更」あるいは契約変更の「申入れ」とみるのは妥当ではないと思われる[7]。

結局、職務・職能給制度がすでに導入、確立された企業では、「賃金の一部が、考課・査定により算定される」という賃金支払の基準がそれ自体として賃金契約の内容になっているとみるべきである。もっとも、そのことは、考課・査定を当然に白紙委任的に使用者の裁量に任せるという合意が成立したことを意味するものではない。むしろ、所定の考課・査定基準に示される職能に必要な一定の資格・要件を労働者が充たしている場合には、それに相当する職能賃金が支払われることが前提とされているとみるべきである。この意味では、考課・査定は、契約における一種の停止条件であって、労働者が客観的に一定の能力・資格要件を備えることを停止条件の成就とみなし、それによって所定の基準による賃金を得ることができるとみ[8]ることも可能であろう。しかし、査定基準が一般に抽象的で、考課点や等級格付けが絶対的評価でなされていない現在の企業の考課制度の下では、裁判所や労働委員会が「客観的」評価を下すことは相当に困難であるから、この説は、実質的な効果を期待しえないであろう。

ここで「賃金契約」という仮設の理論の上に立った特殊の概念から、より一般的な「労働契約」という概念に立ち帰って、個々の労働者のある時点における賃金に関する労働契約は何かというテーマを設定すると、それは基本的には、「職能給という、労働者の提供すべき可変的労働に対する使用者の評価を通じてその具体的額が定まる賃金部分を含む賃金体系に従って賃金が支払われる」という包括的な契約関係ということになるであろう。

ただし、右の使用者の「評価」つまり考課・査定の意味については、事実行為説がいうように、これをたんに使用者の「裁量行為」とみるべきではなく、その内容に即して適法性が判断されるべきであるから、いま少しその内容を検討しておこう。

三　人事考課・査定の法的意義と適法性

(1)　考課・査定の実情

人事考課制度の目的ないしねらいは、労務管理論の説くところによれば、通常、

(1)　従業員の能力・適性等を分析、評価し、適正配置をなすことにより労働力の効果的活用をはかる、

(2)　従業員の能力・業績を評価し、賃金、賞与、昇進等に反映させることにより業務能率の向上をはかる、

ことの二点にあるとされる。

これを賃金評価の領域に限定してみると、従業員に対する考課者の判定または査定が行なわれるのは、主として、職務給制度における「職務」の判定、または「職級」の格付け、および、職能給制度における「職能」の評価、昇給・昇格時の資格要件の判定、または賞与の算定における職能部分の査定についてである。

職務給制度の場合には、職務の客観的格付けがなされるだけで特に人事考課という作業は必要でなく、この点が能力給制度との差異と説く者もあるが、少なくとも、わが国で行なわれている職能給制度の下では、職務や職級の格付けにおいて各個人についての考課や査定をしたうえで「格」ないし「等級」が定められるのが例であるから、そこでもやはり人事考課が行なわれるのである。職能給では、各人の職能を能力考課または成績（業績）考課を通じて判定するということが不可欠の前提となっているのであるから、人事考課制度の主たる領域は職能給制度にあり、本稿でも、職能給の場合に限定して論ずることにする。

職能給制度の下で、考課・査定という作業が行なわれるのは、普通、「昇給」に際しての職能等級の決定（格付け）、「昇格」に際しての等級昇号の決定、および「賞与」算定に際しての等級格決定である。ただし、昇給・昇格または賞与算定について、ある企業が初めて職能給制度を導入・実施する場合には、旧制度からの組替え評価が必要となる。そして、そこで判定された職能（等級）を出発点として、以後、毎年、翌年度の職能給決定のための考課・査定が行なわれることになる。賞与の職能給部分は、一般賃金における右査定分を基礎とし（つまり査定率または評点をその年の職能給のそれと同一として扱うなど）、あるいは、それとは全く別個の考課基準を立てて、普通、上下二期のそれぞれについて査定が行なわれる。なお、職階における地位の異動（昇進）があった場合には、新たに職階に応じて定められた職能給制度が適用され、考課・査定も別になるので、本稿では考慮の外におく。

(2) 職能給における考課・査定の基準

職能給制度における「職能」の考課・査定基準は、能力考課および業績考課、あるいはこれに総合判定を加えた二本建てまたは三本建てが用いられる。

「能力」考課の具体的基準としては、(イ)「基本能力（理解力・判断力等）」、(ロ)「職務知識」または「熟練度」、(ハ)「企画力」または「イニシャティブ」、(ニ)「管理・指導能力」、(ホ)「協調性」、(ヘ)「責任感」等が挙げられ、「業績」考課の基準としては、(イ)「仕事の成果」、(ロ)「仕事への姿勢」、(ハ)「貢献度」、(ニ)「勤務状況」等が挙げられる。そして、右の基準ごとに、「非常に優れる」、「優れる」、「良」、「やや劣る」、「極めて劣る」といった評定点が定められ、この決定を狭義の「査定」と呼んでいる。

査定における査定者は、対象者の直接上司（管理職）という場合が多いが、職場部門間の平均「調整」のために、さらに上級管理職者による二次、三次査定または修正という複数者制をとっているところが少なくない。

(3)　査定の問題点

能力給における考課・査定制度の運用の仕方が右のごとくだとすると、最も重要な問題点は、査定の客観性、公正性をどのようにして担保するかということである。査定が査定権者の主観に流れ、あるいは公正な評価でない場合には、それを基に算定した賃金と、正当評価がなされていれば得べかりし賃金額との賃金格差の分だけ労働者に対する不利益待遇が行われたことになる。

さきに述べたように、ある労働者についての、真の客観的公正評価が何であるかを決定することは相当に困難であるが、その点を措くとしても、査定の評点が、通常、被査定対象者の相対的評価であるところから、あらかじめ予定された賃金原資の総額から平均的査定点を逆算して、それにプラスまたはマイナスをつけるというような便宜的やり方は、労働者の不信を招き易い。また、考課基準で特に問題と思われるのは、基準項目が抽象的に過ぎ、とりわけ労働者に対する統制的ないし賞罰的見地からの評価に傾きやすい内容であることが指摘できる。加えて、査定結果はもとより、その評価基準の項目さえ一般に知らせない非公開制をとる企業が多いことが、ほんらいは労働者の適正能力の発見と能力に見合う賃金支払によって真の公平性をはかることをねらいとするはずの職能給制度そのものへの労働者側の批判を招いているゆえんである。

(4)　人事考課・査定違法論について

右に述べた人事考課・査定制度の問題点にかんがみ、考課や査定、ひいては職能給制度それ自体を違法または無効とみる考え方がある。その論拠としては、大別して㈠労働条件明示の原則に違反すること、㈡労働者の合意を得ない一方的決定であること、㈢目的または動機に不純なものがあること、が挙げられる。それぞれについて検討してみよう。

(1)　考課・査定は「労働条件」か

労基法一五条一項は、使用者が労働契約の締結に際し、労働者に賃金その他の労働条件を明示することを義務づけている。そこで、賃金算定における考課・査定がそれ自体、「労働条件」の一つであるとすれば、職能給における考課・査定の内容は、当該労働者の労働契約の締結時においては未だ「明示」されていないのであるから、労基法に抵触することになる。少数であるが、査定（勤務評定）がそれ自体、「労働条件」に該ることを肯定した判例もある。(9)

確かに、考課・査定が労働条件たる賃金に相当大きな影響を及ぼすことは否定できないところであるが、それが労基法一五条一項との関係において、それ自体として「労働条件」に該ると解するのは無理であろう。というのは、こうである。労働契約の締結に際して使用者が当該労働者に対して明示をしなければならない労働条件としての「賃金」は、必ずしも、賃金支払期において現実に労働者に支払われる具体的賃金額である必要はなく、いかなる基準によって賃金が算定されるかの根拠、つまり賃金の決定あるいは算定方法を示すことで足りるのである。また労働契約の「締結時」とは、通常の、すなわち、期間の定めのない労働者にとっては、以後、何十年かにわたって継続するはずの長期の労働の開始時を指すのであるから、その時点において将来における具体的な賃金額を明示することはそもそも不可能である。労基法（一五条一項）が事実上不可能なことを使用者に要求しているはずがない。しかし、企業によっては「賃金の決定・計算の方法」として能力給部分における査定の基準または手続を賃金規程により、あるいは慣行として、従業員に示しているところがある。こういう場合には、「その基準によって賃金を支払う」ことが労働者の労働条件となっていると解すべきであり、そのような意味において、査定が労働条件の一部を構成するものとして明示の義務の範囲に含まれるとみるべきである。

とはいえ、すでに指摘したとおり、今日、なお、多くの企業で、査定基準や結果を非公開にしており（たとえ、支払われた賃金額から逆算して考課点を推定することができるとしても）、法律はその明示を要求していないのであるから、それ自体を賃金の支払基準とみることはできない。強いて基準だとすれば、「使用者が一方的になす査定によって算定される」という基準があるに過ぎない。したがって、考課・査定の基準を使用者に明示の義務のある「労働条件」とみることは正当ではない。結局、査定の基準や査定結果を労働者に知らせない査定制度およびそれを前提とする職能給制度が労基法上の労働条件明示の義務に違反するがゆえに違法かつ無効である、というテーマは、論理に飛躍があって一般に支持を得られないであろう。

(2)　考課・査定は合意性の欠如のゆえに契約を成立せしめないか

労働契約は契約である以上、当事者たる使用者と労働者の真意に基づく合意をまって成立し、また、労基法（二条一項）は、労働条件が両者対等の立場において決定されるべきことを定めている。ところが、重要な労働条件たる賃金の決定について、使用者側が全く一方的に判定をする考課・査定による職能給は、労働者の合意の発動する余地を全く否定しているがゆえに労働契約の内容たりえない、というのが考課・査定制への第二の批判である。

この批判は、職能給制度や考課・査定制に対する労働者側の最も基本的な疑念であり、その法的弱点を衝いている。その導入に労働者側が大きな抵抗を示し、労使の力関係からこれを受け入れた後も、必ずしも心からの納得をしていないのはこのゆえである。

しかし、最初に述べたように、労働契約における合意性の欠如の問題は、ひとり職能給という賃金決定の過程においてのみ生ずることではない。能力給でないいわゆる年功給の原則にたつ賃金部門でも、その具体的内容はその都度の合意によるわけではなく、あらかじめ定められた賃金規程に制度化されたものが自動的に適用されるに過ぎないのであって、その賃金規程の作成にどれだけ労働者の意思が反映されているかは疑わしい。賃金以外の労働条件についても、その一つ一つをとり出してみると真に労働者の合意の産物といえるものはあまり見当らない。これは、いわゆる従属労働の下で労働条件や雇用条件が制度化される一般的傾向の下では、ある程度やむを得ない現象であり、法的には、合意の擬制を通じて、合意性を疑わしめる特段の事由のない限りその有効性を認めていくしか方法がないし、それが今日の労使関係の実情である。

職能給における考課・査定が労働者の合意とはほど遠いところで使用者側の一方的判断で行なわれていることは否定すべくもないが、それは、職能給制度が当該労使関係の下で採用された時点で、この制度に不可欠の手続として予定されたものであり、査定の一方的行為性＝反合意性を把えて、それだけの理由により職能給の違法性を主張することは難しいであろう。

(3)　考課・査定はその動機のゆえに違法となるか

考課・査定は、労働者の提供する労働力をいわば他人がその主観によって評価するものであり、しかも、使用者がそのような判定による職能給を賃金体系にもちこむことは、労働者相互間で競争をさせることによって労働力の価格のダンピングをさせ、彼らの団結の弱体化をはかるもので、かかる制度は不当な動機のゆえに違法とする批判がある。この種の批判は、考課や査定よりもそれを必然的措置とする職能給そのものに向けられている場合が多い。

現行の職能給における考課・査定の基準の合理性、査定方法の公正性に問題点の多いことはすでに指摘したとおりであり、また、かかる賃金制度が考課・査定に依存しない自動的賃金算定制度に比し、労働者間に賃金格差を生ずる可能性が大きく、それだけ平等の原理から遠ざかることは確かである。しかし、労働者間に賃金格差を生ずることが、直ちに法にいう均等待遇の原則に抵触すると断ずることはできない。実定法体系（憲法一四条、労基法三・四条）が前提とする均等待遇は、労働者の絶対的平等取扱を要請しているわけではないからである。

職能給における考課・査定は、一般的には、賃金に格差を生ぜしめること自体を目的としていると断言することはできない。職能給は、もともと刺戟給（incentive wage）の一種で、労働者を幾つかの職務群に類別し、同一職務の労働者の職務遂行能力に応じて賃金格差を設けることにより生産性（能率）の向上をはかり、もし、賃金体系の中にこの種の刺戟給が全くなければ（同一労働同一賃金の理念からみて必ずしも合理的賃金制度とはいえない）、年功制賃金に対する、より高い技能力者の、より低い技能者に対する悪平等の不満を解消させようとするところに意義をもつものである。この賃金制度が、考課—管理という笞と、高能率—高賃金という飴とをもって労働者を競争的労働に駆り立てる要素をもつことは不幸なことに違いないが、能力や勤怠に対する評価をとり入れることのできない平等主義賃金体系の修正として登場し、すでにわが国の企業に相当普及している現在では、少なくとも法的見地からこの制度をもって公序に違反し無効ときめつけることはできないであろう。

問題は、職能給制度の適用の過程で考課・査定が、労働者の純粋の職務能力としての労働力評価から離れて、使用者側の、悪しき意図に利用され易いという点にある。とりわけ、それは使用者の不当労働行為と結びつき易い。この点はあらためて査定と差別の関係の問題として論ずるが、要するに、考課・査定が査定者の不当労働行為意思に基づいてなされた場合には、動機の不当の問題としてその有効性に影響を及ぼす、という意味では、考課・査定違法論も成り立たないわけではない。しかし、査定が不当労働行為と結びつき易いというだけの理由で職能給そのものの適法性を否定するのは論理的に飛躍である。

(5)　考課・査定の機密性と公正保障協定

職能給の適用手続としての考課・査定制は、被査定者としての労働者が、査定のやりかたやその結果について原則的に査定に関する裁量権の行使を使用者側に委託したとの前提に立って実施される。ということは、かかる制度を賃金体系つまり賃金支払方法として承認した以上、被査定者側は、原則的に査定結果の公開を要求せず、むしろ、それがプライバシーとして何人にも秘匿さるべきことを暗黙裡に求めていることを意味する。この非公開性は、他の従業員や第三者のみならず、被査定者本人についても特に本人に対してだけ知らせるという定めがない限り均しく及ぶと解すべきである。ある人の査定は、同一職能群に属する他の被査定者のそれに比較して相対的に評価されるからである。この機密性保持の要請は、当該査定に関係のない管理者に対しても適用さるべきである。

ところで、考課・査定制の最大の問題点は、それが真に公正になされるかどうかにあるから、その導入に際して、労働者側から使用者側の機密性保持の原則を逆手に使った恣意的行使に対する懸念が表明されるのは当然である。これに対して使用者側から査定の公正保持についての保障の意思が表明されることがある。この意思は、協約、協定、確認書等に明示されるのが通常であろうが、たとえ文書に明示されていなくても、その趣旨の約束がなされていれば、黙示の契約があったとみなされる。いずれの場合にも、この合意は、査定についての裁量権を使用者側に一任するについての交換的合意（または条件）であるから、もし、これに反して査定が公正に行なわれなかった場合には、査定の効力に影響を及ぼすことになる。

ただ、「公正」とか「公平」という言葉は、それ自体が抽象的で、要するに「偏見を持たない」ということに過ぎないので、その法的意味は、一般に契約の解釈における「信義則の原則」に準ずる扱いになるに過ぎない。査定結果の公正性に疑念があるからといって、そこから直ちに本人または組合が査定結果の公開を要求する権利が生ずるわけではない。さきにも述べたように査定が相対評価である以上、査定公開の影響の及ぶ範囲が大きいからである。

四　職能給（考課・査定制）の導入に伴う問題

前説に述べたところは、すでに職能給とそれに必然的に伴う「職能」の考課・査定制度が賃金体系として確定した企業を前提とした。しかし、今日では、賃金体系に何らかの形で職能給的能力給または仕事給制度をとりいれた企業の比率が年功給一本の企業のそれに比し遙かに高くなっているとはいえ、職能給制度のわが国における歴史は戦後なお日が浅く、試験的に実施しているところもあれば、一度、導入したものの、その運営に失敗し職能給を廃止して元の制度に復したところさえある。一般に労働運動の側は、賃金制度特に職能給問題について遅れをとったと評されているが、職能給制度が使用者側のイニシャティブで進められてきたことは明らかであり、しばしばその導入をめぐって労使間に顕在的または潜在的紛争を生じている。そこで、職能給なるものが、旧賃金体系に代り、あるいはその補充として新たに導入される場合の法的関係、とくに個々の労働者の労働契約との関係について考察しておくことも必要であると思われる。

職能給制度がある企業で新たに導入されるプロセスとしては、大別して労働協約（協約たる協定を含む）による場合と就業規則（就業規則たる賃金規程を含む）の改訂による場合がある。

(1)　労働協約による場合

事前の団体交渉を経て、組合が職能給制度の導入を基本的に受け入れ、労働協約あるいはその付属協定として賃金体系に編入された場合には、新協約による職能給決定制度は、原則として、労働者の待遇に関する基準として規範的効力を及ぼす（労組法一六条）。この場合、いわゆる「有利原則」が及ぶとする考え方（協約所定の基準が個々の組合員の労働条件を引上げる場合にのみ規範的効力をもつという考え方）に立つと、査定による職能給による賃金額が旧制度による支給額を下廻ってはならないことになるが、その額は査定が、各人ごとに実際に実施されるまでは未知数であるから、新旧の両制度を比較するだけではいずれが有利になるのか必ずしも明らかでない（現実には新制度導入によって旧制度の最低限を下廻らないよう調整が行なわれる）。有利原則の考え方をとらなければ、かりに職能給制の導入によって不利益を受ける組合員があったとしても、一律適用を免れないことになる。この点は、一部の組合員が組合の決定にもかかわらず新制度にあくまで反対の態度を表明している場合にも同じことがいえる。この場合、個々の組合員が反対している限り旧制度による労働契約に優先的効力を認めることは、労働協約原理の否定を招くことになるからである。

組合側が新制度に「原則的」に賛成（または反対）するが、「実施は『会社の責任において』行なう」という了解の下で職能給制度が実施されることがある。このような真意不明の合意の法的意味を検討することは困難であるが、わが国の労使関係では実際にしばしば見かけるところである。強いて解釈すれば、制度の運用は会社に任せるが、問題があった場合の反対権を組合側が留保しておくということであろうか。

企業に甲乙複数組合が併存し、一方の組合だけが導入に賛成して協定を結んだ場合にはより複雑な問題を生ずる。ことは、一方の組合が同種の従業員の四分の三以上を組織している場合の労働協約の拡張適用の問題であり、ここで詳論の余裕はないが、右の条件が充たされた場合にも、甲組合の協約は反対する乙組合に及ばないとする考え方に立つと、乙組合が職能給賃金体系の導入に反対している限り、使用者は、乙組合員には旧（導入前の）賃金体系によって賃金支払をせざるを得ないことになる。しかし、乙組合がこの方針を貫く限り、職能給体系への切替えに伴って実質上とられる甲組合の賃上げの利益を放棄し、その分の賃金格差（原則的に不利益差別とはならない）を甘受せざるを得ないであろう。

(2)　就業規則の改正による場合

従業員の反対にもかかわらず、企業が就業規則の賃金体系を改訂し、職能給制度を導入することは、労基法所定の改正手続を踏む限り可能である。組合の存在しない企業ではこのような形で導入されることが多い。

しかし、改正された就業規則としての賃金規程が職能給に反対する個々の従業員の労働契約を当然に変更させるかどうかは、就業規則の法的効力の問題として争いのあるところである。ここではその一般論に立ち入って論ずる余裕はないが、大別すれば、定年制の一方的変更を事案とする最高裁大法廷判決が示した就業規則法規範説(10)およびこの考え方を踏襲して賃金についてもこれを適用して労働契約の事実上の変更を肯定しようとする下級審判決の積極説の考え方と、いわゆる契約説またはそれに近い立場に立って、当然には労働条件の一方的変更の効

力を認めない消極説の考え方との対立がここにも現われる。(11)

私見を要約すれば、労基法の規定を根拠に就業規則の改正による一方的な労働条件の変更が一貫してこれに反対している労働者の個々の労働契約そのものを変更するという考え方は疑問と考える。使用者は、就業規則の改正後に、あらためて個々の労働者に対し労働契約変更の意思表示をし、それに対する労働者の諾否を表明する機会を与えるべきである。ただし、職能給による賃金支払方法は基本的な労働条件を形成するとみるべきであるから、労働者があくまでその受入れを拒否するときは労働契約の解除という事態に進むであろう。労働者側が新制度による就労についての諾否の意思を相当期間に表示しないで、就労を続け、考課・査定による職能給を受領する状態が一定期間継続する場合には、労使関係の性格上、労働者は新制度に合意したものとみなさるべきである。しかし、新制度の導入後、その運用について査定の適法性を争うことは、右の基本的合意とは別の問題であり、導入を認めたからといって、白紙委任的査定の合意をしたことにはならないのは、すでに述べたとおりである。

五　考課・査定と差別的取扱の認定

職能給における考課・査定は、通常被査定者間の相対的評価であり評点差が生ずることを前提としているから、その結果は、当然に賃金格差となって現われる。評価が公正であれば、この意味の賃金格差は、法的には問題になりえないが、評価が公正でなければ、不当査定を受けた被査定者にとっては他の者に比し不利益な「差別的取扱」をされたことになる。この場合、被査定者は、差別的取扱の違法性を理由として査定の無効確認、やり直し、または差別なき賃金支払を訴求することができる。

差別的取扱としての不当査定の法的構成は、査定権者の「過失」による裁量権行使またはその濫用による違法として把えることもできるが、査定者が差別的意思という「故意」ないし「悪意」に基づき不当査定をしたことが差別的取扱を禁止する強行法規に抵触する点で違法行為として把えるのが普通である。

差別的意思に基づく労働者の差別的取扱を禁じた実定法規は、正当な組合活動を理由とする労組法七条と均等待遇の原則違反を理由とする労基法三・四条である。両者はそれぞれ政策目的を異にするが、強行法規として法に違反する行為を私法的に無効とする点では変りがない。

考課・査定が不当労働行為または均等待遇の原則に違反するかどうかは、使用者側の行為の動機つまりその心裡的状態にかかる問題であり、しかもその場合、査定が使用者の裁量権に属し、機密性の原則によって査定のプロセスや結果に関するデータが被査定者側に明らかでないだけにその立証や認定はなかなか困難である。

しかし、査定がたんに不当と思われるとか、使用者の裁量権行使に誤りがあるというだけの理由でその効果を争う場合（この場合には査定が不当であることの立証責任は被査定者側にある）と違って、強行法規に違反する場合には、使用者の査定が、ほんらいの労働能力の評価とは別の、違法な動機または目的によってなされた、のであるから、差別を推定させる状況証拠と合理的理由を見出しがたい賃金格差の事実、および、両者の相関関係が疎明される限り、使用者側が逆に査定が公正に行なわれたことを立証する必要がある[12]と解すべきである。

職能給における本人の期待以下の低考課・査定が、本人の能力または業績によるものではなく、不当労働行為の意思によるかどうかの認定は、とりわけ、短期間を単位とする場合には困難である。通常、企業で査定が行なわれるのはせいぜい年一回であり、賞与を含めても三回に過ぎない。ある労働者のある年の査定が不当に低いこと、あるいは不当査定が続いているという事実は、同一グループの被査定者の評点比較の外に、年余にわたる傾向的観察が必要となる。しかし、その間に労働委員会に対する救済申立期間が徒過すれば、救済申立権は消滅してしまう。ここに次節に述べる「継続する行為」の問題が生ずるが、立法の不明確さの点を措くとしても、問題への対処に組合（組合員）の全面的協力と支援が不可欠であることが強調さるべきである。[13] この点、組合が、ともすれば考課査定の問題を団結に関係の薄い個人の賃金＝能力評価の問題として処理しがちに思われるのは認識不足である。

六　考課・査定と賃金の算定・支給との関係

(1)　職能給制度における考課・査定は、使用者の労働者に対する定期日の賃金支払を終局とする賃金債務履行過程の一部である。この過程は時間的に見ると、通常、次のような経過をとる。

職能給における「職能」の評価（替え）は、普通、一年間を単位とし、毎年一回、新給与年度である四月期からの賃金支払に間に合うよう各個人別の最終査定が二—三月頃までに提出される。もっとも、最近では四、五月の春闘期に毎年ベースアップ改訂交渉があり、全体としての賃金原資における職能給部分の配分が団交の対象とされるために、この配分額が決定するまでは最終査定ができないという事情により、査定が新給与年度にずれこむ（ただし支給は四月に遡及する）ことが多いといわれる。それはともかく、査定者が各人の査定点を決めるに当っては、通常、過去一年間（さらに遡及して何年間の実績または査定を考慮することになっている場合にはその期間）における当人の能力、業績等に関するデータを集めて考課表に記入する。第一次査定者は通常、職場の上司たる職制であるが、係長クラスでは組合員であることも珍しくはない（その場合でも査定行為はすべて使用者の行為とみなされる）。この査定は、さらに二次、三次の調整的修正を経て人事課でまとめられ、次年度の賃金等給（または昇格）が確定する。給与算定係は、これを基にして毎給与日ごとに職能給部分を計算して、賃金の支払をなす。賞与の場合も、その職能給に相当する部分の査定は、右と同じ手続によるが、上、下二期の場合は、その査定は、年二回、それぞれ過去六ヶ月間における本人の能力・業績が考慮の対象とされるのが例である。

このように考課・査定は賃金支払行為のための先行的作業であり、その結果が職能給として具体化され、金額に表示されることによって初めて現実的意義をもつことになる。金額として表示される以前の査定は、それ自体としては特別の意味も有するものではない。査定「事実行為」説は、この意味では正当である。

しかし、法的紛争の場合には、考課・査定をそれ自体、独立した行為として把えることが可能または必要と思われる場合がある。たとえば、職能給における賃金格差が不利益取扱として不当労働行為になるかどうかが争われる場合である。それは、とりわけ、賃金差別事件に関連して最近、にわかにクローズアップしてきた労組法二七条二項（使用者の不当労働）にいう「行為の日」または「継続する行為の終了した日」をどこに置くかという問題に関連する場合にとりわけ重要性を帯びる。また、考課・査定を独立した不当労働行為とみるかどうかで、評定や賃金等級それ自体の是正を救済措置として命じうるかどうかが違ってくるという問題もある。

労組法は「労働組合の正当な行為をしたことの故をもって……不利益な取扱をすること」を不当労働行為とし、その申立期間について「行為の日」を基準とした除斥期間を定めているが、賃金差別のような複合的行為、あるいは数個の不当労働行為が連続して発生する場合の取扱かたや、その始期・終期については特に定めをしておらず、他方、「継続する行為」という説明抜きの概念を立てて、括弧づきで右除斥期間の始期の延長を規定している（原則と例外の関係が明確でない）ため、労委の実務取扱を困難にしている。

いま、職能給における賃金差別が不当労働行為に当るとして、賃金の決定から支払までのプロセスを不当労働行為の成立と進行という側面からみてみると次のようになるであろう。

使用者側の不当労働行為の意思は、職能給制度の「導入」時を別とすれば（この場合はあるとすれば、支配・介入のそれである）、組合員に対する査定者の査定の段階で存在する（不利益取扱意思）はずである。しかし、査定手続は前述のように非公開であるから、労働者側は、その段階ではまだ使用者の不当労働行為意思の介在も、またその結果たる賃金差別の事実も知り得ない。続いて、査定に基づき当人の職能給部分が算定され、不当労働行為たる評点が賃金額に具体化されるが、算定は人事課または給与課で自動的に計算され、公開されないから、ここでもまた不当労働行為の認識は難しい。最後の賃金支払の段階で賃金の明細が示されてはじめて労働者側は、職能給の格差と使用者の反組合的意思または行動を結びつけることにより「不利益取扱」がなされたことを認識し、そこから逆に、職能給の格差が不当な査定によるものであると推定することになる。

査定と賃金支払は原因と結果の関係であるから、査定が不当労働行為であれば、それに基づく賃金支払も当然、不当労働行為たる不利益取扱になるし、逆に不利益取扱としての賃金支払は、その原因たる査定行為の不当労働行為性を推定させる。論理的にはそうなるが、このプロセスが、全体として一個の不当労働行為なのか、査定と賃金支払の二つの不当労働行為が「継続」しているとみるのか、それとも不利益取扱としての不当労働行為は賃金支払についてだけ生ずるのか、実定法上は少しも明らかでない。私見では、このような場合、査定に始まり賃金の支払に終る一連の行為を複合的不当労働行為が成立したものとして「継続」扱いとし、救済面では、それぞれの不当労働行為に対する適切な救済を労委の裁量で行なうのが最も実情に適した考え方と考える。

この種の不当労働行為の始期と終期についてはさらに問題がある。始期については、考課や査定がなされた時期をもって不当労働行為の開始とみるのが例であろうが、すでに述べたように、査定は、被査定者の過去一年間の考課を行なうのであり、査定者がその「経過的」行為を不当労働行為意思をもって評定したとするならば、不当労働行為はすでに一年前に起点をもつとみるのも一つの考え方である。ただし、この問題は、不当労働行為の成立をその意思の発現の時点で把えるべきか、それとも意思を形成させる（労働者の）対象的行為の開始の時点で把えるか、の考え方の差異に帰するであろう。不当労働行為の成立の契機を重視する考え方に立てば後者となる。

次に、終期ないし継続性の問題はどうであろうか。前記のように、通常、査定は、新給与年度一年間にわたる被査定者の職能の格付けをするのであり、その効果が発効後、一年にわたり毎月の賃金支払期の職能給に表われ続ける事実からみれば、もし、査定または職能給の決定が不当労働行為であるとすれば、それに基づく賃金支払の「不利益取扱」は、少なくとも次年度の新査定が発効するまで「継続」するわけであり、かりに使用者の不当労働行為意思がその間、継続して存在していることが認定されなくても、結果としての不当労働行為が継続しているとみるべきであろう。これに反して、不当査定という不当労働行為が、評点の決定または職能給の算定行為、あるいは、それによる最初の賃金支払日をもって終了するという考えかたは、「行為」の継続性という概念を認めている労組法の建前からいっても不当である。この点、救済申立の期間に関連して賃金の決定と支払行為は不可分の不当労働行為という考え方を示した神奈川地労委命令(14)の考え方は正当と考えられる。

(2)　二年以上にわたる不当査定の継続関係

職能給による賃金決定における不利益取扱事件を考課・査定に始まり、その最後の給与支払日に至る一連の経過において生じた複合的不当労働行為として把える立場に立つ場合に、さらに問題となるのは、そのような不利益取扱が二年またはそれ以上にわたり発生した場合、各年の不当労働行為相互の継続関係である。

労働委員会に対する救済申立期間の制限に関する労組法二七条二項の解釈について、二つの不当労働行為が生起して、後事件が前事件の申立期間内に生ずる限り、両者は「継続する」一つの不当労働行為事件として、その「終了した日」は当然に後事件のそれになるという最も広い考え方、あるいは、より限定的に、同種の（例えば職能給の不当査定による不利益取扱）不当労働行為相互間では、右に述べた関係が当然に成立するとみる考え方に立てば、不当査定が続く限り、その「終了した日」は、最終申立期または（不当査定＝不作為義務説に立てば）正当査定への使用者による修正まで延びることになる。

しかし、この考え方は、行政委員会たる労働委員会における証拠収集能力や審問手続のもつ時期的限定性のゆえに申立期間を限定した労組法二七条二項の立法趣旨に照らして無理であるばかりでなく、賃金関係事件では、職能給制度における考課・査定が次年度の職能給の基準を定めるために毎年新たに一年分を限って行なわれるという上記の制度の実態からみて妥当とは思われない。

確かに、不当査定は、被査定者の正当な組合活動を制約する不当労働行為意思によってなされるという点で、同種の、または、同一性格をもつ意思には違いないが、職能給決定のための考課・査定は、被査定者の過去一年の行為を対象として行なわれるのであり、もし、そこに不当労働行為意思が介在するとすれば、その期間における被査定者の正当組合活動への介入意思が不当動機として入りこんだわけである（少なくとも審問における不当労働行為の認定はこの角度からなすべきである）。とすれば、職能給における不利益取扱事件としての不当労働行為は、不当査定を始期とし、その査定を根拠にして賃金支給行為が継続し終る時点を終期とする一連の行為をもって一単位（term）と考えるのを原則とすべきだと考える。

ただ、私見のように、職能給における査定—賃金支払という複合的不当労働行為説に立つと、前年度の査定—最終賃金支払（通常三月末）の途中で、次年度の査定行為（通常一—二月）が始まるから、前後両事件が重複し合う期間が生ずることになる。この重複部分の存在を理由に両事件を相互に「継続する」とみる考え方も成立たないわけではないが、私見では、理論上、両者は別件とみるべきであると思う。

しかし、右の私の考え方は、原則であって、相次いで起る職能給の不当査定事件をつねに相互に完結したものとみなすべきだというのではない。両事件の実態によっては、むしろ両事件を相互不可分の一つの不当労働行為事件とみなして、救済申立の困難性等の事情も考慮したうえ、労働委員会の裁量によって「継続する行為」としての取扱をした方が適切な場合があるであろう。例としては、前年度の不当査定による評定、等級の格付けが自動的に次年度のそれの基準となり、そのうえにさらに次年度の不当査定が積み重なるような場合である。このような場合でも、申立時点における将来に向っての等級是正の救済命令を出すことにより累積した不利益を救済しえないわけではないが、継続性を認めた場合に認められるバックペイを伴わないという差異がある。

なお、労働委員会が、累次の職能給における不当査定事件の継続性を認めず、救済申立の対象外とした場合にも、委員会が現申立事件の審問に当って過去の事件を関連調査することは否定さるべきではない。また、「継続性」を認められない過去の不当査定が審問の過程で不当労働行為意思によることが認定され、その不利益が中立時点において累積効果を及ぼしていると認められる場合には、労働委員会の裁量によって現時点における団結侵害の回復措置としての補償を命ずることも考えてよいのではないかと思う。

（1）　労働法学者の論文は少なく、実務家の代表的見解として倉地孝雄『人事考課と賃金差別』（ダイヤモンド社、昭五一年刊）を挙げる。ただし氏は、考課・査定が、濫用にわたる場合は法的に争いうることと認めている。

（2）　同じく労働法学者の論文は少なく、実務家の代表的見解として高荒敏明「人事考課・査定の法的性格と『昇格』『昇進』『差別賃金』請求権」労働法律旬報九二七号三二頁。なお、最近の「継続する行為」に関する論文の中で諸氏により関連してとりあげられている。

（3）　高荒・前掲論文三五頁。

（4）　裁判所は解雇を無効と認め賃金の遡及払を命ずる際に、使用者の査定を必要とするベースアップや一時金の部分についてしばしばこの解釈原理を用いている。

（5）　この区分が、賃金の法原則といったものから出てくるのではなく、当事者間の契約に基づくものであることについて拙稿「賃金の法的関係論」季労九三号参照。

（6）　変化とは通常、能力の向上を意味する。労働者が、一定年齢に達すると特に肉体労働の場合には労働能力の低下を伴うが、わが国の年功賃金制の下では、それを補う経験的能力を評価することで能力低下分の賃金減少をカバーするから、懲戒処分としての降格以外には年齢による査定の逓減はめったにみられない。この点は「差別的査定」の認定において十分考慮されるべきことである。

（7）　賃金額が結果として変わるという事実だけでこれを契約の変更とみるとすれば、年功給の部分についても同じことがいえるわけで、長期継続型の契約の把え方として妥当とはいえない。

（8）　高荒・前掲論文三五頁は、職能給における昇格についてこの説をとり、使用者が昇格させない時は、労働者は昇格請求権を得て期待権侵害を理由に損害賠償を請求しうるという。

（9）　埼玉県人事委員会行政処分取消請求事件・浦和地判昭三七・一一・一六。ただし、この考え方は、同事件の控訴審（東京高判昭四〇・四・二八）において否定されている。

(10)　秋北バス事件・昭四三・一二・二五民集二二―一三―三四五九。
(11)　最新の文献として蓼沼謙一「就業規則の法的性質と効力」『労働基準法』（季労別冊一）、川口実「就業規則と労働契約」法学研究五〇―一。
(12)　この点は、裁判所におけるような職権による証拠調べが事実上きわめて困難な労働委員会の審問において特に強調さるべきである。
(13)　たとえば、職能給制を採用している多くの企業で、毎年行なわれるベースアップ協定または一時金協定は、たとえば、(a)㈠、組合員の現行本給を昭和〇年〇月〇日以降、一人平均〇〇〇円引上げる。㈡、配分方法については労使間の協議によって決める。(b)㈠夏期一時金は組合員一人平均〇〇万円とする。㈡配分及び支給方法等は労使間の協議によって決める。(c)夏期一時金を基準内賃金の二・〇ヶ月十〇万円とする。というような表現をとっており、その中に当然含まれているはずの職能給部分の帰趨はヴェールに包まれていてはっきりしない。
(14)　日本アイ・ビー・エム事件・神奈川地労命昭五一・三・一九労判二四七号。

〔季刊労働法一〇五号、一九七七年〕

〔判例研究〕

1　法人格否認と親会社の賃金支払義務――川岸工業事件

〔①仙台地裁昭和四五年三月二六日判決、労民集二一巻二号三三〇頁／②仙台地裁昭和四五年三月二六日決定、労民集二一巻二号三六七頁〕

（右①、②は各々別個の訴訟であるが、同一事実に基づくものであるから、以下一括して扱う。）

一　事　実

①　鉄骨工事等を営む申立外仙台工作株式会社Aは業績不振と累積赤字を理由に未払賃金を残したまま解散し、従業員であった債権者X外一一〇名を昭和四二年七月解雇した。そこでXらは、A社の親企業である債務者川岸工業株式会社Yに対し、右解散はAの単なる累積赤字によるものではなく、むしろYの別会社方式（いわゆるキャラバン商法）による経営政策と組合の壊滅を目的としたもので解散権の濫用と主張し、法人格否認の法理を根拠として昭和四二年六月分の未払賃金の支払を訴求した。

②　Xらは賃金等の債権保全のためAに対する有体動産仮差押決定に基づき、Yが所有し、Aに賃貸しているA社内の工場設備・資材の仮差押をした。そこでYは、民訴法五四九条にいう「第三者」に該当するとして第三者異議の訴を提起するとともに、本案判決に至るまで右仮差押執行の取消の申立をした。

両事件に共通する事実は次のとおりである。

AとYはそれぞれ一応、独立の株式会社であるが、Yは昭和三九年五月にAの全株式を取得した。Yの代表取締役専務はAの代表取締役を兼ね、また、Yの系列会社の従業員がAの取締役となり、Aの幹部職員にYからの出向社員が含まれていた。昭和四一年九月期にYがAから挙げた利益は、YのAに対する全投融資額の二九・六%に達している。Yは昭和四二年からAの累積赤字を理由にAへの融資を打ち切り、Aから月間二〇〇万円のリース料を受けることとし、不履行の場合は催告なくして賃貸工場の明渡を請求できる旨の契約を締結している。この外、YはAの経営面についても大きな発言力をもち、Aの受注目標や単価に指示を与え、Aの物品調達について一定金額以上の支出を報告させ、その営業案内書にはAをYの直営工場であるかのように記載していた。労務管理の面についても、Y本社はAの組合の賃上げや賞与の決定、あるいは、職制者の人事など労務対策の基本事項について指示を与えていた。

これらの諸事実は、YとAとがいわゆる親会社、子会社の関係に立ち、法人格否認の法理を適用するに足る一体性を肯定しうるかどうかの判断について重要なファクターとなるものである。

二　判旨

①　判決は右の事実に照らし、事実認定において、㈠Aは一人会社で、Yの専属的下請会社であること、㈡Aは資本的・業務的にYによって現実的統一的に完全に支配された子会社であること、㈢AとYは資本的に単一の企業体たる実体をもつ、と認め、以下の判旨に述べる理由によって、YはXらに関するかぎり、Aに対する法人格を否定され、XらのAに対する債務につき親会社として責任を負うものとしてXらの請求を認めた。

一　法人格否定の法理は、会社の社員個人が、会社の財産業務などを事実上完全に支配してその個別的独立性に一線を画することができず、事実上社員たる個人と会社たる法人が法的形式的には独立した法主体性を有するに拘らず社会的経済的にこの二者が包括した一個の単一体を構成している場合にも適用される。

二　株式会社の株主有限責任の原則は、その有する社会的効用の要請から法によってその法人に対する債権者の利益を犠牲にしてもこれを正しいとして認めたものであるが、債権者の犠牲のうえに個人株主に対し有限責任の原則の享受し過ぎを積極的に是認しようとするものではない。従って、社員が法人である場合の親子会社において、株主たる法人と株式会社とが経済的社会的に一個の独立した単位を構成する場合は、右責任を否定しても株式会社の社会的効用に反するものではなく、個人株主によって構成される株式会社よりは法人格否定の法理が容易に適用される。

三　子会社に対する親会社の法人格の独立性が一定の債権者に対する関係で限界を画され子会社の責任を親会社において自らの責任として負担すべきものとされるための条件は、第一に親会社が子会社の業務財産を一般的に支配し得るに足る株式を所有すると共に親会社が子会社を企業活動の面において現実的統一的に管理支配していること、第二に株主たる親会社において右責任を負担しなければならないとするところの債権者は、子会社に対する関係で受動的立場にあるところの債権者に限ること、しかも親会社と子会社との間に右第一の支配関係があるときは子会社の受動的債権者に対する債務関係は常にしかも重畳的に親会社において引き受けている法律関係にあると解するを相当とする。

四　雇傭関係における債権者の地位は使用者において一方的に定めた就業規則によって継続的に労働条件のすべてを拘束されるところからするならば、その法的性質をいかように解するとしても、使用者の一方的意思によって支配された従属労働関係にあって、その賃金債権もこの従属労働関係から生じた債権であるということができるから、債権者らはその実体においてAの一方的意思により因果的に支配された受動的債権者というべきである。

② 一 申立人Y（前事件と符号を一致させるため申立人をY、被申立人をXとした——筆者）はAの全株式を所有し、Aを資本的にも企業活動の面からしても現実的統一的に完全に支配してその相互の企業関係は単一化していること、そして被申立人Xらはいずれも受動的債権者であるから、Yに対し法人格否定の法理の適用を主張することができる。

二 YはXに対する関係では、Aと対立独立した法人格を主張できず、むしろ融合した単一体として法的評価を受けるのであるから、結局Xらの得たAに対する本件保全債権の債務名義はその実体においてはYに対するものということができる。

三 従って、本件差押物権に対してXY以外の第三者が利害関係を有することの存在について主張のない本件申立においては、Yは法人格否定の法理の適用を主張するXらに対する関係においては、民訴法五四九条に定める第三者異議請求権者としての第三者には該当しないといわざるを得ない。

三 評 釈

(1) ①について

一 形式上は独立の法人格を持つ法人においても、必要な場合は、法人の構成員を当該法人と同一人として扱うことにより、法人原理の貫徹から生ずる非合理的結果を避けようとする、いわゆる法人格否認の法理が初めて正面から最高裁判所によって採用されたのは昭和四四年のことである（最判小法廷昭和四四・二・二七民集二三巻五一一頁。同事件は実質上、個人企業である株式会社と第三者との契約に関する事案であった）。本件はその後にこの法理を適用した最初の判決であり、しかも倒産した子会社の未払賃金債権につき、同法理を適用して親会社の支払義務を認めた点できわめて注目を引く判決である。もちろん、労働法上の問題としても初めてのケースである。

判旨全体の構成は次のように解される。すなわち、判旨はまず、いわゆる法人格否認（または否定）の法理を「一定の会社が、法が積極的に認める会社の経済的社会的有用性の目的範囲を事実上潜脱してその構成員たる社員……に利用される場合、その会社に対する債権債務関係者に対する関係で法の求める衡平の観念からして裁判所において当該会社の独立した法主体性に限界を画し、その限界をはみ出る部分について法人格の構成社員に対する独立性を否定することができる。」（括弧は判例自体の付したもの）とする理論である、と定義づけ、そしてそれはわが法制においても法の究極の目的である正義に適うものであるとともにまた会社法を貫く企業維持の原則に悖るものでもないから積極的に採用すべきものである、とする立場を鮮明にする。

次に判旨は、この法理をはじめて適用した裁判例である前記最高裁の判旨は、法人格否認の法理の適用さるべき場合を㈠法人格が濫用された場合と、㈡法人格が全くの形骸に過ぎない場合の二つに限ったものとして捉え、基本的にはこの二類型説の立場に従いつつも、右㈡の場合を、より具体的な言葉で置き替え、学説がいう「会社の行為が法律上のみならず、事実上も別個独立の法主体でなければならないことを前提とする法律解釈において、事実上その会社の社員たる個人が会社形態の背後に隠れていながら法律上社員とは別個独立した会社の行為として自己の目的実現のため法律関係に関与しているような場合」（大隅「会社の法形態の濫用」会社法の諸問題（増補版二三頁））であると説く。そして、後者の具体的適用場面として、前掲判旨**一**の場合が挙げられ、本件のような親子会社の事案がこれに相当するという。本件は株式所有による親子会社のケースであるが、判旨は、右の法人格否定の法理が「会社自体の形骸性を問題にしなくとも」個人株主の株式会社より容易に適用される、として、その理由を、判旨**二**の有限責任の原則に求める。

しかし、判旨も、親子会社における親会社と子会社が財産的または管理面で単一の企業体である実体の下では、直ちに、かつ、全面的に法人格否認の法理が適用される、とみるわけではない。判旨**三**は、両者が法律的にも単一体と認めらるべき条件として、㈠親会社が子会社の業務財産を一般的に株主権を行使して支配し得るに足る子会社の株式を保有していること、および、㈡法人格否認の対象が子会社の受動的債権者に限定さるべきこと、の二つを挙げた。なぜ、受動的債権者のみが法人格否認の法理を主張しうるのかその理由は、判旨**四**に述べられている。

二　本件判旨は、以上の構成にみるとおり、法人格否認の法理というわが国の学説上ではかなり新しい理論（文献については龍田節・判例評論一四〇号一三八頁に詳しい）を積極的に採用し、事案は全く異なるが、この法理を適用した最高裁の判旨を発展、修正して、倒産した子会社の従業員の保護についてのみ適用しうるような独特の法理を展開したものである。従来の個別的労働関係の法理の下では、賃金の債権債務関係は法人格を異にするかぎり、当該雇傭契約の当事者たる法人を使用者としてその雇傭労働者との間に成立するとみる外なかった。そこで本件判旨が実質的支配者たる親会社にその法人格性の否認を通じて子会社の未払賃金債務を負担させようとする気持はよく分かるし、その理論構成に払った苦心も大いに評価しなければならない。また、このような形態のコンツェルンの支配による犠牲のしわ寄せを受ける子会社の従業員のみじめな地位を救済するためには立法あるいは法理の開発が急務であり、本件判旨がそれに寄与するインセンティヴな効果には甚だ大なるものがあると思われるのである。

しかし、法人格否認の法理は、とくにその適用の条件をめぐって商法学界においても論争の大きな問題であるだけに、これを労働法の理論としてとりいれるにあたってはとりわけ慎重でなければならない。この意味において判旨の理論的問題点をとりあげてみよう。

三　判旨**一**は、法人格否認の法理を認める立場に立つかぎり、一般論としては異論の余地のないところである。ただし、判旨**一**の場合を、前記最高裁判決判旨にいう、法人が形骸化した場合の範疇に入れてよいかどうか、若干の疑問なしとしない（志村治美・法律時報四二巻一〇号評釈は二者を峻別すべきだとする。同一五九頁）。私見では、そもそも前記最高裁判旨が「形骸化」というような意味不明の用語を法律用語であるかの如く使用した点に問題があると考えるが、判決は、判旨一の一般論から直ちに結論を導き出しているわけではないから、最高裁判旨との理論構成上の関係はさして問題とするにはあたらない。問題は、判決が、本件の事案を判旨一にいう「会社の社員個人が会社の財産業務などを事実上完全に支配して……両者が一個の単一体を構成している」場合に該ると認定したのかどうかである。判決がAはYに「資本的にも業務的にも現実的統一的に完全に支配された子会社であるということができる」と述べているところからみると、これを肯定しているようにも見える。実際、本件の事実からすれば、AとYは、「社会的経済的にみるかぎり」「包括した一個の単一体」というべきであろう。それでは、判決はなぜ、この事実から、Aの法人格が形骸に過ぎないものとして、直ちに結論を引き出さなかったのであろうか。察するに、判決も、結論的には法的意味における両社の同一性を認定し得なかったからであろう。法的側面からみる限り、AとYは、最後まで明確に独立の法的実体であり、会社運営の手続面はもとより、営業や労務管理面においても一応、独自性を認め得るし、両社の間に全面的「混同」が生じていたわけではない。判決はそこで、本件を「右混同状態に至らない場合」とし、その場合においても、一定の条件と一定の対象に関する限り、法人格否認の法理が成立する、と論じた。右の一定の条件とは、親会社が子会社の業務財産を一般的に支配し得るに足る株式を所有することと、後者を企業活動の面において現実的統一的に管理支配していることである。「現実的統一的」というような基準はあいまいなので、右の条件を付したことが、法人格否認の要件をより厳しくしたのか、それとも緩和したのかは明らかでないが、判旨は新たな要件として提示したものとみてよいであろう。

ところで、判決は、親子会社においては法人格否認の法理がより容易に適用される理由として独特の有限責任の原則の制限論を展開している。すなわち、親子会社では親会社が子会社に対し、個人株主および法人株主としての二重の特権を享有しており、この有限責任の享受し過ぎは衡平法上許されないという。これはなかなか斬新な主張ではあるが、法人格否認の一般的根拠として妥当するかどうか疑問である。というのは、法制度として株式会社が自ら他の会社の株式を所有することを建前として認める以上は、株主が個人である場合と同様、この場合にも「有限責任の原則」による会社支配を認めざるを得ないからである。前者の場合と後者の場合とでは、その支配の意味が質的に違うということはいえるかもしれないが、それを法的効果において区別づけるには何らかの特別の立法措置が必要であり、もはや解釈論の域を出た問題であって、有限責任の原則はこの場合にも一応、妥当するとみなくてはならない。ただし、この親会社による子会社の支配のしかたは、場合により、支配権の濫用と目し得る場合がある。本件のようなケースはこれに該当するとみてよいであろう。

四 次に判旨は、法人格否認の法理（あるいは有限責任の原則の制限）が、親会社と子会社における特定の関係――雇傭関係――にのみ適用さるべきものとし、その理由を雇傭労働者のいわゆる従属的地位に求めている。すなわち、判旨は、子会社に対する債権者を能動的債権者と受動的債権者の二つのカテゴリーに峻別し、その区別の基準として、前者は自ら積極的に子会社との取引を選択したものであるのに対し、後者は子会社の一方的意思により因果的に支配される関係にあると論ずる。

確かに、企業における雇傭労働者は、雇傭という地位からくる相対的に劣弱な地位のゆえに、その法的保護の面で特別の保護を与えられねばならないし、また、げんに労働立法を通じて与えられている。しかし、当該企業における債権者という角度からみた場合、雇傭労働者の賃金債権は、民法による先取特権（三一一条八号、三二四条、三〇六条一、二号、三〇八条）、および民訴法による差押制限（六一八条一項、同条二項）の外は、他の債権に優先する保護を与えられてはいない。すなわち、企業に対する債権者としての地位においては、雇傭労働者といえども「受動的」債権者としての保護を受けていないのである。また、判旨がいうように、この区別を、自ら積極的に取引を選択したかどうかという観点からみるとすれば、取引「開始」の時点では、雇傭労働者たる債権者も（職業選択の自由をもつのだから）能動的債権者と同様に、自らの選択によってその地位を得たのであり、そこには何らの強制も存在していない。労働者は、雇傭契約を締結せざるを得ないという意味で債権者に「因果関係に支配」される債務者であることは事実であるが、このような地位は、ひとり、雇傭契約の場合にだけ生ずるのではなく、一般に私的契約が「附合」化の度合いを強めている今日では、その他の契約当事者についても、程度の差はあれ、多かれ少なかれ認められるところである。要するに、法人格の利用または悪用による親会社の子会社に対する支配の結果生ずる債務者の地位を保護すべきだとしても、判旨のいうような理由では、受動的債権者を能動的債権者とくに区別する必然性はないといわねばならない。

五　本件は、親子会社において親会社の子会社に対する支配を背景として計画的意図と思われる子会社の解散という事実に基づいている。それでは、本件判旨は、かかる偽装ないし意図的解散による子会社の消滅の場合についてのものと解すべきであろうか。判決は言外にこれを臭わせているように見えるが、本件の解散が犠装ないし不当労働行為であることを認定はしていない（この点、前掲志村教授の評釈が本件を「偽装解散に法人格の法理を適用した例」とみているのは妥当でない）。従って判旨は、特に子会社が親会社の作為によって解散した場合に限ることなく、一般に、親会社が株式の所有を通じて子会社を現実的統一的に支配する場合には、受動的債権者に関する限り、親会社の法人格は否定され、親会社は直接、債務者の地位に立って責任を負うべきことを判示したものと解される。そうすると、その結果はかなり重要である。すなわち、親会社と子会社の従業員との間には雇傭契約が存在するとみなされることになり、親会社は債権者らを期限の定めなく雇傭する義務を含めて、新たに雇傭契約に伴うすべての使用者責任をも負担すべきことになるであろう。傍論であるが、判決自身も「Xらの解雇が、Yの不当労働行為によるものとして無効となるときは、法人格否定の法理によりXらに対する雇傭関係についての責任もYにおいて引受けているものと解すべきである」と述べている（この傍論部分を特別に評価する評釈として橋詰洋三・季労七六号一〇六頁がある）。このように、継続的関係を前提とする雇傭関係にあっては、原則として一回限りの取引関係を前提とする他の契約関係と違って、法人格の部分的な否認の結果が、結局、雇傭関係全体について恒久的関係にまで進まざるを得ない必然性をもつことにかんがみると、その適用の条件ないし限界については特に周到な配慮が必要とされるであろう。解雇前一ヵ月分の賃金支払の仮支払請求事件についての判旨をこのように敷衍して評することは当を得ないかもしれない。しかし、法人格否認の法理は、とくにこれを労働法の領域で適用しようとする場合、一般条項的性格を強くもっていることからみて、その適用の結果を具体的に検討しておくことも必要だと思われる。結論としては、本件の場合、親会社の会社形態による支配権の濫用のケースとして、労働法の領域ですでに認められるようになった使用者概念――従ってその責任――の拡張の考え方からアプローチしたほうが無理がなかったと考える。

(2) ②について

被申立人たるXが申立人Yに対し、法人格否認の法理によって、Aに対する賃金債権をYに対するものと主張しうる（判旨一）場合に、XはAに対する賃金債権を債務名義としてYの財産に強制執行をなしうるかどうかが本件の問題である。

判旨二は、YはAとの関係において独立した法人格を主張しえず、AとYは単一体と認むべきものであるから、XのAに対する債務名義は、実体においてYに対するものとみなされる、という。実体法上からいえばそのとおりである。しかし、実体法上の同一性から直ちに訴訟手続上においても法人格を否認して、親会社の財産に対する執行を認め得るかどうかは問題である。判旨は法人格否認の法理が受動的債権者についてのみ適用されるとしてその相対的性格を認めているのであるから、実体法と訴訟法との関係についても同法理の相対的な性格を認むべきである。前記最高裁は法人格否認の法理が適用された場合でも、訴訟法上の既判力は当事者以外に及ばないと判示しており、学説もこれに賛するものが多い（奥山恒朗「いわゆる法人格否認の法理と実際」実務民訴講座五巻一六七頁）。民訴法（二〇一条一、二項）の建前からいえば、いったん親会社に対する債務名義を得たうえ、差押え措置をとるのが筋であろう。この意味で本件においてYの第三者異議を認めても、そのことはXのYに対する賃金請求権につき法人格否認の法理を認めたことを無意味ならしめるものではない。もっとも、このように考えることに対しては、労働法の領域における仮処分（仮差押）にあっては緊急の必要性がそのような迂遠な手段を許さない、との批判があるかもしれない。しかし、判旨はAとYが「単一体」であり、YがAのXに対する雇傭上の地位を引き継ぐものとみているのであるから、Xの債権保全についてはそれほど緊急性はないものとみなければならない。

〔ジュリスト四八三号、一九七一年〕

2　スト中の賃金――ノースウエスト航空事件

〔東京地裁昭和五三年八月九日判決、判例時報九〇五号一一五頁〕

一　事　実

原告（X）ら（三六八名）は、被告ノースウェスト航空会社（Y）に雇用され、その日本支社管内の従業員で組織するノースウェスト航空日本支社労働組合（以下組合という）の組合員である。Y社では、昭和四七年米国パイロット労働組合の全面ストにより飛行便が全面運休となった。同年七月一日本社から右スト突入の連絡を受けたY日本支社は、日本支社関係の業務がほとんどなくなるとして、スーパーバイザー以上の管理職にある者を除き全従業員を各職場の業務の減少程度に応じてパイロット組合のストが解除されるまで順次休業させることとし、同日従業員の休業の方法および順序を定める合意書を作成してこれを組合に提示、組合は翌二日右合意書に署名してこれに同意した。右合意書は、第二項で「従業員は現在保持している休暇日数の枠内において休暇をとる事ができる」、第三項で「従業員は労基法第二六条の規定に基づいたレイ・オフ又はリーブ・オブ・アブセンスを願い出ることができる」、第四項で「本合意書の第二、第三項の手続によっても仕事に見合った従業員数に削減できない場合には、会社は労基法二六条の規定を適用し、従業員をレイ・オフなしうる。レイ・オフの適用順位は、一九七二年一月三一日付で失効した労働協約の第二四条の規定に基づいて行なわれる」と定めていた。

右協約二四条には「A　人員削減の必要が生じた場合はその削減を要する職種についての執務能力と先任順を以って整理順位をきめる。職種先任順位が等しく執務能力も又同等なりと上長が判定した場合は会社先任順位の下の者が整理される」と定められ、さらに職種先任順位の算定については、同協約三三条B項に「会社に於いて勤務中断なしに一職種で働いた期間の総計により算定する」と定められていた。なお、X側の抗弁では、右のYと組合間の合意書には、組合代表者Kの名前の「合意書に対する意見書」が添付され、合意書の第五項として「合意書第三項及び第四項に云う労基法二六条規定に基づくレイオフについては労使間に解釈上争いがあるので別途交渉に依り解決を計る」旨の条項を加え、これも合意の内容とすることを条件として前記協約に合意することをYに申し入れ、Yもこれを承諾したとされている。

このような経緯で、YはXらに対し、合意書の方法、順序に従い、各職場ごとに業務の減少程度に応じてそれぞれの休業始期日（判決文別表記載）から同年一〇月七日ないし一一月一日まで休業を命じ、休業期間中は各平均賃金の六〇パーセントを支払った。管理職を除く非組合員で休業を命じられなかった者は、幹部秘書、営業課全員、会計課全員、人事部員二名であった。

Xらは、Yから七月一日休業の通告を受け、翌日、組合を通じて、パイロット組合のスト実施期間中といえども、Yの指示があればいつでも就労できる旨口頭で伝えたが、Yは応じなかった。そこで、Yを相手として、まず、予備的に、YがXらの労務の提供を不当に受領しなかったことは民法四一三条の受領遅滞の責を免れないと主張し、右主張が容れられないとしても、Yの責に帰すべき事由による労務給付の履行不能があったとして民法五三六条二項により休業期間中の賃金請求権を主張、各平均賃金額から支給を受けた労基法二六条所定の休業手当分を除く差額の支払を求めた。

二 判 旨

一 原告らは、被告の受領遅滞により賃金請求権を取得した旨主張するが、雇用契約における受領遅滞も債務者の弁済提供の効果をもたらすのみであって、これにより直接賃金請求権が発生するものとは解されない。

二 民法第五三六条第二項の債権者の責に帰すべき事由とは、故意、過失又は信義則上これと同視すべき事由をいうものと解せられ、このことは労働契約に関する場合も同様であるといわなければならない。そしてストライキを含む一切の争議行為は、労働者の団体がその意思決定に基き、その目的を達成するために行うものであって、使用者に争議行為を停止する権限はないから、労働者が他の組合又は一部組合員のストライキによって就労できない状態になったとしても、使用者が不当な目的をもって殊更に労働者をしてストライキを行わせるように企図したり、ストライキに至る過程について使用者の態度に非難されるべき点がある等特段の事由がない限りは、使用者の責に帰すべき事由があるとはいえないものと解する。

三 本件パイロット組合のストライキの発生は被告の責に帰すべき事由に基くものと認めることができず、しかも、右ストライキに基因して、被告が原告らに不当に休業を命じたことは認められないから、原告らの履行不能が被告の責に帰すべき事由によるものとは認めることができない。

三 評 釈

判旨の結論は妥当と思われる。

一 本件は、被告会社が外国の航空会社であるという特殊の背景をもっているので、まずこの点を説明しておこう。被告会社と米国パイロット組合間に争議が起り全面ストに発展、会社の航空便が全面運休となった結果、日本支社における運航も全面的にストップした。恐らく世界各地の支社でも同様であったと思われるが、本国では、かかる場合に地上勤務員のレイ・オフをするのが慣行のようで、日本支社においても、前記の労働協約や労使間合意書にそれを前提とした規定がある。しかし、いわゆるレイ・オフは、わが国で「一時解雇」と訳されているように「解雇」の一形態であり、その限りで、わが国の争議法体系になじまない性格をもっている。そこで、被告会社側は、本件においてレイ・オフという言葉を使用してはいるが、実体は、「解雇」ではなく、労基法二六条にいう「休業」の形で剰員問題を処理している。

他方、日本支社の従業員で組織する（企業内組合）「ノースウェスト航空日本支社労働組合」は、米国パイロット組合と何らの組織的関係をもっておらず、といって、両者は、わが国でストに伴う類似の事件に多くみられるようなライバル・ユニオンの関係にもない。つまり、支社組合としてはパイロット組合のストを「支援」ないし同調しているのでもなければ、「反対」しているわけでもない。そこで、支社組合の組合員らは、パイロット組合の右ストが（本国）会社の不当な動機に基づく強いられたものと主張することにより、日本支社側のスト＝レイ・オフ不可抗力論に対抗し、併わせて日本支社の休業措置に組合員の差別扱いがあるとして多角的に「使用者の責に帰すべき事由」の存在を主張する方法をとったように見える。

このように、外国会社の本国におけるストライキの結果生じた日本支社のレイ・オフ＝休業をめぐる賃金請求権の有無が争われたのは、過去に例がなく、また、本件でわが国の裁判所が、外国で行われたストライキないし労使関係について判断を加えたという点でも興味のある判決ということができる。

二　ストライキの直接当事者でない労働者が、ストにより就労不能となった場合、特に就労の意思のあること、ないしそれに準じた意思表示をしている場合に労働契約上得べかりし賃金を請求しうるかどうかについては、民法四一三条（債権者の受領遅滞）、五三六条（危険負担における債務者主義）、労基法二六条（休業手当）およびロックアウトに関する判例法（すでに最高裁判決昭五〇・四・二五、昭五二・二・一八が出て法源としての効力を固めている）が関連して複雑な問題を提起している。もともと民法の両規定は債権契約一般の解釈ルールを示したものであるが、労働契約の解釈についても指針としての効力をもつ。しかし、それは、労基法二六条が強行法規として登場して以後は、少くとも「休業」については、同条の立法趣旨に沿って解釈されることを要する。とはいえ、労基法二六条は「休業手当」に関するもので労働契約上の賃金請求権そのものの規定ではないから、少くとも、「休業手当」相当分の賃金以外の部分について、前記民法の二規定を全く無視した労働法独自の解釈なるものは許されないであろう。さらに、一部ストの場合には、ストライカー以外の労働者にロックアウトがなされたか、あるいはそれが認められる状況にあったかどうかで賃金請求権の有無に影響が及んでくる。

以上のような問題について本判決の考え方を検討する前に、類似のケースについて従来の判例がどう対処してきたかをざっと概観しておこう。本件における当事者の争点および判旨もかなり先例に沿って展開されているように思われるからである。ただし、以下に述べる先例は、ストによる就労不能者の賃金請求という点で共通しているとはいえ、事案は、部分スト、一部スト、併存組合の一方のストの場合など、請求者、請求内容、請求相手などの点で差異があることに留意せねばならない。ここでは判旨の考え方を示すだけの引用である。

最も古い判例として日本油脂事件（東京地判昭二六・一・二三労民二―一―六七）では、組合のストが「経済的目的をもってなされたものであるからこれに基因する休業は、一般に、企業（経営）の内面における経営政策上の事由を以て、不可抗力の抗弁となし得ないと同様、会社の責に帰すべからざるものとなすことはできない」とし、休業を命じられた臨時雇傭員につき賃金全額の請求が認められた。この積極説は、パインミシン事件（宇都宮地判昭三五・一一・二二労民集一一―六―一三四四、評釈萩沢・ジュリ二九三、窪田・新版労働百選ほか）で破られ「部分ストの結果、他の労働者と就業させることが社会観念上不能または無価値である場合には、双務契約の性質上当事者双方の責に帰すべからざる事由による履行不能と解すべく、債務者受領遅滞のような問題も生じない」として職場転換命令を拒否した部分スト不参加者に対する賃金カットが相当とされた（同二審東京高判昭三九・八・二九労経速五〇七―六も同旨）。併存組合の一方によるストによって就労できなかった別組合員の賃金請求および（予備的）休業手当の請求にかかる明星電気事件（前橋地判昭三八・一一・一四労民集一四―六―一四一九、評釈緒方・新版労働判例百選）では、原告らの就労不能を労基法二六条の「休業」に当たると解したうえ、民法五三六条二項の「債権者ノ責ニ帰スヘキ事由」とは「使用者の故意・過失または信義則上これと同視すべき事由」をいうが、使用者に争議の停止を強制する途がないことからいって、スト発生が協約違反その他使用者の責に帰すべき事由に基づくといった特別の事由のない限り、使用者の責に帰すべき事由に当らない（本件の判旨もほとんど同じ表現を用いている）、として民法五三六条二項に基づく賃金請求権は認めず、休業手当の支払のみを認めた。

国鉄室蘭桟橋事件（札幌地室蘭支判昭三九・四・八労民一五―二―二三二）では、賃金請求権は、「被用者が使用者の支配圏内に入り、その労働力を使用者の処分に委ねる」ことによって原則的に生ずるが、労務の給付が継続的・反覆的である場合に、労働者がその一部の労務の給付を行わないような場合には、それが労働者の責に帰すべき事由によるものであるかぎり、不給付の労務の量質に相応する部分については使用者は賃金を支払う必要はない」と判示、ピケ隊員と相通じて担当機械の就労を拒否したスト不参加組合員の賃金請求を却けた。

最近の事例として、甲組合のピケにより就労ができなかった乙組合員が甲組合を相手に賃金相当額の損害賠償を求めた高知県ハイヤータクシー事件がある。請求棄却の理由として一審（高知地判昭五〇・一・二〇判時七八五―一〇八、評釈西井・判評二〇四―一四三）判旨は、ストが使用者の経営政策上の理由に基づいてなされた場合には、右ストは使用者の支配領域内に生じた障害で、使用者において一般的に除去しえないものではないから、これをもって「使用者の責に帰すべき事由」によると認めるのが相当とし、さらにストの原因が甲組合員に対する使用者の不当労働行為に起因していることが明らかであるから、「なお一層強い意味において使用者の責に帰すべき事由によるものといわざるを得ない」と判示した。これに対して、同二審判決（高松高判昭五一・一一・一〇労民二七―六―五八七）は、乙組合員らがスト期間中代替労務に従事するなど、使用者において「労務を受領」していると認められることを主たる判旨として一審の結論を支持したが、付言して、次のようにいう（この部分は傍論と思われる）。スト不参加者の就労不能がピケに阻止された場合は、労働者に争議権が保障されて、使用者としてその停止を強制する途がないことからいって、右スト不参加者の就労不能について故意、過失又は信義則上これと同視すべき事由があるといえないから、使用者は、民法五三六条一項により賃金支払義務を免れる。しかし、右ストが、使用者のスト組合に対する重大な協約違反とか不当労働行為等の背信的行為に起因するなど、スト決行の事態に至ることを予見し得たと認むべき特別の事情がある場合には、右就労不能は使用者の責に帰すべき履行不能として賃金支払義務を免れない。そしてこのことは、ピケの適法性の有無に左右されるものではない、と。

右一審判決については、筆者は、その結論に賛しつつも、判旨の理論的整合性に難点のあることを指摘、事案では、乙組合員の労務が受領され、実質的に貸金の名目で賃金が支払われていることを棄却の理由とすべきだと論じた（ジュリ六二〇号）。

二審判旨は、理論的に明星電気事件の先例に従っており、ピケによる不就労について原則的に使用者の有責を認める一審判旨（日本油脂事件判旨の立場に戻っている）と対立する考え方に立つものであるが、傍論ながら、一審判旨が「使用者の責」の加重原因として指摘したストライキにおける使用者の「背信性」およびストライキへの「予見性」をとりあげ、これらは、スト不参加組合員の就労不能を招いた使用者の責に帰すべき事由としての「故意、過失又は信義則上これと同視し得る」場合に当たるとして、事実についても一審判旨を支持した形となっている。

学説は、ストライキにより就労不能となった者につき労基法二六条の「休業」に当たるとして休業手当の支払

（のみ）を認めるとすると、民法四一三条や五三六条二項により使用者の責に帰すべきものとして賃金全額の請求権を認める場合より下廻る結果になることもあって、判例が少いわりには早くから大きな論争を引起してきた。[1]大筋は、民法五三六条にいう「債権者の責に帰すべき事由」と労基法二六条の「使用者の責に帰すべき事由」とを重畳的な法原則とみるか、それとも相独立した原則として扱うかによって大きく分れるが、そこに方法論的に、いわゆる集団的考察方法と個別的考察方法の対立[2]がもち込まれ、容易に結論の見出せない状況である。これを反映して、判例にも前記のように多くの動揺ととまどいが見られる。

有泉教授は、受領遅滞、履行不能および（労基法上の）休業の三者の関係につき各説の考え方の相違点を指摘し、労働関係の特殊性を加味して、「労働の給付の履行」とは、「予定された労働関係の展開する」ことであり、「債権者ノ責ニ帰スベキ事由ニ因リテ履行ヲ為スコト能ハザル」場合に労働者が賃金請求権を失わないとされるのは危険負担の分配の問題であるから、通常の過失責任にとらわれず、「客観的に履行不能があるかどうか」の判断による、と説かれ[3]、説得的である。[4]

三　以上に述べたことは、この問題を考える場合の一般的前提であり、かつ、理論的状況である。しかし、本件では、休業手当が支払われていて、争点となっておらず、また、ロックアウトもピケッティングも関連していないので、さし当り民法上の問題として本件判旨を検討することにする。

判旨**一**は、受領遅滞による賃金請求権を主張する原告の主張を却けたもので、その理由は、受領遅滞の法的効果が、債務者側に「弁済提供」の義務を与えるだけであって直接賃金請求権発生の根拠とならない、というにある。判旨の右の説明だけでは簡単過ぎて真意を摑み難い。何故、受領遅滞によって労務の提供ないし、就労の準備をした労働者に賃金請求権が生じないのであろうか。労働関係では、確かに使用者側の労務の受領拒否による受領遅滞と、それによる労働者側の労働給付の履行不能とが因果的に相関連して生ずることがあり、それぞれの成立要件上の差異を別とすれば、法的効果という点において、両者は截然と区分しがたい。[5]判旨が、賃金請求権の有無は「履行不能」かどうかの客観的判断によって足りるという理由で受領遅滞を問題にしないのであれば、それはそれなりに一つの判断である。筆者としては、本件で被告会社が原告らにレイ・オフ＝休業を命じたという事実が、原告側の受領遅滞の主張を排するものと解したい。

四 判旨**二**は、右ストによる不就労者について、履行不能の場合の「使用者の責に帰すべき事由」を、「故意、過失又は信義則上これと同視すべき事由」という既述の先例が立てたやや狭い基準に立って判断した。加えて、判旨は、ストライキに対する使用者不介入の原則から、使用者は原則的に責任を負わないとする、前記の諸判例の多くが採っている消極説に立ちつつ、しかし、前記の高知ハイタク事件におけるような特殊のケースを考慮に入れてか、実施されたストライキにつき使用者側に特段の有責事由がある場合には、不就労者の履行不能についても使用者として責任を負うべき場合のありうることを説いている。しかし、判旨**三**では、結局、本件では、そのような特段の事由は認められないと結論している。

判旨**二**前段の、使用者の争議不介入の原則から争議行為の結果として生じた不就労者に対する履行不能の責を負わないとする一般論は、それなりに筋が通っている。ただ、もしこの理を貫くと、使用者は、労基法二六条の定める休業手当についても責に帰すべき事由を有しないことになりそうで問題は残る。もっとも、本件では休業手当について争いはないから、判旨の触れる問題ではないかもしれない。

問題は、判旨**二**後段の、「特段の事由」とストライキとの関係に関する説示の部分である。判旨は、使用者が「不当な目的」をもって労働者にストを行わせたり、ストに至る経過について使用者の態度に非難されるべき点があれば、不就労者に対する履行の責が生ずるという。これは、ストライキをした組合員と就労を拒否された組合員とが同一組合に属していて、使用者の「不当な目的」や「態度」によって共通の被害を受けたことを前提としてはじめて成立つ議論である（この前提が成立たない高知ハイタク事件でこの考え方をとった一・二審判旨は誤りである）。非組合員やライバルユニオンの場合には、スト発生の動機などは問題にならず、ストによって就労を阻止されたことが問題なのであり、使用者の彼らに対する就労拒否の正当事由が問われるのである。ただ、本件では、米国パイロット組合と支社組合との関係が、右の何れの場合ともいえず微妙な関係に立つので、一応、同一組合の場合に準じて判旨後段を是認しよう。

なお、原告側は、米国パイロット組合のストが被告会社の悪意で意図的に追い込まれたものとして航空会社間の相互援助協定の存在を挙げるが、スト保障約款がすでに相当普及している外国の常識からいっても、無理な主張である。しかし、それを別にしても会社が組合を「意図的にストに追いこんだ」ことは事実かもしれない。問題は、このような外国の労使関係について、日本の裁判所が本件のように簡単に結論を出しうるかどうかである。むしろ、不必要な判断部分であったと思う。

私見では、使用者が就労拒否につき責を負うかどうかの判断において問題となるのは、ストライキ発生の動機や性格ということよりもむしろ、休業命令による就労拒否が不当労働行為その他法の禁ずる差別的取扱として行われなかったかどうかである。当該ストライキの発生または経過につき使用者に責めらるべき点が全くないとしても、ストライキを理由として命ずる休業が恣意的になされてよいことにはならないからである。

被告会社の原告らに対するレイ・オフ＝休業命令の態様、方法を見ると、原告側の主張するような差別的取扱その他妥当性を欠く措置があったかどうかの判断については、レイ・オフ合意書の成立過程について当事者間にやや喰い違いがみられ、詳細は不明であるが、全体として事実認定のとおりであるとすれば、特に意図的な差別という程のものは見出しがたい。

ただ、被告会社の休業命令に違法はないとしても、航空便全面休航下の航空会社において地上勤務者に航空便再開に備えて仕事の余地が（例外的に休業を命じられなかった組合員以外に）全く残されていないかどうかの問題は残る。しかし、それは主として経営側の判断の問題であり、また、外国系会社の慣行というものがあろうから、日本の会社の一般的慣行をもってその当否を論ずることは無理であろう。Yが出勤扱いとして休業の対象としなかった者についてのY側の説明も一応、納得できる。結論的にいえば、判旨としては、右の点も考慮に入れて、本件における被告会社が、外国であれば簡単に通告したであろうロックアウトをせず（もし、ロックアウトに出たとしても本件では支社―支社組合間に労働争議が存在していないから、わが国ではいわゆる攻撃的ロックアウトとして違法とみられるであろう）、労使協定によるレイ・オフと労基法二六条の休業措置を組み合わせて「平和的」手段に出たことを評価し、かかる場合には、（原告側の主張するような）休業手当額を越えて賃金全額を負担させるほどの責任が被告にはないという理由で請求を棄却したほうが妥当であったと思う。

（1）　学説の整理、分類について西井龍生「休業手当」（新労働法講座七巻一九三頁）参照。
（2）　窪田・前掲評釈一九六頁参照。
（3）　有泉亨「労働基準法」二五五頁。
（4）　ある企業における労働者のストライキによって生ずる就労不能者の賃金請求権について「労働の給付の履行」を「予定された労働関係の展開」として総合的に把える有泉教授の所説に従い、かつ、すでに労働法の法原則として判例法上定着をみたロックアウトの法理を考慮にいれ、私見を述べれば、使用者は、ストライキに伴い、少くとも次の措置をとることが責に帰すべき事由の存在の対抗要件として必要であると考える。すなわち、使用者が就労不能者につき、㈠、出勤を認めるとか、代替作業を命ずるなど労務の受領行為をしていれば「履行不能」は最初から存在しない。㈡、労務の受領拒否として使用者がロックアウトを行なう場合には、ロックアウトが適法（要件は最高裁判決のとおり）であるかぎり、民法上の賃金請求権も労基法の休業手当請求権も生じない。㈢、ロックアウトの成立要件を欠くか、または使用者がそれを欲しない時は、労基法上の休業措置をとることにより、労務の受領拒否の意思表示となすことができる。この場合、休業手当の支給を要することはいうまでもない。㈣、休業手当以上（賃金全額との差額）の賃金請求権については、民法五三六条二項の原則によるが、使用者は、就労不能者に労務または代替労務提供の可能性を有しなかったこと、および、休業措置が不当な目的または態様でなされなかったことを立証する責任がある。
（5）　詳細は奥田昌道「受領遅滞と危険負担」法学論叢九四巻五・六号一九五頁参照。

〔判例評論二四三号、一九七九年〕

〔あとがき〕

本判決後、最高裁は労基法二六条の「使用者の責に帰すべき事由」は、民法五三六条二項に定める「債務者ノ責ニ帰スヘキ事由」よりも広く、「使用者側に起因する経営、管理上の障害を含むと解するのが相当」と判示した（ノースウェスト航空事件・最二小判昭六二・七・一七判時一二五二号一三〇頁）。

3　賞与の支給日在籍要件――日本ルセル事件

〔東京高裁昭和四九年八月二七日判決、労働判例二一八号五八頁〕

一　事　実

被控訴人Xは、昭和四五年一一月四日以降、控訴会社Yに雇用され、その東京支店長として勤務し、同四六年一一月四日にYを退職した。ところで、Yは、昭和四六年一二月の従業員の賞与につき、同年一一月二〇日頃、組合との間に、賞与の対象者は同年五月一日から同年一〇月三一日まで（計算期間）Yに勤務し、かつ、同年一一月三〇日現在Yに在籍したものとすること等を内容とする協定を結び、同年一一月二四日協定書を作成、その旨の通達を出し、これに基づき賞与を支給した。組合員以外の一般従業員及び部課長等の管理職者についても、右協定に準じた扱いがなされた。

右協定による取扱いの適用上、Xは右の賞与計算期間に当る期間はYに勤務していたので受給資格の第一要件は充たしているが、その後一一月四日に退職しているところから一一月三〇日在籍者という第二の資格要件を充たさないことを理由として下半期の賞与を支給されなかった。そこでXは、当該賞与の計算期間を勤務し、既に具体的請求権として発生した賞与につき、使用者が、一方的に、右賞与の計算期間経過後の在籍者にのみこれを支給すると定めて、その権利を剥奪することは、たとえ組合との協議によるとしても許されず、またXの雇用契約によれば、給与は月額約一三万円並びに夏期・年末賞与合計七ヵ月分以上と定められているので、右剥奪は労働契約の事後における一方的変更として無効と主張し、本訴に及んだ。

これに対し、Yは、就業規則には「会社は、毎年六月及び一二月に、会社の業績を考慮したうえ、従業員の過去六ヵ月間の業務成績に応じて、賞与を与えることがある」と定めてあり、賞与は使用者の恩恵的なものであるから賃金といい難く、その支給対象者を何時在籍している者とするかについては支給者（使用者）の決しうるところと反論した。

一審判決（東京地裁昭和四八・三・二二）はXの請求を認めたのでY控訴。

二　判　旨

控訴棄却。

一　Yにおける賞与についての唯一の規定である就業規則四二条には「会社は……賞与を与えることがある」となっているので、一見すると、Yの賞与はいかにも会社の任意的又は恩恵的なものであって、会社は賞与の額及び支給時期は勿論、支給対象者についても、自由にこれを決定することができるように見られないでもない。しかし、㈠Yにおいては、従来から、毎年六月及び一二月に賞与が支給され、毎期、Yが賞与を支給することを当然の前提として、組合と額及び支給時期等について協定を結び、非組合員についても右協定に準じて取扱ってきていること、㈡就業規則には「業務成績に応じて、賞与を与えることがある」（傍点判決文通り）と規定されているが、実際は、大部分、これに関係ない一律の生活給的な賞与で、勤務成績に基く考課査定が一切行われなかったこともあること、㈢XY間の入社時における雇用契約に前記の約定があること（以上番号は筆者記入）から、Yにおける賞与は、従業員にとり（特に管理職であるXにとっては）、単なる会社の恩恵又は任意に支給される金員ではなく、会社が従業員に対し労働の対価として、その支払を義務づけられた賃金の一部であると認めるのが相当である。

二 各事実に前記就業規則の文言全体を併せ考えると、Yは六月又は一二月の賞与につき、右計算期間全部を勤務した従業員に対しては、右従業員がその後も在職しているか否かを問わず、当然、その期の賞与を支給すべき義務があるものというべく、従って既に具体的請求権として発生した賞与につき、Yが一方的に右計算期間後の在籍者にのみこれを支給すると定めて、その権利を剝奪することは許されず、かかる定めは法律上無効である。

三 評釈

一 右に要約した「判旨」では本件の判決理由が、一見、二つの判決要旨から成り立っているように見えるが、そのように明確に二つの部分に区別することが適当かどうか疑問である。判決は、結局、判旨**一**、**二**に述べたXY間の賞与の請求権関係の根拠について、各事実を総合判断のうえ、Xに請求権ありと判定しているにとどまる。ここでは、判決の筋を説明する便宜上、そうすることとした。

二 判旨**一**の部分は、結局、Yにおける賞与が会社の恩恵又は任意により支給されるものでなく、使用者が義務として支払うべき賃金に当る、という裁判所の解釈または認定を示したものである。この判断は、判旨**二**における、賞与の具体的請求権としての権利の認定につながり、その根拠づけの要素となるのであるが、それはしばらく措き、判旨**一**の判断が、本件におけるXY間の主要争点の一つとして主張されている本件賞与の法的性格、特にY側主張の賞与―恩恵論に答えるものであることは明らかである。

いうまでもないことであるが、判旨**一**は、賞与というものの一般的な法的性格を論じたのでもなければ、賞与が常に労働の対価としての賃金であるという命題を打ち立てたものでもない。判旨は、あくまでY社における賞与が、その従業員、特に管理職者としてのXに対するYの支払を義務づけられた賃金であることを認定したものに過ぎない。

判旨のこのような賞与の扱い方についてはあるいは異論があるかもしれない。すなわち、賞与は、労働の対価たる限り、その一般的法的性格において「賃金」に外ならないから、賞与の不払は賃金の不払として労基法違反であり、Y側の主張は全く論拠を欠くものとしてXの請求を認むべきだとするものである。

確かに、今日、わが国では「賞与」が「賃金」に近づきつつある。学説にはこの実態論をふまえてその「賃金性」を強調する見解が有力であり、解釈例規は、労基法一一条を受けて「各種手当中支給条件が予め明確なものを賃金とみなす」（「予め明確」かどうかがこの際問題なのである）よう指導し（昭和二二・九・一三発基一七、昭和二八・三・二〇基発一三七）、賞与を「賃金と見るべき」であると判示した古くからの判決（例えばよく引合いに出される聖徳協同農場労基法違反被告事件・名古屋高判昭和二七・三・二五高民集五巻四号五一四頁。但しこの事件は賞与または小遣の名義で与える報酬が実質上賃金とみなされたもの）もある。しかし、私は、現状では、なお、「賞与は賃金か」という一般的命題に端的に結論を出しうる状態ではないし、裁判所もそのような形で問題を処理することは困難であると思う。多くの企業では、賞与が給与体系の中に定着化し、そうでなくても、実質的に生活給的な報償として慣行化している（その事実が逆に労働の対価たることの証明となることがある）とはいえ、なお、全く支給していない企業もあり、支給しているところも、その支給条件がかなり不明確の状態に置かれている。また、理論的にも、賞与—賃金後払論のような本質論からの立論は、初めから賞与を支給していない企業における従業員の賞与請求権を正当づける根拠とはなりえないし、賞与が賃金かどうかを「労働の対価として支払われているかどうか」の基準で判断しようとするいわゆる労働対価説も、それ自体は正当なアプローチではあるが、賞与がいかなる「労働」と対価関係に立つのかを認定するのは決して容易ではない。また、それはすでに支給が恒常的に行われている企業の賞与の請求権の根拠にはなりえても、これまた支給の不確定な企業における支給を義務づける積極的根拠とはなりえない。労基法一一条が賞与を賃金の一部として例示している事実は、名目による脱法を防止するきめ手となるが、それだけでは、賞与の賃金としての一般的支払義務を肯定する私法的根拠とはなり難いのである。結局、現実定法の下では、賞与の「労働の対価性」または「賃金性」は、労使間の合意の内容いかんによるとしかいいようがないと思われる。このようなわけで、本件判旨が、賞与の賃金性について、一般論としてではなく、ケース・バイ・ケースの処理をしたことは妥当であり、とりわけ「賞与を与えることがある」というような不明確な支給条件の下ではそれが正しい態度であると考える（本件の後に出た新日鉄事件・札幌地室蘭支判昭和五〇・三・一四労判二二三号は、中元賞与を「労基法上の賃金たる性質をもつ」と判示しているが、この場合にも、支給要件を明確にした協約が締結されたことの認定に基づくケース判断である点で本件と共通である）。

このように本件判旨は、賞与＝賃金の一般論を述べたものではないが、本件Yにおける賞与については、Yに一般的（あるいは一応、というべきかもしれない）支払義務のある賃金だと規定したものであることは確かである。この認定は、本件のような争いについては必要なことだと思われる。というのは、本件において、もし、Yにその従業員に対する賞与支給の一般的義務がないとすれば、その支給は全く任意の給付ということになり、Xの退職時期のいかんにかかわらず、賞与を法的請求権として訴求しえないことになるからである。

ただし、判旨の右の判断は、賞与に関する就業規則の規定、従来の支給手続、算定基準等の外、Xの雇用契約をも考慮した総合的認定によるものであり、判旨は、右就業規則の「会社は……賞与を与えることがある」旨の簡単過ぎる規定が、支給義務の点でマイナスに働く余地を認めたうえで、結論として積極に解したのである。私も判旨の認定によるかぎり、Yの一般的支払義務についてはこれを肯定すべきものと考える。

三　しかし、賞与に関する労使間の定めや手続等の実態関係から、使用者の賞与支給に関する一般的支払義務を肯定することは、必ずしも使用者が、その支給に際し何らの支給条件をも付してはならないことを意味するものではない。「一般的」支払義務とは、支給条件に従い、所定の基準に合致する者に対し、賞与の「任意性」を理由として支給を拒否してはならないことをいうものだからである。支給条件には、従業員の勤務成績に基く考課査定、企業の営業業績による算定のような個人別の評価基準（場合によってはゼロとなる可能性もある）の外に在職期日いかんも含まれうる。そもそも賞与が純粋の「賃金」と異なる主要な特質は、前者が右のような点において使用者の評価または裁量の余地を大きく残している点にあり（もっとも賃金自体についても職能給における評価があるが）、その意味での賞与の「任意」的性格を全く否定し去ることは困難であろう。判旨**一**が、Yにおける賞与は、「単なる会社の恩恵又は任意に支給される金員ではなく、会社が……その支払を義務づけられた賃金の一部」と判示する場合に、それがY側の主張する、支給条件における使用者の裁量権のそれを含めた意味でそういっているのか、それとも、単に賞与そのものについての恩恵論を却ける意味で右のようにいっているのか、はっきりしない。しかし、判旨**二**との続きぐあいから見ると、判旨は、むしろ前者の解釈をとっているように思われる。

この点は、われわれの研究会でも、若干異論のあるところで、使用者に賞与の一般的（あるいは原則的）支払義務があると認められる場合にも、なお、支給条件についての裁量権が残されているとみるべきではないか、とする見解が強かった。私も同感で、判旨としては、本件賞与をもって、「原則として」その支払を義務づけられた賃金、と解し、使用者の一定の裁量権を認めたうえ、その裁量権の行使の仕方が妥当であったかどうかを判断する、という構成をとった方が、同じ結論に達するとしてもより妥当であったと思う。そう解しないと、本件において、Yと組合間に締結された支給対象者に関する部分の協定も無効ということになるであろう。しかし、この種の協定をすべて無効とするほどに賞与の「賃金性」が確立しているわけではないし、この協定と、「会社側が賞与を支給することを当然の前提として毎期組合と賞与協定を結」んでいることとは矛盾するものではない（判旨が本件の支給対象者に関するYと組合間の協定を無効とみている形跡は全くない）。

四　判旨**二**の部分は、判旨**一**の所論を受けて、Xの賞与受給資格要件は、賞与の計算期間（支給対象期間）を充足させることであり、かつ、それをもって足りる、従って右期間を勤務した者については、具体的な賞与請求権が発生するのであるから、Yがさらに、右期間経過後の在職者にのみ支給すると定めることは、その権利を剥奪することで、「法律上無効」と判断したものである。

この部分も、就業規則の解釈及び各事実を総合的に判断したいわば裁判所の認定であり、およそ賞与なるものは、計算期間を勤務することによって請求権を発生させる、との法的判断を示したものでないことはいうまでもない。すでに述べたように、賞与の受給資格を「計算期間の勤務」の外に、一定期日までの在職という加重要件を科すことは、それ自体として違法ということはできない。それが労働者側との適法な手続を通じて合意されるならば（初めから就業規則や賃金規定にその旨明示してあれば特に合意をまつまでもない）、労働者は両条件を充たすことによってはじめて賞与の「具体的請求権」を取得するのである（前掲新日鉄事件判旨は「賃金」不支給の事由が一旦発生した賃金債権の消滅事由として規定されるか、賃金債権の発生そのものの障害事由として規定されるかにより本質を異にするものではない、というが、「賞与」については必ずしもそうはいえないと思う）。

「計算期間の勤務」という要件の充足による賞与の請求権が、加重要件たる一定期日までの在籍という定めにより「権利の剥奪」とみなされるのは、その加重要件の「科しかた」に問題があるからである。「剥奪」とは「既得権」の侵害をいうが、これらの問題は、直接に関連する実定法規（強行法規）が存しない以上（ただし、前掲新日鉄のケースでは懲戒処分として賞与が全面的に剥奪されたため労基法九一条違反の問題となった）、すべて契約法の領域、つまり「合意」の存否にかかわる問題である（勝訴又は地位保全の仮処分判決を得た被解雇者が遡及して賞与請求権を認められるのは、もし解雇がなかったならば当然受給資格があり、かつ、その後にそれを消滅させる合意が存しないからである）。

判旨**二**において、判旨はYが「一方的」決定によってXの権利を剥奪したことを非難しているが、「一方的」決定ということの意味は、具体的には、右の加重要件が従来いかなる従業員にも適用されていなかったにもかかわらず、Xの退職に際して初めて持ち出されたと思われること（従来からの慣行というYの主張は認定で却けられている）、および、管理職としてのXについては直接適用しえない組合との協定の準用によってなされたこと（厳密には協約の拡張適用―労組法一七条―の問題となるが、Xが「同種の労働者」でないことは明らかである）との二つの面でそうなのである。いずれの場合にも、果してそこに労使間の「合意」が成立したと認められるかどうかという労使の力関係を背景とした微妙な契約の推定の問題がからんでくるが、少なくとも、本件の認定事実から判断した場合、本件の組合ぐるみで定められた加重要件なるものがXについて適用されなければならない客観的、合理的理由を発見することは難しいように思われる。その点で、結論的には判旨の判断が是認されるところである。

なお、判旨が「かかる定めは『法律上』無効」という場合の法律とは、意味不明確である。推測すれば、「契約」法上無効というほどの意味であろうか。

〔ジュリスト六〇五号、一九七六年〕

(2)　労働時間・年次有給休暇

1　三六協定に伴う諸問題

一　はしがき

三六協定は使用者が企業の経営上やむを得ない臨時の必要のため、法定の労働時間をこえまたは休日に労働者を就労させる場合の必要不可欠の手続であるが、保護法たる労基法の規定としては、超過労働の臨時性を保障する配慮および労働者側の意思反映の方途において甚だ不十分であり、とくに超過労働の最長限度について何等の制限も加えていないところから、しばしば指摘されるように、わが国の企業における時間外労働の常態化、慢性化の基本的要因となっている。労働時間の短縮が叫ばれている現在、立法上再考されねばならないのは、まず現行の三六協定であろう。三六協定は立法の不備もあって、その性格が法理論上甚だあいまいであり、かつ、労使関係の実態を反映して当事者の取扱いかたがさまざまである。また、行政指導面においても適確な指導理念があるとはいえない。そこで協定の取扱に関連して多くの問題点が生じている。本稿は、本誌編集部に寄せられた多くの疑点の中から理論的に問題となるものを中心にして、現実の協定締結の実情に即し、できるだけ実証的な見地から協定に伴う諸問題に解決の糸口をつけてみようとする試みである。編集部に依頼してできるだけ資料を集めて貰ったが、筆者の知りえない事例や慣行も多いことと思われる。大方の御教示を乞う次第である。

二　三六協定の締結と届出の実情

(1)　締　結

三六協定は「当該事業場」に労働者の「過半数」で組織する労働組合がある場合においては「その労働組合」、労働者の過半数で組織する労働組合がない場合においては「労働者の過半数を代表する者」との書面による「協定」をし、これを行政官庁に届け出ることによって効力を発する。そしてその内容は規則一六条によって「時間外又は休日の労働をさせる必要のある具体的事由、業務の種類、労働者の数並びに延長すべき時間又は労働させるべき休日」となっており、さらに「労働協約による場合」を除いて有効期間を定めることになっている（同二項）。法の定めはこれだけなので、実際上の協定および届出のしかたはさまざまである。若干の実例にあたったところでは、おおよそ次のような類型が見られる。

(1)　従業員代表との協定の場合

企業に組合がない場合には、従業員の代表者が協定当事者となって次のような協定書を作成するか、それともとくに協定書を作成せず、様式第九号の「協定届」に内容を記載し、これに代表者が記名捺印することによって協定に代えるか、どちらかの方法がとられている。前者の場合の協定の様式はたとえば次のような文言になっている。

(1)　「会社は労基法三六条により従業員との間に左記により時間外（休日）協定を締結する。

記

業務繁忙の場合、一週二〇時間、一月六〇時間の範囲内で時間外労働をさせることがある。但し女子、年少者については法定の制限内とする。

有効期間　　　　　　協定の日から一年

会社代表　　印

従業員代表　　印

月　日

(2)　会社は従業員代表との間に次の時間外協定を締結する。

（以下略）

(3)　時間外協定書

就業規則第○条に定める時間外勤務を次の通り定める（以下略）。

(2)　組合との協定の場合

協定の当事者が組合である場合の協定のしかたには次の四つがある。(イ)、右の(1)(2)と同様の文言の協定、または(3)の「就業規則」の個所を「労働協約」と置きかえた形式をとるもの、(ロ)、とくに協定書を作成することなく、協定届に所定内容を記載し、組合代表が記名捺印する方法、(ハ)、労働協約書に三六協定の内容となるべき事項が規定されており、とくに改めて協定を作成せず、届出の場合に右内容を記入して、組合代表が記名捺印する方法、(ニ)、労働協約または時間外協定（とくに協約の名を冠しない）に時間外労働に関する基準（最高限度など）を定め、これに基き一定期間ごとに記載届に記入して組合代表が署名することによって協定に代える方法。

(2)　届　出

三六協定の監督署への届出は様式第九号によってすることになっている（則一七条）。様式第九号とは「時間外労働（休日労働）に関する協定届」の名称で、届出上は時間外労働も休日労働も同時に一通の書類で間に合わせることができるようになっている。記載すべき事項は(イ)「時間外労働をさせる必要のある具体的事由」、(ロ)

「業務の種類」、(ハ)「労働者数（男女別）」、(ニ)「所定労働時間」、(ホ)「八時間を超える延長時間」、(ヘ)「期間、協定成立年月日」、(ト)「協定をした労働者代表」である（その他に事業の種類、名称、所在地を記入することになっているが、これ以外の協定事項があっても記入するところがない）。それでは、実際の協定ではどのように記載すればよいのであろうか。監督署が受理した実例からみて次のようなことでよいらしい。

「具体的事由」および「業務の種類」の実例

1　仕事量の増大資材の入手不円滑等による納期遅延に備えかつ突発工事の発生に対処するため（A造船、各業務共通）
2　協約にもとづき業務繁忙期において通常生産能力超過のため（B車輌工場各業務共通）
3　休風整備、緊急修理、交替時における出銑、焼結作業（C製鉄工場製鉄業務）
4　電気、動力、運転業務（同右動力業務）
5　緊急事務（同右人事業務）
6　技術面の研究に関する緊急業務（同右技術研究業務）
7　旅客の送迎、添乗、渉外、手配及び発行のため必要あるとき（D観光会社）
8　その他所属長と分会委員長とが協議し必要と認められる事由のあるとき（同右）

「延長すべき時間」の実例

A造船　一三時間（但し女子の場合法六一条による）
B車輌　一人週一五時間、四週五〇時間まで
C製鉄　一四時間
D観光　男子　一日につき三時間　一週につき――　一月につき――　一年につき――
　　　　女子　二時間　六時間　四〇時間　一五〇時間

以上に見る通り、協定届の記載事項は規則一六条所定事項であるから、三六協定の必要協定事項は形式的にはすべて届書の中に含まれることになる。そのためか多くの監督署は届出の受理に際して、実際に三六協定が締結されたことを確認したうえで、届を受理するのでなく、協定届の提出があったことをもって労使間に三六協定の締結があったものとみなすというやりかたをしている。確かに法は協定届の提出に際し、就業規則届出の際の意見書のように協定書の写しを別に添付することを要求していない。しかし三六協定をすることと協定を届出ることとは明らかにそれぞれ意味をもつ別のことであり、法は「書面による協定をし、これを届け出た場合」(三六条)といっているのだから、このような監督署の態度は不当というべきであろう。労働者側でも真に時間外労働をできるかぎり規制するという意図で協定に取組む気構えがあるのなら、使用者側あるいは監督署側のこのような便宜措置を許すべきではないと思う。

実例によれば、三六協定が基本協定として本社と組合の委員長間に締結され、各工場では支部があるが、支部は別に三六協定を締結することなく、右の基本協定事項を届書に記載して、支部長印をもって届出した場合、監督署はこれを適法として受理しているというが、この場合、基本協定と事業場別の協定とは規則一六条の各事項について全く同一ということはありえないし、かりに同一だとしても協定締結の省略を許すべきではない。

有効期間の定めのある三六協定を、協定当事者の合意で更新しようとするときは、「その旨の協定を監督署長に届け出ることによって」協定そのものの届出にかえることができる(則一七条二項)。この手続は実際上「従来のものを更新する」または「更新することについて異議がない」旨の念書を当事者から提出するだけでよいことになっている。たしかに、更新された協定の内容は元になる協定と同一内容で、その内容がすでに監督署に届け出られているから、監督署としては時間外労働の内容を監督行政上把握できることはできるに違いないが、三六協定は協定の時点において労働者の過半数の意思を代表するという基盤の上に認められるものであることを考慮すれば、更新の時点ごとに、少くともこれを再確認する手続を必要とすると解すべきものである。立法論としては規則一七条二項は廃止すべきである。

三　三六協定の単位

三六協定の協定単位が「事業場」であることは明らかであるが、協定当事者が何人であるかについて必ずしも明白でない場合がある。とくに組合が組織されている場合がそうである。

(1)　協定の当事者

事業場に組合が組織されていても、それが「労働者」の過半数を占めていない場合には、協定の当事者は組合でなく従業員代表でなければならないことについては法文上疑問の余地がない(1)。「労働者の過半数で組織する組合」とは当該事業場の労働者全体の過半数を超える者を組合員としている組合の意で、従ってそこの従業員だけで組織する事業所別組合に限らず、企業をこえて組織されている組合をも含むと解すべきことについてはほとんど異論がないだろう。問題は、当該事業場に事業場単位の組合支部（または分会）がある場合（一企業内に従業員全体で組織する単一組織または連合体が組織され組合本部が置かれている場合がその典型）の協定当事者いかんである。企業単位の組合が企業の従業員全体の過半数を組織している以上、組合本部にも文理上当事者資格があることになるので、どちらを代表者とすべきかが問題となるのである。この場合両説あり、組合支部（分会）でなければならないとする説（解釈例規二四・二・九基収四二三四号はこの立場をとるがその理由を述べていない）の理由とするところは「実際に時間外労働に従事する労働者の意向をヨリ詳しく知りうる立場にあるその代表との間に三六協定が結ばれるのが妥当(2)」あるいは「現場労働者の意思をその現場のさまざまな条件のもとに正しく反映させた協定を成立させようとする」趣旨(3)などと説かれる。確かに法が「事業場」単位の協定の原則をたてたのは、時間外労働を必要とするやむを得ない事業場の事情や必要の限度について、現場の労働者ほどより深い経験的インフォーメーションをもちうる点に着目したに違いない。しかし前述のように、法は当該事業場の労働者だけで組織する組合だけでなく、その従業員の過半数が加入している組合があれば、その組合の組織としての時間外労働規制力に期待して協定能力を与えているのであるから、およそ条件を充足しうる組合であれば、事業場との遠近にかかわらず重複して当事者資格を認むべきであり、その選択は組合員の判断に任すべきものと考える。(4) 実際上も、事業所単位の組合支部の方が単一本部より時間外協定について常に前向きに（すなわち短縮という方向で）組合員の利益を考慮するとはいいきれないのである。(5) そこで締結内容について本部と支部の見解が決定的に対立している時には、従業員代表に当事者資格が移るのではなく、合意が成立するまでは協定は有効に成立しえない（一方が他方の反対をおして使用者と結んだ協定は無効）とみるべきであろう。(6)

(2)　労働者の過半数を代表する者

第一に過半数算定の基準（分母）となる「労働者」の範囲いかんである。それが一応、労基法九条にいう「労働者」であることはいうまでもないが、労基法四一条の適用を受けて時間外労働に法規上の制限を受けない労働者については、これを分母に入れるべきかどうか疑問が生ずる。従業員代表の選定（組合がない場合）の場合は事実上ほとんど問題にならないが、労働者の過半数を代表する労働組合の認定の場合にはこれを分母にいれるかどうかで過半数の成立に影響する場合がでてこよう。この場合、「労働組合」とは労組法二条所定の「労働組合」たることを要し、それには使用者の利益代表とみるべき者は組合員たりえないのだから、労基法四一条該当者のうち、使用者の利益代表者とみるべき者を除外したうえ過半数の算定をすべきである。(7)

第二に、右の「労働者」の職種または勤務の態様による範囲の問題がある。原則的には、当該事業場の「労働者」であればすべて過半数の算定に入り、かつ、協定の適用を受けることになる。臨時工・パートタイムまたは休職中の者等もこれに含まれると解されるから、これらの者が非組合員で従業員の過半数に及ぶときは、組合があっても協定当事者とはなりえない。出向者については「事業場」の適用範囲のところでとりあげる。

(3)　「事業場」の地域的範囲と人的範囲

本条の「事業場」が、同一企業または経営体の本社、支社、工場、作業場等個々の事業場を意味することについてはまず異論を見ないところである。しかし問題になる事例として次のようなものがある。同一工場敷地内に工場および研究部の施設が別々にあるが、労務管理等は一括して工場人事部において行われ、かつ、組合は工場、研究部を通じて一支部を結成している場合、監督署は工場、研究部各個に三六協定を結ぶよう指示しているというのである。おそらく監督署は両者の職種または業務の差異に重点を置いているのであろうが、事業場をこのようにことさら細分して考える必要はないと思う。

より複雑な場合として次のような例がある。一経営者が外国資本と提携し、合弁会社を設立、同じ場所に工場を設置し、その従業員のほとんどを親会社の工場から「出向」させていて、出向者はいずれも親元会社の組合員である場合、合併会社の三六協定の当事者は誰か（実際にはその会社は非組合員たる従業員代表と協定を結んでしまったという）という問題である。一般的には、「出向者」が、出向元あるいは出向先いずれの三六協定の適用を受けるかという問題である。就業規則がある事業場を中心として属地的に働くかそれとも属人的に働くとみるかにかかる問題のようであるが、三六協定は企業別組合だけを協定当事者と前提しているわけではないのでそう簡単にみるわけにいかない。同一経営の場合、出向者は一般には、たとえ将来のある時期に出向元へ還ることが前提されていても、身分上または労務管理上は出向先の使用者の指揮命令に服する従業員として取扱われるのが通常であり、その限りで就業規則は属地的に作用するとみるべきであるが、三六協定の方は出向先の事業場に組合支部がない限り、出向者の加入する単一組合が締結当事者となって出向先の全従業員の時間外協定を管轄することになる。事例の場合、出向元と出向先は別経営体であるが、理くつは同じであり、出向者は出向先経営者の従業員となるが、出向元組合の組合員がその過半数を占めるかぎり、その組合が三六協定の当事者となるのである。この場合に締結された従業員代表との協定は無効と解すべきである。

国鉄で三六協定のあるA駅の勤務者が「助勤命令」によって協定のないB駅の時間外勤務をすることができるかという問題は、「助勤」の形態いかんによる。それが出張の形式であれば、協定は属人的に効力をもち、ほんらいの出向であれば、B駅における協定が必要となろう。

(4)　協定の成立と瑕疵

法は三六協定について過半数組合または従業員代表との書面による協定というだけで、協定の成立過程ないし協定の瑕疵ある場合について何ら言及していない。しかし、協定は集団的合意を通じて成立するものであるから、形式上有効に見えても、実質上合意の基本条件を欠くこともあるし、協定当事者の変動によって過半数の要件を充足しえない場合も生じてくる。その場合どう考えるべきであろうか。

まず、労働者の過半数を代表する者の選定過程における瑕疵が問題となる。使用者は締結代表者が過半数を代表しているかどうかについての証明義務を負わされてはいない。しかし協定者が労働者の代表であるかぎりそこに何らかの受任行為が必要であり、もし協定が労働者の意思を全くきくことなく作成されたとすれば、実質的要件を欠く協定として無効とみるべきである。監督署は協定にその意味で瑕疵がないかどうかを積極的に調べることが必要であり、一旦、受理してもその事実が判明したならば、将来に向って受理を取消すべきである。代表者として認定したことにつき使用者に過失がなければ、すでに届出された協定にもとづいてなした時間外労働について、使用者は犯意のないものとして免責されるが、取消の時点から協定は無効となる。

次に労働者の「過半数」の成立時期は何時か、あるいは結局、同じことに帰するが、「過半数」は協定の存続要件なりやいなやという問題がある。とくに協定当事者が組合の場合は、その組合員の変動によって過半数の比率は常に変動するので、過半数を協定存続の要件と解すると、変動の都度、協定を締結しなおす必要が出てくる。この点は、団体間に締結される合意について共通に生ずる問題であるが、ある集団的合意が一定期間を定めて一の集団的秩序を定立する行為である以上、参加者が部分的に資格を喪失しただけでは失効しないと考えるのが妥当である。しかし、企業の従業員構成の決定的変動あるいは組合の分合等により労働者の過半数意思が協定時の意思と決定的に対立するに致った場合は当事者の破棄に正当事由が与えられるとみてよいだろう。(8)

協定に何らかの瑕疵がありそれが有効に成立していないと認められる場合、従業員または組合員はその無効を主張することができるはずである。この場合、法的にはどのような手続になるであろうか。第一に、このような協定は監督署が受理することによって発効するのであるから、従業員または組合員が監督署の右受理の適法性を行政訴訟によって争うという途が考えられる。もっとも監督署による「受理」という行為は必ずしも「認可」または「許可」のような積極的意味をもたないところから否定説があるかもしれない。第二に、従業員または組合員から協定無効確認の民事訴訟の提起の方法が考えられる。しかしながら、労働者の時間外就労義務は協定あるいは監督署の受理から直接に生ずるものではなく、届出によって時間外就労の違法性の免責を得た使用者が、労働協約、就業規則等によって個々の労働者に就労を命じてはじめて具体化するのであるから、抽象的な確認訴訟については訴訟利益の有無が問題となるかもしれない。第三に、就労を命じられた従業員または組合員が協定の無効を理由に就労を拒否することは当然許されるから、もし就労拒否を理由に使用者から不利益な処分を受けた場合にその処分の無効を訴訟で争うことができる。しかし、違法な就労命令でも、これを従業員個人として拒否することは事実上難しいものであるから、立法論として協定無効を争う何らかの途が開かれることが望ましい。

(1)　事業場に二つの組合があり、いずれも従業員の過半数を占めていないが、双方の組合員を合わせると、過半数に達する場合、双方とも協定の内容について意見が一致するかぎり、組合代表を協定当事者としたほうがよいように思えるが、法文の解釈上は否定的に考えるほかない。一方の組合だけが過半数を占めるときは、その組合と協定すれば足りるというのが通説および例規（昭二三・四・五基発五三五）の態度である。
（2）吾妻『註解労働基準法』三六九頁。
（3）野村『労働法ノート』八一頁。
（4）有泉『労働基準法』三三四頁。金丸「労働基準実例百選」（別冊ジュリ九、一〇一頁）。組合支部が過半数要件を充たさない場合に本部が当然、協定当事者となることから考えてもそういえる。
（5）一使用者からの質問に次のようなものがある。「単一組合との協定では月二〇時間となっているがA事業所従業員の大半は月三〇時間の残業を希望している。A事業所の職場組織と別に協定を結ぶことができるか」というのである。現状ではできないと考えるが、基準局『労基法（上）』五五三頁）によればこの単位は「班」のようなものでもよいことになっているから締結される可能性がある。
（6）有泉・前掲書。
（7）吾妻「註解労働基準法」三七〇頁は協約上非組合員とされる者がすべて使用者の利益代表者となるのでなく、監督的地位にない者は含まれないとする。なお、この点につき「労働者」と「従業員」を峻別すべき立場から協定の性格を論じたものとして中島「労働基準法上の特別協定」（社会労働研究一三巻一号）参照。
（8）有泉・前掲書三四一頁は協定が有効期間の定めのない協約として締結された場合には組合の解散または組合員数が過半数に達しなくなった場合失効するとし、西川「労働法講座・労働時間」一二四二頁、基準局『労基法（上）』五六二頁は常に失効しないとする。

四　三六協定の内容

(1)　三六協定とはどのような協定か

三六協定の内容については、規則一六条が、時間外又は休日の労働をさせる必要のある具体的事由、業務の種類、労働者の数並びに延長すべき時間又は労働させるべき休日および有効期間（協約による場合を除く）を含むべきことを定めている。それではこれらの内容をどのように具体的に規定すれば三六協定といえるのであろうか。さきに協定届の実例で示したように、具体的事由の「具体性」も、業務の種類の類別も（「全業種」でもよいらしい）、延長すべき時間数の明細も、届出の上ではかなり大ざっぱな表現が許されているようである。すなわち、事業場の特定部門または全体が業務繁忙であること、時間外労働に就かせる可能性のある男女労働者の数、延長すべき特定または最高時間数もしくは就労させるべき休日（定休日と書けばよい）が、有効期間を附して定めてあれば、三六協定の内容はすべて充たされることになるようである。

しかしながら、時間外協定というものは、従業員代表または組合が「従業員全体をひっくるめて何時間の残業までは引受ける」ことを担保した協定ではなく、ほんらい緊急やむを得ない業務上の理由で特定の労働者に例外としての時間外労働を認める必要上、それが不当に長期にわたらないよう組合の（代表としての組合がない場合にはやむをえず従業員の）集団的な保障のもとに、各労働者の時間外労働の具体的限界を定めさせようというのがその真の趣旨である。とすれば、協定は時間外勤務の態様に応じて、できるだけ具体的に、特定の業種ごとに時間外労働の必要な男女の労働者を分類し、それぞれの業務に特有の具体的緊要性にもとづき、各人一日、一週または全期間中の最高労働時間（および休憩時間）の定めをすべきものであろう。そのような具体的な三六協定を実際に締結している例もあるのであり、労使双方が時間外労働および協定の何たるかを自覚していれば決して難しいことではない。この点、簡単な表現によって融通自在な時間外労働を許容している現行「様式第九号」および監督署の行政指導方針は改められるべきである。

協定の有効期間についての定めは幾度か変更され、現在（二九年改正以後）は単に定めをすること（労働協約たる協定ではなくてよい）だけの要件である。もっとも監督署の指導があるせいか一年以上というのは稀である。しかし一ケ月の期間で数ケ年更新している例もある。いわゆる「日日協定」は例外的現象として争議時に戦術として採用される形態であるが、法にとくに有効期間の制限がない以上有効と解するほかない。

(2)　三六協定の基準に関する（協約）は三六協定ではない

時間外労働が今日の企業でほとんど常態化している事実に対応して、多くの企業では労使の間であらかじめ三六協定を締結するに際しての基準を定めている。現在、時間外拒否をめぐって係争中の東京都水道局の労使間にも「労働基準法三六条の規定に基く協定に関する協約」があり、これが三六協定そのものを意味するかどうかが法的に争われている。この協約は(1)三六協定の双方当事者、(2)時間外および休日勤務の時間および日数の最高限度、(3)時間外勤務の必要性、事前通知、(4)三六協定の期間（三ヶ月）を定めたものである（有効期間一年）。この協約は時間外労働の限度について男女別に明示しているので、実質的には三六協定の内容を表示している（実際上三六協定が結ばれる時も表現は同一である）ように見えるが、これを三六協定そのものというには規則一六条を余程緩るやかに解釈しないかぎり、同条の所定条項をすべて充たしているとはいえないであろう。また、この協約で組合側協定当事者は各支所の組合支部長としているのに、協約は水道局長と東水労の間に締結されているのだから、この点からも三六協定そのものとみなすことはできない[1]。

以上の理は、わが国の労使の間で通常、みられるすべての事項にわたるいわゆる綜合（または一括）協定たる労働協約の場合についても当てはまるであろう。総合協約の中に、時間外または休日労働について具体的規定をもつものはむしろまれであるが、中には、組合員一人当りの時間外（休日）労働の日間、月間、または年間の最高時間または日数を明示しているものがある。さらに、さきに見たように、規則一六条の時間外労働をさせる必要のある「具体的事由」や「業務の種類」が、現在監督署が受理している程度の抽象的表現で足りるものとする限り、その程度の規定を協約に含む場合は必ずしも少くない。ただし「労働者の数」まで記載したものは見たことがない。では、このような協約は三六協定を含むものとして三六協定に代るものとして扱ってよいであろうか。私はやはり否定すべきものと考える。三六協定は包括的協定でなく、具体的理由に基いてできるだけ特定労働者の時間外勤務を規制する趣旨の制限協定であるべきだからである。「労働者の数」はそれを具体化する重要項目であり、「全組合員」というような推論は許されないと思う。規則一六条をすべて充たす協約があれば、もちろんそれは三六協定を兼ねたものとみなすことができるが、通常、二年とか三年の長期協定である労働協約に、三六協定のような臨時的性格の規定を具体化して含ませるのは技術的にかなり難かしい。おそらくこのことが三六協定を兼ねた綜合協約がほとんど存在しない理由だと思われる。

(3)　三六協定の対象となる「時間外」「休日」労働

三六協定を必要とする時間外労働とは、法三二条に定める実働八時間（例外の場合を除く）以上の労働であり、休日労働は法三五条の週休日の労働であることはいうまでもない。様式九号にいう「八時間を超える延長時間」とは実働八時間以上の意である。いわゆる「手待時間」として休憩時間とは別に労働者を待機させている時間が時間外労働に含まれるかどうかが問題となっている。使用者の指揮、監督に服している時間であれば、原則として労働時間とみるべきである。トラック運転手が積荷の間、待機休息している時、運転交替者が助手席に乗車している時間などこれに入る。手待時間が常態として生ずる業務には監視・断続労働の特例（基四一条）があることも考慮にいれるべきである。

(4)　規則一六条所定外の条項

三六協定の必要協定事項は規則一六条に定められるが、それ以外の事項を協定で定めうるかどうかについては法に何の定めもない。しかし、同条が所定以外の事項を協定することを禁じたと解することはできない（同旨例規二八・七・一四基収二八四三号）。必要協定事項は違法な時間外労働を例外的に認めるに際してワクとしての協定事項をできるかぎり具体化するために最小限必要な事項を列挙したものに過ぎないとみるべきだからである。(2)　げんに、三六協定のこの趣旨を生かすべくN公社労組が公社と締結している協定は、「用語の定義」、「従業員の範囲」、「時間外（休日）労働をさせうる場合」、「事前通知」、「時間外労働の制限時間」、「女子の休日労働」、「男子の休日労働の制限」、「代休処理」、「割増賃金」、「休憩時間（時間外、休日労働の場合）」等を定め、有効期間を一ヶ月としながら、「有効期間中でも、社又は組合の一方から相手方に書面をもって解約の申し出をした場合には、その時から四八時間の時間をおいて解約することができる」として有効期間中の協定解約を協定している。このような規定を当事者の意思に反して無効と考える必要があるだろうか。前掲例規は破棄条項のある三六協定を有効で受理すべきだとしている。

協定の中に「自動延長」や「自動更新」の規定を含むことも差支えないとみるべきであるが（規則一七条二項、例規昭二九・六・二九基発三五五）、立法論として問題のあること、さきに指摘したとおりである。

（1）本件は残業拒否を指令した組合幹部が懲戒解雇されたものであり、都労委命令（昭三九・九・八）、中労委命令（昭四〇・一二・二七）（申立棄却）と裁判所の判決（請求容認、東京地判昭四〇・一二・二七）が正面から対立した点でも注目される事件である。三六協定とこれに基づく就労義務の存否の点では命令、判決ともにこれを否定している。判旨を正当と考える。

（2）協定の効力を組合員に限るという条項は実例はあまり見ないが、強行法規としての労基法三六条に違反するものとしてその条項を無効とみるべきであろう。

五　三六協定と就労

三六協定が有効に締結され、届出をされると、使用者は、協定の範囲内で当該事業場の全労働者に時間外労働をさせても法三二条違反の責を免れる。しかしながら、法三六条が協定にそのような法的効力を与えたことと、個々の労働者がその時間について就労義務を負うかどうかの問題は一応、別個のことである。労使間の協定の効力と就労関係とはまた別の観点から検討されねばならない。

(1) 三六協定と就労義務

多くの学説が説くように、三六協定は使用者に法三二条に反して時間外労働をさせても同法違反の刑事責任を生じないという公法的効果をもつにすぎない。協定を締結したことから直ちに当該事業場の労働者が私法上、時間外に就労する義務が生ずるわけはない。しかし逆に、このことから労働者には常に時間外就労の義務が絶対的に生じないと結論することもできない。協定の締結と個々の労働者の就労関係とは法的には直接結節しないが両者は労働協約または就業規則（場合によっては労働契約）を媒介として関連するのである。そしてこの媒介のしかたは労使関係の実情に応じてさまざまな形態をとるが、ほぼ次のような類型に分けて考えることができるであろう。

(イ) 事業場の就業規則に時間外（休日）休日勤務の規定があり、これに基き三六協定を締結したうえ、使用者が就労を命じた場合

多くの就業規則は時間外（休日）労働を予定して「従業員を（所定の手続を経て）時間外（休日）勤務させることがある」旨の規定を設けている。就業規則の規定が直ちに個々の労働契約の内容となるものではないが、その就業規則のもとで従業員が一定期間異議なく就労したという事実は、一応、それが労働契約の内容をなしていることを推定せしめる。しかし「時間外勤務させることがある」旨の約定では、いかなる内容の時間外労働にも服する包括的承諾をしたことにはならず、協定をまってはじめて具体化される。具体化された以上、企業の服務規律上、就労の義務が生じ、正当な理由なくしてこれに応じないことは規律違反となる。

(ロ) 就業規則はあるが時間外勤務について明文の規定がなく、三六協定によって時間外勤務を命じた場合

就業規則に通常の勤務時間の規定しかなく、時間外（休日）勤務について規定がないが、三六協定が締結され、その結果使用者が時間外就労を命じた場合には、(イ)の場合と違って労働者はあらかじめ時間外就労すべきことを知らされていないし、応諾してもいないわけである。前述のように、協定は就労を義務づけるものではないから、

この場合、協定の結果としての就労命令は少くとも個々の労働者にとっては新たな労働契約締結の申し入れであり、そうである以上、拒否の自由があり、拒否したからといって就業規則の服務規律に違反しているわけではない。就業規則上、服務は時間外労働を予定していないからである。しかし就労命令に対してとくに反対の意思を表明することなく就労することは、一応、協定に定める範囲の時間外就労に応ずる労働契約の締結に応じたものとみなくてはならない。従って、その後の理由なき就労拒否は「ゆえなく使用者の指揮命令に応じない」服務規律違反に問われるおそれがある。

(ハ)　事業場に就業規則がなく、時間外協定によって時間外勤務を命じた場合

法八九条の適用を受けない従業員十人以下の企業、または適用を受ける使用者が敢て就業規則を作成していない場合である。(ロ)に準じて考えるべきであるが、就業規則が存在しない以上、有形的な服務規律もまた存在しないとみねばならない。

(ニ)　労働協約が存在し、その中に時間外労働に関する一般的規定が含まれ、これに基づき時間外協定が締結された場合

組合があり、使用者との間にいわゆる総合的労働協約が締結され、その一約款として「必要やむを得ない場合、所定の手続を経て組合員に時間外（休日）労働をさせることがある」旨定められており、これにもとづいて三六協定が締結されて使用者が時間外労働を命じた場合である。協約の右約款だけでは、組合員はもとより従業員に対しいかなる時間外労働をも義務づけることはできない。しかし、三六協定が締結されると、右約款は協定内容によって基準を与えられるから、協約のいわゆる規範的部分に入ってくるのであり、そこで各組合員の労働契約の内容となると考えられる。この場合、三六協定そのものが協約に転化したのではなく、協定の内容によって協約の約款が具体化したのである。就労の義務は協約からくるのではなく、協約を通して労働契約となった各人の契約義務から生ずる。その場合、理由なき違反は、就業規則の服務規律に抵触することになるだろう。ただし、

それをさらに協約でしばっていれば、服務規律違反の発動は制約されるこというまでもない。

しかし協約の適用を受けるのはその組合員だけであるから、労組法一七条の要件を充たして協約の拡張適用を受ける者以外の従業員については右の原理はあてはまらない。しかもなお、過半数組合員以外の少数組合員も三六協定の適用を受ける。それでは、これらの者の就労義務はいかなる法的関係から生ずるべきであろうか。結局、これらの者については(イ)または(ロ)の就業規則のケースとして考えるほかないであろう。

(ホ)　協約に時間外労働についての一般的規定を欠く場合

協約に(ニ)の場合と違って「時間外（休日）労働をさせる」旨の規定を全く欠いている場合、三六協定が締結されるというのは理論的には一の背理である。というのは、協約で労働時間についての定めをすることは、最低の労働条件のとりきめとしてそれ以下の条件で就労しないことを労使が合意したことに外ならない。これに反して組合が時間外協定を結ぶことは、協約を実質上部分的に変更することを意味する。しかし、現実にはそういう現象が起るのであるから、その場合の就労義務の根拠を検討せざるを得ない。この場合は、次の(ヘ)の場合と同じく、協約と協定はそれぞれ独立したものとしてみるべきだと考える。次項で扱うことにする。

(ヘ)　労使間に協約が締結されていないで、時間外協定が結ばれた場合

(ハ)(ホ)と違って総合的協約がなく、従って平常は時間外（休日）労働をするかどうかについて労使間に何らの合意もない場合に、三六協定が締結され、労働者に就労を命じた場合である。三六協定は「労働協約」なりや否やの議論が展開されるのはおおむねこの場合とみてよいであろう。すなわち、この場合、三六協定が形式上、労組法一四条の定める両当時者の署名と書面作成の要件を充たしていれば、それは直ちに労組法上の「労働協約」となるのであろうか。この点についての法の規定は、労基法施行規則一六条二項が有効期間の定をする場合の例外として「労働協約による場合」と規定しているに過ぎない。ところで労組法一四条の方は労使間の合意が「書面に作成し、両当事者が署名、又は記名押印することによって」これに労働協約としての効力が発生するとしてい

るので、この両規定をそのまま連結させると、後者の要件を備えた合意は常に「労働協約」であり、三六協定もその例外でなく、常に労組法上の労働協約として労組法の適用を受けるという最も広い解釈が成立する。逆に最も狭い解釈は、規則一六条の「労働協約」とは、労組法一四条の「労働協約の形式による場合」[2]あるいは「協定当事者が労働組合である場合にはという程の[3]」意として両者は相互に全く関係のないものとみるようである。

前者の考えかたは、法が同じく「労働協約」なる文言を使用している場合の形式的統一性の観点から一貫した解釈を見出しうるかもしれないが、その帰結として三六協定が、ほんらい違法な時間外労働をやむを得ない業務上の都合によって例外的に許容するためのワクを定める合意であり、従って、その期間は当事者の自由な合意によるべきものであるにもかかわらず、「期間の定めのない」協定が労組法一五条四項の適用を受けて三ヶ月の予告を要することになるのはいかにも不合理である。しかし他方、三六協定がほんらい違法な時間外労働を例外的に許容する使用者の刑事免責的効果をもつに過ぎず、個々の労働者に「違法な」時間外労働を義務づけえないことを強調するあまり、三六協定に協約としての効果を全く否定し去ってしまうのはどうであろうか[4]。この立場は、三六協定が当事者間の合意で「労働協約」として締結される場合にはこれをどう説明づけるのであろうか。例こそすくないが、三六協定が総合「労働協約」にそのままとりいれられる場合も考えうるし、㈡のように協約に時間外労働の一般的規定があって、その細則として時間外協定が締結されることは実際上もきわめて多いという事実を無視することはできないのである。

私は、三六協定が「労働協約」としての効力をもつかどうかは、これをもっぱら当事者の意思にかからわしめるべきであると考える。すなわち、当事者間に、これを労組法上の労働協約の一つとして締結する意思が認められるかぎり、労組法上の効果を附与することは差支えなく、逆に当事者とくに組合側が単なる時間外のワクを定めたに過ぎない意思であれば労働協約としての効果は否定される。いずれか判明しない場合は（訴訟にもちこまれるであろうから）、当事者の意思、締結の状況、協定の内容、期間等から裁判所が認定することになるであろう。

要するに、三六協定は労働協約たりうる場合も、そうでない場合もあるのであり、いずれか一方でなければならない必然性はない。労組法一四条は、形式的要件の備わった合意は常にすべて協約でなければならない、といっているのではない。そのうちで当事者が労働協約として成立させようという合意のあるものに協約としての効果が与えられるのである。

三六協定を労働協約と解する場合には、有効期間および平和義務について確かに組合側に不利に作用するであろう。しかし、組合側はそのような協定を結ぶ義務はないのであるし、また協定締結に当りこれにどのような制約的条件を附しても原則として有効なのである。むしろ、やむを得ない時間外労働を最大限にセーブすることが組合の組合員に対する義務のはずである。三六協定は、組合員による大衆討議と団体交渉を経て締結さるべきものである。このことを前提としてなお「労働協約」として締結された合意に協約としての効力を与えてはいけないという理由はないと思う。ただし、三六協定が協約として締結されても、そこから直ちに個々の労働者の就労義務が派生するわけではない。協定した後の就労は労働契約を通して具体化されるからである。三六協定が協約の場合は、協約の「協定の時間外労働をさせる」旨の合意が労働契約の内容となるのに対し、協約でない三六協定の場合は、「時間外勤務をさせる」旨の就業規則の定め、あるいは就労業務命令が労働契約の内容となるという差異はあるが、いずれにしても協定→労働契約→就労という点では変りがないのである。

以上に私は、労働協約に「時間外労働をさせることがある」旨の約款が個々の労働者に就労を義務づけるように説いたが、この約款はそれだけでは個々の契約内容となるものではなく、具体的な三六協定と届出という一種の解除条件の成就をもって発効し、かつ協定の範囲内で契約内容となると解さなければならない。従来、協定なくして行われた時間外労働の慣行がこの約款を通じて労働契約の内容化したり、信義則に転化するとはとうてい考えられない。

(2) 協定の破棄申入れ

三六協定の当事者の一方が、協定の有効期間中破棄の申入れをした場合、一つの問題である。さきに述べたように、協定中に有効期間にかかわらず一方の通告をもって解約しうる旨を合意した場合に、これにもとづく破棄申入れが有効であり、その時から協定が消滅することはいうまでもない。このような合意がない場合に、一方的破棄申入れは効力を生ずるであろうか。三六協定がもともと違法な時間外労働に免責を与えるに過ぎないことを根拠として常に一方的破棄が可能だと考えるわけにはいかない。もともと違法な時間外労働でも、有効な協定を通じてその範囲では適法な労働となるからである。協定だけからは個々の労働者に就労義務は生じないが、すでに協定によって就労している以上、各労働者は労働契約によって就労しているのであるから、その契約に反することなく破棄の自由をもつと考えることはできない。結局、有効期間の定めがある場合は、何らかの正当事由と認むべき理由のないかぎり一方的破棄は相手方との関係でも、また三六条の要件としても効力を発しないとみるべきであろう。

以上は協定の破棄申入れが平常時に行われる場合を前提としている。これに反して、組合が争議行為として時間外労働の就労を拒否した場合には、(5) その労務不提供は組合の統制と指令のもとに行われるかぎり一種の時限ストであり、その結果として協定が破棄されたに過ぎない。しかし、それが労働協約で定める平和義務に違反するかどうかは、協約の定めかたいかんによる。すなわち、さきに述べたように、協約と三六協定が原則と細則の関係で一体化しているような場合には、時間外不就労ストにも平和義務がかかってくると解される。この点、組合は協約の定めかたに意を用うべきである。もっとも、争議の目的が超過労働の長さや割増賃金についての交渉にある場合は平和義務は及ばない。(6) 協約と無関係に締結された三六協定それ自体には、とくにその定めがない限り労働協約としての平和義務は存在しないと考える。

(3) 締結拒否と争議行為

三六協定が締結されていない場合、または既存の協定の期間が満了して失効した場合に、新たに三六協定を締結するか否かは、全く当事者の自由であり、従来、協定なしに時間外労働が行なわれてきたとか、更新の慣行があったことは、この協定の自由を何ら束縛するものではない。

三六協定の締結(または更新)拒否が争議行為に該当するかどうかが問題となるのは、争議行為につき制限または禁止法規(官公労働者の場合など)があるか、または協約の平和義務、平和条項によって争議行為が制約されている場合に、ほんらい適法でない時間外労働を拒否するという一種の遵法闘争として使用される場合である。この種の行為を法律上、「争議行為」とみるべきかどうかについて否定、肯定種々の見解がある。(7) 否定説は時間外労働というほんらい「非正常な」状態はいかに慣行化しても法律上「正常な」ものとなりえないとするのに対し、肯定説は、非正常なことが日常的に行われることによって正常化されるとする。争議行為とは、「業務の正常な運営を阻害」することであるから、時間外労働の正常性と業務の正常状態との関連が論点となるのである。私見によれば、時間外労働は、単なる慣行によって常に正常または適法になるものではないが、さりとて、労基法三二条に反するゆえをもって常に非正常とみなされるべきものでもない。それは三六協定の存在と協約、就業規則等を通じての労働契約の内容化によって時限法的に正常化されるのである。この前提を欠くかぎり時間外労働は存在しないのであり、従って労務提供の義務が存在しないところに「争議行為」もまた存在しない、と考える。

(1) 使用者が免責を受けるのは協定所定の時間外労働についてである。それをこえる時間についてはたとえ六一条の制限内でも三二条違反となる。六一条が成年女子について一日二時間……の定めを設けたのは、この制限内の時間外労働については協定を要しないとか、これに反してよいとする趣旨(甲陽ゴム工業会社刑事事件についての西宮簡裁判決—四一・八)ではなく、協定がなされても右制限時間以上は違法とする趣旨である。一審を破棄した大阪高裁判決—四二・二が正当である。

（2）　吾妻（蓼沼）『註解労働基準法』三八〇頁、吾妻『労基法』一八一頁。

（3）　基準局『労基法（上）』五六〇頁。その外協定が労働協約たることを全面的に否定するものとして青木「時間外労働協定」労働法二六号。

（4）　多くの学説はそれぞれ理由とするところは異なるが、協定が部分的に協約としての機能を果すことを認める。沼田『労働法論上』三七七頁、林「労基法上の協定と労働協約」後藤教授還暦論文集。木村「時間外労働協定に関する問題」大阪大学法学部創立十週年記念論文集。三浦「労基法における過半数労働者の代表者の行う協定」横浜大学論叢九巻四号、西村他『労働基準法論』一八六頁。石井『労働法概論中巻ノ一』三〇八頁、松岡『条解上』四四二頁、佐藤昭夫「労基法三六条協定と争議行為」労働法大系三巻一五六頁、山本吉人「三六協定と残業拒否闘争」野村教授還暦記念論文集、有泉『基準法』三三七頁。

（5）　三六協定の有効期間中、組合の指令にもとづき時間外拒否が行われた場合、これを争議行為にあたると解する説（松岡『条解労働基準法上』四四五頁、片岡「遵法闘争」労法旬三五九号八頁、野村『労働法ノート』七七頁など）と三六協定は労使間に争議状態の存在しないことを前提としているから、争議状態では三六協定が効力を有する前提を欠くものとして平和義務の適用なしとする否定説（沼田・討論労働法二五号）がある。

（6）　有泉『基準法』三三七頁。

（7）　否定説として松岡・前掲書四四頁、片岡・前掲書、沼田・前掲書、肯定説として三藤「順法闘争について」『不当労働行為の諸問題』二四七頁、石井『労働法』一二〇頁。その他、協定拒否がもっぱら他の争議目的のための手段として利用されたかどうかをメルクマールとする説として『註解労働基準法』三九二頁、有泉・前掲書三三八頁。吾妻（蓼沼）。判例として前掲東水労事件の判旨は影響が大きいと思われる。

六　補足——三六協定と印紙貼付の義務——

三六協定は印紙税法の適用を受けて印紙を貼付する必要があるかどうかが問題となっている。印紙税の納税義務者は「財産権ノ創設、移転、変更若ハ消滅ヲ証明スヘキ証書ヲ作成スル者」（印紙税法第一条）となっており、三六協定が、労使当事者の合意を通じて労働者に超過労働をさせることにより、一種の財産権（就労関係にもとづく債権、債務）の創設または移転を生じさせるものと考えるかぎり同法の適用を受けるという解釈が生れる。同法一条の「財産権」を右のように広義に解する立場からすれば、労働契約書はもとより、労働協約書その他労使間の協定書はすべてこれに含まれることになる。さらに同法第五条は課税除外証書として二五件を挙げているが、三六協定はその何れにも該当しないから、この面からみるかぎり同法による印紙税の貼付を免れないようにみえる。しかしながら、同法による印紙税の税率を具体的に定めた第四条一項所定の三四項目中、三六協定はその何れに該当するとみるべきであろうか。「委任状」（第七号）、「定款又ハ組合契約書」（第二六号）、「権利ノ変更ニ関スル証書」（第二七号）、「追認又ハ承認ニ関スル証書」（第二八号）の何れかに該当するように見えるが、三六協定の性格からみて正確には右のどれにも該当しないともいえる。げんに国税庁はそのように解したうえ、やむを得ず同条の「前各号以外ノ証書」（第三一号）に該当する（税率は一〇円となる）ものとしている。(1)

しかし、私見によれば右の考えかたはきわめて形式的であるように思われる。印紙税は、ほんらい、権利の得喪の直接当事者間の証書に印紙貼布によりある程度の公証力をもたせることの代償としての課税なのであり、労使間の集団的合意（協約や協定）のごときは（そこに委任や代理さえ伴わないのだから）右の意味での直接当事者間の証書とはいえない。また、さらに重要なことは、すでに述べてきたように、三六協定はそれによって使用者が労働者に直接就労を義務づけることのできる、従ってその約定から直ちに権利の得喪や賃金債権債務関係が発生するものではない。それは、第一次的には、使用者に刑事上の免責を与えるための公法上の手続に過ぎない。(2)とすれば、行政官庁に対する公法上の手続文書が印紙税の課税対象となると考えるのはおかしなことといわねばなるまい。私は以上の諸点から、三六協定に印紙税法を適用すべきではないと考える。

（1）この問題は国税庁の指導監督下にある。同庁は各地方国税局長宛通達（昭三〇・一〇・八間消一―一一六号）により、三六協定への印紙貼付義務を督励している。基準局は右国税庁の見解に必ずしも賛同していないようで、各監督署の判断に一任しているのが現状のようである。

(2)　げんにある監督署では三六協定そのものでなく、協定の届書に印紙を貼付するよう指導しているという。印紙を貼付しないため罰金を課せられた使用者もある。

〔季刊労働法六三号、一九六五年〕

2　年次休暇と争議行為

一　問題の所在

年次有給休暇は労基法三九条に基づき労働者に与えられたものであり、争議行為は労働者が一定の目的を達成するために労働組合を通じて行なう業務運営の阻害行為である。従って、休息権としての労働者の年次休暇権と集団的な免責権を中心とする争議権とは、実定法規や権利の体系からしても、またそれぞれが意図する目的からみても、通常は相互に関係のない制度であることは明らかである。ところが、年次休暇が、争議行為遂行のための手段として、すなわち、事情によって表向きには実行することのできない争議行為を実質的に行なうべく計画的かつ同時期に、集団的に請求ないし行使されることがある。これがいわゆる「一せい休暇闘争」（以下単に休暇闘争という）である。そこでは休暇と争議の問題が重複して生ずることになる。年次休暇と争議が重複するのは必ずしも休暇闘争の場合に限らず、ある労働者が通常の年次休暇としてすでに確定した日がたまたま組合の計画した争議日に重なる場合にも生ずる。この場合にも理論上は多少の問題はあるが、使用者が当該労働者にどちらを選択するか意思の確認をすることで解決する。ところが、休暇闘争にあっては個々の労働者が争議行為として就労しない旨を明示せず、むしろこれを秘匿してあくまで休暇の行使として請求するが、その実体は争議行為であるところに特別の問題を生ずる。労働者が年次休暇の請求という形をとると、労基法三九条に即して考える限り、同条が年次休暇請求の目的や使途について文言上は何らの制約を設けていない以上、使用者は同条三項に基づくいわゆる時季変更権の行使（拒否ではない）をする以外にこれを拒否しえないことになる。そこで、休暇闘争が実行されると、その日の不就労は年次有給休暇の行使であると同時に、同盟罷業という使用者に対する対抗手段としての就労拒否の意味をもつことになる。そこで、使用者側が、年次休暇の請求が実質的な争議行為であることを理由に年次休暇の請求を拒否し、あるいはとられた休暇を休暇と認めない措置（欠勤＝賃金カットとして扱うとか、違法争議行為としての懲戒処分をなすなど）に出た場合、それが年次休暇の不当な拒否となるかどうかが問題となる。

年次休暇と争議行為の問題はかくして「休暇闘争」という運動を通じて、労働法の理論上、また実践的にも困難な問題を提起しているのである。

適法な権利の行使かそれとも実力行使としての争議行為かの問題はいわゆる「順法闘争」における共通の問題である。「休暇闘争」も「順法闘争」の一形態に外ならないが、争議行為のために有給休暇を利用する（ある意味では犠牲にする）「休暇闘争」なるものはわが国独自のものであり、労働法上このような問題がこのような形で裁判上争われる例は外国では全くないといってよい。これには年次休暇の分割行使が可能で、しかも一般的にその消化率が低く休暇闘争に休暇を行使する「余裕」があることがこの戦術を可能にしているのであるが、何といっても、争議権がなく、業務阻害の有効なプロテストとしては休暇闘争以外に手段のない官公労働者が大幅にこれを採用したことがこの問題をクローズアップさせたものである。争議権の認められている民間労働者についても若干の事例はあるが、休暇闘争の判例は主として官公労働関係である。

二　判例理論の推移

休暇闘争の問題を扱うについて判決は結論として当該の不就労を年次休暇の行使とみなすか、それともこれを争議行為と目するか、いずれか一方をとる外はない。年次有給休暇と争議とが少なくとも社会的（企業的といったほうが適切かもしれない）には相矛盾する概念である以上、また係争当事者の主張が全く対立する以上、いずれかに結着をつけざるを得ないのである。そして、後者になる（実際は争議行為と認定したものがほとんどである）と結着をつけた以上は、理論上はその行為（争議行為）に伴う責任を肯定せざるを得ないことになるが、実際には多くの判例は休暇闘争が「争議行為」であることを認定しながら、必ずしも違法な争議行為としての刑事または民事責任を肯定していないのである。そこに、官公労働者の争議行為の禁止をめぐる複雑な問題がからんでいるのを見ることができる。

判例理論は休暇闘争の法的判断に際して、労基法上の年次休暇（またはその請求権）の法的性格いかんという形で問題を提起する（ものが多い）。これは年次休暇をめぐる主要な学説上の論点でもあるが、判例に登場してくるのは戦後もそれほど古いことではない。わが国で年次有給休暇制度が確立したのは昭和二三年の労基法の制定によるものである（官公労働者にも適用）が、その時以来約一〇年ぐらいは年次休暇の法的性格を論じた判例はほとんどなかった。学説上も当初はそれほど深い意味でなく、労基法に基づく請求権と説明されていたに過ぎない。しかし、わが国の労使関係の実態では年次休暇の消化率は必ずしも高くなく、加えて使用者が休暇請求の手続を煩瑣にしたり、休暇の使途を問題にしたりすると、労働者に年次休暇の請求権があるといっても権利の行使の力づけには物足りない、というので、学説上、休暇の法的性質論議が起こり、請求権説を批判するものとして形成権説が唱えられるようになった。これは、昭和三二年秋の労働法学会で後藤清教授が提唱された（続いてジュリスト一四八号＝昭和三三・二・一五に詳細が発表された。これによると教授は西ドイツのモリトール教授の所説に示唆を得られたようである）たのがその皮切りで、学説でこの立場に賛するものも多かった（詳細は労働法大系第五巻および新労働法講座第七巻所収論文参照）。そして学界のこの動きが判例理論に敏感に反映したのである。

判例法上最初に年次休暇権の法的性格を正面から論じたのは民間企業の事件で虚偽の理由に基づく年次休暇の行使が懲戒事由となるかどうかが争われた東亜紡織事件の判決（大阪地裁昭和三三・四・一〇労民集九巻二号二〇七頁）である。これは「休暇闘争」の事件ではないが、判旨は「所謂年次有給休暇請求権はその始期と終期の決定を労働者に委ねる形成権と解するのが相当である」といって、請求権説を却け、形成権説の立場を宣明した。この事件では、まだ訴訟当事者の間で請求権か形成権かが正面切って主張されていない（訴訟記録上はそうである）ところからみると、裁判所は、労働者が年次休暇の請求に当たってこれを必要とする事由の具申を要しない、との結論を導くために、特に右のような権利の性格論を打ち出したとみてよいであろう。判旨が請求権説を却ける理由としては、「之を単に請求権と解するときは使用者が……休暇の申出を承認乃至許可しない場合は……労働者は使用者に対し労務提供義務を制限せしめる不作為請求訴訟を提起せざるを得ない結果となり最低の労働条件として労働力の維持培養を目的とした制度の実効を期し得ないこととなるから」と説かれている（では形成権説をとるならば、その場合どうなるかについては判例は何も言っていない）。

判旨の当否はともかく、裁判所が年次休暇の法的性格論に立ち入って形成権説を主張せざるを得なかったのは、当時のいわゆる請求権説が、労働者の休暇請求に対する使用者の許可ないし承認を当然に前提としているかのように解されていた（この点明示するものもあるが同説をとる者が必ずしもそう解しているわけではない）ことによるものと思われる。

この判決が出た当時、官公労働運動はようやく休暇闘争戦術に本格的にとり組みはじめており、特に日教組はいわゆる勤務評定反対闘争にこの戦術をもって立ち向かう方針を立て、これに応じて各県教組が何割かの休暇闘争を実施した。これらの休暇闘争はその方式において必ずしも一様ではなかったが、当局側はこれを地方公務員法（三七条一項）で禁止される「争議行為」に該当するものとして、責任者の起訴、懲戒処分を行ない、これらの事件が昭和三七年以降判決に登場してくるのである。また、国家公務員や公企体でも同様のケースが現われる。

官公労関係の休暇闘争に関する判決は本格的なものとしては、ほぼ都教組（刑事）事件に対する東京地裁の判決（昭和三七・四・一八判時三〇四号四頁）にはじまるとみてよい。以後、和教組（刑事）事件大阪高裁の判決（昭和四三・三・二九判時五二一号一二頁）の頃までにおよそ十数件の判決が出ている。これらの判決には、年次休暇の法的性質についての諸説のいずれかを採ることを明示しているものと、これに言及するが、いずれとも立場を明示していないものとある。年次休暇の法的性質について言及した判例の立場はほぼ次の四つに分けることができる。

(1)　請求権説

直接「請求権説」に立つと明言するものは見当たらないが、福教組事件福岡地裁判決（昭和三七・一二・二一判時三三四号二頁）が「特殊の請求権と解する」として、「労基法は使用者側における休暇を与える行為即ちその承認と相俟つて有給休暇権が発効すると為す立場をとつている」とみて、形成権説を却けているので一応請求権説を代表する判旨とみてよいであろう。判例の請求権説の帰結は明らかで、休暇の行使には使用者の承認を要するというのであるから、「各校長が一斉に出された本件有給休暇請求に対し休暇を与えることを承認せず且つ業務命令を出すことは、固より正当な措置」であり、「有給休暇請求権の拠つて立つ基盤関係から全く離脱し、使用者側に留保されている労働力管理権をも排除して一斉に休むという本件一斉休暇は、もはやその実態において労基法第三十九条に規定する有給休暇の範疇に属しない……裸の事実行為として、他の面からの法的評価にさらされ」ることになる。事実上、この立場を踏襲する判例は多いが、請求権説にその根拠を求めるものは少ない。

(2) 形成権説

年次休暇の法的性格についてこれを形成権あるいは形成権的性格のものと論ずる判決は比較的多い。大教組事件大阪地裁(昭和三九・三・三〇判時三八五号三二頁)、国鉄郡山工場事件仙台地裁(昭和三九・一二・一一労民集一五巻六号一二五八頁)、林野庁白石営林署事件仙台地裁(昭和四〇・二・二二労民集一六巻一号一三四頁)、京教組事件京都地裁(昭和四三・二・二二判時五二〇号一八頁)の諸判決がその例である。

右の諸判決がいう「形成権」の意味は、大体、労基法三九条三項の解釈論として、有給休暇は使用者の承認をまたず請求によって効力を生ずるという意味において捉えられている。裁判官の目には、年次休暇の法的性格をめぐる見解の対立は休暇に使用者の承諾を要するか否かの論議として映っていたようである。これはそのこと自体は別に誤っているわけではないし、また係争当事者がその点を主たる争点として主張している以上、判決もこれに応えたものといえばそれまでの話であるが、学説上の論争はもう少しキメが細かい。

ところで、形成権説がいうように、休暇の請求が時季変更権の行使以外には使用者の承認の有無を問題にしえないとすれば、一斉「休暇闘争」における休暇の請求もまた時季変更権によるチェック以外には形成的な効力として自動的に休暇を成立させるはずであり、それが争議行為として意図または行使されたかどうかを問われないはずである。しかし、休暇闘争を扱った判例で、年次休暇の形成的効果をそこまで拡張し、その理由だけで「争議行為性」を否定し去ったものは見当たらない(白石営林署事件上記地裁判旨は休暇をとって他所の争議行為的団体交渉に参加したケースであって、純粋な意味の休暇闘争ではない)。形成権説をとる判例も、むしろ、休暇闘争が争議行為としての側面をもつことを肯定し、そしてそのゆえに有給休暇の行使としての効果を消去する理論を展開している。例えば、前掲大教組事件大阪地裁判旨は、闘争前日の午後に集中して出されたような休暇届は学校側が時季変更権を適切に行使するに十分な時期を予定してなしたものと認められないから、有給休暇権の濫用であって、同盟罷業としての実態を有するものと評価すべきである、とし、前掲国鉄郡山工場事件仙台地裁判旨も、年次休暇は、使用者が労働者の労働力を支配するという作業体制を前提とし、そのわくの中で認められたものであるから、作業体制を一時的にこわすことを本質とする争議行為とは本質的に相容れない、と論ずる。前掲京教組事件京都地裁判旨も、年次休暇と争議行為とは「別個の法体系に属する」から、「労働者が休暇を請求した場合、たとえ、その実体において争議行為を目的とするものであり、かつ、一斉に集団的に休暇を請求し、それを実施することが業務の正常な運営を阻害し、社会的事実として争議行為と評価されるような場合でも、それが労基法に基く正当な権利行使としてなされるものであるかぎり争議行為として評価しえない」とし、年次有給休暇請求権は「形成権的性格を有し、使用者は、その利用目的の如何を理由に、休暇権の行使を拒否することはできない」、という大上段の議論を展開しているにもかかわらず、結局、本件の休暇闘争では休暇届が事前に十分な余裕を置いて提出されなかったという理由で「法律上正当な年次有給休暇請求権の行使として評価しえず、かえつて同盟罷業に該当する」と結論している。確かに、年次有給休暇の請求は、使用者に一応、時季変更権が与えられている以上、使用者が休暇による労働力不足と事業運営上の要請をマッチさせるのに合理的に必要な時間的余裕を置くべきものであるが、わが国の企業におけるコマギレ有給休暇の手続は一般にそれほど厳格に行なわれてもいないし、この点は官公署においても例外でないこと顕著な事実であるから、判決が請求の余裕のなさを唯一の理由にして年次休暇を急転直下争議行為に転化させる論理は甚だ説得力を欠くといわねばならない。休暇と争議行為は使用者の労働力管理の有無という点で本質的に相容れない、とする見解をもち出す判決に至っては、「年次有給休暇請求権が、労働者の請求のみによつて効力を発生する形成権であるか、使用者の承認を要する請求権であるかということを論ずるまでもなく」最初から、労使間の正常な作業体制を前提とする有給休暇と、これを一時的に破壊することを目的とする争議行為とは、本質的に相容れない性質のものと断定する諸判決（都教組事件東京地裁昭和三七・四・一八判時三〇四号四頁、佐教組事件佐賀地裁昭和三七・八・二七判時三一〇号六頁、和教組事件和歌山地裁昭和三八・一〇・二五下級刑集五巻一〇号八六頁、同大阪高裁昭和四三・三・二九判時五二一号一二頁など）と結局大差ないといえるであろう。

⑶　時季指定権説

群教組事件前橋地裁判決（昭和四二・七・二六旬報別冊六四五号五頁）の考えかたがこれに属する。同判旨は「労働者の年次有給休暇請求権の性質は、労働者が当然に有する一定日数の有給休暇（就労義務免除）について、その時季を指定（特定）する権利であると解するのが相当」といっている。そしてこの説をとる結論として「労働者が有給休暇を請求した場合は、使用者が時季変更権を行使しないかぎり就労義務免除の効果が当然に生じ、また休暇の使途は労働者の自由であつて、その使途如何によつて変更権を行使することは許されない」、ことになる。それでは休暇闘争における争議行為性との関係はどうなるかといえば、判旨は、やはり形成権説の諸判決と同様、「しかし、年次休暇は、業務の正常な運営を阻止しない範囲内で与えられるものであるから、休暇の請求が、明らかに争議目的のもとになされたものと確認されるかぎり、使用者はその効果を否定することができる」として、群教組の全一日の休暇闘争を争議行為と認める結論となっている。

⑷　種類債権説

白石営林署事件仙台高裁判決（昭和四一・五・一八高裁民集一九巻三号二七〇頁）がこの立場をとる。同判旨は、労働者は労基法三九条一・二項の要件を充たすことによって、当然一定日数の労働義務を免除され、その日数の就労から解放されるという一種の種類債権を取得するのであるから、この権利発生のために更に使用者の意思表示を必要とする余地はなく、休暇が何時とられるべきかは、三九条但書の事由とこの事由による使用者の拒否のない限り、労働者の指定によって決定され、その外に更に使用者の承認を得ることは必要でない、という。なお、同事件の事案は前に述べたとおり、それ自体が休暇闘争ではないので、判旨は「年次休暇請求権の行使と当該休暇の使用目的とは、次元を異にする別個の事項であるから、休暇使用の目的が他官署における違法な大衆交渉に参加しその闘争を支援することにあつたとしても、そのことによつて右請求権の行使は防げられない」と判示している。

右の時季指定権説と種類債権説とは、請求権説対形成権説という形での論争に対して投げかけられた批判としての学説（前者は吾妻編・註解労働基準法＝蓼沼教授担当、後者は有泉亨・労働基準法における所説）に影響を受けて、ほとんどこれを踏襲したものであることは明らかである。そして、学説がこのように判例理論にとりいれられることは、そのこと自体としては歓迎すべきことである。また、判例理論が年次有給休暇の法的性格ないし権利の性格の問題に意欲的にとり組んだこと自体も評価してよいであろう。

しかし、判例法上の請求権説に対する批判としての形成権説、時季指定権説が「休暇闘争」の法理として果たして何らかの積極的意味あいをもったかどうかといえば、その答えは否といわざるを得ない。というのは、前にみたように、年次休暇が労働者側のイニシャティブで行使される権利であり、特に使用者の承認行為を必要としないことを形成権説判例は強調しているが、その権利性が休暇闘争の争議行為性を消去するものでないことを判例自体が実証する結果となっており、結局、「一斉賜暇闘争なるものは名を休暇請求権の行使に藉りる違法の争議行為であり……いかなる事情があるにせよかかる闘争を行なうことが社会的相当行為として是認さるべきいわれはない」（京都人事委員会事件京都地判昭和三五・三・二五）というようなタカ派理論や、一斉休暇が「当局の管理意思に反して行われるものであることからみても、当局が職員の労働力を管理支配していることを前提とする休暇の概念とは本質的に相容れないもの」（和教組事件大阪高裁昭和四三・三・二九判時五二一号一二頁）とする管理支配説から直接争議行為の違法性を引き出す判旨との間に結論の差異が生じないからである。

もっとも、これには、年次休暇であることを否定し「争議行為」であると認定することは、必ずしもその争議行為が「違法」であることを意味するものではない、との反論があるかもしれない。そのことは否定できないが、結論として争議行為の責任を否定した判例の中で、その理由を年次休暇の法的性格、あるいは少なくとも年次休暇の行使であった点に求めているものは見当たらない。争議行為が必ずしも違法とされなかったのは、それが休暇闘争であったことより、むしろ、争議行為それ自体の目的や態様等を勘案した諸般の事情によるものである。

昭和四三年を境として休暇闘争に関する判例において年次休暇の法的性格に関する論議がほとんどきかれなくなった。これには、昭和四四年四月二日に出た都教組刑事事件の最高裁大法廷の判決の影響が大きいように思われる。この判決は、周知のように全逓東京中郵事件最高裁大法廷判決（昭和四一・一〇・二六）に続いて、地方公務員の争議行為についても違法性の比較的弱い場合には刑事免責がある旨判示したものであるが、注目すべきことは、同事件の高裁段階までは大きな争点の一つであった年次休暇と争議行為の関係について、大法廷判決が全く触れていないことである。同判旨は「本件の一せい休暇闘争が同盟罷業または怠業にあた」ることを、別に理由を述べることなく前提にしたうえで、直ちに、争議行為の違法性に論及、前記の結論を引き出した。このように、休暇闘争としての争議行為それ自体に正当性の余地が認められるに至れば、これまでもっぱらその「争議行為性」を否定すべく強調されていた休暇闘争の休暇権の行使としての側面が理論上生彩を失うのは当然であろう。そこで、原告側もこれを意識して積極的に主張しなかったせいか、昭和四六年に相次いで出た佐教組（民事）事件佐賀地裁判決（昭和四六・八・一〇判時六四〇号一〇頁）、都教組（民事）事件東京地裁判決（昭和四六・一〇・一五判時六四五号二九頁）はいずれも年次休暇と争議行為の関係に全く触れていない。

しかし休暇闘争の理論的問題がこれで片がついてしまったのでないことは、同年の国鉄動労入園闘争事件札幌地裁判決（昭和四六・四・二七判時六三四号一八頁）がこれを示している。同事件では休暇の請求者が組合の指示で一せいに診断書を添付するという戦術をとったが、判旨はこれを闘争の目的を秘匿した虚偽請求と認め、かかる目的の下になされた休暇請求に対しては、使用者は理由を求めることもできるし、また時季変更権を行使することなく拒否することもできる、と判示して、休暇と争議行為との関係につき新たな問題を提起している。また、右大法廷の判決以後の判例理論の動向にもかかわらず、争議行為が立法で禁止されているかぎりは、官公労働者が休暇闘争を行なうつど、行政当局との間にトラブルが生じ（休暇闘争における休暇の請求に対し行政当局がどのような対応をするかについて指針となるべきものを四・二判決は何も与えていない。同判決が休暇闘争はすべて争議行為とみるべきだといっているとは思えない）、結局、裁判所にその解決をあずけられることになるであろう。

三　判例理論は何を寄与したか

以上に見てきたように、判例法上の休暇闘争の法理は、昭和三四、五年から約一〇年にわたって展開された。その特徴を要約するならば、第一に、それがほとんど官公労の事件について展開されたこと、第二に判旨が、その中で年次休暇の法的性格いかんの問題にかなり深い関心を示したこと、第三に、にもかかわらず、右の論議は、休暇闘争の「争議行為性」の評価（消去）についてはほとんど何らの理論的機能を果たさなかったこと、第四に、休暇闘争の法理は最高裁四・二判決によって、「休暇」の問題を飛びこえて直接に争議行為の適法性の問題に収約されてしまったこと、である。

しかし、こう見ることは、この間の判例法が無駄な法理の遊戯に堕したとか、理論の発展に何らの寄与もしなかったというつもりでは決してない。多くの裁判官たちは、一方で官公労の休暇闘争が出現せざるを得ない客観的状況を認識しつつ、他方、争議行為が全面的に違法と評価されるフィーリングの下で、休暇闘争を「争議行為」と認定することの苛酷な帰結を何とか休暇の権利性にかかわらせることによって緩和したいと努力したように見える。この努力は、四・二判決の形成にも何がしかの影響を及ぼしたに違いない。また、年次休暇の法的性格の論議が判例法で深められたことは、見解こそ多岐に分かれたとはいえ、今後の実務上大いに役立つことであろう。

「休暇闘争」という、その用語自体が一つの矛盾を象徴する、きわめて特殊日本的なこの行動形態に対して二者択一の結論を下さねばならない裁判官の苦労は、何らの具体的結論も出さなくてすむ学者には理解できないかも知れない。それだけに、私は、はじめ学説上提議された休暇の法的性格論争が、たいして深みのある学問的討議を経ないうちに判例理論にとりいれられ、これに実りのない混迷を引き起こさせたことに対して学者の一人として内心忸怩たるものがある。

権利の法的性格いかんを論ずるのはドイツ法の影響を受けた日本人好みの発想であるが、およそ権利というものは実体法規や契約または訴訟手続との関係で多様であるから、これを幾つかの類型ないし範ちゅうに分けて説明の便に供することは学説として必要な作業というべきであろう。請求権や形成権というような分類はその意味ではなはだ便利な道具である。しかし、民法上はともかく、公法、私法上の法規範や協約規範が入り交じり、労働契約上の推定操作の余地が大きい労働関係にあっては、権利を既成の権利概念のワクだけで理解することは危険である。この意味で年次有給休暇の法的性格を請求権か形成権かという形で論ずることはきわめて観念的な論議といわねばならない。第一、請求権とは何か、形成権とは何かを厳密に定義づけもしないでどちらかを論ずるのもおかしいし、「年次有給休暇請求権は請求権である」というように説く（判例にもそう説明しているものがある）場合にそれぞれの「請求権」の意味の差異を明らかにしなければ何のことだか分からない。学説上、これらの見解がかみ合わないために、説明概念としてはこれとやや次元の異なる時季指定権説や種類債権説が登場してきて議論はいよいよ混乱しているのである。いったい、年次休暇には使用者の承認は必要でない、という簡単な結論を下すためにこんな回りくどい抽象的論議をする必要があるだろうか。もっとも、裁判所の側では、労使の係争当事者が、学説の結論を先取りして、それぞれ自説の権威づけのために形成権または請求権という言葉を使用するために、これに、何とか答えざるを得ないという事情はあるかもしれない。この点、かなりの判決が、

「請求権か形成権かはともかく」といって判断を避けたのはむしろ賢明というべきかもしれない。私は学説上もこのような不毛な論議はやめたほうがよいと思っているが、判例としても、むしろ結論にさして関係のない権利の性格論議にとらわれないほうがよいと思う。休暇闘争でより重要な問題は、年次休暇の請求の真意、目的ないし動機が争議行為をすることにある場合に、これを年次有給休暇という制度の趣旨に照らしてどのように考えるかという点である。年次休暇は形成権だから休暇の使途は問題にならない、といって片づけてしまうにはあまりにも重要な問題である。動機の点だけをとりあげてみても、一つの行為が二つ以上の動機に出ている場合にどれをとるかという難しい問題がある。他方、年次休暇の制度上の目的を考える時、一九七〇年の新ＩＬＯ条約（一三二号）では、使用者が年次休暇を病気の治療に充当することさえ、年次休暇の趣旨に反するものとして禁止しようとしていること、年次休暇を他企業での就労に使用することを許さない法令が各国に多いこと、などの事実からみても、休暇の使途それ自体に自ら合理的限界のあることが分かる。ともあれ、年次休暇を争議行為に使用することが果たして合理的限界のうちに入るかどうかはじっくり腰を落ちつけて考えねばならない問題である。

〔『判例展望』ジュリスト五〇〇号、一九七二年〕

〔追補〕 最高裁「三・二」判決の法理と意義

最高裁第二小法廷は、昭和四八年三月二日付けで、「白石営林署事件」および「国鉄郡山工場事件」の二件につき、判決を下した（民集二七巻二号一九一頁。併せて一般に「三・二判決」と呼ばれる）。両事件とも、労働者が「その所属する事業場」において直接「休暇闘争」をしたケースではなく、所属の事業場では通常の手続で年休を取った上で、「他の事業場」における争議行為等の支援をしたケース（上記の「事業場外」ケース）であるが、使用者側が後日、これを「年次休暇」と認められず、「争議行為」をしたものとして賃金カットしたため、その適法性が争われた事案であった。下級審の段階では、認定、判断が対立した（「白石営林署事件」では一、二審の判断が全く対立し、二審では年休の成立が認められて、労働側が勝訴した。「国鉄郡山工場事件」では一、二審ともに年休の成立を認めず、労働側が敗訴した）。最高裁は、下記判旨の下に、両事件ともに年休の成立を認め、結果として原告の請求が認められた。両事件とも事業場内で「一斉休暇闘争」が行われたケースではなかったにもかかわらず、判決は「一斉休暇闘争」について言及し、これを実質上の「同盟罷業」であって労基法上の「年次有給休暇」に当たらないと説示した。この部分は、判決の拘束性という点からすれば、いわゆる「傍論」と思われるが、最高裁があえて説示したのは、この点が「「休暇闘争」における基本的な問題であり、上告審において大きな争点に一つとなったからである。

三・二判決は、労基法三九条の条文からは必ずしも明確といえなかった年次有給休暇の法的「成立」について明快な判断を示し、「休暇闘争」問題についても、相対立する下級審の判断を「総括」して判断基準を示した点において重要な意義を有するといえる。[1]

以下に、三・二判決の法理論を検討してみよう。

（一）　三・二判決の法理

三・二判決は、上告審における上告理由に答える形をとっているが、次のように要約できるであろう。

㈠　労働者は労基法三九条一項・二項の要件が充足されることによって当然に各項所定日数の年次有給休暇の権利を取得し、使用者はこれを与える義務を負う。

労働者が右休暇日数の範囲内で休暇の始期と終期を特定して、本条三項の時季指定をしたときは、客観的に同項但書所定の事由が存在し、かつ、これを理由として使用者が時季変更権の行使をしない限り、当該労働日における就労義務が消滅する。

㈡　労働者の年次休暇の利用目的は、労基法の関知しないところであり、休暇をどのように利用するかは、使用者の干渉を許さない労働者の自由である。

㈢　労働者が所属事業場において、業務の正常な運営阻害の目的で全員一斉に休暇届を提出して職場を放棄、離脱する一斉休暇闘争は、実質上、年次有給休暇に名を借りた同盟罷業にほかならない。したがって、その形式いかんにかかわらず、本来の年次休暇権の行使ではないから、これに参加した労働者は、賃金請求権を有しない。

㈣　休暇中の労働者が当該労働者の所属する事業場以外の事業場における争議行為等に参加することは、当該年次有給休暇の成否に影響しない。

以上の判旨を、「休暇闘争」の形をとる年次休暇に当てはめてみると、およそ、次のようにいえるであろう。

判旨㈠は、労基法上の年次有給休暇が同法三九条一・二項の要件を充たした労働者がその行使休暇の時季を指定することにより「当然に」成立するとした。本判旨によって労働者の年次休暇申請に対し、使用者は、時季変更権を行使できるだけで、「承諾」や「同意」の権利はなく、その旨の「請求権説」の主張は完全に否定された。

判旨(二)は、労働者の年次休暇の利用目的は労基法の関知しないところであり、休暇をどのように利用するかは使用者の干渉を許さない労働者の自由であるとした。一般的には、いわゆる「自由利用の原則」を肯定したものであるが、判旨(三)によって「一斉休暇闘争」の場合には利用目的上、認められないことが明らかにされた。

判旨(三)は、「一斉休暇闘争」という形の年次休暇の行使は、いかなる形式のものであっても、「ほんらいの（労基法上の）年次休暇権の行使」に当たらないので、使用者の時季変更権の行使もありえず、労働者に（年休に対する）賃金請求権はないとする。「一斉休暇闘争」の意味について、判旨は、当該労働者が①「所属の事業場において」、②「業務の正常な運営阻害を目的として」、③「全員一斉に休暇届を提出して」、④「職場を放棄、離脱する」ものという四つの要素を挙げ、これに該当する年休行使は、「実質的に」同盟罷業とする。

判旨(四)は、判旨(三)にいう「一斉休暇闘争」（とその法的効果）は、前記の①の労働者が「所属する事業場において」実施する場合にのみ妥当するもので、年休中の労働者が「他の事業場における」争議行為等に参加する場合には、（所属する事業場の使用者との関係では）その適法性に何らの影響もないとする。その理由を判旨は、「労働者がその有する休暇日数の範囲内で休暇の時季指定をすれば、使用者が適法な時季変更権を行使しないかぎり、その指定によって年次休暇が成立する」からだとする。

判旨は、(三)と(四)の場合を区分する基準（判旨では、法三九条三項但書にいう「事業の正常な運営の阻害」があったかどうか）は、（当該労働者が年休を行使する場所が）「所属する事業場」の内か外かで判定すべきものという。

判旨(三)と(四)との関係に関する判旨の説明は、その結果が重要なわりには簡単すぎて十分説得性があるとはいえないが、それは別としても、どちらが原則でどちらが例外に当たるのか、判決の文言からははっきりしない。一般には、判決は、後者の方を原則としたもので、年次休暇を争議行為目的に使用する「休暇闘争」も原則的には適法とし、例外として「当該労働者の所属する事業場における一斉休暇闘争」だけが実質上、同盟罷業に当たるが故に年次休暇たることを否定したのだと理解されたようである。判決理由全文をとおしてみると、そのように受けとるのがむしろ自然であったといえよう。しかし、最高裁（事務局）は、後に、本判旨の趣旨は、「一斉休暇闘争」の形をとる年休の行使が実質的に「同盟罷業」とみなされるのは、労働者の所属事業所の内と外とを問わないものであることを示唆しており[2]、そして、後述のように、その後の最高裁の判例において同旨の見解がとられるようになった。

三・二判決に対し、学説は、一般的に、年次休暇の行使の仕方は労働者の自由であって、使用者の許可を要しないものであること、休暇の時季は、（使用者の時季変更権の行使を経て）労働者の「指定」により決定される、として労働者の年次休暇権の基本原則を明確にした判旨㈠㈡および㈣を評価しつつ、一方で、一斉休暇闘争の形をとる年次休暇を「同盟罷業」とみる判旨㈢については、その理由とされるところが必ずしも明確といえず、また他の判旨と理論的に整合しないとして批判している[3]。

㈡　その後の判決と三・二法理の変容

三・二判決後、労働者側は、判旨㈢により「所属事業場内」における「一斉休暇闘争」は年次休暇として認められないが、「事業場外」における争議行為を支援する目的の「休暇闘争」は判旨㈣により認められるとの見地から、その後もこれを継続した。その背景として、三・二判決のすぐ後に「都教組事件判決」（最大判昭和四四・四・二刑集二三巻五号三〇五頁）が出て、公務員の争議行為への規制が厳しくなったこともあり、「争議行為」と目されない範囲においての「休暇闘争」が、労働運動上、なお一定の効果をもつものとして期待されたからである（ただし、それも組合組織率の低下、組織内の路線の対立等の影響で次第に先細りとなっている）。

こうして公務や公共事業関係では、「休暇闘争」の形態は、主として「事業所外」の方へシフトを変えたが、これらの事業分野は規模が大きく、所属事業場の内と外との区分が明確でないことが多く、また、使用者側が三・二判決後、時季変更権の要件を厳しくしたこともあって、これをめぐって紛争が多発した。判例は、三・二判決の法理を前提としつつも、「休暇闘争」についての判旨㈢と㈣の「区分け」の認定に苦心している[4]。

最高裁は、判決の中で、三・二判決の判旨の趣旨をその都度、再確認しているが、一方で、「(一斉)休暇闘争」の意味ないし適用範囲について、次第に変化を見せ始めているように思われる。二、三の例を挙げよう。

その一つは、「道立夕張南高校事件」(最一小判昭和六一・一二・一八労判四八七号一四頁)(5)である。判旨は、「一斉休暇による職場離脱は、年次休暇権行使の形式を取っていても、その目的は、『使用者の時季変更権を全面的あるいは部分的に無視すること』によって当該事業場の業務の正常な運営を阻害しようとするところにあり、そこには、そもそも、使用者の適法な時季変更権の行使によって事業の正常な運営の確保が可能という、年次有給休暇制度が成り立っているところの前提が欠けているから、同盟罷業にほかならないとし、そのことは、休暇闘争において当該事業場の労働者の一部のみが参加する割休闘争の場合であっても、それが当該事業場における業務の正常な運営の阻害を目的とするものであれば、同盟罷業となりうる」と判示している(ただし本件については、組合は適法な時季変更権の行使を無視することまで指示したものでなく、また、校長の時季変更権の行使も適法でなかったので「年次休暇に名を借りた同盟罷業」には当たらないとした)。同旨のことが、千葉中央郵便局事件」(最一小判昭和六二・二・一九労判四九三号六頁)においても判示されている。そこには、三・二判決が「一斉休暇闘争」の定義の中では明記していなかった「使用者の時季変更権の無視」という側面が次第に強調されるようになったことが注目を引く。

その二つは、「国鉄津田沼電車区事件」(最三小判平成三・一一・一九民集四五巻八号一二三六頁)である。判旨は、すでに承認された年休日を予定変更により繰り上げられた組合のストライキに利用して参加した組合員に対する賃金カットの適法性が争われた事案について、「原告は、『その所属する事業場』における『正常な業務の運営を阻害する目的をもって』、年休請求を当局側が事実上承認しているのを幸い、(ストの日にも)この請求を維持し、職場を離脱参加したもので、このような職場離脱は、『労基法の適用される事業場において』『正常な勤務体制が存在することを前提としてその枠内で休暇を認める』という年次有給休暇制度の趣旨に反し、本来の年次休暇権の行使とはいえない」と判示している。

本件の事案は、年休取得に際して「一斉休暇闘争」が行われたわけではなく、使用者側も時季変更権を行使することなく受入れ、その点でトラブルもなかった。原告の年休取得の日が組合のスト日と重なったため、事後的に、年休を争議行為に利用したものとして扱われたものである。類型からすれば、三・二判決の旨㈢の定義のうち①「労働者がその所属の事業場において」年休を行使したケースに当たるが、③「全員一斉に休暇届を提出した」ケースには当たらない。これに対して、本判決は、原告が（一旦承認された年休を取り下げないで）結果としてストに参加し活動したことは、「業務の正常な運営を阻害する」点において労基法の「年休制度の趣旨」に反するから年次休暇とは認められないと判断した。そこでは、労働者が年次休暇を争議行為に使用する目的でとることそれ自体が年次有給休暇制度の本来の趣旨に反する点にウェイトが置かれているように思われる。そうだとすれば、本判決の考え方を敷延すれば、労働者が「争議行為に利用する目的」で年休を申請または行使すると認められる場合には、（当該事業場ではなく）「他の事業場」における争議行為への参加の場合であっても、「年休制度の趣旨」に反するものとしてすべて「年次休暇」と認められないことになるであろう。三・二判決が苦心の末打ちだしたダブルスタンダードとしての判旨㈢と㈣の区分けも実質上、意義が失われるのではないかと思われる。(6)

㈢　む す び

「休暇闘争」は、組合が主体となり、当該事件における対使用者要求達成を目的として傘下の組合員を動員して、個々の組合員の年休を計画的に行わせることにより、結果として生ずる業務違営への阻害効果を同盟罷業に準じた圧力手段として利用しようとするものである。しかし年次休暇そのものは、組合員である個々の労働者が主体的に決定するものであるから、その側面から考察しなければならない。

労働者が自分の年休を「休暇闘争」すなわち争議行為に使用または利用することは、年次有給休暇制度の趣旨からみて決して望ましいことではない。しかし、労働者に自分の年休さえ争議行為に使わなければならない「止むを得ない」事情がある場合には、労働者にとってはそれも休暇目的の選択肢の一つと考えなければならないから、「目的論」からだけでなく、その目的を達成する手段の相当性を検討し、当該労働者が通常の場合にとっている手続との整合性という点から解決を図る必要がある。「休暇闘争」中であっても、それはストライキそのものではなく、その間の「労使関係」は中断されないからである。もし「休暇闘争」の手段として「通常の」年休手続を全く無視した形で行われるとすれば、年次休暇は労働者の権利だとしても、「権利の濫用」(7)といわねばならない。

「休暇闘争」の目的をめぐる議論は、「休暇闘争は年休を付与する使用者に抗争を仕向けるものであるから年休制度と全く相容れない違法行為」とする否定説と、「年休が労働者の年休権の行使である以上、その使用目的如何は全く問題にならない」とする適法説の対立に始まった。しかし、このような素朴な議論は、学説上の緻密な法理論によって整理され、「請求権説」と「形成権説」との対立となった。そして学説の対立が下級審に影響したことは前記の通りである。

組合の「休暇闘争」の方式には、大別して「事業場内闘争」と、「他の事業場における闘争」との二つの形態がある。どちらの場合も、組合員の年休が使用者に対する圧力手段として使用されている点において変りはないが、その効果と手段において大きな差異があった。「所属事業場」の内と外という区分けは、年休闘争が行われた事業分野では、そう明確でなかったこともあって、この点でも下級審の判断は分かれた。

三・二判決は、法的にこの二つのカテゴリーを基本的な判断基準として、一刀両断的に位置付けた。休暇闘争の影響を直接受けるのが「所属事業場」の使用者だという点が重視されたと見られる。また、「一斉休暇闘争」(手続上、全員が同時期に集中的に年休を申請する)という方式がとられたのが主として前者のケースであったことも影響していると思われる。

三・二判決は、本件の事案が「所属事業場外」の事件でかつ「一斉休暇闘争」方式がとられていなかったことから、この形での「休暇闘争」は、労働者の年休権の適法な行使に当たると判断した。判旨は、その理論的根拠として年休の成立についての一般論として、労働者が法所定の要件に従い、時季を「指定」することによって当然、成立するものとした（学説の「時季指定権説」を採り入れられた）。一方、同判決は、所属事業場における一斉休暇闘争のケースについては、「傍論」に当たることもあって説明は簡単であった。

こうして三・二判決の区分論による法理は、判例法理として定着するに至ったが、実際の適用上、問題があり、その後の判例において、少しずつ補正され、全体として一斉休暇闘争方式と見られるものは事業場外のケースについても射程距離に含まれるようになった。今後の動きが注目される。

学説は、三・二判決以後、判旨に従って年次休暇の「使用目的」に関し、「事業場内における一斉休暇」は年次休暇として認められない（「自由利用の原則」の例外）と解しつつ、年休権の法的性格については、「二分説」（法三九条一項・二項により成立する年休権と同三項（現四項）の労働者が時季指定する部分に分ける）によって、「形成権的効果」を持つと説くのが通説のようである。(8) しかし、本論でフォローしたように、年休権に「形成権的効果」を認める形成権説の主張が登場したのは、三・二判決前の休暇闘争をめぐる法的係争事件においてであり、その中で、使用者側の主張する「請求権説」（年休許諾説）に対する反論として主張されたものであった。そしてそれはそれで一つの役割を果したといえる。しかし、三・二判決が下級審判例を総括して、年次休暇は労働者の時季の「指定」によって法的に成立し、使用者は時季変更権の適法な行使以外に年休の許諾権を有しないことを明確にし、もはや、「請求権説」の主張が根拠のないものとして否定された以上、労働者の年次休暇権は、労基法三九条に基づく法的権利であると解すれば足り、これを「形成権」あるいは「形成権的効力」によると説く必要性は、実務上、乏しいように思われる。(9)

（1） 三・二判決については、本書「判例研究3　年次有給休暇の法的性質――林野庁白石営林署事件」参照。
（2） 最高裁調査官室編・最高裁判所解説（民事編）昭和四八年度五二七頁（可部恒雄）。

（3）　三・二判決の評釈として、岩村正彦「労働判例百選（第五版）」、坂本重雄「同（第六版）」、西川美数・ジュリスト五三〇号、花見忠・ジュリスト五四〇号、山本吉人・労判一七一号、島田信義・季労八八号、蓼沼謙一・労旬八三二号、八三七号、八四〇号参照。
（4）　県庁において各事業場の組合員が職場ごとに何割かの人数を決め年休を取ったうえで組合の職場集会に参加したことが「一斉休暇」に当たるかどうかにつき、判例は、肯定（「静岡県職組事件」東京高判昭和五三・一二・二七日労民集二九巻五号九七六頁等）と否定（「徳島県職組事件」最二小判昭和五三・一二・八判時九二四号一二三頁）に分かれた。時季変更権との関係に関しては、「新潟鉄道郵便局事件」最二小判昭和六〇・三・一一（労判四五二号一三頁）は、時季変更権の行使は「相当の努力をしても代替要員を確保することが困難な客観的事情がある時に限られるとし、「弘前電報電話局事件」最二小判昭和六二・七・一〇民集四一巻五号一二二九頁は、勤務割の勤務体制下では使用者は労働者の希望する時季に休暇を取得することができるよう配慮すべき義務があるとした。「横手統制電話中継所事件」最三小判昭和六二・九・二二労判五〇三号六頁、「此花電報電話局事件」最一小判昭和五七・三・一八民集三六巻三号三六六頁。
　時季変更権に関する判例法理について、菅野和夫・諏訪康雄『判例に学ぶ雇用関係の法理』一三六頁以下、中嶋士元也・ジュリスト八九四号、小西國友「使用者の時季変更権」季労一四六号一五七頁参照。
（5）　原審・札幌高判昭和五七・八・五判時一〇六一号一二〇頁。
（6）　「国鉄津田沼電車区事件」評釈。労働判例百選（第七版）掲載の解説、野川忍・労働判例インデックス一二六頁参照。
（7）　下井隆史『雇用関係法』二四七頁（一九八八年）。
（8）　川田琢之「年次有給休暇」東大労判編『注釈労働基準法（下巻）』七〇一頁以下（二〇〇三年）。
（9）　山口浩一郎「年次有給休暇の法的構造」外尾健一古稀記念論集二六九頁、山川隆一『雇用関係法』一八九頁。

〔書き下ろし、二〇一一年〕

〔判例研究〕

1　時間外労働義務——①日本鋼管事件／②日立製作所事件

〔①横浜地裁川崎支部昭和四五年一二月二八日判決、労民集二一巻六号一七六二頁／②東京高裁昭和四六年一月二二日判決、労民集二二巻一号一七頁（原審東京地裁八王子支部昭和四四年一〇月二日判決）〕

一　①の事実と判旨

(1)　事　実

被告会社と原告の加盟する労働組合との間には昭和四二年一月一日、同日より三月三一日までの期間における時間外労働、休日労働に関する書面による協定が成立し、これにより各課、各係および従業員一人当たりの残業時間が決定され、原告所属の接手管係においても毎日一時間半の残業を恒常的に行なうことが定められた。一方、被告会社と組合間の労働協約（五一条）には「会社は業務の都合上やむを得ない場合は、あらかじめ単組と書面による協定をし、行政庁に届け出て所定就業時間以外に早出、残業、呼出しまたは休日に労働させることができる」と定められており、また被告会社川崎製鉄所の就業規則は、右協約の定めに従い「業務の都合により、やむを得ない場合は、あらかじめ組合と書面による協定をして、所定就業時間以外に早出、残業、休日出勤または呼出を命ずることがある」（二五条）と定めている。

原告は昭和四二年一月二〇日、所属長の残業命令に服するようにとの再三の説得にもかかわらず、「おれと会社とは残業協定を結んでいないから定時で帰るのは自由だ」と述べて同日午後四時から五時三〇分に至る残業命令を拒否して帰宅した。原告には、右以外にも、作業指示書に反してバッテリーカーを無断で運転したり、就業時間中に担当の機械を止めてパンを食べたり、無断欠勤についての届け出書直しを拒否したり、作業中に大声で歌を歌うなど規律に反する所為があったということで被告会社は四二年七月四日から一一日まで原告を出勤停止七日間の懲戒処分に付し、始末書を提出するよう通告した。

これに対し、原告は、本件懲戒処分はいずれも懲戒事由に該らず、かえって原告を共産党員またはその同調者とみなした思想信条を理由とする差別的取扱いであり、時間外労働をしなかったのも選挙活動に参加するためであり（従って懲戒処分は労基法七条に違反）、三六協定に基づく時間外労働の強要は憲法一八条、労基法五条に違反する、と主張して、右出勤停止期間中の賃金の支払と始末書提出義務の存在しないことの確認を訴求した。

(2)　判　旨

請求棄却。

「会社と組合との間に残業に関するいわゆる三六協定が結ばれているからといって、これだけで会社は直ちに個々の労働者に対し残業を命じ得ると解すべきではないが、本件においては残業に関し、労働協約に従って定められた就業規則の規定があり、原告が右規定と異なる労働契約を結んでいたことを認め得る証拠もないから、右就業規則の法規範的効力により、会社は前記協定で定めた範囲内で、原告に対し適法に残業を命じ得るものというべく、これに対し、原告は超過勤務義務を負担し、正当な理由がなければこれを拒否し得ないものといわなければならない。従って、被告の原告に対する右残業命令は、何ら憲法一八条または労基法五条に抵触するものではない。」

二　②の事実と判旨

(1)　事　実

被控訴人会社と日立製作所労働組合連合会および右連合会傘下の単組との間の労働協約には時間外労働義務に関する規定がおかれ、これに基づき単位組合との(時間外)協定により、原則として、会社は従業員に対し、一ヵ月四〇時間を超えない限度において、残業を命じ得る(例外として右限度をこえることもできる場合がある)旨が定められており、昭和四二年九月当時、一ヵ月四〇時間以内の時間外労働を内容とする三六協定が締結されて一般従業員はこれに従って残業に従事していた。また武蔵工場就業規則にも同旨の規定が置かれている。

控訴人は特性管理の業務を担当していたが、昭和四二年九月一日、主任から九月生産月の歩留推定表の作成提出を命ぜられ、同四日七七％と算出したが、同六日頃の実績歩留が七三％であったので、主任は同人の怠慢を責め(同人も算定方法についての手抜の事実を認めた)、残業をしても至急推定歩留を検討するよう命じたが、同人は労働者に残業する義務はないといってこれを拒絶し、主任と口論の末、友人と約束があるからこれ以上仕事をしないといって帰った。控訴人は結局、翌日、午後九時まで残業して推定歩留の修正を行ない報告した。が、その後、上長に対しても「残業は自分が必要だと思ったときに必要に応じてやる」などといい、残業あるいは業務のあり方について口論をするような態度をとったので、会社は当分仕事をせずに反省するよう命じ、反省書にも残業に対する従来の考え方を変える意思が見られない、というので、組合の意向を質した(組合は調査の上同人を説得したが成功しなかったという)上、出勤停止一四日の処分を通知した(一〇月一四日)。同人は、それまでにすでに、便所に(政治的)落書をしたことで五日間の出勤停止、就業時間中に同僚に政治活動の話をした等の理由で七日間の出勤停止、超勤命令を拒否したとの理由で一四日間の出勤停止の処分を受けていたが、今回の出勤停止期間終了後も始末書の提出を拒否し、退場、休業を命じられた。そこで会社は、組合の意向を質した上、同三〇日就業規則の「しばしば懲戒訓戒を受けたにもかかわらずなお悔悟の見込みがないもの」に該当するとして同人を懲戒解雇にした。

控訴人は右懲戒処分はいずれも就業規則所定の懲戒事由に該当しない違法の処分であるとし、雇用契約上の地位を有することを仮に定める仮処分を申請、第一審はこれを却下したので本件控訴に及んだものである。

(2) 判　旨

判決は控訴人に対する前記譴責及び三回の出勤停止については、いずれも就業規則所定の懲戒事由に該当する妥当な処分で、懲戒権の濫用とはいいがたく、残業拒否も、控訴人が上長の指示に故なく従わなかったこと、残業命令が控訴人の業務上の怠慢に基づくものであることから、その情状はさらに重いといわねばならない、としながら、以下の判旨により、控訴人の反抗的言動も「いまだもって職場の秩序を維持し生産性の向上をはかりもって企業を運営維持するうえからして控訴人を職場から終局的に排除するを相当とする程度に情状が重いものと認めることはできない」として本件懲戒解雇を無効と判示、原判決を取り消した。

「労働協約もしくは就業規則において時間外労働義務が規定されている以上個々の労働者を拘束し、三六協定が結ばれれば時間外労働義務は具体化するものと考えるべきである、会社の就業規則および労働組合との間の労働協約には、時間外労働義務に関する規定がおかれ、また、当時一ヵ月四〇時間以内の時間外労働を内容とする三六協定が締結され、会社の従業員は、右に従って残業に従事していたことが一応認められるから、控訴人も、正当の事由なくして残業命令を拒否しえないものといわねばならない。」

三　評　釈

二件の判旨とも論旨不十分。

一　日本鋼管事件では、原告に対する懲戒処分の理由として時間外労働の拒否のほかに幾つかの服務規律違反事実が挙げられており、同様に、日立製作所事件における控訴人（原告）に対する懲戒処分でも残業拒否のほかに規律違反事由が問題となっている。しかし、いずれの場合も懲戒処分の決定的理由は時間外労働の拒否であり、判決要旨もこの点を中心にしているので、ここでは両事件判旨を三六協定が有効に締結されている条件の下で、労働協約または就業規則に時間外労働の義務が規定されている場合の労働者の残業義務の問題を取り扱ったケースとしてとりあげることにする。

二　時間外労働の義務に関する問題としては、一般的に、いわゆる三六協定から個々の労働者に時間外労働の義務が発生するかという形で問題が提起されている。しかし、本件の二ケースはいずれも労働協約および就業規則に、従業員はあらかじめ組合との三六協定の締結を経たうえで時間外労働をなすべきこと（あるいは会社がその旨を命じうること）が定められているので、ここでの問題は、そのような条件の下で果たして個々の従業員は時間外労働の義務を負うかどうか、換言すれば、従業員は時間外労働の業務命令を自由意思によって拒否しうるかどうか、右拒否に対し使用者は服務規律違反のゆえをもって懲戒処分をなしうるかどうかということである。三六協定が労働協約の形式で締結されている場合には、三六協定のほかにその旨の特別の協約がなくても、労働者は時間外勤務に服する義務を負う旨を判示した判例はかなり古くからある（池貝鉄工所解雇事件東京地決昭和二五・六・一五労民集一巻五号七四〇頁以下）が、協約や就業規則に三六協定とは別に時間外労働の義務を規定してある場合の事例としては比較的最近の明治乳業判決を挙げることができる。

この判決は「労基法に定める基準労働時間を超えて時間外勤務を行う義務を認める労働契約、就業規則は、三六協定のもつ……公法上の効果を超えて個々の労働者に時間外勤務に関する具体的義務を定めるものであるならばその限度において労基法に違反して無効であり、……時間外勤務に関して三六協定、労働契約、就業規則、労働協約などいかなる形式をもって取り決めをしてみても労働者にその義務を生ずることがないが、ただ三六協定成立後、使用者から具体的な日時、場所などを指定して時間外勤務に服して貰いたいとの申込みがあった場合に、個々の労働者が自由な意思によって個別的に明示もしくは黙示の合意をした……場合に限り私法上の労働義務を生ずる」と判示した（東京地判昭和四四・五・三一、本件の評釈についてはジュリスト四五五号〈小西担当〉参照）。

右判旨は、労働協約または就業規則上の時間外労働義務に関する規定の有効性を正面から否定した最初のケースであり、その後、これに賛する若干の判例を見ている（仙台地判昭和四五・四・七労判速七一三号、広島地判昭和四五・七・一一労判一〇九号、横浜地判昭和四五・一二・二四労判一二〇号）。これに対して、明治乳業事件判決後全く反対の見解をとる判決は、東洋鋼鈑事件（山口地裁徳山支判昭和四四・八・二七労判速六八八号）に現われる。同判旨は「就業規則は、労基法八九、九三条の規定からみて、より有利な内容の特別の労働契約がない限り、それ自体労働契約の内容をなす……それ故会社は従業員に休日出勤を命ずる場合必ずしも個々の労働者の同意を必要としない」として休日出勤の業務命令を拒否した労働者に対する減給処分を肯定している。就業規則または協約の残業義務に関する規定を有効とするこの見解は、本件日立製作所事件の第一審判決（東京地裁八王子支判昭和四四・一〇・二）および本二件判決ならびに全日本検数協会事件名古屋高判（昭和四六・四・一〇労判速七五〇号）において踏襲されている。すなわち、明治乳業事件でこの問題が正面からとりあげられて以後の裁判所の見解は全く相対立する二つの潮流に分かれているとみてよいであろう。

三 本件日本鋼管事件判旨は、三六協定自体から直ちに残業の義務は生じないが、（労働協約に従って定められた）就業規則にその旨の規定があり、他にこれと異なる労働契約が存しない以上、使用者は「就業規則の法規範的効力により」労働者に残業を命ずることができ、それは強制労働にならない、というに尽きる。右にいう就業規則の「法規範的効力」とはいかなる法的効力なのか、それ以上の説明がないので審らかにしえないが、おそらく、五五歳定年制を新たに設けた就業規則変更の効力についての最高裁大法廷判決（昭和四三・一二・二五）の見解に拠ったものであろう。しかし、大法廷の「労働条件は就業規則によるという事実たる慣習が成立しているものとしてその法的規範性が認められる」という判旨は一般に意味不明との評が強いところで、典拠として用うるにはより多くの説明を要するところである。

四　本件日立製作所東京高裁判旨は、同原審判旨が「組合が協約によりその組合の傘下にある労働者が残業に従事することを許容した以上、その協約は個々の労働者をも拘束し、労働者自身が残業に従事することを受諾したのと同一の効果を生ずる」見解をとったのに対し、これを否定も、積極的に肯定もせず、単に「労働協約もしくは就業規則において時間外労働義務が規定されている以上個々の労働者を拘束し、三六協定が結ばれれば時間外労働義務は具体化する」といっているだけである。これは、判決が自らいうように「労働協約もしくは就業規則において時間外労働義務に関する規定がおかれ、三六協定が結ばれても個々の労働者に具体的に時間外労働義務が生ずることはないと論ずる」学説に対する反対意見を表明したものであることは明らかであるが、すでに協約や就業規則はては労働契約に明示の規定が置かれている場合でさえ個々の労働者の意に反する時間外労働の義務を否定した前掲明治乳業判決とこれに賛する二、三の判決が出されており、しかも、その論拠がかなり詳細に論じられていること、また学説においても、特に右判決以後残業義務否定説が有力になりつつあり、これをめぐる論議が盛んである（例えば川口実「三六協定と超過労働義務の根拠」峯村教授還暦記念・法哲学と社会法の理論所収、渡辺章「時間外労働協定の法理」季労八一号参照）ことからいっても、少なくとも何故、協約や就業規則の規定から個々の労働者の時間外労働義務が生ずるのか、その労働契約との関係を論じてほしかったと思う。このように高裁判旨は就業規則の規定から直接残業義務が生ずるという、いわば結論だけの判旨を述べているに過ぎないので、判決の結論としては、原審の判決を取り消して控訴人の懲戒解雇を無効としているのであるが、その理由を「控訴人が時間外労働に対する考えはあくまで変えないにしても（判旨は控訴人の時間外労働に対する考え方自体は不合理なものとはいいきれないとさえいっている）、残業には協力し、誠意をもって仕事をする態度を示している」ことに求めたりして甚だ歯切れの悪い論理の運びになっている。

五 評釈者としては、本件二判決判旨が就業規則の規定にいわゆる残業義務の根拠を求めている、その結論には賛成であるが、判旨のような簡単な論理には承服できない。そこで本研究会としてはこの問題について種々の見解の差異のあるところであるが、一応、自説を述べておくことにする。

私は就業規則（労働協約に定めがある場合には結局同旨の規定が就業規則にも置かれるから就業規則の問題として論ずれば足りるであろう）に時間外労働の就労についての従業員の義務が定められている場合、その拘束力を全面的に否定する見解、また逆にこのことから直ちに個々の労働者にストレートに時間外労働の義務が生ずるとみる見解の何れにも賛することができない。問題は個々の労働者の労働契約の内容として考えるべきことである。そもそも、使用者の時間外労働に関する業務命令なるものが個々の労働者の労働契約に具体化される過程は、単にその旨の規定が就業規則に置かれているかどうか（もちろん置かれていなければ残業義務など問題になり得ない。この意味で三六協定から直ちに個々の時間外労働義務が生じないとする判例、学説は正当である）によって決まるものではない。もっとも、就業規則の規定がストレートに労働契約の内容となっているとみるべき場合はもちろんある。当事者に争いのない既定の労働条件や正規の就業時間の行動に対する服務規律などその例である。しかし、時間外労働は業務のやむを得ない必要による例外的超過労働に関するものであり、しかもそのような労働関係は就業規則で定めるにせよ、労働契約で直接合意するにせよ、すべて立法（労基法）による公法的規制を受けるという制約を受けるのであるから就業規則上のその旨の規定が直ちに労働契約の内容となると考えることはできない。すなわち、就業規則上の「時間外労働に服する」旨の規定は、そこに明示してあると否とを問わず、事前の適法な三六協定の締結・届出という公法的手続を条件とする。そしてさらに、この就業規則の規定が現実に機能する場合には、それと不可分の三六協定により限定を受ける（もっとも、この限定は三六協定の性格上労働者全体の一定期間の総残業時間という具合にかなり不確定ではあるが）。三六協定は一部の判例、学説が説くように免罰効果という公法的機能に限られるではなく、それ自体一種の私法的協定として、右の意味において――個々の時間外労働を直接義務づけるという意味においてではなく就業規則の補充的規定として――私法的効果をもつと解される。

それでは、就業規則の時間外労働の義務に関する規定はその適用を受ける個々の労働者の労働契約に対してどのように反映されると解すべきか。問題は労働契約の解釈となるが、個々の労働者が特に就業規則所定の時間外勤務に服しない旨の意思を明示することなく現実に就労している以上、継続的な労働関係の特殊性からいって彼は時間外労働義務に服することを一般的に合意したものとみなされるのである。就業規則の右規定を単に将来時間外労働をさせるべき旨の告知に過ぎないと解する（渡辺・前掲論文参照）ことはできない。しかし、だからといって労働契約上の時間外就労の義務がいかなる場合にも直ちに具体的な就労義務につながるわけではない。このような一般的な就労義務はそれだけではまだ無限定だからである。労働者はこのような無限定の時間外就労に服する義務を労働契約上負ういわれはない。時間外労働に関する具体的な労働契約上の義務は、使用者またはその意を受けた上長職制が当日または将来の時間外勤務を命じた時にはじめて成立する。ただし、これは労働契約の具体化であって新たな契約の申込と解すべきではない。その場合、労働者は、「正当な理由なきかぎり時間外勤務に服する」という一般的義務を労働契約上すでに負うているのであるから、いわゆる「申込説」が説くように労働者として自由に拒否しうるものではないが、緊急の用務など、一応正当と認められる理由があるかぎり、拒否の自由がある。拒否に「正当な理由」があるかどうかは当該労働関係の具体的状況や慣行により決せらるべきである。時間外労働の拒否が直ちに就業規則所定の服務規律違反になるとは限らないのは、このように個々の労働者の時間外就労義務が就業規則の規定から出発して労働契約上最終的に具体化するまでに拒否の正当性を考慮すべき余地を認める必要があるからである。

これを要するに、時間外（休日）労働は確かにほんらい違法の労働であるが、法定免責条件（労基法三六条）の下でその適法性が認められる以上、就業規則や協約が、右法定要件を前提として時間外労働の義務づけをその中に規定したとしても、これを労基法違反のゆえに無効と解する（明治乳業事件判旨はそういうがそれなら個々人の合意による残業は何故違法とならないのか）ことは正当ではない。それは企業が「やむを得ない業務上の臨時の必要」に基づき、三六協定の範囲内で具体的に時間外就労を指示する場合の一般的根拠規定として必要な規定である。しかして、労働者の時間外就労の拒否が認められるかどうかは、単に就業規則の一般的規定の有無によって決せられるのではなく、また、就業規則の本質的（法規範的）性格から直律的に判断すべきことでもなく、就業規則の一般的規定を受けた具体的な時間外勤務の指示命令の段階における労働契約の内容の問題として考慮すべきことである。

以上に述べた意味において両判旨の結論に賛する。

〔ジュリスト五〇一号、一九七二年〕

2　管理監督者の時間外勤務手当——彌榮自動車事件

〔京都地裁平成四年二月四日判決、労働判例六〇六号二四頁〕

一　事　実

X_1 X_2は、Yタクシー会社営業センターにおいてそれぞれ係長、同補佐の地位にあり、約二〇〇名の乗務員の日常業務を指揮監督していた。Yでは乗務員以外の者はほとんど部長から主任まで役職に任じられ、全員が労基法四一条二号にいう「監督若しくは管理の地位にある者」（以下「管理監督者」）に該当するものとして就業規則の労働時間に関する規定が適用されず、業務手当、職能手当、役付手当の支給を受けるだけで、所定労働時間を超える労働をしても二五パーセントの割増賃金の支給を受けなかった。両者は昭和六三年三月にYを退職したが、いずれも労基法上の管理監督者にはあたらないと主張、Y就業規則所定の一ヵ月当たり一八八時間の労働時間を超える労働について就業規則及び労基法三七条所定の割増賃金（残業手当）として同六一年三月二一日から同六三年二月二〇日までの未払割増賃金等（X_1は四〇五万五二一八円と遅延損害金、三五〇万円の付加金、X_2は四二三万三一三九円と遅延損害金、三三〇万円の付加金）を請求した。

二　判　旨

請求一部認容。

一　労基法四一条二号が管理監督者を労働時間や休日に関する強行法規の適用除外としている実質的理由は、これらの者が⑴企業体の中で重要な地位を占め、自分自身の職務の遂行方法につき相当程度の裁量権を有していて、勤務時間などについても厳格な規制を受けず、⑵しかも、職務の重要性に応じてそれに見合う高額の給与を受けているはずであるから、敢て労基法による保護の対象としなくても、保護に欠けることがないという点にある。

二　X_1X_2ら係長級職員は、Y会社で重要な地位にあり自己の職務遂行に相当程度の裁量権を有しているとはいい難く、その待遇も、社会通念上、使用者都合で所定労働時間以上の勤務が要請され実際にも長時間労働する職務に十分見合ったものと断定することはできないから、これらの者を労基法上の保護の対象から外しても保護に欠けることがないと評価することはできない。

三　時間外労働の割増賃金支払義務は、労基法所定の労働時間を超える部分のみならず、雇用契約上の労働時間を超えるいわゆる「法内超勤」についてもその履行が強制されるものと解するのが相当である。Yは、Xらが月平均八〇時間、時間外労働をしていたものとして割増賃金支払の義務を負う。

四　Yは、Xらに全く時間外手当を支給する意図を有しない悪質な使用者とはいえないが、労基法三七条に違反している以上、労基法の遵守を励行させる趣旨で制裁金たる付加金の支払いを命ずるのを相当とする（五〇万円に減額）。

三　評　釈

判旨賛成、ただし判旨の説示に若干の疑問あり。

一　使用者により「管理監督者」として時間外等割増手当の対象から外された労働者が、労基法四一条二号の「監督若しくは管理の地位にある者」に当たらないとして労基法三七条および就業規則（賃金規定）等に基づき時間外手当（及び付加金）の支払いを請求した私企業の事例としては、本判決までに次頁表記の事件がある。

労基法上の右「管理監督者」の定義ないし範囲については特に法令の定めがなく、実務上は行政解釈（昭二二年基発一七号、昭五二年基発一〇四号の二、一〇五号、昭六三年基発一五〇号）によってきた（立法事情と運営の実情について山本吉人・季労一六六号八四頁、東大労働法研究会・注釈労働時間法七二八頁以下参照）。例規は「一般的には、部長、工場長等労働条件の決定その他労務管理について経営者と一体的な立場にある者の意であり、名称にとらわれず、実態に即して判断すべきもの」としている。昭和六三年の右例規は、その「考え方」として、①原則、②適用除外の趣旨、③実態に基づく判断、④待遇に対する留意、⑤スタッフ職の取扱いにわたりかなり詳細に示し、同条は「職制上の役付者のうち、労働時間、休憩、休日等に関する規制の枠を超えて活動することが要請されざるを得ない、重要な職務と責任を有し、現実の勤務態様も労働時間等の規制になじまないような立場にある者に限って……」適用除外とする趣旨としている。裁判例も、ほぼ右例規の一般的基準に沿いつつ「経営方針の決定に参画しあるいは労務管理上の指揮権限を有する等、経営者と一体的な立場にあり、出退勤について自由裁量権を有するもの」（②事件静岡地判昭和五三・三・二八労判二九七号、③事件大阪地判昭和五八・七・一二労判四一四号、⑤事件大阪地判昭和六一・七・三〇労判四八一号、⑥事件大阪地判昭和六二・三・三一労判四九七号結論肯定）、⑧事件（二審）大阪高判平成元・二・二一労判五三八号、あるいは右の基準に「その地位に対して何らか

事件名	地位	管理監督者の該当性	付加金
①橋屋事件（昭40）	取締役工場長	否定	請求なし
②静岡銀行事件（昭53）	支店長代理	否定	認(減額)
③サンド事件（昭58）	工場課長	否定	請求なし
④ケーアンドエル事件（昭59）	アート・ディレクター	否定	請求なし
⑤レストラン「ビュッフェ」事件（昭61）	店 長	否定	請求なし
⑥徳州会事件（昭62）	人事第二課長	肯定	否
⑦日本プレジデントクラブ事件（昭63）	編集局次長	肯定	否
⑧京都福田事件一審（昭62），二審（平元）	主 任	否定	認(全額)
⑨彌榮自動車事件（平4）	営業センター係長補佐	否定	認(減額)

の特別給与が支払われていること」（④事件東京地判昭和五九・五・二九労判四三一号）を加えた基準を示してきた①事件大阪地判昭和四〇・五・二二労民集一六巻三号三七一頁は「実質を見て判定すべきもの」としつつほぼ同じ基準により否定、⑦事件東京地判昭和六三・四・二七労判五一七号は特に基準を示すことなく、経理・人事・庶務全般を担当、役職手当を受けている総務局次長につき肯定。本件判旨もこれに従っているが、類型としては④事件に近い。ただし、その表示の仕方からみると、職務の重要性に応じた給与の高さという要件を、職務や勤務時間についての裁量権と並立させる形になっており、一見、それ自体が独立の要件として位置づけられているように見える。

労基法四一条二号の管理監督者の適用除外の定めは、ほんらい労働時間、休憩、休日に関する保護法としての規制の適用を外す趣旨であるから、その主眼は、その者の職務の遂行に関連してその就労時間を自ら決定しうる裁量権を有するかどうかという点に置かれるべきものである。従って、企業所定の職制上の地位、「使用者性」への近似あるいは待遇上の代償措置といったものは、それ自体で独立した判定基準とみなされるべきものではなく、就労時間の自己裁量性の程度を判断するに際しての付随的要素とみるべきものである（少なくとも立法趣旨はそうであったと考えられる)。この意味において、判旨一は、不相当といわないまでも、誤解を招き易い基準の立て方といわざるを得ない。

二　判旨二は、X_1X_2が、判旨一の基準に照らし、法上の「管理監督者」に該当するかどうかを具体的に判断したものである。判決は、(1)Yの係長級職員が日常、乗務員の点呼、配車、点検その他タクシー運行業務全般を監視、事故の際の対外折衝等を任務としているが、自らの業務につき自己決定する権限はなかったこと、組合との団体交渉や営業会議に出席することもなく、乗務員のノルマの決定には参画しなかったこと、(2)Yらは、二四時間制のタクシー運行管理業務を遂行するため所定のローテーションに従い勤務し、タイムカードを打刻していたが、出退社時刻が定められていたわけではなく、ローテーション通りに勤務できない場合にも給与上の不利益を受けることはなかったこと、その実働時間はほぼ一ヵ月二七〇乃至二九〇時間位であったこと、(3)賃金規則上、所定外労働に対する代償として職能手当の八〇%と業務手当が支給されていたこと、(4)その給与は乗務員と異なって定額で安定しており、年間平均収入はX_1が約四六六万円、X_2が五二五万円、退職金の計算においても乗務員には支給されない職務加算金が加算される、など優遇されていたこと、等の事実から、X_1X_2は係長級職員としてYの定めた一定の労働時間（所定労働時間を大幅に上回るものであった）「就労を規制され」、自己の職務遂行に相当程度の裁量権を有していたとはいえず、またその待遇が、社会通念上、使用者都合で長時間労働をする職務に十分見合ったものとは認められず、結局、労基法上の時間規制の対象から外されてもなお保護に欠けることがないとはいえない、と認定している。

三　本判決は、結論として、X_1X_2が法に定める管理監督者に該当しない以上、Yは両者に対し、所定労働時間を超えた労働時間毎につき二五%の割増賃金を支払う雇用契約上の義務があるとした。その場合のYの支払うべき割増賃金の額について、判旨三は、「労働基準法が雇用契約の一内容として履行を強制するものであるから」、就業規則等により労基法より短い労働時間が定められている場合にも、その「法内超勤」分につき、「履行が強制される」と判示している。これは、労働者が労基法上の管理監督者に該当しないと認められた場合に使用者が支払うべき時間外手当は一日実働八時間を超える部分で足りるのか、それとも企業所定の「法内」時間外労働に対しても支払うことを要するのか、という論議のある問題について、本判決が後説に立つ先例（②事件）に結論として賛しつつも、その根拠（法内時間外労働については労基法三七条は適用されないが、時間外手当を支給しない旨を定めた給与規定が同条に違反して無効となることにより、法内時間外労働についても請求権が生ずるとする解釈）については右判決に同調しないことを示している。判旨は「労働基準法が雇用契約の一内容として履行を強制」しているることをその根拠とするもののようであるが、その意味はやや不明確である。これは察するに、法内時間外労働については労基法三七条の規定の適用はない（従って就業規則等に何らの定めがなければ、当然には法内時間外労働について割増賃金の問題を生じない）が、その定めがある場合には、法上の管理監督者たることを否定された労働者は、それ以外の一般の労働者と同様に、右就業規則等の適用の下に労働契約上、所定の割増率による時間外手当を請求しうる私法上の請求権を持つ、ということであろう。そう解する限り特に問題はないが、公法と私法の交錯する訴訟領域においては「履行の強制」というようなまぎらわしい表現は避けるべきである。

本判決は、X_1X_2の未払割増賃金の額についてタイムカード記載の時刻に従って計算した額とする原告側の主張（X_1四二〇万四七二〇円、X_2四四四万二六三一円）を却け、Xらはその全時間就労していたと認めることはできないが、勤務ローテーションや時間外手当廃止の経緯に照らせば、いずれも最低、平均月八〇時間時間外労働をしていたと推認できるとして、その限度で本訴請求期間に応じた割増賃金の請求を認めた（X_1三一七万三一一二円、X_2三八八万六七八一円）。Xらは一定の勤務ローテーションに従って乗務員の管理に当たっていたとはいえ、出庫・帰社・休憩時間が厳格に規制されていたわけではなく、ある程度、裁量による緩やかな勤務や同僚間の融通が認められていたのだから、判決の右推認は相当とみてよいであろう。

四　本件では原告が付加金を請求しており、これに対し判旨**四**は、Yを全く時間外手当を支給する意図のない悪質な使用者と断ずることはできない（判決がこう判断した理由は明白ではないが、Xらの職能ないし業務手当を「時間外手当に代わるもの」として支給していたこと等を考慮に入れたものであろう）が、法三七条違反がある以上、制裁金たる付加金の支払いを命ずるのが相当とした。そして、付加金の額は「裁判所の裁量により減額できる」ものと解し、本件の諸事情を斟酌し、各自、五〇万円の支払いをYに命じている。

労基法に違反した使用者に対して裁判所は労働者の請求により付加金の支払いを命ずることができる（一一四条）が、これを命ずるかどうか、またその額については裁判所の裁量であり、全く命じないこともできると解するのが、ほぼ通説である。時間外割増賃金の不払いに対し裁判所が付加金の支払いを命じたケースは、昭和四〇年から平成元年までの間に二二件（②④を含む）、命じなかったケースが三件ある（労働判例大系2「賃金・賞与・退職金」労働旬報社一六四頁による）。管理監督者性が否定され、労働者の請求により付加金の支払いが命じられたのは、本件を含めて三件（②、⑧、⑨事件）であるが、そのうち請求どおりの全額が認められたのは⑧事件（京都福田事件一審京都地判昭和六二・一〇・一労判五〇六号、同（二審）前掲大阪高判）だけで他の二件は減額されている。②事件の減額は、一日八時間を超える違法な時間外労働についての時間外割増賃金と同額の付加金を命じたことによる。本件の減額においても同じ扱いによると思われるが、本件では特にYの可罰性の程度についての前記の判断が示されていること、また本件の不払い割増賃金額からみるとかなり大幅な減額であることが特色である。いずれにしても、この種事案における付加金の実質的減額の理由について本件は初めての判断として注目される。

〔ジュリスト一〇三〇号、一九九三年〕

3　年次休暇と争議行為――白石営林署事件

〔最高裁昭和四八年三月二日第二小法廷判決、民集二七巻二号二一〇頁――破棄自判〕

一　判決要旨

一　年次有給休暇における休暇の利用目的は労働基準法の関知しないところであり、休暇をどのように利用するかは、使用者の干渉を許さない労働者の自由であると解すべきである。

二　労働基準法三九条三項但書にいう「事業の正常な運営を妨げる」とは、当該労働者の所属する事業場を基準として判断すべきである。

二　事　実

(1)　白石営林署事件

X（原告・被控訴人・被上告人）は林野庁白石営林署に勤務する職員で、当時組合分会の書記長をしていた。昭三三年一二月九日、Xは気仙沼営林署で行われた処分撤回闘争に参加するため、同日の退庁時刻間際に、一〇日、一一日両日の年次休暇を請求する旨年次有給休暇簿に記載して署長に提出し、直ちに退庁したまま両日とも出勤しなかった。当局は、当時時季変更権を行使しなかったが、後になってXの年休請求は組合の処分撤回交渉の支援に参加するための休暇闘争であり、有給休暇をこのような違法争議行為に利用することは許されず、また、それは事業の正常な運営を妨げるものとして右二日間を欠勤扱いとし、賃金カットをした。そこでXは国を相手どって二日間の賃金と遅延損害金を請求したものである。

第一審の仙台地裁判決（昭四〇・二・二労民集一六巻一号一三四頁）、第二審の仙台高裁判決（昭四一・五・一八高裁民集一九巻三号二七〇頁）とも、年次有給休暇の利用目的は労働者の自由であり、たとえXが拠点闘争としての団体交渉支援に参加したものであっても、Xの所属する事業の正常な運営が阻害されなかった本件では、Xの有給休暇は適法、としてその請求を認めた。そこで国側が上告した。

(2)　国鉄郡山工場事件

Xら（原告・控訴人・上告人）は、国鉄職員として郡山工場に勤務していたが、昭和三七年三月の春闘に際し、同三一日、四月一日の休暇手続をとって、三〇日深夜から三一日午前六時すぎまで闘争拠点駅である岩沼駅における闘争やピケットに支援参加した。国鉄側はXらに対し事前に時季変更の手続をしなかったが、後になってXらの年次休暇を否定し、欠勤としてそれぞれ一日または半日分の賃金をカットした。Xらがこの分の賃金額と遅延損害金を請求したものである。

第一審仙台地裁判決（昭三九・一二・一一労民集一五巻六号一二五八頁）、第二審仙台高裁判決（昭四一・九・二九労民集一七巻五号一二四〇頁）はいずれも、有給休暇制度と争議行為とは本質的に相容れないものであるから、労働者が有給休暇を争議行為に利用したときは賃金請求権を失うとして、午後半日分の賃金額を除きXらの請求を棄却した。そこでXらが上告した。

三 判決理由

白石営林署事件は上告棄却、国鉄郡山工場事件は破棄自判となり、両事件とも労働者側の勝訴となったが、両事件の判旨はほぼ同様なので、共通の部分を次に述べる。

㈠ 年次有給休暇の権利は、労基法第三九条第一項・第二項の要件が充足されることによって法律上当然に労働者に生ずる権利であって、労働者の請求をまって始めて生ずるものではなく、また、同条第三項の「請求」とは、休暇の時季にのみかかる文言であって、その趣旨は、休暇の時季の「指定」にほかならない。

労働者が、その有する休暇日数の範囲内で具体的な休暇の始期と終期を特定して時季指定をしたときは、客観的に同条第三項但書所定の事由が存在し、かつ、これを理由として使用者が時季変更権を行使しないかぎり、右の指定によって年次有給休暇が成立し、当該労働日における就労義務が消滅する。

休暇の時季指定の効果は、使用者の適法な時季変更権の行使を解除条件として発生するのであり、年次休暇の成立要件として、労働者の「休暇の請求」や使用者の「承認」の観念を容れる余地はない。

㈡ 年次休暇の利用目的は労基法の関知しないところであり、休暇をどのように利用するかは、使用者の干渉を許さない労働者の自由である、とするのが法の趣旨である。

㈢ 労働者が所属事業場において、業務の正常な運営阻害の目的で全員一斉に休暇届を提出して職場を放棄、離脱するいわゆる一斉休暇闘争は、その実質は、年次有給休暇に名を藉りた同盟罷業にほかならない。

したがって、その形式いかんにかかわらず、本来の年次休暇権の行使ではないから、これに対する使用者の時季変更権の行使もありえず、一斉休暇の名の下に同盟罷業に入った労働者全部について、賃金請求権は発生しない。

㈣　当該労働者の所属する事業場以外の事業場における争議行為等に休暇中の労働者が参加したか否かは、なんら当該年次休暇の成否に影響するところはない。労基法三九条三項但書にいう「事業の正常な運営を妨げる」か否かの判断は、当該労働者の所属する事業場を基準として決すべきものである。

裁判官全員一致により破棄自判（村上朝一、色川幸太郎、岡原昌男、小川信雄）。

【参照条文】　労働基準法三九条

四　批　評

一　本二件の判決は、最高裁の最終的判断を示すものであるから、それぞれの上告理由に答える形をとっている。すなわち、林野庁白石営林署事件では、㈠　労働者の年次有給休暇の請求に対し使用者の付与行為（承認）を要するかどうか、㈡　被上告人は使用者の時季変更権の行使を妨害したもので、休暇請求の権利行使の方法が信義則に反し、権利濫用となるかどうか、㈢　年次休暇の利用目的がどのようなものでも休暇請求が違法とならないかどうか、㈣　被上告人が年次休暇を争議行為に利用する目的で請求したものでないとの原判決の判断が経験則違背、採証法則違背となるかどうか、㈤　原判決が本件につき労基法三九条三項但書の事由が認められないとした判断の適否、であり、国鉄郡山工場事件では、㈠　原判決が労基法三九条の年次休暇制度とストライキの本質とは両立しないとの理由で上告人の請求を却けたことが、同条の解釈適用を誤っているかどうか、㈡　有給休暇の使用目的ないし使用内容の違法は、有給休暇の否定となりうるかどうか、である。前者では、判旨は上告理由の各点に答えて、そのすべてについてその主張を却けたのに対し、後者では、上告理由を容れて原判決を破棄しているが、判旨の理論構成は前者と全く同一であり、国鉄側が時季変更権の行使をしなかった以上、有給休暇は成立したことになり、かつ、時季変更権の行使をすべき事業の正常な運営を妨げる場合にも当らないという判断を示している。

本二判決の判旨を全体として要約すれば、次のようにいうことができるであろう。すなわち、判旨は、年次有給休暇の権利を労基法三九条第一、二項の要件が充足されることによって、同第三項による使用者の時季変更権の行使がないかぎり、法律上労働者に当然生ずる権利だとし、個々の年次休暇権の行使については、事業の正常な運営を阻害する場合にのみ時季変更権の行使という制約があるに過ぎない。従って、休暇の利用目的いかんは休暇権の行使に関係がない。ただ当該事業場の一斉休暇闘争なるものは、実質上、同盟罷業であるから、休暇権の行使といえず、従ってとられた休暇は争議行為として賃金請求権を発生させない。もっとも、本件の二事案はその場合に相当しないから正当の休暇として扱われ、時季変更権の行使がなされなかった以上、賃金カットは不当である、というのである。

年次有給休暇をめぐる法律上の争いや論争は、従来、ほとんど、いわゆる官公労働者の休暇闘争をめぐるものであった。そこで本件をめぐる主たる社会的関心も、年次休暇制度と休暇闘争という一見、相矛盾する現象の解明という点に寄せられたのであるが、本件の最高裁判決は、休暇闘争を当該労働者の所属事業場の内外という基準によってふるい分け、本件のような拠点闘争としての事業場外の争議行為の支援という形をとる休暇闘争は年次休暇の利用目的の範囲内の問題として処理するという立場に立ったため、判旨として、一応、事業場内における休暇闘争の場合についてもその法的性格および効果についての見解を示しているとはいえ、休暇闘争の本筋の議論は回避された形となった。結局、本判決の意義は、年次有給休暇の権利としての性格につき、従来多岐に分れた判例、学説の考え方に対し、すっきりした統一的見解を示し、休暇闘争についても、それとの関連で一定の位置づけを与えたところにあるといえよう。

二 判旨**一**は、年次有給休暇のいわゆる法的性質（または性格）に関するものである。判旨は、年次休暇の権利は、三九条一、二項の要件が充足されることにより、同三項による使用者の「適法な」時季変更権の行使を解除条件として、法律上「当然に」生ずる権利であると説く。そのイントネーションは、年次休暇の成立要件が(時季変更権の適法に行使される場合を除き)、同条一、二項の要件の充足をもって足りるとした点にあり、同条第三項の「労働者の『請求』する時季に『与え』ねばならない」という文言の「請求」とか「与える」という用語および使用者に「事業の正常な運営を阻げる場合」に時季変更権が与えられているという事実から一部の学説(請求権説)が主張するような(同条一、二項の要件充足以外の)労働者の請求――使用者の承認というプロセスを考える余地は全くないといっているのである。

この基本的考え方は、学説上は、はじめ、いわゆる形成権説が、請求権説のアンティテーゼとして主張したところであるが、学説は、その後、年次有給休暇の法的性質に関し、単に請求権か形成権かという単純な形でなく、より緻密な理論構成を試み、これを年次有給休暇権と時季指定権の二つに分け(二分説といわれる)、さらに、その時季指定権の権利の性格につき時季指定(権)説、種類債権説、選択債権説、特殊権利説などを生んでいた。(1)そして、官公労のいわゆる休暇闘争が、最初に刑事事件として、後には、解雇、賃金請求などの民事事件として争われる中で、下級審の判例にも、それぞれ請求権説、形成権説、種類債権説等の主張が現われ、学説上の論争が判例法の中に持ちこまれることになった。

このように本判決の背景には、年次休暇の性格論争という背景があるのであるが、判旨は、右に挙げた学説のいずれを採るともいわず、○○説という固有名詞を全く使用していない。しかし、判旨の文言からみて、それが広義の時季指定説に立ち、その中でも特に蓼沼教授の説(2)に最も近いことは明らかである。(3)白石営林署事件の高裁判決が種類債権説を採り、本件判旨がこの結論を支持した関係もあって、本件判旨もこの説を採ったとみる見解もあるが、(4)上告理由に対する判旨の答え方からみてもそういえないであろう。なお、いわゆる形成権説が、年次休暇権は労基法三九条一、二項の要件を充たすかぎり(時季変更権の行使の場合を除いて)形成的に休暇の効力が発効する、という見解をとるものだとすれば、本件判旨は、結論は同一でも、この説を採っていないとみてよいである)。

それはともかく、判旨が、年次休暇の成立要件として使用者の承認を要するという意味での請求権説を却け、休暇の「請求」とは、すでに行使する権利のある休暇日を特定するだけのものだという考え方が定着したことは、今や明白である。今後は、労働者の年次休暇行使のプロセスは、労働者が三九条一、二項により「有する休暇日数の範囲内で、具体的な休暇の始期と終期を特定して時季指定」をすれば、(時季変更権の行使がないかぎり)「右の指定によって年次有給休暇が成立し、当該労働日における就労義務が消滅」し、かつ、休暇手当を取得する権利をもつことになる。そこに使用者の承諾とか休暇の付与行為を考える余地はない。

判旨のこの見解は、労基法三九条の最もすなおな読み方であるし、また、このように解しないと、休暇の取得について、申込みとそれに対する承諾という諾成契約が成立し、そこではじめて労働者が休暇を付与されるというような無用に複雑な構成となり、年次休暇の円滑な行使を妨げることになるのは、経験則上、また実態上、明らかである。

労基法三九条一項または三項の使用者が休暇を「与える」とは、判旨によれば、有体物給付のような債務者自身の積極的作為ではなく、労働者が休暇を享受するのを妨げてはならないという不作為の義務を意味することになる。多少苦しい説明であるが、「与える」とは、休暇を「認める」ことだと説明すれば、そこに「承諾」の意味が含まれることになってまずい。これを避けるとすれば、判旨のように説明するほかないであろう。なお、現実の年次休暇取得のプロセスからいえば、労働者がとる権利のある休暇につき申請(法的用語では請求＝時季指定)をすると、使用者がその日について時季変更権を行使するかどうかを決めたうえ「休暇をとっても差支えない」とか、または「差支えがあるので他の日にとってほしい」と答えるわけであるが、通常、その間に、多少の時間的余裕が必要であり、また、そこに双方の意思表示の一定の対応関係が存することは否定できない(多くの場合文書による届出—認可という形がとられる）。しかし、法的には、「請求」とか「与える」という言葉からくる誤解を避けるために、このような事実上の対応関係は一切捨象したほうがよい。使用者が時季変更権の行使を考える時間的余裕のないほどの請求＝指定の場合は、年次休暇権の濫用をもって処理するほかないであろう（その結果使用者による時季変更権の遡及的適用という現象が生ずることがある）。

なお、判決は、判旨(一)で述べる労働者の時季指定に関連して、傍論として「時季」を季節をも含めた時期を意味するものと解する、と述べている。これは、本判決が採用したと思われる蓼沼教授の所説[5]が、時季の解釈について季節という年次休暇ほんらいの継続的使用に重点を置いた政策的配慮を加えられているところから生じた学説上の論争[6]を判決が考慮し、いわば時季多義説を採ることを付言したものである。

三　判旨(二)、(三)は、年次有給休暇の利用目的に関するもので、原判決（白石営林署事件）が「休暇の利用目的がどのようであっても、休暇請求が違法となることはありえない」と判断したのは、労基法三九条三項の解釈適用を誤ったものだと主張する上告理由に答えたものである。その意味では、判旨(二)と(三)は一体のものとして続けて読むべきものともいえるが、すでに述べたように、判旨(三)の部分は、判旨(四)が明らかにしているように本件の事案に適用しえないものであるから、いわゆる傍論として扱うのが正当であろう。

そこで、判旨(二)を、判旨(三)の部分と一応、切離してみると、それは、労基法三九条の解釈として全く当然のことを述べたまでで、年次休暇の利用目的が労基法の関知しない（正確には触れるところのない）ところであり、休暇をどのように利用するかは、使用者の干渉を許さない労働者の自由である、ことについては、学説上ほとんど異論がないのである。[7] 判旨がこれを確認的に述べたことは、従来、年次休暇の実務面で、使用者が休暇の利用目的を届けさせたり、それによって「承認」を与えたりしてきた扱い方が、今後は許されなくなったことを明示するものとして、実質上の影響が大きいであろう。

問題は、判旨(二)と(三)の理論的関係であるが、その検討に入る前に、判旨(三)の意味を明らかにしておきたい。

四　判旨㈢は、労働者の所属事業場におけるいわゆる一斉休暇闘争と年次休暇権の行使との関係に関する裁判所の一般的見解を述べたものである。

判旨は「一斉休暇闘争」を「業務の正常な運営阻害の目的」をもって、「全員一斉に休暇届を提出して職場を放棄、離脱する」ものと定義づけ、かかる行為は、「その形式いかんにかかわらず」、実質的に、「年次休暇に名を籍りた」同盟罷業であるとし、従ってそれは、「本来の年次休暇権の行使」ではないから、使用者の時季変更権の行使ということもありえず、参加した労働者「全部」について賃金請求権が発生しない、という。

これは、複雑な内容をもった一斉休暇闘争なるものの厳密な定義とはいいがたいが、その主たる性格または休暇の行使との識別点を、業務運営の意図的阻害という目的ないし動機の点に置いて判断し、休暇の行使が目的においてそのようなものと認められるかぎり、それは形式や名目のいかんにかかわらず、休暇権の行使とは無縁の「同盟罷業」とみなし、それとしての法的効果を付与しよう、とするみかたである。

この考え方に対しては、一斉休暇闘争の参加者は初めから業務の阻害を意図しているものではなく、業務の阻害は休暇の結果として生ずるに過ぎないという観点に立って、休暇を認めた結果として業務阻害が生ずることが予測される場合には、使用者は時季変更権を行使してそれを回避すればよいのであるから、単に休暇闘争が業務阻害を意図しているという理由だけで休暇の請求を認めないのはおかしい、という批判が当然なされるであろう。事実、この考え方は学説上、有力であり、その趣旨の下級審判決も出ている。

しかし、最高裁は、現実に世間で行なわれている休暇闘争を労働者の集団的団結活動という側面から捉え、一斉休暇闘争という名の争議行為の存在を肯定して、これを個々の労働者による年次休暇の行使と峻別するという見解をとることを明らかにしたものである。そして休暇闘争をこのように争議行為とみる限り、その中で行われる個々の労働者の休暇の請求（判旨によれば休暇時季の指定）という行為も、もはや個々の労使関係の問題ではなくなり、「本来の年次休暇権の行使」でもないから、これに対し使用者が労基法三九条にいう事業の正常な運営を阻害するかどうかの観点から時季変更権を行使するかどうかの問題は生じないし、また、そういう法的義務もないということになるわけである。

　この場合、「休暇闘争」といっても、個々の労働者は、別段、平常時に年次休暇をとる時と違った申込手続をするわけではなく（組合が個々の組合員に代って一括して届出を出すことはあるかもしれない）、個々人が労基法三九条三項による休暇の請求をするという形をとるのであるから、（判旨に従って使用者の「承認」という観念を容れる余地が全くないにしても）もし、使用者が当該休暇闘争を年次休暇として扱わないのであれば、右の「請求」に対し「拒否」という回答ないし意思表明を行うことになるであろう。問題は、現行の労基法の体系の中で、労働者の法三九条による請求に対する使用者の「拒否」というような観念を容れる余地があるかどうか、あるとすれば、それはいかなる理由によるのか（利用目的いかんによるのでないことは判旨から明らかである）、それともそういう場合には、そもそも労基法（三九条）の適用がなくなると解すべきなのか、ということである。判決は、判旨㈢の下で当然起りうるこういう疑問については何も説明しない（今後、実務処理上、多くの問題を生ずるであろう）で、ただ「一斉休暇の名の下に」（この意味も厳密にいえば不明である。例えば、皆さん休暇をとりましょうという組合の呼びかけもこれに含まれるのであろうか）、同盟罷業に入った労働者には（争議行為という就労拒否をしたのだから当然に）賃金請求権が発生しない、といっているに過ぎない。

　右の点を推測すれば、判旨は多分、休暇闘争という名の争議行為には、労基法の形式に従った休暇の請求ということはありえないという考え方をとっているのであろう。この年休・争議行為非両立論については、蓼沼教授は、本件判旨が判旨㈣で事業場外の争議行為支援の目的のための年休取得を認めていること、および、特に国鉄郡山工場事件の一・二審の判決の非両立論の核心が労働力支配体制や賃金の支払を両者の峻別の根拠としているのに対し、上告審である本件ではそれに触れていないことを挙げて、本件判旨は、従来の非両立論を排斥したものと解されている。[8] 確かに、判旨㈢は傍論であるから、本件では判旨㈣の方に重点があるといえるであろうが、私には、傍論の判旨㈢に関するかぎり、最高裁は基本的には、年休・争議行為非両立論を前提にしているように思えるのである。

それにしても、所属事業場における休暇闘争としての争議行為が、なぜ、年次休暇と両立しないのかその積極的理由は、蓼沼教授が指摘される通り、本件判旨が一、二審の見解を（少くとも積極的には）支持していないこと[9]からいっても明らかでなく、この点が本件判旨の最も大きなウィークポイントであるといってよいであろう。

この判決の多くの評釈は、判旨㈢の部分を争議行為・休暇非両立論とみて、その理由を、年次休暇が正常な労使関係または作業体制、労働力の支配権の存続、労務の対価としての賃金支払等を前提とするという考え方によると推定したうえで、これらの考え方に批判を加えられている。[10] 有給休暇中はすでに使用者の労働力の支配が中断されるものであること、また休暇中の賃金は過去の労働に対する対価としてのそれではなく、休暇保障のために法律が義務づけた賃金であることなど、これらの批判が論拠とする主張はそれ自体正当であり、非両立論の側からする反批判は、かなり難しいと思われるが、判旨はその理由について何もいっていないのであるから、これ以上追及のしようがない。

ただ本判決の評釈の多くが、判旨㈢に反対の立場をとりながらも、休暇闘争が時として「争議行為」とみなされうる場合のあることを示唆している点[11]は注目される。つまり、そこでは、「休暇闘争」がもはや、年次休暇の行使の対象となる「休暇」ではなくて、「争議行為」の範疇に入る特殊の行動的概念であることが肯定されているわけである。いかなる場合がそれに該るかを明示されているのは蓼沼教授だけであり、教授は、労働者が使用者の時季変更（の抗弁）を無視して行う場合を挙げられる。[12]

私は、所属の事業場における一斉休暇闘争はその形式いかんにかかわらず、すべて年次休暇に名を藉りた同盟罷業だとする判旨のあまりにも大ざっぱなフォーラムには賛成できない。休暇闘争にはいろいろのやりかたがあり、それを行う意図も、必ずしも常に事業の正常な運営の積極的阻害にあるとは限らない。年次休暇の行使に際して労働者が何がしかのプロテストや怨念をこめていたとしても、それだけでは年次休暇たるの本性が否定されることにはならないし、たまたま全員が一斉に請求したとしても、これまたその事実だけでは休暇が別の概念に変質するわけではない。もちろん、これまでの休暇闘争が、争議行為的実態をもつものであることは否定できないが、そうだからといって、一斉休暇の形式をとれば、その行為が直ちに争議行為という概念に転換すると考えるのは、厳密さを要求される法的思考の逸脱といわねばならない。休暇闘争が争議行為だと認定するには、一方で休暇闘争における行為が全体として年次休暇権の行使と認められないこと、他方でそれが集団的団結活動としての争議行為たる属性をもつこと、の両面からの考察が必要であろう。具体的には、使用者の時季変更権の行使にもかかわらず、これを無視して行使される休暇や、使用者が時季変更権を事実上全く行使しえないような時間的余裕のない抜打ち休暇の場合がこれに当るといえる。

いずれにしても、判旨のように、年次休暇権の行使のワク内に入らない、いわば擬似休暇請求という概念を樹てて、これを争議行為として扱うという態度をとるとすれば、その最終的・客観的判断は裁判所の認定に待つほかないであろう。

なお、判旨は、一斉休暇闘争を「業務の正常な運営の阻害を目的として、全員一斉に休暇届を提出して職場を放棄・離脱するもの」と定義している。右にいう「全員一斉に」とは、当該事業所属の労働者の全員が一斉にという意味でないことはもちろん、組合員の一部が休暇届を出す場合（何割闘争と呼ばれる）にも、「一斉に」それが提出されるかぎりこれに含まれる、と判旨は解しているように思われる。

五　判旨㈡が、年次休暇の利用目的は労基法の関知しないところで、使用者の干渉を許さない労働者の自由であると明言しているにもかかわらず、判旨㈢は、業務の正常な運営阻害を目的とする一斉休暇闘争を年次休暇と認めないという。そこで、本判決の多くの評釈者は、両判旨は相互に矛盾するものとし、判旨㈡が労基法の解釈上当然の帰結だとすれば、判旨㈢は誤りであって、休暇闘争における休暇の請求も判旨㈡の原則を適用して時季変更権の問題として処理すれば足りると批判している。

それでは、本判決は判旨(二)を原則として、判旨(三)をその例外に当る場合とみるのであろうか。判旨(三)の文言からみるとどうていそうは読めそうにない。すでに述べたように、判旨(三)は、休暇闘争それ自体を争議行為という年次休暇と無縁の概念とみてしまうことによって、争議行為に利用することを目的とした年次休暇の適法性いかんという発想を初めから却けていると思われるからである。

それでは、判旨は、年次休暇が争議行為(の支援)に利用する目的でとられた場合の適法性については果してどう考えているのであろうか。判旨(四)がこれに答えた部分である。

判旨(四)は、労働者の所属する事業場以外で行われる争議行為に休暇中の労働者が(支援)参加する場合(本件の事案がこれに相当する)について、そのことは「なんら当該年次休暇の成否に影響するところはない」として、判旨(二)の原則を確認している。そして、その理は、休暇をとった労働者が争議の支援におもむく事業場の企業体が、たとえ当該労働者の所属する事業場のそれと同一であったとしても変りがないのである。判旨が労基法三九条三項但書にいう「事業の正常な運営を妨げる」か否かの判断は、当該労働者の所属する事業場を基準として決すべきもの、といっているのはこの意味である。そこで、判旨は、当該労働者の所属する事業場(A事業場とよぶ)の使用者は、年次休暇を請求=指定した労働者に対し、当該休暇が同一企業における他事業場(B事業場)の争議行為支援の意図をもつという「目的」ないし「使途」の不当性を理由に、休暇の行使を阻げてはならないと同時に、当該休暇に時季変更権を行使する場合にも、AB両事業場を含めた「事業」の正常な運営阻害という判断基準を用いてはならず、あくまでA事業場のそれについて決しなくてはならないとみているようである。判旨(四)が、このような二つのフォーミュラを述べようとしたものだとすれば、もう少し言葉を添えるべきであったろう。

それはともかく、判旨(四)の部分は、一般に評者の支持が強い。私も賛成である。他事業所の争議応援のようなケースを年休・争議行為非両立論によって否定するのは、労基法三九条の解釈論に不当に「動機論」を持ちこむことになるからである。反対説は、問題の争議行為がたまたま官公労働者について実定法上禁止されているという、別の意味の違法論に引きづられた論議のように思える。

判旨㈣を以上のように解したとしても、判旨㈢と㈣は相互に矛盾するという批判はかなり強いかもしれない。それは判旨㈣が正しければ判旨㈢の論議は成立しないはずだというのと、逆に、判旨㈢が正当であれば、㈣は成立しないという二面からの批判である。

私見は、すでに述べた理由によって、判旨㈢と㈣は必ずしも矛盾しないと思うが、判旨㈢はフォーミュラとしては狭きに失すると考えるものである。

（1）　学説、判例の紹介については拙著『休憩・休日・休暇』総合労働研究所（昭四七）一四三頁以下に要約。

（2）　吾妻編『註解労働基準法』（昭三九）所収の三九条註解、「年次有給休暇権の法的性質について」一橋論叢五二巻二号、諸学説への批判を含む「年次有給休暇制度をめぐる若干の問題」日本労働協会雑誌昭四八年二月号参照。なお、前掲拙著における蓼沼説の紹介は正確さに欠けるところがあり、教授の批判をいただいたので機を得て訂正するつもりである。蓼沼教授は本判決後、「年休権をめぐる制度と現実」労働法律旬報八三二、八三七、八四〇号において本件判旨の評釈を含めて再度、年休問題につき詳論されている。

（3）　西川美数「年次有給休暇の法的性質と争議目的利用」（ジュリスト五三〇号）、花見忠（ジュリスト五四〇号労働判例評釈）、山本吉人「年次有給休暇の法的性質と争議行為利用との関係」（労働判例一七一号）。

（4）　島田信義「年休権の性格と争議支援目的のための利用」季労八八号一七六頁。

（5）　前掲旬報八三二号に詳しい。

（6）　青木宗也「年次有給休暇請求権の法的性格」法律時報五四〇号一〇七頁参照。もっとも蓼沼教授も時季指定方式を本則とされるだけで時期指定―コマギレ取得を違法とされるわけではない。八三七号四二頁。

（7）　外国の立法制には年次休暇の病気療養への（使用者による）転用や他企業での有償労働を禁じるものがある（拙著二〇五頁以下）。年休制度の趣旨に反するこれらの使途については立法で抑制すべきであるが、そのことと本件で問題となっているような目的違法説とは関係はない。

（8） 前掲旬報八四〇号三一頁。
（9） 反対、倉地康孝「年次有給休暇の法的性質と争議行為」（労経判例速報八一八号）。
（10） 前掲、西川、花見、島田、山本、青木各教授の評釈参照。
（11） 例えば島田・前掲書一七七頁、青木・前掲書一一〇頁。
（12） 前掲旬報八四〇号二八頁。教授は、時季変更の抗弁を無視して行われる休暇闘争についても年休権行使部分プラス争議行為として把える多数説に対して、組合の争議行為意思に反する結果となるとして疑問を提出される。私も多数説の考え方は休暇付与に差別性を生ずるものとして問題だと思う。

〔民商法雑誌六九巻四号、一九七四年〕

4　計画休暇と時季変更権――高知郵便局事件

〔最高裁昭和五八年九月三〇日第二小法廷判決、民集三七巻七号九九三頁〕

一　事　　実

一　郵政省と全逓労組との間の「年次有給休暇に関する労働協約」と給与特例法にもとづく「郵政事業職員勤務時間、休憩、休日および休暇規程」（以下「労働協約等」という）は、郵政事業職員の年次休暇につき次のように定めている。㈠付与日数一休暇年（四月一日～三月三一日）につき二〇日。㈡休暇の有効期間は二年間とする。㈢休暇は、計画付与の対象となる休暇（計画休暇）と自由付与の対象となる休暇（自由休暇）に区分される。㈣「計画休暇」の日数は、前年度の発給日数であって前年度に使用されなかった日数のうち一〇日に達するまでの日数と前々年度の発給日数であって前年度までに使用されなかった日数とする。それ以外は「自由休暇」として職員が任意の時季に請求することができる。㈤「計画休暇」の手続は、以下のとおりであった。その対象となる日数のうち前年度の発給に係る分については、所属長が年度の初頭に職員の請求により業務の繁閑等をしん酌して各人別に当該年度中の付与予定計画をたて、これにより休暇を与える。ただし、所属長が年度の途中に右計画の変更を必要と認めたときは、右の趣旨に準じてこれを変更することができる。計画休暇の日数のうち前々年度の発給に係る分については、所属長がその年度の五月から順次各月について一日ずつ割り振り、かつ、前年度の発給分に準じて休暇を与える。計画休暇を希望する職員は、年度初頭一定の期日までに希望する時季（特定の月日）を記入した年次有給休暇付与希望調書を提出し、所属長は、当該職員に休暇付与予定計画を決定し、これにもとづき通知する。ただし、所属長において、当該職員の希望する時季に休暇を割り振ることが困難と認めたときは、その旨当該職員に通知し、他に希望する時季を申し出させるとともに、これによるもなおその者の希望する時季に休暇を割り振ることが困難であると認めたときは、当該年度中の他の適当と認める時季にこれを割り振ってその計画を決定し、これを当該職員に通知する。

二　原告・上告人$X_1$$X_2$はいずれも高知郵便局集配課に勤務する職員であるが、集配課長が昭和四六年度の初頭において決定した休暇付与予定計画において、X_1については六月二六日、X_2については同月二四日が予定日とされていたところ、集配課長は、X_1に対しては同月二四日午前一〇時ころ、X_2に対しては同月二三日午後三時ころ、「業務に支障があるため右各休暇付与予定日を変更し、同日は出勤するよう」通告した。しかし、X_1、X_2ともにその日に欠勤したため、被上告人Y（高知郵便局長）は、昭和四七年一月一三日、$X_1$$X_2$を国公法九八条一項、一〇一条一項前段に違反し、同法八二条一号及び二号に該当するとして戒告処分に付した。$X_1$$X_2$はこの処分の無効を主張して、処分取消を求め、本訴を提起した。

三　Yが$X_1$$X_2$の計画休暇付与予定日を変更した経緯は次のとおりである。(1)昭和四六年六月二七日は参院選挙の投票日にあたっており、六月二四日から二六日までの要配達一般郵便物の中には、選挙運動期間の後半に差出される選挙関係郵便物が混在することが予想された。高知郵便局では、これらの郵便物の配達を完全にするための、右要配達郵便物全部の即日完全配達を期していた。(2)X_1は主として市内三区の配達を担当していたが、平素この区の配達は職員一名が担当し、一日の配達可能数は約八〇〇通であった。ところが、当時の状況から六月二六日の要配達数は約一五〇〇通と見込まれ、即日完全配達には常勤職員二名の配置が必要として、所属長は同日のX_1の休暇予定日を変更した。(3)X_2は主として市内五〇区の配達を担当し、この区も平常の場合、常勤職員一名が担当していたが、同じく当時の状況から六月二四日の要配達数は約一三〇〇通と見込まれ、即日完全配達には同じく職員二名の配置が必要として所属長がX_2の休暇予定日を変更したものである。X_1、X_2の不出勤により、当日はそれぞれ約二〇〇通、三〇〇通の未配達を生じた。

四　一審は、『計画休暇』は、前年度および前々年度の未消化分の有給休暇の繰りこし分として本質的には年次有給休暇と異なるものではないから、その変更は労基法三九条三項但し書にもとづく時季変更権と同様の要件の下にのみ許される」と解し、本件において六月二七日の参院選挙のおこなわれることは以前より判明したところであるから、計画休暇の変更も選挙に備え早期になすべきで、付与予定日の前日になってこれを理由に突如変更することは、時季変更の正当事由と認めることはできない、としてX_1、X_2の各請求を認容した。

これに対し、二審は、『計画休暇』は労基法三九条所定の年次有給休暇ではなく、本件協約等により認められた休暇であるから、その付与および時季変更については、同条三項の適用がなく、本件協約等の定めるところに従うべきであり、所属長が、業務の繁閑等各般の事情を考慮し、その状況に応じた合理的判断の下に、休暇付与予定計画の変更が業務の運行上必要であると認めたときは、年度の途中においてもこれを変更することができると解するのが相当」とし、集配課長によるX_1、X_2の計画休暇付与予定日の変更は、右基準に照らして適法かつ有効であると判断、一審判決を取消し、各請求を棄却した。

二　判　旨

一　（本件における）「労働協約等」は、法内休暇、協定休暇の区別を問わず、休暇を労基法三九条所定の基準により一律に取扱うこととしているものと解するのが相当である。したがって、「計画休暇」の請求および時季変更についても、それが法内休暇であるか協定休暇であるかを問わず、労基法三九条三項所定の基準に従うべきであり、年度の初頭において職員の請求によりたてられる「計画休暇」付与予定計画の付与予定日は、同三項にいう「労働者の請求する時季」に相当し、所属長による変更がないかぎり、右付与予定日に休暇が成立し職員の就労義務が消滅する。また、所属長による変更は、同三項所定の時季変更権の行使と異なるところはなく、同項但書所定のとおり、付与予定日に「計画休暇」を付与することが「事業の正常な運営を妨げる場合」にのみ許されるものであり、この点に関し原審は労働協約等の解釈を誤ったものというべきである。

二　しかし、X_1X_2に付与予定計画どおり六月二六日と六月二四日に「計画休暇」を与えることは、「事案の正常な運営を妨げる場合」にあたるとみとめられる。したがって、原審の右解釈の誤りは判決に影響を及ぼさない。

三　年度の途中において時季変更権を行使し、「計画休暇」の付与予定日を変更することができるのは、計画決定時においては予測できなかった事態発生の可能性が生じた場合にかぎられるというべきである。そして、その場合においても、時季変更権により職員の被る不利益を最少限度にとどめるため、所属長は、右事態発生の予測が可能になってから合理的期間内に時季変更権を行使しなければならず、不当に遅延した時季変更権の行使は許されないものと解するのが相当である。

四　本件においては、「計画休暇」付与予定日のほぼ直前である六月二四日または同二三日になって時季変更権が行使されているが、原審は右事態の発生がいつの時点において予測可能となったかについてなんら確定することなく、ことに、参院選挙投票日が相当以前から明らかになっているものであるのにこれとの関係を説明せず、本件「計画休暇」付与予定日の変更を有効としているのであって、原判決にはこの点において審理不尽、理由不備の違法がある。

原審差戻しの説示を疑問とする。

三　評　釈

一　判旨**一**は、本件「労働協約等」に定める「計画休暇」における職員の請求および所属長の時季変更の手続きが、労基法三九条三項所定の基準に従って行われるべきことを判示している。

右の判旨は、本件の「計画休暇」と労基法上の年次休暇との関係をめぐる一・二審の見解の対立に最高裁としての解釈を示したものである。

問題は労基法上の年次有給休暇の「繰越し」ということに関連する。「繰越し」とは、法三九条一・二項に定める法定要件を前年度に充足することにより、労働者が翌年度に当然、行使できる年次休暇が不請求あるいは時季変更権の行使により当該年度内に行使されなかった場合に、使用者がその分を次年度以降にも使用することを認める方式である。もちろん、労基法自体には何らの定めもない。そこで、不行使の年次休暇が労働者の当然の請求権として、それが完全に行使されるまで使用者はその付与を法的に義務づけられるのか（この場合、請求に対して付与しない使用者は法違反として処罰されることになる）、それとも、労働者の法的な請求権（とそれに対応する使用者の付与義務）は、当該年度内で消滅し、ただ使用者が当該年度以降にも使用することを任意に認めた場合には、合意による年次休暇という形の繰越し現象が生ずるに過ぎないのか、不明であり、学説・判例の対立するところである（判例上、年休の繰越しについて判示したケースは、繰越しを否定した静岡地判昭四八・三・二三判時七一一号一三三頁があるだけである。学説および私見については有泉・青木編・新版労働基準法（基本法コンメンタール）一七九頁参照）。

郵政省において統一的に実施されている本件「計画休暇」も、行使しきれなかった法上の年次休暇の消化のため労使間の協定等に基づき当局が「繰越」使用を認めた休暇に外ならないが、職員がそれを請求し、それに対して当局が時季変更権を行使する手続について一定の定めがなされているだけに、法上の（正式の）年次休暇の場合との間に「差異」があるかどうかが本件で問題となるに至った。その点で一・二審は相異なる解釈をとった結果、結論も正反対となったのである（二審評釈として平野信博・ひろば三三・七・七五、麻田正勝・昭五四行政判例解説一一八頁参照）。

すなわち、一審は、本件「計画休暇」として行使される前年度及び前々年度の未使用（繰越し）分を「本質的には（法上の）年次有給休暇と異なるものではない」と解することにより、この休暇の変更についても、法三九条三項但書の時季変更権と「同様の要件」が課せられ、「事業の正常な運営を妨げる場合」にのみ許されるとの見解をとった。これに対し、二審は、労働協約等によって繰越使用を認められた分は「労基法所定の年次有給休暇ではない」から法三九条三項に定めるのと同一の要件を必要とせず、協約の定めるところに従い変更しうると解した。この両審の見解の差異を、一審が年次休暇の繰越しを認めたのに対し二審がこれを否定したかの如く受けとる向きもあるが、各判旨をそのように受けとるのは正しいと思われない。

一審も年次休暇の繰越し分がそれ自体、法上の年次休暇として同法三九条の適用があるといっているわけではなく、「計画休暇」が定められた趣旨からいって、それが「本質的に」法上の年次休暇と異ならないとして、法上の年次休暇に準じた扱いがなされるべきことを判示しているに過ぎないと思われる（山口浩一郎・本件評釈ジュリ八〇四号八六頁は類推適用説と解する）。そうでなくて、もし右判旨のいう「本質的に」という意味が、法上の年次休暇は法的に当然繰越され、その結果、繰越された年次休暇は全く法上の休暇と同一であることを示したのだと解すると、繰越しを定めた協定等は法的に意味を有しない（文言上、法三九条三項に定める基準を下廻っていれば無効ということになる）ことになるであろう。判旨はとてもそのようには読めないが、それにしても判決が「本質的に」同じというような法的にあいまいな表現を使うことは誤解を招きやすいし、結局、二審のような反対解釈が出てきたのもそこに端を発しているように思われる。

二審は、一審の「本質的に」という言葉を特に問題とはしていないが、「計画休暇は本質的に（法上の）年次休暇と異なるものではない」から法三九条三項但書の要件が適用されるとする一審の見解を一応、否定はしているものの、別に法上の年次休暇が繰越し、使用されることを否定しているわけではない（上村雄一・本件評釈学会誌六三号一二〇頁は二審が否定説をとったと解している）。法上の年次休暇が労働協約等によって繰越使用を認められたのが本件の「計画休暇」に外ならないといっているだけである。協約等によって設定された休暇であるのであれば、そこに法三九条所定の要件と全く同一の要件が要請されると解する必要はないというのが二審の一審に対する批判である。結局、一・二審の対立は、繰越しを法的に認めるかどうかということではなく、繰越し休暇の手続に関する当事者間の合意の解釈いかんであると考える。

右一・二審の対立に対して、本件判旨━は、本件労働協約等が、法上の年次休暇を二年に限り「計画休暇」として繰越し使用することを定めたものと認め（それが法的に無効でないと認めた点では最高裁も「繰越し」を法認したということができる）、しかして、郵政省の年次休暇の付与方法については、「自由休暇」（法上の年次休暇）と「計画休暇」との間に特に差異は設けられておらず制度上「労基法三九条所定の基準により一律に取扱う」ものとされていたとの認定的判断をした（山口・前掲評釈では「準拠規定説」と評価され、一・二審の事実認定を無視した強引さが批判されている）。

つまり、判旨は、一審がいうように繰越し休暇が「本質的に法上休暇と同じ」だから法三九条三項但書が適用されるとするのではなく（中島正雄・本件評釈季労一三一号一五二頁は、判旨は「一審同様、労基法所定の基準で判断した」ものと解している）、本件の繰越しは労使間の協定等によるものであるが、その時季変更に関する当事者間の合意については二審のように受けとるのは解釈上、誤りであると判断したのである。なお、本件についての上告人の上告理由は、原判決が計画休暇を労基法所定の年次休暇として扱わなかった点を難じている（「上告理由」

三　評　釈

は、「計画休暇」が法三九条に定める年次休暇の請求権にその根拠を置くものと主張している）が、本件判旨からみて、右上告理由は却けられたとみるべきであろう。

本件の「計画休暇」の運用上、その「付与予定日」についての所属長による「業務の繁閑等をしん酌した」変更が、基準として、法上の年次休暇の時季変更権において一般的に認められている基準（といっても、法に具体的基準が定められているわけではなく、判例法にいう請求権者の作業内容、繁閑、代行者の配置の難易、同時請求者等諸般の事情（大阪地判昭三三・四・一〇など）といった程度の基準である）と同一のものを予定しているのか、それともそれよりはやや緩やかな裁量権を所属長に与えているのか、部外者である筆者には分らない。昭和三二年一二月二七日の全逓・郵政省間の「年次有給休暇に関する協定付属覚書」（第五条）によれば、所属長は、付与予定計画後、職員の希望する時季に休暇を割り振ることが困難と認めたときは、他の時季に申出をさせ、それでもなお困難と認めたときは、他の適当な時季に割り振るものとされている（清水敏・本件評釈労働法律旬報一〇八七号八、七〇頁による）。判旨がいうように、「休暇付与予定計画の付与予定日がすでに法三九条三項にいう「労働者の請求する時季に相当する」というのであれば、その請求のあった時点（または、そこから相当の期間内）において、所属長が時季変更権を行使するかどうかを最終的に決定すべきことになると思われる。にもかかわらず、右覚書は、その後においても、再度にわたって所属長に変更の余地を与えているようであるから、少なくとも制度上は、一般的基準よりは緩やかな基準であるように思われるが、両当事者が法上の場合と同じく厳格に運用する趣旨であったというのであれば、それが実態なのであろう。そこで、当事者が法三九条三項但書にいう「事業の正常な運営を妨げる場合」に限るとの解釈を採っているにもかかわらず、原審がそうでないと解釈したのだとすれば、最高裁判旨のいうとおり原審の解釈の誤りということにならざるをえない。当事者がその点を争っているのであれば、原審の右の解釈もあながち不当と思われないが、どちらであったのかは、判決文所載の事実だけでは必ずしもはっきりしない。いずれにしても差戻し審判決ではこの点をもっとはっきりさせてほしいと思う。

ともあれ、判旨**一**の意味は右のように解されるから、本判決によって最高裁が法上の年次休暇の繰越しを否定したとか、逆に、間接的に肯定したとか、あるいはその判断を保留したものであるかどうかの詮索は意味がない。本ケースは、法上の年次休暇をめぐる比較的重要な右の課題（厳密には、行使すべき年度内に行使されなかった年次休暇が次年度において繰越し行使される場合に法上の年次休暇そのものとみなされるかどうかの問題）を解釈すべき好機を提供したように思われるが、すでに述べたように、本件裁判の過程はそういう形で展開されなかったのである。その意味で、本ケースは、協定上の繰越しも有効であるという点を除いてはその法的関係に関する先例として扱うべきではない。

二　判旨**二**は、当時の具体的状況の下でX_1X_2に「計画休暇」を与えることが不当であり、所属長がその変更を命じたことは結果として正当であることを最高裁として認定したものである。

これは、X_1、X_2の欠勤により、結局、当日の集配員の補充がつかず、未配達を生じた事実から判断したものであろう。この点は、判旨が二審の結論を支持したようにみえるが、二審は、**一**に述べたとおり、「協約等」による「計画休暇」の下では所属長の休暇変更に関する裁量権が法上の年次休暇の場合より広いことを前提としたうえでの判断であるから、本件判旨の「事業の正常な運営を妨げる場合」に当たるとの認定は最高裁独自の判断というべきである。そうだとすると、より厳しい変更要件を課した本件判旨の立場からみて、本件がX_1X_2に休暇を付与すべき場合でなかったというのであれば、本件の処理としては判旨**二**の判断の下に最高裁自体が結論を下せば足りたのではないかと思われる。本判決が、「原審の（「協約等」の）解釈の誤り」が「判決に影響を及ぼさない」と解したのは、YがX_1X_2に対して計画休暇を付与しなかったことが相当という評価において原審と結論を同じくするからだと考えられるが、にもかかわらず本判決が判旨**三・四**によって差戻審に再審を求めたのはどういう必要によるものであろうか。逆に、もし、判旨**三・四**に基づく差戻審においてYの時季変更権行使に誤りがあると判断された結果、それが無効となる可能性があるのであれば（と最高裁が考えたとすれば）、判旨**二**のいう

「判決に影響を及ぼさない」との評価は無用であってそういう判断はむしろ差戻し審を混乱させるだけではないか。疑問を提示しておこう。

判旨三は、判旨一において本件「計画休暇」の運用については法三九条三項に準じた取扱がなされるべきことを解釈指針として示している関係上、一旦、確定された「計画休暇」付与日を所属長が変更する場合は、法上の時季変更権行使の場合と同様の周到な配慮を必要とすることを述べたものである。これは、あくまで本件「協約等」に定められた時季変更の要件の解釈であるが（同旨泉徳治「時の判例」ジュリ八〇四号一一一頁、上村・前掲評釈は「法三九条の解釈問題として扱っ」たと解している）、一般論として読み替えれば、労働者からの法上の年次休暇の請求に基づき年度計画として比較的早期に、その行使の時期を予定してしまうような制度をとっている企業の場合（双方の合意による限り、このような年休の計画化は不当でないばかりか、年休の趣旨からみて奨励さるべきことである）に、その後、計画決定時では予測できなかった事業運営上の支障が生じたときは、使用者はその状況に対応して時季変更権の行使ができること（場合によっては複数回数に及ぶ変更もできること）を最高裁として肯定したものということができるであろう。そういうふうに解しなければ、本件において「計画休暇」の付与予定日を定める際に所属長は時季変更の有無を示す必要があり、その時点で所属長が変更しないことに決定した以上、後日あらためて時季変更権を行使することはもはや許されないはずだからである。

その場合にも、新たな時季変更権の行使は「合理的」期間内になすことを要するが、その期間とは、必ずしも右の付与予定日からではなく、「事態発生の可能性が生じた」日から「合理的」期間内ということになるであろう。一般論としてみればかなり緩やかな基準と思われる。ともあれ、判旨は、年休の計画化の場合の時季変更権の行使のしかたについて間接的にではあるが、一つの基準を示したといってよいと思う。

一旦、確定した休暇日について時季変更権が行使されるべき場合において、「事業の正常な運営を阻害する」事態の予測される時点から「合理的期間内」にこれを行使しなければならないことを明示したこの判旨は、年次休暇に関する最高裁判旨としては、本件が最初である。すでに最高裁は、労働者の年次休暇の請求が、これに対する使用者の時季変更権行使の必要性に関する判断のために必要な合理的余裕期間を置いてなされるべきであり、時季変更権行使の時間的余裕がなかったような場合には、労働者の指定した時季が経過した後になされても適法性を失わないと判示している（此花電報電話局最一小判昭五七・三・一八判時一〇三七号八頁）。その場合との対比からしても、使用者側も一定の合理的期間内に時季変更をなすべきことは当然の要請といってよい（秋田「休憩・休日・休暇」労働法実務体系一七二頁）。

三　判旨**四**は、判旨**三**を受けて、本件「計画休暇」付与予定日の変更には、変更を要する事態の発生が予測されてから合理的期間内にこれをなすべき原則が要請されるにもかかわらず、所属長が右予定日の直前になって変更したことの当否について（有効の）判断を下した原審には、「右事態の発生がいつの時点において予測可能となったか」を確定しなかった点に「審理不尽」の手落ちがあり、その結論には「理由不備」の違法がある、という。

ちなみに原審は「認定した事実関係のもとにおいて、高知郵便局集配課長が、集配課を基準として、その担当する業務の内容、性質、集配区域、要員配置の状況、代行者補充の難易、業務の臨時的繁忙その他諸般の事情を考慮し、X_1X_2らの計画休暇を予定どおり実施した場合業務の遂行に支障があるものと認め、その付与予定計画を変更したことは、合理的な理由がある」と判断したものである。既述のように、原審は本件計画休暇は労使間の協定によるものであるから、所属長の時季変更の判断も法上のそれより緩やかであってよいとの一般的判断に立ってはいるが、原審判旨の示す右の基準は、「集配課を基準として」の部分を別とすれば（労基法三九条三項但書は「事業の」という）、前に述べた法上の時季変更権が認められる場合の一般的要件とされるものとほとんど差異はない。そして、すでに述べたように、本判決も判旨**二**において、X_1X_2の付与予定計画を変更したこと自体の合理性は肯定しているのであるから、原審の判断に欠けているとみられたのは、時季変更権の行使それ自体ではなく、変更を要する事態の発生と変更権行使日との間の合期的期間についての配慮ということになる。

確かに、本件で問題となった参院選の投票日は、少なくとも公示によって前以て知りえたのであるから、本件の計画休暇の変更もなぜもっと早い時点でなされなかったかという疑念が出るのは自然であろう。

ところで、判旨のいう「右事態の発生」とは何を指すのであろうか。あるいは、参院選の投票日それ自体を指しているのかもしれないが、原審の認定からみると以下のように考えられる。

X_1X_2の計画休暇予定日がそれぞれ六月二六日と二四日であることは、その時点で当然明らかになっていたのであるから、彼らに予定どおり休暇を与えた場合に配達態勢に支障が生ずることが判旨のいう「右事態の発生」ということになるのではないか。そして、同郵便局におけるその「予測」は、少なくとも右六月一日の通達以降、X_1X_2に対する休暇日変更の通知日（それぞれ二四日、二三日）前日までの間の何処かの時点でなされたものと思われる。

そこで、X_1X_2の配達受持区域における同月二六日および二四日の配達予測通数とX_1、X_2に代る代替要員確保の可否の予測が原審認定のとおりだとすれば、そこから結論として二つの考え方ができるであろう。一つは、右の予測は、二〇日位の間の何処かの時点で合理的余裕期間をもってできたはずであるから、それをしなかった本件の局の措置は時季変更権の行使を誤り無効とするものである。他の一つは、二〇日間位の期間ではどこで時季変更権を行使しても、結果として同じことに帰するからその行使自体に誤りはなかったとするものである。どちらの考え方をとるにせよ、初めに述べたように、それは原審の認定事実を基にして最高裁が「自判」しえたところであって、敢て「事態の発生の予測日」不明というだけで「審理不尽」とするにはあたらなかったのではないかというのが筆者の感想である。

それはともかく、予想される本件差戻審においては、右の予測の時期が認定されたうえ、その時からどの程度の「合理的」期間を置いて時季変更権を行使するのが妥当であったかの判断がなされ、それに応じてX_1X_2の本件処分の有効性の有無が決せられることになるであろう。

〔判例評論三〇五号、一九八四年〕

5 勤務割制と時季変更権行使の適法性――電電公社関東電気通信局事件

〔最高裁平成元年七月四日第三小法廷判決、民集四三巻七号七六七頁――棄却〕

一 判決要旨

一 労働者が勤務割による勤務予定日につき年次休暇の時季指定をしたのに対し、使用者が代替勤務者確保のための配慮をせずに時季変更権を行使した場合であっても、当該事業場における勤務割の変更の方法及びその頻度、使用者の従前の対応、代替勤務の可能性、週休制の運用、当該時季指定の時期などに照らして、使用者が通常の配慮をしたとしても代替勤務者を確保して勤務割を変更することが客観的に可能な状況にないときには、右時季変更権の行使は適法である。

二 労働者が勤務割による勤務予定日につき年次休暇の時季指定をしたのに対し、使用者が代替勤務者確保のための配慮をせずに時季変更権を行使した場合であっても、当該職場では、週休日についての勤務割の変更はほとんど行われず、年次休暇の時季指定により要員不足を生じたときには専ら管理者による欠務補充の方法がとられていて、その日が週休予定の職員に対し勤務割変更の上出勤が命じられることはおよそあり得ないとの認識が労使間に定着しており、また、右勤務予定日については、当時の成田空港開港反対闘争に関連する異常事態により管理者による欠務補充の方法をとることができない状況にあったなど判示の事情の下においては、右時季変更権の行使は適法である。

二　事　実

X_1（原告、被控訴人、上告人）、X_2・X_3（原告、控訴人、上告人）は、いずれも被上告人日本電信電話公社（現日本電信電話株式会社）Ｙ（被告、被控訴人・控訴人）の職員で、X_1は関東電気通信局東京統制無線中継所第二テレビ部第一整備課、X_2は同部電力課、X_3は大手町統制電話中継所試験課に勤務していた。X_1は昭和五三年九月一六日（土曜日）、X_2・X_3は同一七日（日曜日）につきそれぞれ事前に年休の時季指定をした。当時、過激派集団による成田空港反対闘争が行なわれ、一七日はその「最終日」とされていた。Ｙの各担当課長はXらの右指定に対し、配置人員に欠員が生ずること、あるいは、代替勤務者の不存在を理由にそれぞれ時季変更権を行使した。にもかかわらずXら三名は当日欠務したので、Ｙはこれを欠勤として扱い、当日分の賃金カットをするとともに、戒告の懲戒処分に処した。

これに対し、上告人らは、右時季変更権行使の違法を主張し、①右懲戒処分の無効確認、②未払賃金及び付加金の支払、③慰謝料等の損害賠償を求めた。

第一審（東京地判昭六〇・一二・二三労民集三六巻六号七三三頁）は、X_1については、Ｙの時季変更権の行使は代替勤務者の確保について何らの検討をしない違法があるとして、慰謝料の支払を除き請求を認めたが、X_2およびX_3については、Ｙは代替勤務者の確保に努力すべき義務を尽くしたものと認めてその時季変更権の行使を適法として各請求を棄却した。

第二審（東京高判昭六二・八・六労民集三八巻三・四号五三五頁）は、X_2・X_3については一審判決を維持したが、X_1については、Ｙ（の課長）が「代替勤務者確保の可能性につき検討しないまま、最低必要人員に欠員が生ずるので、事業の正常な運営を妨げる場合に当たるとして、時季変更権を行使したことをもって、年休権の実効性を確保するため使用者に要請される配慮義務を尽くさなかった」とは認められない、として本件時季変更権の行使を適法と認め、一審判決を取消し、X_1の請求を棄却した。

$X_1X_2X_3$はいずれも上告したが、本件最高裁裁決は三名すべてについて二審判決の結論を維持、上告を棄却した。

三 上告理由——第二点（X_1関係）

労基法三九条三項ただし書にいう「事業の正常な運営を妨げる場合」か否かの判断に当たって、代替勤務者確保の難易は、判断の一要素となるべきであるが、勤務割による勤務体制がとられている事業場においても、使用者としての通常の配慮をすれば、代替勤務者を確保して勤務割を変更することが客観的に可能であると認められるにもかかわらず、使用者がそのための配慮をしなかった結果、代替勤務者が配置されなかったときは、必要配置人員を欠くことをもって事業の正常な運営を妨げる場合に当たるということはできない。

本件においては、被上告人は、「使用者としての通常の配慮をすれば、代替勤務者を確保して、勤務割を変更することが客観的に可能であった」にもかかわらず、その配慮をせず、専ら、上告人らの休暇の利用目的が成田空港開港反対現地集会に参加することにあるものと推測して、代替勤務者を確保しなかったものである。原判決には、法令の解釈・適用の誤りがあり、判例（最二小判昭六二・七・一〇、最三小判昭六二・九・二二）違反、事実誤認、経験則違反がある。

四　判決理由——上告理由第二点について

一　労働基準法（昭和六二年改正前のもの）三九条三項但書に規定する使用者の時季変更権行使の要件である「事業の正常な運営を妨げる場合」に該当するか否かの判断において、代替勤務者確保の難易は、その判断の一要素であって、特に、勤務割による勤務体制がとられている事業場の場合には、重要な判断要素であるというべきである。このような勤務体制がとられている事業場において、勤務割における勤務予定日につき年次休暇の時季指定がされた場合に、使用者としての通常の配慮をすれば、代替勤務者を確保して勤務割を変更することが客観的に可能な状況にあると認められるにもかかわらず、使用者がその配慮をしなかった結果、代替勤務者が配置されなかったときは、必要配置人員を欠くことをもって事業の正常な運営を妨げる場合に当たるということはできないと解するのが相当である（最高裁昭和六二年七月一〇日第二小法廷判決、同六二年九月二二日第三小法廷判決）。そして、勤務割における勤務予定日につき年次休暇の時季指定がされた場合に、使用者としての通常の配慮をすれば代替勤務者を確保して勤務割を変更することが客観的に可能な状況にあったか否かについては、当該事業場において、年次休暇の時季指定に伴う勤務割の変更が、どのような方法により、どの程度行なわれていたか、年次休暇の時季指定に対し使用者が従前どのような対応の仕方をしてきたか、当該労働者の作業の内容、性質、欠務補充要員の作業の繁閑などからみて、他の者による代替勤務が可能であったか、また、当該年次休暇の時季指定が、使用者が代替勤務者を確保しうるだけの時間的余裕のある時期にされたものであるか、更には、当該事業場において週休制がどのように運用されてきたかなどの諸点を考慮して判断されるべきである。右の諸点に照らし、使用者が通常の配慮をしたとしても代替勤務者を確保して勤務割を変更することが客観的に可能な状況になかったと判断しうる場合には、使用者において代替勤務者を確保するための配慮をしたとみうる何らかの具体的行為をしなかったとしても、そのことにより、使用者がした時季変更権の行使が違法となることはないものと解するのが相当である。

二 本件の事実関係によれば、上告人X_1が本件時季指定をした勤務予定日に休暇を与えるとすると第一整備課の最低配置人員を欠くことになるうえ、同課においては、従前の労使間交渉の経緯により、従来から、一般職員について週休日の変更は行なわないとの運用がほぼ定着しており、そのこととの関係で週休日についての勤務割の変更はほとんど行なわれず、最低必要人員しか配置されていない土曜日に、勤務割による勤務予定の一般職員が年次休暇を取ったため要員不足を生じた場合には、もっぱら管理者による欠務補充の方法がとられ、その日が週休予定の一般職員に対し、勤務割変更のうえ出勤が命じられることはおよそありえないとの認識が労使間に定着していたが、X_1の右勤務予定日については、当時の前記異常事態により管理者による欠務補充の方法をとることができない状況にあった、というのであるから、このような第一整備課における勤務割変更についての実態、週休制の運用のされ方、当時の異常事態による欠務補充の困難さなどの諸点を考慮すると、X_1が本件時季指定をした勤務予定日については、使用者としての通常の配慮をしたとしても代替勤務者を確保して勤務割を変更することが客観的に可能な状況になかったものと判断するのが相当である。したがって、右の勤務予定日にX_1に対し休暇を与えることは、Yの事業の正常な運営を妨げることになるものというべく、結局、Yの担当課長がした本件時季変更権の行使は適法なものと解するのが相当である。

裁判官全員一致の意見で棄却（伊藤正己、安岡満彦、坂上壽夫、貞家克己）。

【参照条文】 労働基準法（昭和六二年法律第九九号による改正前のもの）三九条三項

五　批　評

(1)　本判決でとりあげられたテーマ

本件は、労基法第三九条第三項但書（昭和六二年改正前、現行法では同第四項但書）にいう「請求された時季に有給休暇を与えることが事業の正常な運営を妨げる場合」に該当するとして行使されたYのX_1ら三名に対する時季変更権行使の相当性が争われたケースである。本件の事件としての特色は、X_1ら三名が旧電電公社の職員でいずれも「勤務割」による勤務体制が採られている職場に所属していること、彼らが連休時（祝日―土曜―日曜）に年休を指定し、しかも、その時期が、過激派集団による成田空港反対闘争集会に重なっていたためY側は彼らがそれに参加するおそれがあるとして警戒措置を講じ、本件時季変更権の行使もその一環であったということである。この休暇の「利用目的」と時季変更権との関係に関しては、本件下級審の段階ではなお主たる争点の一つとされていたが、上告審の段階ではすでに後述の弘前電報電話局および横手中継所事件の両最高裁判決を見ており、少くとも休暇の利用目的の視点から時季変更を行使することは許されないということが判例の定着した見解として示されていたこともあって、本件最高裁判旨では全く触れられていない。また、本件最高裁判決では使用者が最低要員しか配置していない勤務割体制の下では休暇者に代わる代替要員を確保すべき配慮義務を負うということについて右「弘前」事件の最高裁判決を踏襲しているので、そのこと自体はもはや問題となっていない。結局、本件では、勤務割体制の下で使用者に求められる「通常の配慮」とはどの程度であるかという具体的事実判断をテーマとしている。

(2)　下級審の配慮義務に対する判断

各上告人X_1・X_2・X_3の休暇日の指定に対して時季変更権を行使した各担当課長の対応の仕方は、少しずつ違っている。これが第一審においてX_1・X_2・X_3につき結論を分けた理由と思われる。すなわち、X_2の場合は、最低二名の人員配置を要する電力課に所属していたが、I課長は勤務割変更の対象となるべき三名のうち、二名につき代替勤務の打診をしたが同意を得られず、残り一名は、直前の二週間に三回の勤務割変更に及んでいるため、あえて同意を求めないまま代替要員なしとしてX_2に時季変更権を行使した。一審は、Iが代替勤務者を確保するよう努力すべき義務を尽くしたと認めてX_2の主張を却けた。同じく、X_3は、最低一名の人員配置を要する試験課に所属していたが、K課長は宿直勤務の二名を除く一七名全員に対し代替勤務の意向を尋ねたところ、一人も同意を得られなかったのでX_3に対して時季変更権を行使した。一審は、Kが代替者の確保に努力すべき義務を尽くしたものと認めてX_3の請求を却けた。これに対し、X_1の場合は、最低二名配置を要する第一整備課においてA課長は、代替勤務の可能性のある者に同意を求める打診をすることなく、単にX_1が年休をとれば最低配置人員に欠員が生じることを理由にX_1に対し時季変更権を行使した。そこで、一審は、Aの時季変更権の行使は右配慮義務を尽くしたとはいえないと判断して、X_1の請求を認容した。

第二審は、X_2・X_3については一審の判断を支持したが、X_1については一審と見解を異にし、「諸事情を総合すれば」A課長が「通常の配慮をしただけでは、一般職員による代替要員を確保することも不可能であった」と認めて、Yは使用者として要請される配慮義務を尽くさなかったとはいえない、と認めて一審判決を取消し、X_1の請求を棄却した。

X_1・X_2・X_3すべて上告したが、本件判決はX_2・X_3については特に付言することなく、「上告理由なし」として二審の結論を支持し、X_1についても「判旨」に要約した理由により二審を支持した。

(3) 本件と最高裁判決先例との関係

本件は、二年前の昭和六二年最高裁小法廷が言渡し、本判決でも引用されている二つの判決（弘前電報電話局事件・最二小判昭六二・七・一〇民集四一巻五号一二二九頁、および、横手統制電話中継所事件・最三小判昭六二・九・二二裁判集民事一五一号六五七頁）と同種の事件である。そこで本件の「上告理由」は、この二先例を論拠として原審判決がX_1につきその解釈・適用を誤ったと主張している。そこで、右の二件と本件をそれぞれの下級審を含めて時系列的に対照させてみよう。

	弘前電報電話局事件	横手中継所事件	関東電気通信局事件
一　審	青森地判昭五八・三・八	秋田地判昭五八・六・二七	東京地判昭六〇・一二・二三
二　審	仙台高判昭五九・三・一六	仙台高秋田支判昭六〇・六・一七	東京高判昭六二・八・六
上告審	最二小判昭六二・七・一〇	最三小判昭六二・九・二二	最三小判平元・七・四

なお、同種の事件で弘前電報電話局事件（以下「弘前事件」と略記）の最高裁判決の少し前に近畿電気通信局事件（以下「近畿電通局」と略記）の最高裁判決が出ている（最一小判昭六二・七・二労判五〇四号）。これは「成田闘争」に参加するおそれがあることを理由としてなした時季変更権の行使が争われたものであるが、判旨は、「年次有給休暇の利用目的は労基法の関知しないところであって、休暇をどのように利用するかは使用者の干渉を許さない労働者の自由であると解すべきことは当裁判所の判例とするところである（最大判昭四八・三・二）。従って、本件時季指定自体が信義則に反し権利の濫用になるものではないとした原審の判断は正当」として上告を棄却した。右の判旨は、「弘前」、「横手」両事件の最高裁判決においてほぼ同一表現で述べられているが、「配慮義務」の点についてはどの判決も触れていない。

「弘前事件」では、公社の職員で本件と同じく輪番交替制の職場にある原告の年休申請に対し、担当課長が、代替勤務を申し出ていた原告の同僚を説得して申出を撤回させ、必要最低人員を欠くことを理由に原告に時季変更権を行使したものであり、横手統制電話中継所事件（以下「横手事件」と略記）は、同様の勤務体制の職場にある原告の年休指定に対し、所長が代替勤務者の申出にもかかわらず、これを断って必要最低人員を割ることを理由に時季変更権を行使したものである。いずれも原告を「成田闘争」に参加させないための政策的考慮が働いていた。

両事件とも、二審は原告の請求を認めた一審を取り消し、時季変更権の行使を適法とした。いずれも、原告らの成田闘争への参加のおそれという背景事情を強調している。換言すれば、特別の状況の下では年休の利用目的いかんが時季変更権行使の理由となりうることを認めたケースとみてよいであろう。しかし両上告審とも二審の見解を却けたばかりでなく、使用者は「通常の」配慮義務をしないで時季変更権を行使したものと判断している。

本件におけるXらの年休紛争も前二件と同じ時期（昭和五三年）に発生したのであるが、本件の一審判決はこれよりずっと後の昭和六〇年一二月に、同二審判決は昭和六二年八月になってから出ている。右二審判決の少し前に、前掲「近畿電通局」事件および「弘前事件」の最高裁判決が出ているのであるが、本件の二審判決に影響したかどうかは定かでない。ともかく、本件上告審では、「弘前」、「横手」の両事件とほぼ同一の状態の下で時季変更権を行使された原告が、右最高裁判決を根拠にして原審判決の判例違背を主張したのである。

(4) 「判旨」一について

本件「判旨」一は、まず、勤務割による勤務体制の職場にあっても使用者は年休の時季変更をするには、客観的に可能な限りでの代替勤務者確保のための「通常の配慮」が必要である、と述べて「弘前」、「横手」事件の二先例の判旨を再確認した。前二件では、年休を利用しての「違法」行為への参加という休暇「目的」ないし「使途」が主要な争点の一つになっていた（拙稿・労働判例百選第五版別冊ジュリスト一一二頁、民商法雑誌九九巻一号一三〇頁の評釈参照）が、前述のように、本件判旨は、この点についてあらためて論及していない。

勤務割が定まった職場で使用者が年休請求（指定）者に代る代替勤務者の確保のための努力をしなければならないことはいうまでもないが、その際、「通常の」配慮が必要といっても、法的概念としては抽象的に過ぎ、より具体的な基準が必要である。本件判旨は、その指針として、「当該事業場における年休指定時の勤務割のしかた、程度」、「使用者の対応」、「当該労働者の作業の内容、性質」、「補充要員の作業の繁閑」、「代替勤務の可能性」、さらには「当人の時季指定の時期」、「職場における週休制の運用状況」等を挙げたうえ、これらを総合考慮して判断すべきものとした。これは、従来判決が「事業の正常な運営を妨げる場合」として使用者の時季変更権の行使が認められる場合の具体的基準として挙げてきた、「事業の規模、内容、当該労働者の担当する業務の内容、性質、業務の繁閑、代替者の配置の難易、労働慣行等、諸般の事情を考慮して決定すべきである」という基準（此花電報電話局事件大阪高判昭五三・一・三一労民集二九巻一号一一頁等）を勤務割勤務制という勤務人員の限られた職場において適用した場合の、一歩、踏み込んだ判断基準ということができる。

このような基準は、一般に厳しくしすぎると、使用者側はその中のどれかの要件について十分な対応措置をとらないかぎり、時季変更権は一切認められない結果となり、「通常の」配慮という概念を建てる意味がほとんど失われかねない。しかし、労基法の年次休暇の定めの趣旨は、もともとどのような配置に置かれた労働者にもできるだけその指定した時季に休暇をとらせようとする趣旨である（前二件の最高裁判旨がこのことを明言している）から、勤務割制の職場では年休取得者と代替者の組み合わせなど、誰もが、他の職場におけると同様に年休をとれるように、積極的な対応措置を必要とする。そうしなければ年休の自由選択ということが不可能になるような職場にあっては、時季変更権の要件が相当厳しくなってもやむを得ないところである。その意味で、先例とともに本件判旨は支持すべきものと考える。

五　批　評

(5)「判旨」二について

判旨二は、判旨一に示された使用者の時季変更に際しての「通常の配慮」の基準に照らした場合の、X_1のケースの判断部分である。判旨は、使用者に「代替勤務者を確保して勤務割を変更すること」を求めることが「客観的に可能な状況」にはなかったとする原審の判断を、結論として支持したものであるが、自ら、詳しく事実認定に及んでいる。

判旨は、X_1の所属する課において、必要最低人員しか配置されていない週休日に年休の申出があった場合の措置として、週休を予定している一般職員に勤務割変更をして出勤させることとの実際上の可能性ないし蓋然性を検討し、結論として、当該職場の勤務割変更および週休制の運用の実態に加え、当時の異常事態により管理者による欠務補充が困難であったこと等を考慮すれば、X_1に指定どおりの年休を与えるための勤務割変更という使用者の対応は「客観的に」可能でなかった、と判断した。その際、週休制の運用の実態に関しては、一般職員は週休日を変更してまで代替勤務はしない、との労使間の「認識」が定着していたという事実にウェイトが置かれているのが注目される。敢て「慣行」という言葉を避けたところをみると、「認識」とは、労働慣行にまで至らない合意というところであろうか。

この認定は、原審の判断を相当としたもので、原審とあまり違いはないが、最高裁として言及したのは、原審のこの部分の論旨にやや明確さを欠くところがあるためと思われる。例えば、原審は「Yの課長が通常の配慮をしただけでは、一般職員による代替要員を確保することも不可能であった」（傍点筆者）と述べているが、やや明瞭さを欠いている。また、「人事考課権を有する管理者が部下職員に対し週休日の振替の可否を打診すること自体、全く問題がないわけではない」とか、「他の週休者に対しその勤務割の変更をして出勤を命ずることは、週休権者の犠牲の上に年休権の行使を肯定することになりかねない」といった「括弧書き」の部分も結論とどう結びつくのか不明である。このような部分を残したまま、もし本件最高裁判決が、単に、「原審の判断は相当」

として型通りの上告棄却を言渡したとすれば、その先例としての意義にかなり疑問を残すことになったであろう（従来の最高裁の労働関係「棄却」判決の中にはこのような形のものがかなり見られる）。

それはともかく、本件判旨二の部分は裁判所による事実の認定に基づく判断であるから、その結論の是非は、評釈のかぎりではない（本件の結論に反対する評釈として小宮文人「法教」一一二号一〇〇頁）。『客観的』に可能な状況」にあったかどうかは、結局、裁判所の判断に任せるほかはない。ただ、同じ時期に同じ形で生起した事件について最高裁の結論が全く逆になった前掲「近畿電通局」、「弘前」、「横手」の三事件と本件の内容を比較した場合に、どこかバランスに欠けるところがあるとの感を否めない。すなわち、前三事件では、管理者側が、労働者に仕事をやりくりして指定どおり休暇を与えれば、違法行為に加担させることになりかねないことを慮り、あえて代替勤務者を確保する措置をとることなく時季変更権を行使したことが、結局、年休の利用目的いかんによってこれを与えなかったものと判断された。このような事情は本件でも変わりはない。本件では、X_1の場合（X_2・X_3と違って）、使用者側は結果として代替勤務者確保の可能性につき検討しないままに時季変更権を行使したことが明らかであるにもかかわらず、本件最高裁判決は、使用者としての「通常の配慮」の下では、代替措置をとることが客観的に可能な状況になかったとの観点から時季変更権の行使を適法とした。同種の事件としての、前の三つの事件では、何ゆえ本件におけるような「通常の配慮」という観点からの具体的検討がなされなかったのであろうか。本件のX_1のケースと対比した場合に裁判へのあり方への違和感が感じられるのはこのゆえである。

(6) 「通常の配慮」という基準について

右に見たように、先例である「弘前」「横手」両最高裁判決のケースと本件におけるX_1のケースは、使用者側が代替者を確保するために他の者の勤務割変更の検討（打診）を積極的に行なわなかったという点で共通している。そして結論は、前者では使用者側は「通常の配慮」に欠けたと判断され、本件では「『通常の配慮をしたとしても』勤務割変更が客観的に可能な状況になかった」と判断された。結局「通常の配慮」の程度いかんが黒白を分けたということになる。それでは、使用者の「通常の」配慮とは判決においてどの程度のものと考えられているのであろうか。

この「通常の配慮」という概念が勤務割との関係で判決において使用されるようになったのは、下級審では本件の第二審、最高裁では「弘前」「横手」の両判決からである。いずれも「使用者としての『通常の配慮をすれば』勤務割を変更して代替勤務者を配置することが客観的に可能な状況にあると認められるにもかかわらず、使用者がその配慮をしないことにより、代替勤務者が配置されないとき……」というように表示されている。この場合の使用者の「配慮」とは、年休を実現させるために代替者確保のための勤務割変更が可能かどうかを検討する際の心遣いの意に解されるが、「通常の」配慮とは一体、どの程度なのか、判例では必ずしもはっきりしない。それは、「労働良識」から判断してとか、「合理的に」という意味にもとれるし、最善の努力までは求めないというように限定的な意味にも受けとれる。あるいは、通常の「事態」における配慮、というように解されないでもない。「弘前」「横手」両判決は、事案が成田闘争という異常の事態の下で生じたという事情にもかかわらず、いずれも使用者が「通常の配慮をしていた」と判断している。両判決の出た時点では、判旨のいう「通常の配慮」とは、一般に、使用者が日常、行なっている勤務割の変更による交替者の確保程度のことは最少限行なうべきだとの意味に受け取られていたように思われる。しかし、本件最高裁判決で用いられている「通常の配慮」はこれとかなりニュアンスを異にし、使用者が代替者確保の可能性について「具体的行為」に出なかったとしても、諸般の状況から客観的に可能な状況になかった場合には、右配慮の義務に反したとは認められない、としており、かなり使用者側の負担ないし責任を軽減していることがみてとれる。このことは、本件の二審判決（原審）との対照でみると、かなりはっきりしている。

本判決は、右の「通常の配慮」という抽象的基準だけで判断しているわけではなく、すでに述べたように、代替勤務者確保のための努力の具体的基準として、当該事業場の運用状況、当該労働者の作業内容、欠務補充要員の作業の繁閑、時季指定の時間的余裕等を考慮したうえ結局、総合的にそう判断したといっているのであるから、ここであまり「通常の配慮」という言葉ないし概念にこだわることはないかもしれないが、本判決が判旨としては「弘前」、「横手」の二先例をそのまま踏襲したうえ、抽象的基準としては「通常の配慮」の有無によって反対の結論に導いている以上、やはり本判決における「判旨」のポイントとして扱うことが必要であろう。なお、本判決後、下級審が果してこれをどのように受けとるか注目されていたが、同じく勤務割の下での時季変更権の行使が争われた名古屋鉄道郵便局事件（名古屋高判平元・五・三〇労判五四二号三四頁）において、判旨は、本件を踏襲（直接引用していないが）し、「通常の配慮」と代替勤務者の配置との関係に言及している。そこでは、判旨は、当日が法定週休日とされている者を代替勤務の対象外においても違法ではないという一歩踏みこんだ見解を述べている（蓼沼謙一「労働法学研究会報」一七六四号参照）。

成田闘争というきわめて特異な事件をめぐって生じた一連の年次休暇をめぐる係争事件を通してみると、最初は、休暇の利用目的と時季変更権との関係が問題とされていたが、本件になると、その側面は背後に退き勤務割制の下での「通常の配慮」の程度が主たる問題になっている。前者の問題は、理論上はなお、議論の余地があるが、相次ぐ最高裁の消極説確認判決によってほぼ判例法が形成されたといってよい（秋田「労働基準法第三九条」有泉・青木・金子編『基本法コンメンタール・新労働基準法』（一九九〇年）参照）。後者の問題は、勤務割制あるいはそれに近い職場での時季変更権行使の要件という、より一般的問題である。本件判旨は「通常の配慮」のケース判断で幾らか緩やかな方向を示したことになるが、十分納得的な基準が得られるまでにはなお、今後の判例の蓄積が必要であろう。

〔民商法雑誌一〇二巻一号、一九九〇年〕

6 長期年休の指定と時季変更権行使の適法性——時事通信社事件

〔最高裁平成四年六月二三日第三小法廷判決、労働判例六一三号〕

一 はじめに

本件の最高裁判決が出たのは平成四年六月二三日である。夏休みがそろそろ始まるという時期に出たこともあって新聞等には「夏休み訴訟判決」と題してセンセイショナルに報道された。（新聞記事によれば）「勤務先の命令に従わないで」連続一カ月間の夏休みをとって「海外旅行をした」通信記者に対し会社が賞与カットを含むけん責処分をしたこと、その有効性について下級審の判断が一審（東京地判昭六二・七・一五労判四九九）有効、二審（東京高判昭六三・一二・一九労判五三二）無効と正面から対立したこと、最高裁が三転して二審判決を破棄し、会社の時季変更権の行使を正当と認めたことなどニュースヴァリューが揃っていたから、世間の耳目をそば立てるに十分であった。日頃とり馴れている年休や夏休みも、とり方いかんによって会社から懲戒処分を受けるような羽目になることにショックを受けたサラリーマンも多かったであろう。「時代逆行」の判決とのマスコミ流の批判に対し、学説は、今回の最高裁判決は過去の先例を踏まえ、年休権の尊重にも配慮しており、ただ、本件が二四日間の継続した年休「指定」という従来訴訟上異例のケースについての判断であってそこに年休の計画消化という視点からの「調整」の必要性というそれ自体としては当然の考え方が導入されたことは、あながち

「時代逆行」の判断とはいえないとの見解を示したものが多かった。(1)

本件の最高裁判決についての判例評釈は現在までにすでに、論旨として、ほぼ出尽くしたと思われるので、本稿では、本判決の社会的な機能ないし効果という、やや、別個の視点からとりあげてみたい。

二　事件の概要と特色

本件原告（X）は被告Y通信社編集局社会部外勤記者で原子力関係など科学技術部門を担当、社歴一〇年で科学技術庁の記者クラブに単独で配置されていた。

Xは、昭和五五年六月に八月二〇日から九月二〇日まで年次休暇をとってヨーロッパに行き原子力発電問題を取材したいとしてYに休暇届と欠勤届を提出した（Xは繰り越し分を含めて四〇日の年次休暇をもっていたがその中の二四日の年休分を申請＝時季指定）。これに対しYは記者クラブ代替者を配置する余裕がないので二週間ずつ二回に分けてとるよう求め、そうしなければ、九月四日から二〇日までについては時季変更権を行使すると答えた。Xは社内の二つの組合の一つである労働者委員会に所属しており、Xの年休問題について団体交渉が行われたが話し合いがつかないまま出かけてしまった。

Yは、同年一〇月にXが業務命令に違反して仕事につかなかったことを就業規則所定の懲戒事由に該当するとしてけん責処分にし、その間の欠勤を理由として一二月の賞与を減額した。Xはけん責処分の無効確認、減額賞与分の支払いと損害賠償を求めて本訴を提起したが、その中でYの時季変更権行使および懲戒処分は組合間差別による不利益取扱の不当労働行為だと主張した。この後者の主張は、本件のもう一つの法的争いであるが、一審はYに不当労働行為の意図はなかったと認め、二審は、Xが局長の机にビラを貼りつけたりしたのは組合活動として正当ではないとしつつも、その故にYの時季変更権が適法になるわけではない、と判断した。最高裁は、Y

の時季変更権の行使を違法とする二審の判断についてはこれを誤りとして破棄、自判したが、不当労働行為の争点については二審の右程度の認定判断では不十分としてその点の再審理を求め差戻しとした（この意味で本件はまだ終了していないのであり、また判決後もXは長期年休を行使し続けたため懲戒解雇となり、これも法的に争われるという）。

三　最高裁判決の要旨

一　(1)　年次有給休暇の権利は、労基法三九条一、二項の要件の充足により法律上当然に生じ、労働者がその有する年次休暇の日数の範囲内で始期と終期を特定して休暇の時季指定をしたときは、使用者が適法な時季変更権を行使しない限り、右の指定によって年次休暇が成立する。

(2)　同条の趣旨は、使用者に対し、できる限り労働者が指定した時季に休暇を取得することができるように、状況に応じた配慮をすることを要請しているものと解すべきである。

(3)　労働者が長期かつ連続の年次休暇を取得しようとする場合には、使用者において代替勤務者を確保することの困難さが増大するなど事業の正常な運営に支障を来す蓋然性が高くなり、使用者の業務計画等との事前の調整を図る必要が生ずる。労働者が右の調整を経ることなく時季の指定をした場合には使用者にある程度の裁量的判断の余地を認めざるを得ない。

二　X記者が使用者との事前の十分な調整を経ることなく、始期と終期を特定して休日等を含め約一ヶ月の長期かつ連続の年次休暇の時季指定をしたのに対し、使用者が右休暇の後半部について時季変更権を行使したことについては、当時、社会部内において専門的知識を要するXの担当職務を支障なく代替し得る勤務者を長期にわたり確保することは困難であったこと、Xの記者クラブの単独配置には企業経営上やむを得ない理由が認められること、等の状況にかんがみると、Ｙの右時季変更権の行使は適法である。

〈判決の論旨〉

右の判決要旨一の⑴は、労基法三九条三項の「労働者の請求する時季」および使用者の「時季変更」をめぐる学説、判例上の争点に対し最高裁として決着をつけた昭和四八年の二先例（全農林白石営林署事件・国鉄郡山工場事件いずれも最二小判昭四八・三・二判時六九四）以来の判例法の立場を確認したものであり、⑵は使用者の時季変更権の行使の際の「代替者の配置」についての配慮の義務を認めた昭和六二年の二先例（弘前電報電話局事件・最二小判昭六二・七・一〇労判四九九、横手統制電話中継所事件・最三小判昭六二・九・二二労判五〇三）の判例法の立場を確認したものである。右⑴⑵の何れも本件原審の踏襲するところであり、確認以上の意味はない。

本判決の特色は、要旨一の⑶、すなわち、労働者の長期かつ連続の時季指定に対し、「調整」の必要性という新たな基準を設定して、これを経ない時季指定に対しては使用者による時季変更権の裁量的行使の幅が広くならざるを得ないと判示した部分である。要旨二は、右の判旨を本件の事案に適用し、結果として二審の認定を却け、時季変更権の適法な行使に当たると判断したものである。

いずれにしても、本件は約一ヶ月という長期の年休指定をめぐる最初のケースであり、その「長さ」の点から従来の判例法に新たな焦点を当てたものなので、以下、この点を中心として解説を加える。

四　一〇年前の事件を対象とした判決

年次「有給」休暇という制度は、わが国では労基法が制定された第二次大戦後のものである。それでもすでに四五年の歴史をもつ。最初は「病欠」の穴埋めか、食料の買出しに費やされたが、勤務年数に比例して逓増する年休システムに従って休暇日数が増え、最低日数も法改正で一〇日となり、その後の経済成長によって昔日に比べれば保有日数も一回にとる休暇日数もかなり長くなった。夏休みの特別休日と組み合わせるとある程度の長さになる。とはいえ、本件が発生した昭和五五年の時点では二四日といった単位の年休は日本の一般の企業社会では「夢のような」話しであった。ところで本件の一審判決が出る頃になると、年休の継続日数も長くなり、とりわけ「時短」の一翼として企業の夏休み制度が急速に普及しつつあった。

しかし一審判決は、なお、「Yは一五日間という比較的まとまった期間の休暇を承認しているのであるから、更に一五日間の休暇をこれに続けて当然に承認しなければならないものとまではいえない」と説示している。国際的な観点からみると、すでに昭和四五年（一九七〇年）の時点で改正「ILO条約」が、年次休暇の長さの基準として三労働週のうちの二労働週の継続付与を定めている。しかし最低継続付与日数の定めがなく、却って一日（後に半日）単位の分割を認めている労基法の下ではコマ切れ年休が企業の実態であり、それまでの判例も右のような実態に立ったうえでせいぜい数日単位の年休に対応する「事業の（正常な）運営」への阻害を判断基準としていた。一審判決が三〇日という長さの年休指定を特異なケースとみたのも無理はない。

一審の翌年に出た二審判決は、休暇の長さをそれほど問題にしていない。二審は、本件の二四日（結果としては二二日）というXの年休指定は確かに社会部の業務に支障を及ぼすものであり、従って代替要員の確保の困難性や業務への影響の度合いについての事前判断の蓋然性において使用者による時季変更権の幅が広くなることは認めざるを得ないとしつつも、本件におけるXの代替要員確保の困難性は、もともと記者クラブへのXの単独配置というYの専門分野における人員配置の不適正に帰因するものであり、また業務支障への程度も時季変更権行使を認めうるほどに大きかったとはいえない、と判断した。

二審はまた「補足的判断」として、年休による業務阻害の程度の判断は休暇の期間が長くなればなるほど難しくなるので余裕期間が必要ではあるが、Yが主張するように、三〇日の年休の時季指定なら二ヶ月以上前に行うべきであるというのは相当でなく、「通常の範囲の」予告で対応措置が特に困難であったとは認められない、としている。

一、二審の判断を比較してみると、両者とも労働者が指定した年休の単位（継続期間）が長くなればなるほど、それによる業務への支障の度合いの予測が困難となり、それを理由とする使用者側の時季変更権行使の基準が蓋然的とならざるを得ない、とみる点では一致している。そのうえで、「専門分野性」が高い、にもかかわらず日頃、代替要員への対応が十分とられていない状況の下での長期の年休指定に対する使用者の時季変更権行使の相当性について、一審は、時季指定による業務上の支障についての「事前の正確な予測や対応」が一般的に困難である以上、使用者が支障の蓋然性を根拠に時季変更権を行使したのを合理的と認めたのに対し、二審は、Xの時季指定どおりの年休行使によって生じた業務運営の具体的・結果的支障の状況に重点を置いて時季変更権行使を認めうるほどに大きかったとはいえない、と判断した。

二審から本件最高裁判決までさらに五年が経過している。事件発生からみればまさに一〇年である。その間に年次休暇や夏休み制度の実態はかなり変化している。十年前の二四日という長さは現在ではそれほど特異ではない[2]が、本件最高裁判決は、当然といえばそのとおりであるにせよ、その変化をあまり考慮に入れていないように思われる。

五　最高裁の提示した新たな基準——調整という考え方

(1)　年次休暇における労働者側の時季指定「権」と使用者側の時季変更「権」とは、理屈のうえでは当然に相矛盾する関係にある。高度の専門的資格・技能を持ち、代りの者が一人もいない場合を想定すれば自ずから明らかであろう。そこで労基法三九条の下では休暇日の長短にかかわらず必然的に起こりうる法的紛争について「第三者」としての裁判所が判定を求められる場合には、労働者が休暇の請求（時季指定の意思表示）をした時点における業務運営の障害の「蓋然性」（probability）にウェイトを置くか、それとも（訴訟の時点では）明らかになっている「結果」（effect）にウェイトを置いて遡及的に判断をするか、のいずれかの処理方法に拠ることになるであろう。本件一、二審の対立は（必ずしも明示されないが）認定における方法の違いである。

これに対して、本件最高裁が採用した判断ワク組みは、一・二審のうち、むしろ一審の「蓋然性」基準に近いが、これに加えて「長期かつ連続の」年休指定のケースでは、「事業の正常な運営への支障の」「蓋然性」が高くならざるを得ないから、労働者側としても「使用者の業務計画、他の労働者の休暇予定との」「事前の調整」を行う必要がある、という新たな基準を導入したものである。そして労働者がそのような必要な調整を経ることなく時季指定に固執する場合には使用者側に（ある程度の）裁量的判断の余地を認めざるを得ないとした。本件の実態判断としては、労働者側の「事前調整」の努力が十分になされていないと認定した（組合との団体交渉が行われたという事実がどう評価されたのかは明らかではない）。

(2) 労働者側の年休予定日の時季指定の申し入れとその日（または期間）における労働者の不就労による事業の運営障害を理由とする使用者側の「他の日に指定してほしい」旨の変更申し入れの意思が一致しないときは、両者を調整する事前の折衝が不可欠である。そして実際にはそれが行われて合意が成立する。しかし法的にはそこから先が問題である。事前の折衝がどうしても折合いがつかない場合に結果として生ずるフリクションについてどのように法的に評価するかである。「調整がつかなければ最終的に使用者の決定による」ことを定めるドイツ等の立法の下では明らかであるが、労基法は労働者側の時季指定を優先しつつも、使用者の時季変更も認めており（「他の時季にこれを与えることができる」三九条四項）、最終的には裁判所の判断に任せている（行政官庁には介入の余地はない）。この日本の立法措置はそれなりに合理性があり、必ずしも不備とはいえないが、判断を求められる裁判所にとっては難題である。これまでそれほど事件が起きなかったのは、前述のように、年休の利用がほとんど短期・コマ切れで、調整による解決を得意とする日本的労使関係のおかげであった。多少まとまった年休も企業の「夏休み」制度の中にうまく包摂されて年休独自の問題とならなかったのである。その夏休み期間中に労働者が約一ヶ月という長期の年休指定を行い、折衝不調の結果、年休を強行し、これに対しては使用者側が時季変更権の行使—懲戒処分にまで発展し、しかもかなり高度の専門分野のホワイトカラーにおいて生じた事件として本件は、社会的意味においても最初の事例であった。

「調整」という言葉は、以前の判例にも登場しているし、もともと年休による業務への支障が問題となるような場合では労使間で実質上行われているところであるが、今回の最高裁の判決は、一歩進めて年休の指定権をもつ労働者側に、調整のための労使間協議を十分に行うべきことを求め、その義務ないし、要請を尽くすことなく、一方的に年休を行使するような場合には、蓋然性に基づく使用者側の時季変更権行使もやむを得ない、という考え方を正面から提起したのが特色である。

これは、労基法三九条四項の規定に新たに労働者側の調整を行うべき法的義務を導入したとまではいえないにしても、労働者側の時季指定だけで年休権が当然に成立し、事業の正常な運営確保は主として使用者側の経営責任の問題だとする考え方が否定されたことは確かだといえよう。

六　本件の先例としての意義

最後に、本判決の先例としての意義ないし射程距離について考えてみよう。年休の時季指定の長さという点では本件はもはや、それほど大きくないと考える。「時代の流れ」がそうなっているからである。本判決は、詮じつめれば、ある一定の長期にわたる年休の時季指定には労使間の「事前調整」が必要であり、それを無視した一方的な指定（実際上は「行使」）は使用者側の時季変更の裁量権の幅を大きくしても止むを得ない、という従来から黙示的に認められてきたテーゼを確認したものに過ぎないといえそうである。事前調整の必要性は特に長期の年休に限られるわけではなく、むしろ人員配置や代替困難性に左右される。判決の「長期の……」が何日からか、とか、労働者の「事前調整」の努力はどこまでやればよいのか、といった問題については本判決からは何らの先例性を引き出すこともできないのである。今後の判例の積み重ねによることになるであろう。

（1） 和田肇ジュリスト一〇〇八号、高橋利文ジュリスト一〇〇九号、下井隆史法学教室一四六、労働法学研究会報一八九一、宮本光雄ジュリスト一〇二四号（平成四年重判）、中嶋士元也「最新労務管理の法律知識」（産業労働調査所編）八九頁、岩村正彦中央労働時報八六一など。

（2） 中労委の平成四年六月度の「労働時間、休日・休暇調査」によれば、勤続九ヶ月の者に対して一一日以上の年次休暇日数を定めている企業が四〇・四％あり、一人当り延利用日数は一二・八日であった。翌平成五年の労働省調査では夏休み期間中に一〇日以上の連続休暇を与える企業は一三〇〇社の約四分の一に当たり、最高は縫製業の二一日であった。同年の神奈川労基局の調査でも年次休暇を計画的に夏休みに組み込む企業の割合は三五・五％に達し、最高は不動産部門の一八日間であった。平均日数では両調査とも七・五～八日となっているが、昭和五五年の時点では一般の労働者には「夢のような話」の二四日という日数が今日ではそれほど奇異な数字とは思われなくなっている実態を示しているといってよいであろう。

〔労働判例六三一号、一九九三年〕

〈著者紹介〉
秋 田 成 就（あきた・じょうじゅ）

1922年　出生
1947年　東京大学法学部卒業
1950年　東京大学助手
1957年　法政大学社会学部助教授
1961年　法政大学社会学部教授
現　在　法政大学名誉教授，法学博士

学術選書
87
労働法

雇用関係法 Ⅰ — 労働法研究（上）

2011年（平成23年）7月30日　第1版第1刷発行
2055-1：P576　¥15000E-012-040-020

著　者　秋　田　成　就
発行者　今井 貴・渡辺左近
発行所　株式会社　信　山　社
〒113-0033　東京都文京区本郷 6-2-9-102
Tel 03-3818-1019　Fax 03-3818-0344
henshu@shinzansha.co.jp
笠間才木支店　〒309-1611　茨城県笠間市才木 515-3
笠間来栖支店　〒309-1625　茨城県笠間市来栖 2345-1
Tel 0296-71-0215　Fax 0296-72-5410
出版契約 2011-2055-1-01010　Printed in Japan

印刷・製本／松澤印刷・渋谷文泉閣
ISBN978-4-7972-2055-1 C3332　分類328.607-a.031 労働法
2055-0101：012-040-020

秋田成就・労働法著作集

雇用関係法 Ⅰ　労働法研究(上)

〈解題〉土田道夫

雇用関係法 Ⅱ　労働法研究(中)

〈解題〉土田道夫

労使関係法・比較法　労働法研究(下)

〈解題〉山川隆一・石田信平